Stefanie Unger

Soziolektale Herausforderung

Kulturen – Kommunikation – Kontakte
Hartwig Kalverkämper (Hg.)

Band 27

Stefanie Unger

Soziolektale Herausforderungen

Weibliche Emanzipation in der spanischen Pressesprache des 20. Jahrhunderts

Frank & Timme
Verlag für wissenschaftliche Literatur

Umschlagabbildung: Labyrinth aus: Küstenmacher, Marion / Küstenmacher, Werner: *Neue Wege finden: Labyrinthe. Das Buch zum Nachdenken und Entdecken.* München: Ludwig 2000, S. 44.

Labyrinthe – das konstitutive Signum unserer Reihe *Kulturen, Kommunikation, Kontakte* – vermitteln (1) den Eindruck des Suchens, des Noch-nicht-gefunden-Habens. Sie strahlen trotz ihrer strengen Linienführung und Wegestruktur eine prinzipielle Dynamik aus (2). Und sie bieten von Beginn an immer ein Ziel, das zu erreichen sich lohnt (3). Von daher steckt in ihnen stets ein kultureller Appell-Charakter (4), eine Aufforderung an Versuch, Bemühen, Erreichen-Wollen; Labyrinthe sind prinzipiell „dialogisch“. Diese vier Charakteristika betreffen das fokussierte Thema der vorliegenden Arbeit, einer Dissertation an der Universität Leipzig (IALT), und deshalb passt das gewählte Labyrinth zu diesem Buch besonders treffend. Denn es geht in der Beziehung der Geschlechter um einen Weg, diese sprachlich in ein Gleichgewicht zu bringen, bei dem sich die Frauen als Sprecherinnen in der Sprache spiegeln und folglich morphologisch, als feminine Formen (z.B. von Berufsbezeichnungen), auch wahrgenommen, ausgesprochen, identifiziert werden. Der Weg in den Kulturen – hier der deutschen und speziell der spanischen – ist offenkundig noch lang, dabei unterschiedlich konsequent und effizient beschritten. Das hier gewählte Labyrinth zeigt den Antagonismus von <‚männlich‘ und ‚weiblich‘> deutlich durch seine Teilung in zwei verdreht gespiegelte Gleichheiten. Die Symbolkraft dieser Aussage entspricht dem Wissen darum, dass die Geschlechter bei aller Differenz doch immer auch vom anderen Geschlecht konstitutive Bestandteile innehaben. Das Labyrinth strahlt trotz seiner Differenz dennoch Harmonie, Ausgewogenheit und Gemeinschaftlichkeit aus, da es mit seinen beiden Teilen doch nur als Ganzheit wirkt und „funktioniert“. In dieser Gesamtaussage lädt es dazu ein, die Gleichwertigkeit der beteiligten Seiten und deren funktionales Zusammenspiel zu sehen sowie die beidseitige Leistung für die Dynamik der (immer noch labyrinthischen) Zielsuche zu einem sexusbewusst verbesserten, ja adäquaten Sprachgebrauch zu erfassen. Darin entspricht das Labyrinth den generellen Intentionen des vorliegenden Buches mit seinen stupenden Bestandsaufnahmen, seinen kritischen Analysen und seinen hoffnungsvollen Perspektiven für eine korrigierte Sprachkultur, in der die Weiblichkeit – die Frau als der halbe Teil der kommunizierenden Gesellschaften – sprachlich ihre lexikalische und morphologische Beachtung endlich gefunden haben wird. *H. Kalverkämper*

ISBN 978-3-7329-0519-5
ISBN E-Book 978-3-7329-9480-9
ISSN 1868-8306

Herstellung durch Frank & Timme GmbH,
Wittelsbacherstraße 27a, 10707 Berlin.
Printed in Germany.
Gedruckt auf säurefreiem, alterungsbeständigem Papier.

www.frank-timme.de

Zugleich Diss. Universität Leipzig 2017

Ein herzlicher Dank gilt allen,
die mich bei dieser Arbeit unterstützt haben.

„Sí, mi biografía es muy escueta en cuanto a que mi único mérito es mi diccionario. Es decir, yo no tengo ninguna obra que se pueda añadir a esa para hacer una larga lista que contribuya a acreditar mi entrada en la Academia. (...) Mi obra es limpiamente el diccionario. (...) Desde luego es una cosa indicada que un filósofo [por Emilio Alarcos] entre en la Academia y yo ya me echo fuera, pero si ese diccionario lo hubiera escrito un hombre, diría: ‚¡Pero y ese hombre, cómo no está en la Academia!'".

„Ja, meine Biografie ist recht kurz, wenn ich bedenke, dass mein Wörterbuch mein einziges Verdienst ist. Das heißt, ich habe diesem Werk kein weiteres hinzuzufügen, mit dem ich eine lange Liste erstellen könnte, die meinen Eintritt in die *Real Academia Española* rechtfertigen würde. [...] Mein Werk ist ganz allein das Wörterbuch. [...] Natürlich ist es eine klare Sache, dass [mit Emilio Alarcos] ein Philosoph in die *Academia* aufgenommen wird und ich außen vor bleibe; wenn aber ein Mann dieses Wörterbuch geschrieben hätte, würde ich sagen: ‚Wie kann es sein, dass dieser Mann nicht in die *Real Academia Española* aufgenommen wird!'"

María Moliner

María Moliner, Verfasserin des Wörterbuchs zum Gebrauch des Spanischen (*Diccionario de Uso del Español*, in der Erstauflage in zwei Bänden 1966/67 erschienen), 1972 in einem Interview mit dem Titel „Wird María Moliner die erste Frau, die in die *Real Academia Española* aufgenommen wird?". Das Interview führte der Schriftsteller Daniel Sueiro, nachdem María Moliner zwar mehrfach zur Aufnahme in die *Real Academia Española* vorgeschlagen wurde, die Wahl jedoch nicht auf sie, sondern auf den Philosophen Emilio Alarcos Llorach fiel.

Inhaltsverzeichnis

Abkürzungsverzeichnis

CC – Código Civil
– Bürgerliches Gesetzbuch Spaniens

CE – Constitución Española
– Verfassung Spaniens

DRAE – Diccionario de la Real Academia Española
– Wörterbuch der Real Academia Española

DUE – Diccionario de Uso del Español
– Wörterbuch zum Gebrauch des Spanischen

EU – Europäische Union

PSOE – Partido Socialista Obrero Español
– Spanische Sozialistische Arbeiterpartei

PP – Partido Popular
– Spanische Volkspartei

RAE – Real Academia Española

VN – Vereinte Nationen

1 Einleitung

Nicht erst seit Bekanntwerden des Falles der von ihrem Ex-Mann misshandelten und ermordeten Ana Orantes von 1997 bestimmt das Thema der Gleichstellung zwischen Männern und Frauen die öffentliche Debatte in Spanien. Gleichstellung heißt dabei nicht nur eine Gleichbehandlung beider Geschlechter und die Vermeidung direkter Diskriminierung, sondern diese Problematik soll in allen Bereichen unserer Gesellschaft berücksichtigt und teilweise gesetzlich festgelegte Strategien zu ihrer Umsetzung angewendet werden. Sie zielt dabei auch auf eine Vermeidung indirekter Diskriminierung ab. Das betrifft Fälle, in denen zwar scheinbar neutrale, nicht diskriminierende Regelungen vorliegen, aber sich durch deren Anwendung Nachteile für bestimmte Personen oder Personengruppen ergeben. In unserem heutigen Sprachgebrauch wird dieser Ansatz mit dem Terminus „Gender Mainstreaming" benannt. Der Duden (Band 1, 2006: 443) definiert Gender Mainstreaming als:

> „Verwirklichung der Gleichstellung von Mann und Frau unter Berücksichtigung der geschlechtsspezifischen Lebensbedingungen und Interessen."

Im Brockhaus wird Gender Mainstreaming als „politische Querschnittsaufgabe" beschrieben, weil dieser Prozess des Gender Mainstreamings, wie es dort heißt,

> „…darauf zielt, dass bei sämtlichen politischen Aktivitäten – auf allen Ebenen, in allen Bereichen und in allen Phasen – die Auswirkungen für Frauen und Männer beachtet werden. Die unterschiedl. Interessen und Erfahrungen beider Geschlechter sollen zu einem zentralen Bestandteil bei der Planung, Durchführung, Überwachung und Auswertung aller politischen Grundsätze und Programme werden" (Brockhaus, Band 10, 2006: 416).

Damit die Gleichstellungsproblematik in ihrer Komplexität angegangen werden kann und möglichst geschlechtergerechte Verhältnisse geschaffen werden, haben nicht nur die Bundesregierung, sondern auch die Europäische Union sowie die Vereinten Nationen Gesetze, Richtlinien bzw. Maßnahmen auf den Weg gebracht. Das Prinzip der Gleichberechtigung der Geschlechter ist bereits in der *Allgemeinen Erklärung der Menschenrechte der Vereinten Nationen* von 1948 verankert. Oft stehen beim Thema Gleichberechtigung die Frauen als das häufiger diskriminierte Geschlecht im Vordergrund, z. B. bei der im Dezember 1993 von den Vereinten Nationen verabschiedeten *Erklärung zur Beseitigung von Gewalt gegen Frauen* bei der Weltmenschenrechtskonferenz in Wien (vgl. „Internationale Vereinbarungen für Frauenrechte").

Gerade vor dem Hintergrund des *„2007 Europäischen Jahres der Chancengleichheit für alle"* erlangt dieses Thema wieder besondere Aktualität, auch wenn sich dieses natürlich nicht nur auf die Chancengleichheit zwischen den Geschlechtern, sondern beispielsweise auch auf Personen unterschiedlicher Ethnien, Religionen und Weltanschauungen bezieht. In diesem Rahmen soll die Chancengleichheit gefördert und das Bewusstsein der europäischen Bevölkerung für dieses Thema (stärker) sensibilisiert werden (vgl. „Warum ein Europäisches Jahr 2007?").

Dass Gleichstellung jedoch auch eine der zentralen Politiken der Europäischen Union darstellt, manifestiert sich bereits in den *Europäischen Gemeinschaftsverträgen* aus dem Jahr 1957, in denen die Gleichbehandlung von Männern und Frauen in mehreren Artikeln (z. B. Art. 2: Förderung der Gleichstellung von Männern und Frauen) niedergelegt ist (vgl. „Gleichbehandlung im EG-Vertrag").

Auf die Bedeutung der Gesetzgebung der Europäischen Union (EU) wird in dieser Arbeit kurz eingegangen. Anschließend wird die Gesetzgebung Spaniens im Hinblick auf die Gleichstellung analysiert und bei den jeweiligen Gesetzen ggf. auch die dafür relevanten EU-Rechtsquellen benannt, auf deren Grundlage sie entstanden sind. Aufgrund des begrenzten Umfangs werden sie jedoch nicht genauer erläutert.

In dieser Arbeit ist aber nicht nur die rechtliche Situation in Bezug auf Gleichstellung und Frauen im heutigen Spanien von Interesse. Auch werden die tatsächlichen Lebensumstände spanischer Frauen betrachtet sowie die Faktoren, die diese beeinflussen.

Den Medien kommt dabei insofern eine große Bedeutung zu, als dass sie diese Lebensumstände der Frauen widerspiegeln, diese aber auch prägen, indem sie den Frauen beispielsweise bestimmte Rollenbilder zuschreiben. Die

Sprache als Instrument der Beschreibung ist in diesem Zusammenhang nicht nur in semantischer Hinsicht relevant, sondern auch ihr Sprachsystem und der Sprachgebrauch. Am Beispiel von fünf spanischen Tageszeitungen soll die Darstellung der spanischen Frauen nach diesen eben genannten Kriterien untersucht werden. Der empirische Teil dieser Arbeit soll Aufschluss darüber geben, welcher Wortschatz angewendet wird, um Frauen zu beschreiben, nämlich ob Bezeichnungen geschlechtergerecht gebraucht werden oder nicht, und ob Frauen gegenüber Männern sprachlich, besonders in semantischer Hinsicht, degradiert werden. Die linguistische Analyse konzentriert sich dabei auf zwei unterschiedliche politische Systeme: zum einen die Franco-Diktatur, zum anderen das demokratische Spanien mit parlamentarischer Monarchie. Die Ergebnisse dieser linguistischen Analyse aus beiden Systemen sollen schließlich gegenübergestellt werden.

Die Sprache als Kommunikationsmittel übernimmt eine entscheidende Rolle: Sie vermag es einerseits, Dinge zu beschreiben, diese Dinge andererseits durch ihren reflektierten Gebrauch auch zu ändern. Diesem Ansatz im Hinblick auf Gleichstellung von Männern und Frauen widmet sich vor allem die feministische Sprachwissenschaft, mit der sich das folgende, das zweite Kapitel dieser Arbeit beschäftigt. Die feministische Sprachwissenschaft kritisiert die bestehenden patriarchalischen Machtstrukturen in unserer Gesellschaft, die sich auch in unserer Sprache niederschlagen. Das gilt sowohl für das Deutsche als auch für das Spanische.

Damit Frauen (nicht nur) durch patriarchalische Sprachstrukturen nicht mehr diskriminiert werden, sind ein reflektierter Umgang und Gebrauch der Sprache unerlässlich. Eine Veränderung bzw. Schärfung unseres sprachlichen Bewusstseins ist der erste Schritt hin zu mehr Geschlechtergerechtigkeit, denn Sprache ist unser zentrales Kommunikationsmittel.

Gerade von DolmetscherInnen und ÜbersetzerInnen, die sich Sprachen zum Beruf gemacht haben, sollte ein überlegter Umgang mit Sprache erwartet werden können. Dass dies im Rahmen ihrer Aufträge nur bedingt möglich ist, steht außer Frage. Kommunikation und somit Sprache sind jedoch wesentlicher Bestandteil unseres täglichen Lebens, so dass die Möglichkeiten, eine geschlechtergerechte Sprache anzuwenden, sicher ebenso vielfältig sind wie die Bereiche, in denen das Prinzip des Gender Mainstreaming umgesetzt werden muss.

Für diese Arbeit wurde zu einem großen Teil spanischsprachige Fachliteratur konsultiert, welche nicht auf Deutsch verfügbar ist. Aus diesem Grund habe ich die diesen Büchern entnommenen spanischen Zitate in dieser Arbeit selbst ins Deutsche übersetzt und auf Deutsch zitiert.

2 Der Forschungsstand in der feministischen Sprachwissenschaft

2.1 Im deutschen Sprachraum

Bevor in diesem Kapitel unterschiedliche Aspekte wie das Sprachsystem und der Sprachgebrauch der deutschen Sprache vor allem im Hinblick auf geschlechterspezifische Aspekte betrachtet werden, soll zunächst der Begriff des Feminismus anhand dreier unterschiedlicher Definitionen geklärt und ein kurzer Einblick in die Geschichte der feministischen Sprachwissenschaft gegeben werden. Außerdem sollen zentrale Fragen wie die nach dem Zusammenhang von Sprache und Realität, Sexismus und Sprachsystem, Sprache und Gewalt geklärt werden.

Der Brockhaus (Band 9, 2006: 75) definiert „Feminismus" wie folgt:

> „Feminismus, Bez. sowohl für die Theorie und Lehre der Frauenbewegung als auch für die Bewegung selbst; i.e.S. Bez. für die Ende der 1960er Jahre vor dem Hintergrund der amerikan. Bürgerrechts- und westeurop. Studentenbewegung entstandene ‚Neue Frauenbewegung', deren gemeinsames Ziel die Abschaffung der Frauenunterdrückung und eine stärker von weibl. Einfluss geprägte, grundlegende Veränderung des gesellschaftl. Normen- und Wertesystems ist."

Das Lexikon der Politik schreibt hierzu:

> „Der Begriff Feminismus eint sowohl eine soziale Bewegung, die Frauenbewegung, als auch eine politische Theorie, die feministische Theorie, aus der feministische Ansätze in unterschiedlichen wissenschaftlichen Disziplinen entwickelt wurden" (Ulrike C. Wasmuht in Dieter Nohlen, Lexikon der Politik, Band 1, 1995: 96).

Im großen Fremdwörterbuch des Dudens ist zu lesen, der Feminismus ist eine

> „Richtung der Frauenbewegung, die, von den Bedürfnissen der Frau ausgehend, eine grundlegende Veränderung der gesellschaftlichen Normen (z. B. der traditionellen Rollenverteilung) u. der patriarchalischen Kultur anstrebt, das Vorhandensein od. die Ausbildung weiblicher Geschlechtsmerkmale beim Mann od. bei männlichen Tieren" (Duden – Das große Fremdwörterbuch, 2003: 452).

Als Ausgangspunkt der feministischen Sprachwissenschaft kann in der Bundesrepublik Deutschland die Herausbildung der Neuen Frauenbewegung im Zuge der Studentenbewegung Ende der 1960er Jahre angesehen werden. Hierbei ging es darum, die Stellung der Frauen innerhalb der gesellschaftlichen Strukturen zu hinterfragen. Die Bezeichnung „Neue Frauenbewegung" rührt daher, dass sich Frauen in der „älteren" bzw. „ersten Frauenbewegung" (Luise F. Pusch 1884: 133) zwischen 1848 und 1933 bereits für politische und soziale Gleichheit engagierten, jedoch an der, wie es im Brockhaus heißt, „naturgegebenen Bindung aller Frauen an Familie und Mutterschaft" (Brockhaus, Band 9, 2006: 682) festhielten. Die Neue Frauenbewegung wurde durch die US-amerikanische Bürgerrechtsbewegung initiiert, als die Unterdrückung von Minderheiten zunehmend in das öffentliche Interesse rückte. Dabei wurden neue Begriffe wie Rassismus – und in Anlehnung daran – Sexismus, also die Unterdrückung von Menschen aufgrund ihres Geschlechts (vgl. Ingrid Samel 2000: 17), geprägt. Die Journalistin Marielouise Janssen-Jurreit definiert den Begriff Sexismus 1976 in ihrem gleichnamigen Buch folgendermaßen:

> „Sexismus war immer Ausbeutung, Verstümmelung, Vernichtung, Beherrschung, Verfolgung von Frauen. Sexismus ist gleichzeitig subtil und tödlich und bedeutet die Verneinung des weiblichen Körpers, die Gewalt gegenüber dem Ich der Frau, die Achtlosigkeit gegenüber ihrer Existenz, die Enteignung ihrer Gedanken, die Kolonialisierung und Nutznießung ihres Körpers, den Entzug der eigenen Sprache bis zur Kontrolle ihres Gewissens, […], die Unterschlagung ihres Beitrages zur Geschichte der menschlichen Gattung" (M. Janssen-Jurreit 1976: 702).

Feministinnen und Frauen der Neuen Frauenbewegung untersuchten ihre Situation in sämtlichen Lebensbereichen einer von Männern dominierten Gesellschaft der 1960er Jahre und kamen zu dem Schluss, dass sie, wie die

Sprachwissenschaftlerin Samel schreibt, „systematisch ausgeschlossen wurden, wenn es um die Mitbestimmung in Familie, Erziehung, Arbeitswelt, Politik oder Kultur ging“ (Samel 2000: 18). Auch die Unterdrückung der Frauen in der Privatsphäre, z. B. ihre Abhängigkeit vom Ehemann, lag ihrer Meinung nach in den Unzulänglichkeiten des patriarchalischen Systems begründet, und so begannen sie mit der Konstituierung einer „weiblichen Identität“, welche eng mit der „Sprache der Frauen“ (vgl. Samel 2000: 19) verknüpft ist. In diesem Zusammenhang hebt die Sprachwissenschaftlerin Pusch Folgendes hervor:

> „[…] Sprache, Sprechen und sprachliches Handeln [ist] heute wohl der zentrale Bereich dessen, was ‚Realität‘ genannt wird“ (Pusch 1985: 28).

Somit werden nicht nur die patriarchalischen Strukturen zum Gegenstand der Kritik, sondern auch die Sprache, die diese widerspiegelt. Bekannte Vertreterinnen der feministischen Sprachwissenschaft wie Senta Trömel-Plötz kritisierten aus diesem Grund „das Sprachsystem (nach de Saussure die *langue*) mit seinen Subsystemen Lexik (Wortbestand) und Grammatik als auch den Sprachgebrauch (*parole*)“ (Samel 2000: 20). Erst gegen Mitte der 1970er Jahre rücken auch sexistischer Sprachgebrauch und geschlechtsspezifisches Sprechen in den Blickpunkt feministischer Sprachkritik. Nach Samels Auffassung funktioniert die von ihr so benannte „männliche Herrschaftssicherung“ nicht nur über diese Aspekte, sondern auch über die Einordnung des weiblichen Sprechens als das ihrer Ansicht nach „andere Sprechen aus der Sicht der Differenz zum männlichen Sprechen“ (Samel 2000: 21). So forderten die Frauen die Aufhebung ihrer in Sprache und Sprechen begründeten Diskriminierung, welche den Weg zur Gleichberechtigung ebnen sollte.

2.1.1 Sprachsystem und Sprachgebrauch

Pusch, eine der bedeutendsten deutschen feministischen Sprachwissenschaftlerinnen, schreibt 1984 in ihrem Buch „Das Deutsche als Männersprache“:

> „Sprache ist aber kein Natur-, sondern ein historisch-gesellschaftliches Phänomen und als solches auch kritisier- und veränderbar. Nach Auffassung von Feministinnen nicht nur kritisier**bar**, sondern extrem kritik**bedürftig** – und reformbedürftig“ (Pusch 1984: 10).

Dabei geht es ihr „um die Aufdeckung, Bewußtmachung und schließliche Abschaffung“ der „Patriarchalismen“ (vgl. Pusch 1990: 12). So hebt sie hervor:

> „Die feministische Systemlinguistik ist ‚parteilich‘ [im Sinne der Frauen], d. h., sie bewertet und kritisiert ihre Befunde, begnügt sich nicht mit der Beschreibung, sondern zielt auf Änderung des Systems in Richtung auf eine gründliche Entpatrifizierung und partielle Feminisierung, damit aus Männersprachen humane Sprachen werden“ (Pusch 1990: 13).

In patriarchalischen Sprachen wie z. B. das Deutsche, die über ein Genussystem verfügen, ist eine Gleichbehandlung von Männern und Frauen durch eine geschlechtsspezifische Bezeichnung zwar möglich, allerdings oft mit Einschränkungen verbunden, denn, wie die Sprachwissenschaftlerin Samel weiter ausführt, „die Verwendung von generischen Maskulina machen Frauen und ihre Leistungen in den betreffenden [patriarchalischen] Sprachen unsichtbar“ (Samel 2000: 43). Frauen haben dadurch nicht dieselben Chancen des Gemeintseins. Außerdem schreibt Samel dazu: „maskuline und feminine Ausdrücke [sind] semantisch asymmetrisch. Das Feminine hat einen niedrigeren Rang als das Maskuline (vergleiche *Gouverneur – Gouvernante, Sekretär – Sekretärin…*)“. Und schließlich wird, wie bei Samel zu lesen ist, „die Bezeichnung einer Frau mit einem Maskulinum als Aufwertung interpretiert“, während „die Bezeichnung eines Mannes mit einem Femininum (*Memme, Stadtpräsidentin*) oder schon der Vergleich mit dem weiblichen Geschlecht als Degradierung empfunden wird (‚heulen *wie ein Weib*‘)“ (2000: 43). Die Sprachwissenschaftlerin Senta Trömel-Plötz führt das erstgenannte Merkmal einer patriarchalischen Sprache (vgl. Marlis Hellinger 1985: 3f, Linguistin), nämlich den „Mechanismus des Mitgemeint- und Eingeschlossenseins“ (Trömel-Plötz 1984: 55), als „gefährliches“ Beispiel für die „Gewalt in den Köpfen der Männer“ und „die subtilen Mechanismen der Diskriminierung“ (ebd.) an. In ihrem Aufsatz „Gewalt durch Sprache“, erschienen in ihrem gleichnamigen Buch, stellt sie eine ursächliche Verbindung zwischen Sprache und Gewalt her. Mit sprachlichen Äußerungen wie z. B. Beleidigungen und Beschimpfungen wird an anderen Gewalt verübt. Daher, so Trömel-Plötz,

> „besteht ein Zusammenhang zwischen psychischen und physischen Gewaltakten: wenn die Worte zur Erniedrigung der anderen nicht mehr ausreichen, greifen wir zu härteren Mitteln. Deshalb ist es auch umgekehrt konsequent, wenn uns daran liegt, die extreme Gewaltanwendung [...] abzuschaffen, die Gewalt in unserer Sprache und in unseren Beziehungen abzubauen" (Trömel-Plötz 1984: 50).

Macht und Gewalt, Begriffe, deren Bedeutungen oft eng beieinander liegen (beides engl. *power*), dienen in der feministischen Sprachwissenschaft oft zur Charakterisierung des hierarchischen Verhältnisses zwischen beiden Geschlechtern (vgl. Samel 2000: 40). Einige Feministinnen aus dem englischen Sprachraum wie Robin Lakoff (1975) und Pamela Fishman (1978) legen ihrer Forschungstätigkeit Max Webers Definition von Macht als „jeder Chance [...] innerhalb einer sozialen Beziehung den eigenen Willen auch gegen Widerstreben durchzusetzen, gleichviel, worauf diese Chance beruht" zu Grunde (Weber 1976: 28, Soziologe). Fishman definiert Macht sogar als „die Möglichkeit, die eigene Definition dessen, was möglich ist, was richtig ist, was rational ist und was wahr ist, aufzudrängen" (Fishman 1978: 397). In einem hierarchischen Geschlechterverhältnis kann diese Macht demzufolge mit Gewalt durchgesetzt werden. Durch politische und ökonomische Macht besteht nach Ansicht der Autorin aber auch „die Möglichkeit, Sprachwandel zu beeinflussen, indem sie (die Mächtigen) z. B. verbindliche und durch Sanktionen geschützte Sprachregelungen erlassen, die einen bestimmten Wandel entweder beschleunigen oder hemmen" (Beate Schräpel 1985: 216, Historikerin und Sprachwissenschaftlerin). Hierzu schreibt auch Hellinger: „Der Wandel des sprachlichen status quo kann ein Zeichen für sich wandelnde Machtverhältnisse sein (vgl. Hellinger 1980a), was allerdings noch nicht bedeutet, dass diese sich radikal veränderten" (Schräpel 1985: 217). Die Sprachwissenschaftlerin Schräpel nennt hier die mit neuem Selbstbewusstsein ausgestatteten Frauen, die die „Definitionen der Mächtigen" (ebd.) nicht mehr hinnehmen, als Beispiel unterdrückter Gruppen. Sprachwandel vollzieht sich demnach, ausgelöst durch externe politische Vorgänge, auf der Basis gesellschaftlicher Veränderungen, und, so schreibt sie, „nicht nur der Wortschatz einer Sprache unterliegt gesellschaftlichen Veränderungen, sondern auch das System der Sprache bzw. deren Subsysteme" (a.a.O.: 1985: 213). Frauen streben im Rahmen ihrer

Sprachkritik selbst einen Wandel hin zu einer nichtsexistischen Sprache an. Dabei ist Schräpel zufolge der

> „Ausgangspunkt die Einsicht, dass Sprache nicht nur Sexismus transportiert, sondern daß die Sprache selbst sexistisch ist und somit den allgegenwärtigen Sexismus zementiert. Die Motivation liegt nicht nur im Wandel kommunikativer Bedürfnisse, sondern ist Ausdruck des Versuchs, sich von herrschenden Machtverhältnissen zu befreien. Nichtsexistische Sprache ist politisch motiviert" (a.a.O.: 1985: 219).

Bei der Umsetzung dieses Zieles ist nach Puschs Vorstellungen „den Ungerechtigkeiten patriarchalischer Sprachen praktisch und theoretisch mit systemlinguistischen Mitteln nicht beizukommen, sondern nur mit sprachpolitischen" (Pusch 1990: 90). Den Gebrauch des generischen Maskulinums lehnt sie, wie auch Trömel-Plötz (Trömel-Plötz 1984a: 55f) und Hellinger (Hellinger 1985: 6), definitiv ab (vgl. Pusch 1990: 94). Die im Englischen angewandte Strategie der partiellen Feminisierung funktioniert mangels geschlechtsneutraler Substantive zur Bezeichnung von Personen im Deutschen nicht (a.a.O.: 91). Jedoch hat sich das Splitting bzw. die Doppelform, d. h. die Nennung sowohl der Feminina als auch Maskulina, mehr und mehr ausgebreitet. Trotzdem wird das Splitting oft als umständlich kritisiert. Aus diesem Grund plädiert Pusch für die „Totale Feminisierung" „als eine in erster Linie politische Antwort auf ein politisches Problem" (a.a.O.: 91ff.). Ziel dessen ist „die Ersetzung des generischen Maskulinums durch ein generisches Femininum". Allerdings gibt selbst sie hier zu bedenken, dass diese Lösung linguistische „Probleme für das Maskulinum" aufwirft (a.a.O.: 93). Sie hält sie aber für eine „natürliche Übergangslösung – so etwa für die nächsten zwei-, dreitausend Jährchen" (a.a.O.: 95) und innerhalb des existierenden Genussystems im Deutschen für die einzige und, wie sie schreibt, „dialektisch motivierte, indirekte/paradoxe Strategie, über das Ziel hinauszuschießen, um es zu treffen" (a.a.O.: 96). Ihre Strategie der Feminisierung gründet sich dabei auf der Hoffnung auf Kooperation des männlichen Geschlechtes aus der „männlichen Angst vor dem Verlust der männlichen Identität" heraus hin zu einer „für beide Geschlechter gerechten und bequemen Sprache" (ebd.).

Pusch führt anschließend vier Argumente an, die es ermöglichen sollen, diesem Ziel ein Stück näher zu kommen: das internationale, das historische, das Autarkie- sowie das Gerechtigkeitsargument. Patriarchat und Feminismus sind international, weil das Eine das Andere bedingt, und eine Totale Feminisierung ist für alle Sprachen bequem und einfach. Das historische Argument meint, unterdrückte Gruppen sollten versuchen, ihre Situation zu verbessern. Das dritte, das Autarkie-Argument, wird als nicht stichhaltig zurückgewiesen, weil Männer auch eine partielle Feminisierung nicht mittragen würden. Mit dem Gerechtigkeits-Argument lehnt sie nach Phyllis Chesler (Chesler 1985: 435, Psychologin) die „Gleichbehandlung Ungleicher" als ungerecht ab (Pusch 1990: 99). Pusch setzt sich somit für eine Besserbehandlung der Frauen – sie nennt sie „kompensatorische Gerechtigkeit" – in sprachlicher Hinsicht ein und möchte dem männlichen „Größenwahn" (beide a.a.O.: 100) durch deren Identitätsverlust durch Mitgemeintsein Einhalt gebieten.

Weniger radikal als Pusch betrachtet Hellinger zwei verschiedene Strategien, um der Diskriminierung von Frauen entgegenzuwirken, zum einen die „Strategie der Feminisierung, d. h. der Sichtbarmachung von Frauen durch Geschlechtsspezifikation", zum anderen die „Strategie der Neutralisierung oder Geschlechtsabstraktion" (beide Hellinger 1985: 5). Hellinger zufolge ist „in allen Sprachen Variabilität im Bereich der Personenbezeichnungen zu beobachten, die z. B. im Falle des Deutschen oder des Englischen bereits eindeutig einen Sprachwandel hin zur Feminisierung bzw. zur Neutralisierung erkennen lässt" (ebd.). Sie knüpft die Anwendung beider Strategien jeweils an bestimmte Voraussetzungen in den Sprachen: das Vorhandensein eines Genussystems mit femininer und maskuliner Kategorie sowie „etablierte Wortbildungsmuster zur Bildung femininer Personenbezeichnungen" für die Strategie der Feminisierung. Neutralisierung bietet sich nach Hellingers Ansicht an,

> „wenn die betreffende Sprache keine Genussprache ist (wie das Englische) oder nur ein genus commune (das Maskulinum und Femininum zusammenfaßt) und ein Neutrum unterscheidet (wie das Dänische) [...], in der Pronominalisierung kaum manifestiert ist" (a.a.O.: 6).

Des Weiteren sollten, wie es weiter heißt, „feminine Wortbildungsmuster nicht (mehr) produktiv" sein und aus der „Zweitrangigkeit femininer Ausdrücke [...] die Hoffnung abgeleitet" werden können, „daß ein verstärkter Gebrauch der Maskulina in generischen und weiblichen Kontexten dazu führen wird, daß aus den jetzt noch männlich assoziierten Ausdrücken allmählich echt generische werden können" (a.a.O.: 7). Dabei kommen beiden Strategien unterschiedliche Rollen zu: der Feminisierung das Aufzeigen der Existenz und der Leistungen von Frauen; der Neutralisierung die Eliminierung diskriminierender Ausdrücke (vgl. a.a.O.: 6f). Eine weitere Möglichkeit der Feminisierung ist die Movierung von Personenbezeichnungen, also die Femininumableitung mit dem Suffix -in, mit Schrägstrich oder mit der Klammer, vereinzelt mit dem großen I (vgl. Samel 2000: 96), auf welche Samel auch mit dem Terminus „Sparschreibung" (a.a.O.: 128) referiert.

Allerdings werden diese feministischen Spracheinflüsse nicht nur von LinguistInnen wie Hartwig Kalverkämper kritisiert, sondern auch von Frauen selbst missachtet (vgl. a.a.O.: 122f). Kalverkämper bezeichnet die Kritik von Trömel-Plötz an unserem überkommenen Sprachsystem als „unlinguistisch", „weil sie die Arbitrarität des sprachlichen Zeichens missachte, ausgehend von der These, unmotivierten Zeichen werde eine Bedeutung zugeschrieben" (vgl. Pusch 1984: 31ff). Außerdem hat seiner Auffassung nach Genus nichts mit Sexus zu tun, was einen Zusammenhang zwischen beiden allerdings nicht kategorisch ausschließt (vgl. Kalverkämper 1979: 60ff). Personenbezeichnungen, auf denen das Hauptaugenmerk feministischer Sprachkritik liegt, nennt Kalverkämper „Einzelfälle" (vgl. Pusch 1984: 36). Eine unter diesem Gesichtspunkt notwendige Überwindung sprachlicher Asymmetrien und ein Nichtrespektiert- und Identifiziertwerden der Frauen lehnt er unter den Vorwänden der „Ökonomie" und „Schwerfälligkeit" ab (vgl. Pusch 1984: 39).

Gerade dieser Movierung wird jedoch insbesondere bei Berufs-, Funktions- und Amtsbezeichnungen sowie Stellenausschreibungen vermehrt Bedeutung beigemessen: 1976 verpflichtet der EWG-Rat mit der Richtlinie 76/207 zur „Verwirklichung des Grundsatzes der Gleichbehandlung von Männern und Frauen hinsichtlich des Zugangs zu Beschäftigung, Berufsausbildung und zum sozialen Aufstieg"; 1980 wurde sie in der BRD in das Arbeitsrecht laut Par. 611b BGB umgesetzt (vgl. Gisela Schoenthal 1998: 15, Sprachwissenschaftlerin). Hellingers Untersuchungen zufolge aus den Jahren 1983 und 1987 wurden diese Bestimmungen allerdings nur in begrenztem Ausmaß in die Praxis umgesetzt (vgl. Hellinger 1990: 114). Im Jahr 1980 hatten auch die Linguistinnen Hellinger, Ingrid Guentherodt, Pusch und Trömel-Plötz „Richtlinien zur Vermeidung sexistischen Sprachgebrauchs" (Linguistische Berichte 69, 1980) ausgearbeitet und veröffentlicht. 1989 wurde eine bearbeitete Fassung von

Hellinger, Marion Kremer (ebenfalls Linguistin) und Schräpel unter dem Namen „Empfehlungen zur Vermeidung sexistischen Sprachgebrauchs“ herausgegeben. Diese sollten vor allem Verfasserinnen und Verfasser von Gesetzestexten für dieses Thema sensibilisieren und sie zu einem reflektierteren Sprachgebrauch anregen (vgl. Samel 2000: 141).

Auf diese Forderungen hin reagierte die Bundesregierung 1987 mit der Einsetzung einer interministeriellen *Arbeitsgruppe Rechtssprache* über „Maskuline und feminine Personenbezeichnungen in der Rechtssprache“, die den Gegenstand der feministischen Sprachkritik untersuchen und prüfen und ggf. Alternativen vorschlagen sollte (Karin M. Frank-Cyrus/Margot Dietrich 1998: 50, Sprachwissenschaftlerinnen). Erst auf deren Empfehlungen und derer des Allgemeinen Deutschen Sprachvereins hin werden feminine Bezeichnungen wie „Beamtin“ und „Amtfrau“ (statt „Amtmännin“) anerkannt (Samel 2000: 114f).

Der 1990 von der Arbeitsgruppe Rechtssprache vorgelegte Bericht wird von Bundestag und Bundesrat gebilligt und die Umsetzung von der Regierung angestrebt (Frank-Cyrus/Dietrich 1998: 50). Demnach kann das generische Maskulinum weiterhin angewendet werden, sofern es sich auch um abstrakte Funktionen und juristische Personen handelt (vgl. Schoenthal 1998: 18). Sind aber Einzelpersonen gemeint, sollten im Sinne der Gleichbehandlung die Paarformen (Beidnennung) oder neutralisierende Formen benutzt und das generische Maskulinum unbedingt vermieden werden. Neutralisierungen können dabei laut Samel auch „Umschreibungen mit *Person* oder Substantive auf *-ung* [...] oder andere Satzkonstruktionen“ (vgl. Samel 2000: 116f) sein.

Bund und Länder haben hierzu einige unterschiedliche Regelungen getroffen (vgl. Schoenthal 1998: 17). Die „Empfehlungen zur Vermeidung sexistischen Sprachgebrauchs“ von Hellinger, Kremer und Schräpel bildeten die Grundlage für die Ausarbeitung der so genannten „Hannoverschen Empfehlungen“, den frühesten diesbezüglichen kommunalen Empfehlungen, die als Grundlage für die Ausarbeitung weiterer Städteschriften dienten. Im Wesentlichen wird darin auf die Nutzung femininer Formen an entsprechender Stelle, auf Paarformen sowie auf geschlechtsneutrale Bezeichnungen Wert gelegt (vgl. Frank-Cyrus/Dietrich 1998: 63f). Für Rechtstexte wird das Binnen-I als eindeutige und auch ökonomische Variante sowohl von der Arbeitsgruppe Rechtssprache als auch von Feministinnen abgelehnt. Zwar wird es auch aus sprachwissenschaftlicher Sicht unter verschiedenen Gesichtspunkten z. B: als

„polemisch" – und nicht nur wegen der ungewohnten Schreibweise kritisiert, aber nach den neuen Rechtschreibregeln von 1996 ist die Binnengroßschreibung nicht verboten (vgl. Schoenthal 1998: 19f).

1992 erscheinen die von den Autorinnen Susanna Häberlin, Rachel Schmid und Eva Lia Wyss verfassten „Ratschläge für einen nichtsexistischen Sprachgebrauch" mit dem Grundprinzip, dass, wie es darin heißt, Frauen

> „in gesprochenen und geschriebenen Texten als eigenständige, gleichberechtigte und gleichwertige menschliche Wesen behandelt [werden]. Sie werden mit Respekt, Würde und Ernsthaftigkeit dargestellt. Frauen werden sichtbar gemacht, Frauen werden explizit, symmetrisch und an erster Stelle genannt" (Häberlin/Schmid/Wyss 1992: 12).

Die Deutsche UNESCO-Kommission in Bonn, der u. a. Hellinger angehört, gibt 1993 ebenfalls „Richtlinien für einen nicht-sexistischen Sprachgebrauch" (Richtlinien Unesco 1993) heraus, nach denen „das generische Maskulinum in Ableitungen und Zusammensetzungen beibehalten werden kann, wenn sich keine geeignete Umformung anbietet" (Hellinger et al. 1989: 13, Richtlinien Unesco 1993: 19). Die Autorinnen heben zudem hervor: „Adjektive mit maskuliner Basis gelten als geschlechtsneutral (*ärztlich, bäuerlich*...). [...] Substantivische Ableitungen (*Arbeiterschaft, Bürgertum*) werden im Allgemeinen akzeptiert". Ansonsten „werden Paarform und geschlechtsneutrale Formen gleichermaßen berücksichtigt" (Frank-Cyrus/Dietrich 1998: 65). Im 1998 veröffentlichten Anredenbuch, dem „Protokollarischen Ratgeber", von Theodor Graf Finck von Finckenstein werden entsprechend den männlichen Amts- und Würdenbezeichnungen auch die weiblichen gegenüber gestellt, obwohl dieses Buch in „nichtfeministischer Tradition" steht (vgl. Samel 2000: 142).

In der DDR herrschte eine andere Sprachsensibilität vor, die sich im vorwiegenden Gebrauch der Maskulina niederschlägt und sich in dem Gebiet bis heute zu einem gewissen Teil erhalten hat. Die Linguistin Gisela Trempelmann schreibt hierzu:

> „Denn obwohl ein West-Ost-Einfluss im Bereich von movierten Feminina festzustellen ist, wird das Femininum zur Bezeichnung von Frauen außerhalb politischer Zusammenhänge längst nicht konsequent gebraucht" (Trempelmann 1998: 41).

Ingrid Samel führt dazu aus:

> „Viele Frauen halten maskuline Sprachformen für nicht diskriminierend, weil sie sich selbst nicht für diskriminiert halten und eine Chancengleichheit der Geschlechter vermuten. [...] [Das] muß nicht als Ausdruck der Unterdrücktheit der Ostfrauen gewertet werden. Es ist durchaus ein bewußter Gebrauch von Sprache“ (Samel 2000: 124).

Mit der Vereinbarkeit von Mutterschaft und Berufstätigkeit, welche eine offizielle Beschäftigungsquote von über 90 Prozent zur Folge hatte, betrachtete die DDR-Staatsführung 1975 die Frauenfrage als soziale Frage als gelöst und die sprachliche Präsenz von Frauen mithin für hinfällig. Männer und Frauen waren offiziell gleichgestellt. Seit der Vereinigung der beiden deutschen Staaten existieren diese Unterschiede im Sprachgebrauch auch weiterhin – Samel zufolge der „Gebrauch des Maskulinums (Ost) und der fortschreitende Gebrauch der Beidnennung (West)“ (vgl. a.a.O.: 125). Das Splitting ist nach Trempelmanns Ansicht heutzutage „im Bereich der Politik (im weitesten Sinn) m. E. im Rahmen von *political correctness* zu sehen“ (Trempelmann 1998: 46). Sie hebt weiterhin hervor:

„Wenn man bedenkt, dass das große I in Personenbezeichnungen erst nach der Wende allgemein bekannt wurde, ist sein Auftreten in ganz unterschiedlichen kommunikativen Bereichen bemerkenswert“ [...] „Das generische Maskulinum war und i s t das vorherrschende sprachliche Mittel zur Bezeichnung von Frauen. Diese Beobachtung gilt für Ost und West“ (ebd.).

Von den hier beschriebenen Strategien für einen geschlechtergerechteren Sprachgebrauch sind in unserer täglichen Sprache fast alle mit unterschiedlichem Anteil zu finden – am seltensten wohl aber die von Pusch geforderte Strategie der totalen Feminisierung. Fraglich ist bei dieser Strategie, ob sie aufgrund ihrer Radikalität nicht doch eher das Gegenteil des erwünschten Effektes erzielt. Allen Maßnahmen ist hingegen gemein, dass sie einen reflektierten Umgang der sprechenden Personen mit der Sprache voraussetzen.

2.2 In Spanien

Einer der bedeutendsten VertreterInnen der spanischen feministischen Sprachwissenschaft ist der Professor der Ingenieurwissenschaften und Sprachwissenschaftler Álvaro García Meseguer, der mit seinen beiden Werken *Lenguaje y Discriminación Sexual* (1. Auflage 1977; 1988 in 3. Auflage erschienen) und *¿Es sexista la Lengua española? Una Investigación sobre el Género gramatical* (1994) die Grundlage für die moderne feministische Linguistik geschaffen hat. Er hat damit nicht nur die feministische Sprachkritik begründet, die die spanische Sprache und noch vielmehr den Sprachgebrauch als sexistisch und diskriminierend herausstellt, sondern auch zu einem reflektierteren Sprachgebrauch angeregt, wie im Folgenden herausgestellt werden soll.

So wird beispielsweise in dem 2007 erschienenen *Manual de Estilo del Lenguaje Administrativo,* das den Sprachgebrauch der öffentlichen Verwaltung im Hinblick auf eine geschlechtergerechte Verwendung regelt, auf García Meseguer referiert (Miguel Rodríguez de la Rubia Sánchez de Molina 2007: 51).

Dieses *Manual de Estilo* ist das aktuellste Werk mit Empfehlungen für einen nicht sexistischen Sprachgebrauch in der öffentlichen Verwaltung Spaniens, das im Rahmen dieses Kapitels betrachtet werden wird. Außerdem werden zwei weitere Arbeiten behandelt, welche ebenfalls im Auftrag der öffentlichen Verwaltung erstellt wurden: a) das *Manual de Estilo del Lenguaje Administrativo* (1990) im Auftrag des *Ministerio para las Administraciones Públicas*, das sich aber nur z. T. mit dem geschlechtergerechten Sprachgebrauch beschäftigt, sowie b) *Nombra – La Representación del Femenino y el Masculino en el Lenguaje* (1995), das im Auftrag des *Instituto de la Mujer* einzig mit dem Ziel eines nicht sexistischen Sprachgebrauchs von Expertinnen verfasst wurde.

Das von Journalistinnen verfasste *Libro de Estilo para evitar el Sexismo en los Medios de Comunicación* aus dem Jahr 2004 ist gerade im Hinblick auf die vorliegende Arbeit von Interesse, weil es eine Art Stilcode, wenn auch unverbindlich, für die Medien hinsichtlich eines geschlechtergerechten Sprachgebrauchs darstellt. Das *Libro de Estilo* klärt dabei umfassend und detailliert über die Probleme, die bei der sprachlichen Widerspiegelung der Frauen in den Medien vorkommen, auf.

Zunächst sollen aber die beiden wichtigsten und ebenfalls detaillierten Werke von A. García Meseguer betrachtet werden. Im Anschluss daran werden die weiteren Arbeiten zur feministischen Sprachwissenschaft in Spanien in chronologischer Reihenfolge behandelt.

2.2.1 Die feministische Sprachwissenschaft nach Á. García Meseguer

Á. García Meseguers sprachwissenschaftliche Studien gründen auf der historisch veränderten und sich verändernden Rolle der Frauen, und damit einhergehend, der Rolle der Sprache sowie deren Verwendung.

Die Begriffsdefinition des Feminismus im *Diccionario de la Real Academia Española* (*DRAE*), kritisiert er deutlich mit folgenden Worten:

> „Feminismus: ‚Den Frauen wohlgesinnte gesellschaftliche Lehre, die ihnen die *bisher nur Männern vorbehaltenen* Fähigkeiten und Rechte verleiht.' [In dieser Definition] ist die Wortwahl mit ‚ihnen verleiht' anstelle von ‚ihnen gewährt' Ausdruck des Paternalismus" (García Meseguer 1988: 39)[1].

Nicht nur die Wortwahl der *Real Academia Española (RAE)* missfällt ihm, sondern er verleiht seinem zweiten Kritikpunkt innerhalb dieser Definition durch Kursivschreibung Ausdruck, wonach Frauen entsprechend dieser Definition erst die „*bisher* den Männer vorbehaltenen Rechte" erhalten (*DRAE* 1970). In diesem Zusammenhang verweist Á. García Meseguer auf die Mitgliedschaft Spaniens in den *Vereinten Nationen (VN)* seit 1955 und deren *Allgemeine Erklärung der Menschenrechte* von 1948, welche in Art. 2 jegliche Diskriminierung, u. a. aufgrund des Geschlechts, verbietet (vgl. „Allgemeine Erklärung der Menschenrechte"). Zwar sollte eine Anerkennung der Menschenrechte mit dem Beitritt zu den Vereinten Nationen einhergehen; völkerrechtlich bindend sind sie jedoch nicht (Hartmut Jäckel 2000: 240). Wie Anspruch und Realität in Bezug auf die rechtliche und gesellschaftliche Stellung der Frauen im franquistischen Spanien aussehen, soll in den nach diesem Kapitel folgenden Teilen der Arbeit betrachtet werden.

1 „Feminismo: ‚Doctrina social favorable a la condición de mujer, a quien concede capacidad y derechos *reservados hasta ahora* a los hombres' (*Diccionario de la Lengua Española* 1970). [En esta definición] … el uso de la expresión ‚a quien concede' en vez de ‚a quien reconoce' es una muestra de paternalismo" (García Meseguer 1988: 39).

Eine treffendere und weitaus umfangreichere Begriffsklärung zu *Feminismo* findet A. García Meseguer bei der ältesten feministischen Gruppierung Spaniens, dem *Semanario de Estudios Sociológicos sobre la Mujer* (García Meseguer 1988: 49). Sie lautet:

> „Der Feminismus ist:
> - *ein System von Ideen*, das vom Blickwinkel der Frauen ausgehend alle Bereiche der Gesellschaft berührt: Bildung und Erziehung, Familie, Arbeit, Politik, Wirtschaft, Religion, Freizeit usw.;
> - *eine Lebenseinstellung*, unbequem und reflektiert, die die Person als Ganzes betrachtet und die ihr Verhalten reflektiert;
> - *eine Bewegung*, die sich dem gesellschaftlichen Wandel verschrieben hat" (García Meseguer (1988: 49)[2].

Als Ziel des Feminismus sieht A. García Meseguer eine Gemeinschaft von Personen, in der die Geschlechterzugehörigkeit an sich keine Rolle spielt, sondern in der, abgesehen von den biologischen Unterschieden, wie er schreibt, „jede Handlung, Eigenschaft oder Verhalten als *menschlich* und nicht als männlich oder weiblich betrachtet werden soll" (a.a.O.: 48). Um dieses Ziel zu erreichen, ist es unbedingt notwendig, einen diskriminierenden und sexistischen Gebrauch der Sprache als solchen zu erkennen, auch wenn dieser noch so subtil sein oder uns noch so gewohnt erscheinen mag. Wichtig ist dabei in erster Linie die Unterscheidung von „sozialem Sexismus (auf der Ebene der Realität)" und „sprachlichem Sexismus (auf der Ebene der Sprache"; García Meseguer 1994: 24), welche zwar eng miteinander verbunden sind, aber, so ist bei A. García Meseguer zu lesen, „ersterer ist die Ursache des zweitgenannten, aber der zweitgenannte (sprachliche) trägt dazu bei, den ersten (sozialen) zu verstärken, da der Sprachgebrauch teilweise die Mentalität der Sprechenden beeinflusst" (García Meseguer 1994: 26).

Zur Aufdeckung sprachlich diskriminierender Situationen schlägt der Sprachwissenschaftler die sog. *Regla de la Inversión* (Inversionsregel) vor, mit

2 „El feminismo es:
- *un sistema de ideas* que, partiendo de la problemática de la mujer, afecta a todas las dimensiones de la sociedad: educación, familia, trabajo, política, economía, religión, ocio, etc.;
- *una actitud ante la vida*, visceral y reflexiva, que compromete a toda la persona y se refleja en su comportamiento;
- *una acción movilizadora*, que lleva en sí el cambio social" (García Meseguer 1988: 49).

deren Hilfe maskuline durch feminine sowie feminine durch maskuline Formen in der Sprache in jeglichem sozialen Kontext ersetzt werden sollen. Wenn danach der Inhalt noch mit dem vorher Formulierten übereinstimmt, ist davon auszugehen, dass die Aussage nicht sexistisch war. Sollte sie nun aber eigenartig oder gar befremdlich klingen, handelt es sich nach A. García Meseguers Erfahrungen fast immer um eine sexistische Situation (García Meseguer 1988: 49). Selbst auf Fotos, Abbildungen oder gar Zeitungsrubriken ist diese Inversionsregel anwendbar. Diesbezüglich nennt er beispielsweise die damals recht übliche Zeitungsrubrik „Página de la Mujer". Erst durch die Anwendung der Inversionsregel wird offensichtlich, dass die „Página de la Mujer" suggeriert, dass sich alle anderen Zeitungsseiten ausschließlich an Männer richten und möglicherweise auch ausschließlich von Männern gelesen werden; diese Seiten jedoch nicht explizit als „Páginas del Varón" bezeichnet werden müssen. Der Titel „Página de la Mujer" allein ist schon sexistisch; der Inhalt ist es, als logische Konsequenz dessen, ebenfalls.

Auch wenn Frauen die gleichen Rechte haben wie Männer, ist die Inversionsregel immer noch hilfreich bei der Aufdeckung von sexistischem Sprachgebrauch, so z. B. wenn Frauen vor allem in vormals männertypischen Domänen wie dem Boxen zu finden sind. Zum Zeitpunkt der Entstehung seines ersten Werkes zur feministischen Sprachwissenschaft mag das Beispiel einer Boxerin undenkbar gewesen sein. A. García Meseguer erhoffte sich durch die Präsenz der Frauen in vormals männertypischen Tätigkeiten, dass diese, wie bei ihm zu lesen ist, „entweder allen Menschen zueigen gemacht werden oder von der Gesellschaft zunehmend unterlassen werden, bis sie endgültig verschwinden. Beide Varianten würden sich auf jeden Fall vorteilhaft auswirken" (García Meseguer 1988: 52).

Das *DRAE* hingegen manifestiert die sexistisch-patriarchalische Kultur mit Hilfe seiner entsprechend sexistischen Begriffsdefinitionen und fördert somit deren Weiterverwendung in unveränderter Bedeutung, wie noch in den folgenden Unterkapiteln in detaillierter Form zu *Sexismo Léxico* und *Sexismo Sintáctico* zu lesen sein wird. Der Sprachwissenschaftler hat es sich zur Aufgabe gemacht, den auf dem *Sexismo Social* basierenden *Sexismo Lingüístico* aufzudecken und dessen Merkmale und Auswirkungen in seinen Büchern (vor allem von 1988 und 1994) zu beschreiben, zu analysieren und für viele Beispiele geeignete sprachliche Alternativen zu finden. Dabei untergliedert er den *Sexismo Lingüístico* in *Sexismo Léxico*, dem „Gebrauch einzelner Wörter", und

Sexismo Sintáctico, der „Struktur der Sätze, der Absätze und sogar des gesamten Textes" (García Meseguer 1994: 55). Der *Sexismo Léxico* entspricht dabei dem *Sexismus auf der lexikalischen Ebene* (Wortbestand) als Subsystem des Sprachsystems (*langue*). Der *Sexismo Sintáctico* tangiert sowohl Aspekte der Grammatik als Subsystem des Sprachsystems als auch Aspekte des Sprachgebrauchs. Da seine Konzepte aber nicht vollständig mit denen der deutschen feministischen Sprachkritik übereinstimmen, sollen in diesem Kapitel die spanischen Termini beibehalten werden. Dies ermöglicht eine korrekte Wiedergabe von A. García Meseguers Betrachtungen zur spanischen feministischen Sprachwissenschaft. Dass beide Konzepte letztendlich sehr eng miteinander verknüpft sind, zeigt sich auch in Á. García Meseguers Abhandlungen, in denen seine ausgewählten Beispiele teilweise im Hinblick auf den *Sexismo Léxico* und *Sexismo Sintáctico* kritisiert werden, nicht zuletzt auch wegen der im *DRAE* vorgeschlagenen Anwendungsbeispiele zum Sprachgebrauch. Die bereits behandelte *Regla de la Inversión* bespricht er beispielsweise beim *Sexismo Léxico*. Die *Regla de la Inversión* eignet sich hervorragend, um die Problematik dieses Kapitels zu verdeutlichen, weil sie A. García Meseguer zufolge „aus methodologischer Sicht eine absolut neutrale Regel" ist (García Meseguer 1994: 25).

2.2.1.1 Sexismo Léxico

Viele der von A. García Meseguer betrachteten, nun folgenden Kritikpunkte hinsichtlich der sexistischen Lexik lassen sich ebenfalls mit Hilfe der Inversionsregel als sexistisch entlarven. Zunächst soll jedoch die Grundlage dieses Unterkapitels kurz betrachtet werden: das Genussystem der spanischen Sprache.

Das Spanische verfügt über drei Genera für Substantive: *femenino, masculino* und „*común*", ein gemeinsames Genus für beide Geschlechter, wie z. B. im Fall von *el periodista, la periodista,* ohne dass sich dabei die Form des Substantives ändert (García Meseguer 1988: 137). A. García Meseguer bezeichnet die vom *DRAE* verwendete, traditionelle Bezeichnung des *Género Común* als irreführend insbesondere für NichtmuttersprachlerInnen, da sie suggeriert, es gäbe im Spanischen drei Genera. Tatsächlich handelt es sich bei der traditionellen Bezeichnung *Género Común* um eine terminologische Abgrenzung zu den Substantiven, die ausschließlich einem Genus, *femenino o masculino*, zuzuordnen sind (vgl. García Meseguer 1994: 100).

Folglich gibt es jeweils auf Männer oder Frauen referierende Substantive (*el varón, el abogado* bzw. *la mujer, la abogada*); Substantive im Genus Commune, welche auf beide Geschlechter referieren können und dabei das Geschlecht der Person am Artikel zu erkennen ist (*Género Común: el fiscal, la fiscal*), sowie Substantive, die mit *einem* Genus beide natürlichen Geschlechter bezeichnen können (*la persona, el personaje*). An dieser Stelle wird bereits deutlich, dass Genus, also das grammatische Geschlecht, und Sexus, das Geschlecht einer Person, nicht unbedingt übereinstimmen, so dass A. García Meseguer das Genus, wie bei ihm steht, als „grammatikalischen Unfall" der traditionellen Grammatik bezeichnet:

> „der dazu dient, das biologische Geschlecht der Personen anzuzeigen [...]. Diese Identifizierung des grammatischen Geschlechts mit dem biologischen Geschlecht der Personen ist falsch und ihr wohnen alle psycholinguistischen Übel inne, die wir untersuchen [...]. [...] Die Spanischsprechenden haben beide Konzepte, Genus und Sexus, in ihrem Unterbewusstsein eng miteinander verbunden ..." (García Meseguer 1988: 137)[3].

Die drei genannten Genera sind ebenso bei Adjektiven und Pronomen vorhanden, nicht jedoch bei den Artikeln, die nur das maskuline und feminine Genus kennen.

Die spanische Sprache ist auf der lexikalischen Ebene hinsichtlich der Bezeichnung und der Art und Weise der Bezeichnung von Männern und Frauen ähnlich von Asymmetrien geprägt wie die deutsche Sprache. A. García Meseguer beschäftigt sich mit dem *Sexismo Léxico* hauptsächlich in seinen Auswirkungen auf die *Pares Incorrectos*; die *Duales Aparentes* mit ihren verschiedenen Facetten der Herabwürdigung von Frauen, von *Vacíos Léxicos* und *Vocablos Ocupados*; dem *Olvido de la Mujer*; die Vornamen, Anreden und Familiennamen von Männern und Frauen; dem Sonderfall *hombre*; dem generischen Maskulinum und der damit in Zusammenhang stehenden Maskulinisierung der Sprache und schließlich die Personal- und Relativpronomen.

3 „Según la gramática tradicional, el *género* es un accidente gramatical que sirve para indicar el sexo de las personas, [...]. Esta identificación del género gramatical con en sexo de las personas es incorrecta y en ella residen todos los males psicolingüísticos que estamos analizando, [...]. [...] los hispanohablantes tienen íntimamente ligados ambos conceptos, género y sexo, en su subconsciente, [...]" (García Meseguer 1988: 137).

Einer der ersten seiner angeführten Kritikpunkte sind die *Pares Incorrectos*, bei denen einem ein bestimmtes Geschlecht bezeichnendes Wort ein unpassendes Äquivalent für das jeweils andere Geschlecht zugeordnet wird. Den typischsten Fall beschreibt er mit „varón – hembra“: Letzteres hält er als Frauenbezeichnung für diffamierend, weil es sich im Gegensatz zu *varón* nicht nur auf Personen, sondern auch auf Tiere beziehen kann (García Meseguer 1994: 28f). Dieser Tatsache wurde mit dem reformierten Artikel 170 der Verordnung über das Personenstandsregister (*Reglamento del Registro Civil*) im Jahr 1993 Rechnung getragen, wonach *hembra* in den Geburtsurkunden durch *mujer* ersetzt wurde (García Meseguer 1994: 29). Die angemessene männliche symmetrische Entsprechung zu *hembra* ist *macho*.

Das Wortpaar „hombre – mujer“ hält er für korrekt, wenn auch nicht für symmetrisch, da bei alleiniger Verwendung von *hombre* durch dessen Ambiguität, auf die später noch eingegangen wird, die Gefahr besteht, Frauen zu verdecken (ebd).

Beim Paar „masculino – femenino“, das er ebenfalls als korrekt betrachtet, mahnt er zur Vorsicht bei der Verwendung. Ihre Bedeutung ist offensichtlich, wenn es darum geht, das grammatische Genus eines Wortes („mesa es de género femenino“) oder das biologische Geschlecht von Menschen („equipo femenino de baloncesto“) anzuzeigen (vgl. García Meseguer 1994: 29). Wenn es sich hingegen um menschliche Eigenschaften oder Tätigkeiten handelt, sollte deren Gebrauch vermieden werden, weil es, wie er schreibt, nicht bedeutet, „was jeweils typisch Mann oder typisch Frau ist“, sondern „was in einer bestimmten Kultur als typisch Mann oder typisch Frau betrachtet wird“ (ebd.). Á. García Meseguer befürwortet stattdessen den Bezug auf „menschliche Werte“, anstatt historisch bedingt auf männliche und weibliche Werte bzw. Eigenschaften zurückzugreifen. Anhand dieses Wortpaars verdeutlicht er noch eine weitere Problematik für das Spanische. Da sich „masculino – femenino“ sowohl auf das grammatische als auch das biologische Geschlecht beziehen, kommt es oft zu einer Vermischung der Konzepte *Género* und *Sexo* (Genus und Sexus bzw. grammatisches und biologisches Geschlecht) und folglich zu einer Vermischung von *Lengua* und *Realidad* (Sprache und Realität) (a.a.O.: 30). Um die Verwechslung und Vermischung dieser Konzepte zu vermeiden und um sie unterscheiden zu können, hat Á. García Meseguer in seinem Buch von 1994 dieser Problematik ein ganzes Kapitel gewidmet, welches innerhalb dieser Arbeit unter *2.2.1.4 Género y Sexo, Lengua y Realidad* behandelt wird.

Im Deutschen stellt sich dieses Problem als nicht ganz so schwierig dar, weil u. a. durch die Existenz eines dritten Genus, des Neutrums, nicht immer Genus und Sexus gleichgesetzt werden können. Zur begrifflichen Unterscheidung der Konzepte Genus und Sexus benutzt Á. García Meseguer in seinem 1994 erschienenen Werk jeweils die Attribute *femenino – masculino* (feminin – maskulin) für *Género* und *mujeril – varonil* (weiblich – männlich) für *Sexo*. Um die von ihm beschriebenen Verwechslungen zu vermeiden, soll die Trennung beider Konzepte in dieser Arbeit mit den ihnen zugeordneten Attributen beibehalten werden.

Die *Duales Aparentes*, die scheinbaren Paarformen, sind ebenfalls Gegenstand von Á. García Meseguers feministischer Sprachkritik. Er erachtet all jene femininen Ausdrücke als sexistisch, deren entsprechende Maskulina etwas anderes als die Feminina bedeuten (vgl. García Meseguer 1994: 30). Der „hartnäckig vererbte Sexismus", wie er es formuliert, äußert sich vor allem dadurch, dass die meisten femininen Bezeichnungen im Vergleich zu den maskulinen herabwürdigen (ebd.).

Als Beispiele dieser Herabwürdigung führt er sowohl Substantive als auch Adjektive bzw. Attribute an. Bei den Attributen bietet das spanische Sprachsystem einen kleineren Anteil an geschlechtsneutralen Attributen an; den größten Teil machen hingegen die maskulinen und femininen aus. Auf den ersten Blick lassen sich dabei keine Problemfälle für die feministische Sprachkritik vermuten. Jedoch gibt es im Spanischen ebenso wie im Deutschen bei der Gegenüberstellung der femininen und maskulinen Formen von Bezeichnungen Bedeutungsunterschiede, auf welche in der deutschen Sprachwissenschaft mit „Asymmetrie" referiert wird. A. García Meseguer nennt diese *Duales Aparentes*

> „scheinbare Paarformen, deren Bedeutung sich manchmal vollständig […], manchmal nur teilweise unterscheidet oder bei der es nur kleine Abstufungen in der Bedeutung gibt. Aber in allen Fällen geht der Unterschied zu Lasten der Frau, indem sie dadurch beleidigt, geringgeschätzt oder in ihrer Bedeutung herabgewürdigt wird" (García Meseguer 1988: 113)[4].

4 „… duales aparentes. Esta [Su] diferencia de significado es total unas veces, […]; otras veces es tan sólo parcial o de ligero matiz. Pero en todos los casos, la diferencia va siempre en contra de la mujer, en el sentido de insultarla, menospreciarla o rebajar su importancia" (García Meseguer 1988: 113).

Den Archetypus einer solchen Paarform sieht er in der Gegenüberstellung von „hombre público“ („el que interviene públicamente en los negocios políticos“ bzw. „El que tiene presencia e influjo en la vida social“) und „mujer pública“ („ramera“ bzw. „prostituta“). Wie die jeweils zweite Begriffsklärung dieses Wortpaares, welche der aktuellen Version des *DRAE* entnommen ist (http://buscon.rae.es/draeI/), zeigt, hat sich deren Bedeutung nicht geändert, die Formulierung ist in beiden Fällen lediglich etwas stilisierter als die erste, von A. García Meseguer aus dem *DRAE* von 1970 zitierte Variante. Der Sprachwissenschaftler zeigt mit dieser Paarform auf, dass es im Spanischen keinen Ausdruck für eine *Person* im Allgemeinen gibt, die die Funktion eines *hombre público* übernimmt; diesen Ausdruck gibt es nur für Männer (García Meseguer 1988: 114). Dass das kein Einzelfall in der spanischen Sprache ist, demonstriert der Autor mit einer Fülle von weiteren Beispielen, wo Männer in gesellschaftlich anerkannten Funktionen und Frauen fast ausnahmslos als Prostituierte in allen Bedeutungsnuancen dargestellt werden, wie bei

> „HOMBRE DE PUNTO: m. Persona principal y de distinction; El que es puntilloso
> MUJER DE PUNTO: f. Ramera; Prostituta“
> (ebd. bzw. http://buscon.rae.es/draeI/).

> „FULANO, A: m. y f. Querido
> FULANA: f. Prostituta“
> (García Meseguer 1994: 31 und http://buscon.rae.es/draeI/).

> „PRÓJIMO: m. Hombre respecto de otro, considerados bajo el concepto de la solidaridad humana.
> PRÓJIMA: f. Mujer de poca estimación pública o de dudosa conducta; Mujer respecto del marido“ (ebd.).

Die Begriffsdefinition von *prójimo, prójima* wird mit der 23. Auflage des DRAE zumindest dahingehend verändert, dass es sich nun um eine *„persona* respecto de otra…“ handelt. Die Bedeutungsvarianten des Femininums bleiben hingegen unverändert (http://buscon.rae.es/draeI/).

Interessanterweise sind derartige Bedeutungsunterschiede in Bezug auf Männer und Frauen auch bei geschlechtsneutralen Bezeichnungen zu erkennen, wie z. B. bei dem Attribut

> „GALANTE: Atento, cortesano, obsequioso, en especial con las damas. // Aplícase a la mujer que gusta de galanteos y a la de costumbres licenciosas" (García Meseguer 1988: 119).

An dieser Bedeutung hat sich gemäß *DRAE* seither nichts Grundlegendes geändert (vgl. http://buscon.rae.es/draeI/).

Ähnliche Bedeutungsnuancen bzw. fehlende Entsprechungen macht A. García Meseguer u. a. bei kirchlichem Vokabular oder bei Berufsbezeichnungen, Sachen oder Produkten aus:

> „DIACONO: m. Ministro eclesiástico.
> DIACONISA: f. Mujer dedicada al servicio de la iglesia.
> GOBERNANTE: m. Que gobierna.
> GOBERNANTA: f. Mujer que en los hoteles tiene a su cargo el servicio (la limpieza) de un piso…." (García Meseguer 1988: 117f).

Die Bedeutung von *diacono* ist in der 22. Auflage des *DRAE* etwas umfangreicher; die von *diaconisa* wesentlich genauer definiert:

> „Mujer que en la Antigüedad era consagrada o bendecida para ejercer determinados ministerios en las iglesias cristianas" (http://buscon.rae.es/draeI/).

Sie nähert sich damit semantisch zwar der maskulinen Variante an, symmetrisch sind sie aber nicht. Ähnliches gilt für *gobernanta*: In diesem Fall ist zum Femininum eine weitere Bedeutung hinzugekommen, welche sich semantisch dem Maskulinum annähert, aber asymmtrisch bleibt: „Encargada de la administración de una casa o institución" (http://buscon.rae.es/draeI/). Die Doppelform *gobernante, gobernanta* ist vor allem aus dem Grund interessant, dass sie auch Bestandteil des vorangegangenen Unterkapitels zur deutschen feministischen Sprachkritik ist, dabei dasselbe Problem beschreibt, obwohl die Bedeutung beider Formen im Deutschen eine andere ist.

Die Asymmetrie in der Bedeutung der *Duales Aparentes* beobachtet der Autor auch bei den im *DRAE* aufgenommenen Begriffsdefinitionen von *hombre* bzw. *mujer* (dies gilt in erster Linie für Zusammensetzungen, da *hombre* allein in Abhängigkeit vom Kontext mehrdeutig ist und somit für objektive Vergleiche kaum heranzuziehen ist), bei denen sich dieses Ungleichgewicht nicht nur bei der Anzahl der Bedeutungsvarianten, sondern natürlich auch bei deren Qualität ausdrückt. Erneut werden Frauen im Verhältnis zu Männern wesentlich seltener mit positiver Konnotation und dafür wesentlich öfter mit negativer Konnotation dargestellt; letztere stehen in allen Fällen für *prostituta* (vgl. García Meseguer 1988: 116f). Ganz so gravierend stellen sich die Unterschiede bei den Einträgen im *DRAE* heutzutage nicht mehr dar, aber die Asymmetrie, darunter weiterhin zahlreiche Varianten für *prostituta*, bleibt zweifellos bestehen (http://buscon.rae.es/draeI/).

Ein großer Teil der genannten Beispiele verdeutlicht folgendes Problem: Herabwürdigende Bezeichnungen für Frauen gegenüber der jeweils männlichen Form sind nur die eine Seite; die andere ist das Fehlen entsprechender Ausdrücke, die die Frauen in dieser den Männern ebenbürtigen Position bezeichnen. Á. García Meseguer zufolge beeinflusst bereits die Existenz oder das Fehlen von Vokabular, um bestimmte Dinge zu benennen, unsere Wahrnehmung (García Meseguer 1988: 114).

Auf das Fehlen einer weiblichen Entsprechung referiert A. García Meseguer mit dem Konzept der *Vacíos Léxicos* (lexikalische Lücken), die ihm zufolge dazu beitragen, „die entsprechenden Eigenschaften bei der Frau nicht nur zu verschweigen, sondern zu verstecken" (García Meseguer 1994: 35). Um diese *Vacíos Léxicos* zu füllen, empfiehlt er u. a. eine Ableitung als Femininum wie z. B. *mujer de Estado* von *hombre de Estado*, welche im *DRAE* bisher nicht aufgenommen wurde (http://buscon.rae.es/draeI/). Wie die folgenden Beispiele zeigen, hat das *DRAE* die Definitionen einiger Personenbezeichnungen, für die A. García Meseguer noch die angebenen Definitionen liefert, in den vergangenen 15 Jahren modifiziert:

> „BAÑERO, RA: m. y f. Persona que cuida los baños y sirve a los que se bañan.
> BAÑERO: m. Dueño del baño.
> GUIA: com. Persona que encamina, conduce y enseña a otra el camino.

> GUIA: m. Persona autorizada para enseñar a los forasteros las cosas notables de una ciudad …" (García Meseguer 1988: 120f).

Beim erstgenannten Beispiel entfällt die zweite, ausschließlich Männer bezeichnende Bedeutung komplett; bei *guía* wird die maskuline Bedeutungsvariante mit in die des *Género Común*, welche beide Geschlechter umfasst, integriert (vgl. http://buscon.rae.es/draeI/).

Weitere Beispiele für *Vacíos Léxicos* findet der Spanier vor allem im Bereich der Sexualität („viril, potente – de carácter laudatorio o neutro, pero no peyorativo" für Männer, für Frauen im Sinne von „sexualmente activa" „frígida – peyorativo por defecto, y ninfómana – peyorativo por exceso") sowie in der Umgangssprache („estoy hasta los mismísimos, aludiendo a los testículos"). Er hält ebenfalls die Verwendung männlicher Varianten für Frauen für möglich, wie im Falle von *caballerosidad,* da sich die hier bedeutsame Bedeutungsvariante laut *DRAE* auf *persona* und nicht auf *caballero* bezieht, wodurch es zulässig ist zu sagen „María es todo un caballero". „María es toda una señora" hat eine andere Bedeutung und ist somit als Alternative unbrauchbar (vgl. García Meseguer 1994: 36f).

Das Beispiel des Friseurs bzw. der Friseurin im Spanischen ist ähnlich dem des/der *bañero/bañera*, das neben einem *Vacío Léxico* noch eine weitere Asymmetrie in der Bedeutung aufzeigt:

> „PELUQUERO, RA: m. y f. Persona que tiene por oficio peinar …
> PELUQUERO: m. Dueño de la peluquería.
> PELUQUERA: f. Mujer del peluquero" (García Meseguer 1988: 120).

Die hier noch hinzukommende feminine (und bis heute existente; vgl. http://buscon.rae.es/draeI/) Bedeutungsvariante referiert auf den Familienstand der Frau und folglich indirekt auch auf ihre Abhängigkeit vom Mann. „Dueño de la peluquería" – Inhaber des Friseursalons – kann der aktuellen Auflage des *DRAE* zufolge nun auch „la peluquera" sein (ebd.).

Im Allgemeinen bezeichnet der spanische Sprachwissenschaftler Doppelformen, bei denen die feminine Variante durch eine andere (herabwürdigende) Bedeutung als die der maskulinen belegt ist, als *Vocablos Ocupados* (García Meseguer 1994: 37). Auf viele der oben bereits behandelten Doppelformen („mujer pública") trifft dies zu, auch wenn sie heutzutage immer häufiger „in ihrem angebrachten Sinn und nicht dem der Prostituierten“ zu finden sind, denn, so schreibt er,

> „Einige dieser belegten Wörter entwickeln sich mit der Zeit weiter und nehmen der Lebenswirklichkeit entsprechendere Bedeutungsvarianten an, was das Problem löst. So ist es vor Kurzem mit der Bedeutungsvariante von *alcadesa* geschehen, die innerhalb weniger Jahre von der Bezeichnung der ‚Frau des Bürgermeisters‘ in die Bezeichnung ‚weiblicher Bürgermeister‘ [mujer alcalde] übergegangen ist“ (García Meseguer 1994: 37)[5].

Im aktuellen *DRAE* finden sich beide Definitionen von *alcaldesa* (http://buscon.rae.es/draeI/). Ein ähnliches Beispiel führt er mit *secretario, secretaria* an, bei dem in der Vergangenheit die maskuline Form für „varón que ejercía funciones autónomas, de mayor o menor relevancia…“ und die feminine Form für „mujer que ejercía funciones auxiliares a las órdenes de un jefe“ stand (ebd.). Gegenwärtig besteht die einzige Asymmetrie des Wortpaares in einer Definition von „secretaria: f. mujer del secretario“ (http://buscon.rae.es/draeI/).

Tatsächlich verfügen viele der im Spanischen existenten maskulinen Berufsbezeichnungen für Männer nicht über ein entsprechendes, Frauen bezeichnendes Femininum, sofern dieser Beruf nicht traditionell von Frauen ausgeübt wurde. In wesentlich geringerem Umfang trifft dies auch auf Frauen bezeichnende Feminina zu, die traditionell nicht über eine maskuline Entsprechung verfügen. A. García Meseguer behandelt diese Problematik in einem separaten Unterkapitel unter dem Titel „Cargos, oficios y profesiones“.

Um den zumeist traditionellen Männerberufen eine Frauen bezeichnende Entsprechung an die Seite zu stellen und somit die Sprache der gesellschaftlichen Wirklichkeit anzupassen, schlägt der Sprachwissenschaftler die folgenden drei Möglichkeiten vor:

5 „Algunos de estos vocablos ocupados van desarrollando, con el tiempo, nuevas acepciones más acordes con la realidad de la vida actual, lo que resuelve el problema. Así ha sucedido recientemente con la voz alcaldesa, la cual ha pasado, en pocos años, de designar ‚mujer del alcalde‘ a designar ‚mujer alcalde‘“ (García Meseguer 1994: 37).

„a) Feminisierung des maskulinen Terminus: ‚la jueza', ‚la obispa' (in Anlehnung an ‚la abogada', ‚la maestra');
b) Kommunisierung des maskulinen Terminus: ‚la juez', ‚la obispo' (in Anlehnung an ‚la fiscal', ‚la testigo');
c) Androgynisierung des maskulinen Terminus: ‚el juez', ‚el obispo' (in Anlehnung an ‚el ser', el personaje)" (García Meseguer 1994: 50f)[6].

Die drei Möglichkeiten *feminización* (Feminisierung), *comunización* (Kommunisierung) und *androginización* (Androgynisierung) können gleichermaßen sowohl im sexistischen als auch nichtsexistischen Sinn gebraucht werden, wobei A. García Meseguer zufolge „zwei einander entgegengesetzte Faktoren" eine Rolle spielen (a.a.O.: 51): Einerseits soll die Sprache durch ihr System so viele Informationen wie möglich mit so geringem Aufwand (Sprachökonomie) wie nötig bereithalten, was für die Variante der *Feminización* spricht. Andererseits soll dem gesellschaftlichen Trend, geschlechterspezifische Unterschiede zu beseitigen, Rechnung getragen werden, wonach die Variante der *Comunización* zu bevorzugen ist. Auf längere Sicht hingegen, so schreibt A. García Meseguer, steht das Ziel der *Androginización* „entsprechend einer immer weitergehenden semantischen Schwächung des Genus als grammatischer Kategorie", auch wenn er bei deren übertriebener Anwendung wiederum Probleme einräumt (ebd.).

Folglich gibt es keine einheitliche zufriedenstellende Lösung zur Bildung von Entsprechungen, die semantisch beiden Geschlechtern gerecht wird. Empfehlenswert ist es daher, je nach Fall die passende Variante zu wählen (vgl. a.a.O.: 52).

In den nachfolgend angeführten Beispielen mit ihren Begriffsklärungen werden Frauen gar „vergessen" oder „überraschenderweise diskriminiert":

„NIÑADA: Hecho o dicho impropio de la edad *varonil.* […]
NOVEL: Nuevo, principiante o sin experiencia en las cosas. Se aplica sólo a personas, y de éstas, *únicamente a los varones.*

6 a) feminización del término masculino: „la jueza", „la obispa" (por analogía con „la abogada", „la maestra");
b) comunización del término masculino: „la juez", „la obispo" (por analogía con „la fiscal", „la testigo");
c) androginización del término masculino: „el juez", „el obispo" (por analogía con „el ser", el personaje") (García Meseguer 1994: 50f).

> REINAR: Regir *un rey o príncipe* un Estado.“
> (García Meseguer 1988: 121).

Erstgenannter Terminus, die Kinderei, ist als einziges dieser drei Beispiele mit unveränderter Erklärung im *DRAE* zu finden. Die Erklärung für *novel* spezifiziert aktuell das Geschlecht der Person nicht mehr. Während in der 22. Auflage (2001) des *DRAE* das Verb *reinar* noch mit eben dieser Definition eingetragen war, wird es in der 23. Auflage, welche mit ihren Veränderungen im Internet bereits verfügbar ist, keine geschlechterspezifische Erklärung mehr gegeben. Sie wurde zugunsten folgender geschlechtsneutraler Definition gestrichen:

> „REINAR: Ejercer en una monarquía la jefatura del Estado.“
> (http://buscon.rae.es/draeI/).

Der Mechanismus des „Vergessens“ – *el Olvido de la Mujer*, wie A. García Meseguer ihn nennt – kann als Sonderfall der männlichen Sicht auf Dinge (*la Óptica de Varón*, auf die unter *Sexismo Sintáctico* näher eingegangen wird) betrachtet werden, da historisch bedingt ausschließlich Männer als Adressaten der Texte galten (García Meseguer 1994: 33).

Mit Hinblick auf den Mechanismus des Vergessens betrachtet er Bezeichnungen, für die es keine maskuline oder feminine Doppelform gibt. Oft referieren diese wieder auf den Familienstand oder auf sexuelle Beziehungen:

> „CONSENTIDO: Dícese del marido que sufre la infidelidad de su mujer. […]
> CUCLILLO: Marido de la adúltera. […]
> CAZADOTES: El que trata de casarse con una mujer rica. […]
> BRAGUETERO: Dícese del hombre dado al vicio de la lascivia.
> SOTA: Mujer insolente y desvergonzada.
> SURIPANTA: Mujer ruin, moralmente despreciable.“
> (García Meseguer 1988: 122ff).

Die inhaltliche Definition dieser Konzepte ist im *DRAE* nach wie vor dieselbe.

Zur Qualität der Frauen bezeichnenden Termini schreibt A. García Meseguer:

> „Die Vielfalt an Frauen beleidigenden Ausdrücken ist in der spanischen Sprache fast grenzenlos. […] Die Sprache meißelt den Sexismus in unser tiefstes Inneres ein." (a.a.O.: 125)[7].

Zum Verhältnis von Sexismus und (spanischer) Sprache wird er unter *„2.2.1.4. Género y Sexo, Lengua y Realidad"* genauer eingehen und diese Sichtweise zumindest teilweise korrigieren.

Positive feminine Konzepte hingegen benennt der Autor nur wenige, wie z. B.

> „OLMA: Olmo muy corpulento y frondoso" (García Meseguer 1988: 125).

Deren Herkunft bzw. Entstehung kann er nicht mit Sicherheit klären.

Außerdem werden im Spanischen die Vornamen der Frauen wesentlich öfter im Diminutiv verwendet als die der Männer (a.a.O.: 130). Das gilt prinzipiell für alle weiblichen Vornamen. Zudem gibt es auch Frauennamen, die von der männlichen Form abgeleitet werden, wie die folgenden: „Ernesto – Ernestina, Leopoldo – Leopoldina" (ebd.). Diese Verkleinerungsform vermittelt die Absicht, Frauen kleiner und hilfsbedürftig darzustellen (ebd.).

Eine in der Vergangenheit ebenfalls sehr übliche Verkleinerungsform ist *señorita*, abgeleitet von der Grundform *señora*. Sie beziehen sich auf eine ledige bzw. verheiratete Frau. Im Gegensatz dazu steht *señor* für einen Mann unabhängig von seinem Familienstand (vgl. García Meseguer 1994: 26). Dazu heißt es bei A. García Meseguer:

> „So zeigt sich, wie die traditionelle Kultur dem Mann an sich Persönlichkeit verleiht, während diese der Frau abhängig von ihrer Beziehung zum Mann verliehen wird: Wenn sie verheiratet ist (Ehefrau des), verdient sie eine Anrede, wenn sie es nicht ist (Tochter von), verdient sie eine andere. Es gibt folglich einen versteckten Sexismus in den Anreden und Höflichkeitsformen" (ebd.)[8].

7 „La riqueza del castellano para insultar a la mujer casi no tiene límites. […] La lengua graba el sexismo en lo más profundo de nosotros" (García Meseguer 1988: 125).

8 „Se pone así de manifiesto cómo la cultura tradicional otorga la personalidad al varón por sí mismo, en tanto que a la mujer se la otorga en función de cuál sea su relación con el varón: si es casada (mujer de), merece un tratamiento; si no lo es (hija de), merece otro. Hay, pues, un sexismo oculto en los tratamientos de cortesía" (García Meseguer 1994: 26).

Diese sich in der Sprache widerspiegelnde Abhängigkeit der Frau vom Mann war vor einiger Zeit für amerikanische Feministinnen Anlass, neben den bereits bestehenden Anredeformen für Frauen Mrs und Miss eine dritte, Ms, einzuführen, welche auf erwachsene Frauen unabhängig von ihrem Familienstand referiert und in der englischen Sprachgemeinschaft zunehmend gebraucht wird (García Meseguer 1994: 27). Für das Spanische scheint es zumindest, wie der Sprachwissenschaftler feststellt, eine Tendenz zu geben, die Abkürzung „Sa" anstelle von „Sra" für *señora* und „Sta" für *señorita* zu verwenden. Gemäß *DRAE* bleiben die Bedeutungen von *señora* und *señorita* trotz eines mit der 23. Auflage des *DRAE* veränderten Eintrags von *señor,a* unverändert: *señora* steht weiterhin für „mujer casada o viuda", *señorita* weiterhin für „mujer soltera" (beide: http://buscon.rae.es/draeI/). Trotz der Tatsache, dass es auch einen *señorito* gibt, liegt jedoch auch in dieser Bedeutung des Terminus wieder eine semantische Asymmetrie gegenüber der femininen Entsprechung vor (wobei *señorito, señorita* zwei symmetrische und drei asymmetrische Bedeutungen aufweist; García Meseguer 1994: 27.).

Einen ähnlichen Hierarchieunterschied stellt A. García Meseguer bei der Verwendung der Namen in der Arbeitswelt fest: Unabhängig von der hierarchischen Ebene, in der Frauen arbeiten, werden sie mit ihrem Vornamen oder gar dem Diminutiv angesprochen, Männer in gleicher Position hingegen mit ihrem Familiennamen oder, wenn es der Vorname ist, mit dem Zusatz *don* (García Meseguer 1988: 131).

Zur Zusammensetzung der Familiennamen bei Frauen gibt der spanische Sprachwissenschaftler einen geschichtlichen Abriss, der die vergangenen Jahrzehnte beleuchtet und immerhin mit zwei großen Veränderungen aufwartet (vgl. García Meseguer 1988: 161). Der Tradition entsprechend übernahmen Frauen den Familiennamen ihres Ehemannes mit der vor dem Familiennamen stehenden Präposition *de*, welches im Laufe von 20–30 Jahren durch ausländischen Einfluss entfiel (vgl. García Meseguer 1988: 161). Durch diese Regelung wurden die Frauen im Gegensatz zu den Männern auf sprachlicher Ebene unsichtbar gemacht. A. García Meseguer referiert darauf mit *la ocultación de la mujer en el lenguaje* (ebd.). In zunehmendem Maße behalten Frauen jedoch ihren Familiennamen. A. García Meseguer sieht darin, so heißt es bei ihm,

> „ein weiteres Zeichen für den Wunsch der Frau, ihre Würde wiederzuerlangen und lieber als eigenständige Person und nicht durch ihre Be-

> ziehung zu einem Mann gesehen zu werden. Ob Juana López nun verheiratet ist oder nicht, mag jedeR als unterschiedlich wichtig erachten, aber es ist nicht so wichtig, dass es das Verschwinden der eigenen Persönlichkeit rechtfertigt" (García Meseguer 1988: 161)[9].

Die gesetzliche Regelung zu den Familiennamen im heutigen Spanien wird in Kapitel *3 Die rechtliche Stellung der Frau in Spanien* näher betrachtet.

Ein letztes Merkmal für die geschlechterspezifische Asymmetrie bei Namen ist das Hinzufügen des bestimmten Artikels vor dem Familiennamen einer Frau wie beispielsweise „la Caballé, la Pardo Bazán" (García Meseguer 1994: 33).

Prinzipiell plädiert Á. García Meseguer bei der Anrede in der Schriftsprache für die Beidnennung, „el doble tratamiento", wenn das Geschlecht der angesprochenen Personen unklar ist (a.a.O.: 28). Wie im Beispiel „querido amigo/a" empfindet er eine einmalige Referenz auf Frauen als ausreichend, „wenn eine zweimalige Nennung als lästig empfunden wird". Die Reihenfolge von maskuliner und femininer Bezeichnung in Anreden spielt seiner Meinung nach keine Rolle (ebd.).

Unter dem Aspekt der oben bereits erwähnten *Ocultación de la Mujer en el Lenguaje* befasst sich der spanische Autor neben den Familiennamen der Frauen auch mit anderen Facetten des Mitgemeintseins und Miteingeschlossenseins, wie dieser Mechanismus von den deutschsprachigen Sprachwissenschaftlerinnen I. Samel (2000) und S. Trömel-Plötz (1984) bezeichnet wird. Á. García Meseguer zeigt am grammatisch-lexikalischen Aufbau des Spanischen, wie auch diese unterschiedlichen Mechanismen die gesellschaftliche Präsenz der Frauen verdecken. Dazu gehören a) die Ambiguität des Terminus *hombre*, b) die Anwendung des generischen Maskulinums, c) die z. T. daraus resultierende „Maskulinisierung" der Sprache sowie d) bestimmte Aspekte bei der Verwendung der Relativpronomen sowie die Personalpronomen. Diese werden nachfolgend näher beschrieben.

Ein weiterer Fall der *Ocultación de la Mujer en el Lenguaje*, auf den A. García Meseguer eingeht, ist der des Terminus *hombre*. Vom lateinischen Wort

9 „[Que la mujer emplee su propio nombre es] un signo más del anhelo de dignificación de la mujer que prefiere ser considerada en sí misma y no por su relación con un varón. Que Juana López esté o no casada, es una circunstancia todo lo importante que se quiera, pero no tanto como para que desaparezca por ello su propia personalidad" (García Meseguer 1988: 161).

hominis – Mann, Mensch abstammend, hat es im Spanischen seine Bedeutung im Wesentlichen nicht verändert. Demzufolge sind die ersten beiden im *DRAE* aufgeführten Bedeutungen die folgenden:

> „HOMBRE
> 1. m. ser animado racional, varón o mujer
> 2. m. varón (ser humano del sexo masculino)"
> (http://buscon.rae.es/draeI/SrvltConsulta?TIPO_BUS=3&LEMA=hombre).

Die weiteren sieben Bedeutungsnuancen von *hombre* beziehen sich, abgesehen von der Bedeutung als Kartenspiel, zu gleichen Teilen entweder auf Menschen oder Männer (ebd.). Diese Mehrdeutigkeit, die eben auch *hombre* im generischen (und nicht nur im spezifisch maskulinen) Sinn umfasst, so begründet es A. García Meseguer, „verdeckt Frauen im täglichen Leben ständig" (García Meseguer 1988: 156). Er geht davon aus, dass die Bedeutung des Wortes *hombre* nur kontextabhängig bestimmt werden kann: Tritt es in Zusammenhang mit seinem Gegenteil *mujer* auf, so ist es semantisch eindeutig, tritt aber nur dieses Wort auf, dann besteht diese Ambiguität (vgl. García Meseguer 1988: 157). Allerdings führt er dazu weiterhin aus, „die Sprechenden neigen dazu, *hombre* im Sinne von *varón* zu interpretieren; der Diskriminierungsprozess, der sich daraus ableitet, setzt sich fort" (ebd.). Die damit einhergehende Tendenz, Frauen gemäß dem von ExpertInnen so genannten *Principio de Economía Lingüística (Prinzip der Sprachökonomie)* nicht explizit zu erwähnen, bezeichnet A. García Meseguer „wie viele andere kulturelle Gepflogenheiten" als „subtile Waffe gegen die Beherrschten in den Händen des Herrschers" (ebd.).

Um die Mehrdeutigkeit von *hombre* zu vermeiden, sieht A. García Meseguer grundsätzlich zwei Möglichkeiten: zum einen in der Bedeutung *hombre – varón*, zum anderen in der Bedeutung *hombre – persona*. Da das Spanische im Gegensatz z. B. zum Französischen mit *varón* über einen eigenständigen Terminus für Mann verfügt, plädiert er für die zweite Möglichkeit: d. h. *hombre* in seinem generischen Sinn von *persona* einzusetzen; die spezifische Bedeutung hingegen dem Wort *varón* als Gegenüber zu *mujer* zu überlassen (García Meseguer 1994: 47f und García Meseguer 1988: 159). Problematisch ist diese Empfehlung jedoch aufgrund der, wie der Linguist ausführt, „aktuellen Tendenz, *hombre* mit *varón* gleichzusetzen", so dass er zumindest vorübergehend die Verwendung von *hombre* auch in generischem Sinn zu vermeiden sucht,

„um Missverständnisse und unwillkürliche Verdeckungen zu vermeiden" (a.a.O.: 160).

Die Verwendung des generischen Maskulinums ist eine der üblichsten Mechanismen des Mitgemeint- und Eingeschlossenseins, welches sich nicht nur anhand der von A. García Meseguer empfohlenen *Regla de la Inversión* als sexistisch herausstellen lässt. Die Einbeziehung von Frauen in maskuline Bezeichnungen, so dass diese zwei Bedeutungen, nämlich die männliche sowie eine beide Geschlechter bezeichnende Bedeutung, erhalten, führt der Spanier, so schreibt er, auf „das Denken des mächtigen Männerkollektivs zu allen Zeiten, das die Sprache nach ihren Maßen und Bedürfnissen geprägt hat" zurück (García Meseguer 1988: 132). Mit Hilfe sprachlicher Rätsel, die aufgrund sprachlicher Strukturen bei der Übersetzung vom Englischen ins Spanische modifiziert werden müssen, damit sie funktionieren, entlarvt er die spanische Sprache und sogar das Denken seiner Leserinnen und Leser als „der Gewohnheit entsprechend maskulinisiert" (a.a.O.: 134) und zwar an den Stellen, an denen das Geschlecht der im Rätsel handelnden Personen unklar ist.

Um die Anwendung des generischen Maskulinums zu beschreiben und es damit in gewisser Hinsicht auch zu rechtfertigen, geht Á. García Meseguer von *Situaciones Directas* einerseits und *Situaciones Inversas* andererseits aus (García Meseguer 1988: 136). In der *Situación Directa* ist das Geschlecht der Personen bekannt, so dass dieses durch das spanische Sprachsystem, das über ein feminines und maskulines Genus verfügt, versprachlicht werden kann. Das Englische, in dem es nur ein Genus gibt, kann diese Aussage auf grammatischer Ebene nicht in gleichem Maß präzisieren, sondern müsste dieses Problem semantisch lösen. In der *Situación Inversa* hingegen ist eine Sprache wie das Englische gerade aufgrund dieser Eigenschaft im Vorteil: Bei der Frage nach einer uns unbekannten Person, deren Geschlecht folglich auch unbekannt ist, wird durch die Anwendung des nur einen vorhandenen Begriffs für beide Geschlechter keines diskriminiert. Als Beispiel führt Á. García Meseguer im Spanischen die Frage nach *un/una cirujano de guardia* im Krankenhaus an, wobei deutlich wird, dass die feminine und maskuline Form genannt (oder evtl. paraphrasiert) werden müssten, um niemanden von vornherein auszuschließen (García Meseguer 1988: 138).[10] Die übliche Variante ist in solchen

10 Das Beispiel ist insofern problematisch, als dass es in der 22. Auflage des *DRAE* nun *el cirujano* und offiziell auch *la cirujana* gibt; trotzdem ist die Problematik ebenso für andere Berufsbezeichnungen anwendbar, die laut *DRAE* noch über kein Femininum verfügen.

Fällen allerdings – genauso wie im Deutschen – das generische Maskulinum „in einem ungeschlechtlichen Sinn", welches auch auf uns unbekannte Personen angewendet wird (a.a.O.: 136 und 139). Ebenso wird das generische Maskulinum bei Pluralformen benutzt, nämlich dann, wenn entweder eine Gruppe von Männern oder eine Gruppe von Männern und Frauen gemeint ist.

Selbst Personenbezeichnungen im Genus Commune, die in der spanischen Sprache für beide Geschlechter gelten, können allein durch die Verwendung des Artikels (oder auch von Adjektiven) generischen Charakter erhalten, weil damit zwangsläufig das Geschlecht angegeben wird, sofern Genus und Sexus übereinstimmen. Die Mehrdeutigkeit der maskulinen Personenbezeichnungen, nämlich im spezifisch männlichen und generischen Sinn, stehen der ausschließlich in spezifischer Bedeutung angewendeten femininen Personenbezeichnung asymmetrisch gegenüber, und rufen somit laut Á. García Meseguer „eine ungerechte Diskriminierung der Frau und damit immer auch ein Verdecken der Frau" hervor (vgl. García Meseguer 1988: 139).

Frauen können nicht nur durch fehlende Genauigkeit diskriminiert werden, sondern, so steht bei Á. García Meseguer zu lesen,

> „insbesondere die Mehrdeutigkeit des maskulinen Genus und die maskulinisierte Struktur der Sprache im Allgemeinen hat noch viel größere Auswirkungen, da sie nicht nur das systematische Verdecken der Frau und allem damit Verbundenem verursachen, sondern außerdem *eine Art Maskulinisierung* des Denkens hervorrufen und somit die Art und Weise, wie wir die Welt erfassen, dementsprechend beeinflusst wird. [...] Was das Genus betrifft, sind die Grundlagen im Spanischen dual angelegt, dass sie eine zweigeteilte Weltsicht fördern und zu dem Ergebnis führen, *die Menschen zunächst als Männer oder Frauen anstatt als Personen zu sehen*" (García Meseguer 1988: 141)[11].

11 „La ambigüedad del género masculino en particular y la estructura masculinizada del idioma en general, tiene un efecto más genérico, ya que no sólo provocan una ocultación sistemática de la mujer y todo lo que a ella atañe, sino que además *producen una especie de masculinización* en el cuadro de clavijas de la mente y sesgan, por rutina de reflejos, nuestra forma de captar el mundo. [...] En lo que a género se refiere, las bases del castellano son de tal manera duales que promueven una forma dicotómica de ver el mundo y conducen al resultado de *ver a los seres humanos antes como varones o mujeres que como ver a personas*" (García Meseguer 1988: 141).

Die aus der Verwendung des generischen Maskulinums resultierende Mehrdeutigkeit sowohl im Singular als auch im Plural führt zu einer Art „Vormachtstellung“ des maskulinen gegenüber dem femininen Genus (a.a.O.: 142). Diese Asymmetrie im linguistischen Bereich manifestiert sich laut A. García Meseguer folglich auch in der Art und Weise der Spanisch Sprechenden, sich auszudrücken, denn die sprachlichen Mittel spiegeln die asymmetrische Organisation der spanischsprachigen Gesellschaft wider (ebd.).

Die Einteilung von Personen in männlich und weiblich einerseits und die „Vormachtstellung“ des maskulinen Genus in der Sprache andererseits bewirken, dass wir beispielsweise in Erzähltem bei unbekannten Personen auf ein Signal warten, das uns das Geschlecht dieser anzeigt. Bleibt dieses aus, suchen wir in Gedanken weiter im Kontext nach Anzeichen, die uns einen Hinweis auf das Geschlecht der Person(en) liefern (vgl. García Meseguer 1988: 146). Wenn diese gewünschte Information letztendlich aus dem Kontext nicht hervorgeht, neigen wir dazu, entsprechend unserer eigenen Erfahrungen und Erlebnisse – dem „außerlinguistischen Kontext“ – etwas hineinzuinterpretieren, was wiederum von einer Person zur nächsten variieren kann und es auch nicht leicht auszumachen ist, welche Indizien für eine solche Interpretation die entscheidenden sind (García Meseguer 1988: 146). Da im Spanischen die femininen Personenbezeichnungen (bei denen Genus und Sexus übereinstimmen) ausschließlich spezifischen Charakter aufweisen, d. h. nur auf Frauen angewendet werden und reine Frauengruppen eine relativ seltene Tatsache sind, werden sie von den SpanischmuttersprachlerInnen für gewöhnlich als Sonderfall betrachtet (ebd.). Im Gegensatz dazu ist das Maskulinum sehr häufig vorzufinden, sei es im spezifischen oder generischen Sinn. Als Ergebnis dessen, so formuliert es der spanische Sprachwissenschaftler, identifiziert „das gewohnheitsmäßige Denken […] in unbewusster Weise das Maskuline mit dem Ganzen, den Mann mit der Person“ (García Meseguer 1988: 147).

Für die sich daraus ergebende (fehlerhafte) gedankliche Zuordnung einer Person zu *einem* (i.d.R. männlichen) Geschlecht macht A. García Meseguer zum einen die fehlende soziale Gewohnheit, dass auch Frauen bestimmte Aktivitäten verrichten, verantwortlich (vgl. García Meseguer 1988: 148f). Zum anderen trägt aber auch die Realität der Sprache zur sprachlichen Verdeckung der Frauen bei (a.a.O.: 149). Dabei können beide Faktoren nicht getrennt voneinander betrachtet werden; vielmehr beeinflussen und bedingen sie sich gegenseitig (ebd.).

Gäbe es im Spanischen zusätzlich zu den Genera Femininum und Maskulinum ein weiteres, gemeinsames Genus bei Artikeln, Substantiven, Adjektiven und Pronomen, existierte Á. García Meseguer zufolge auch das Problem der sprachlichen Diskriminierung nicht. Sowohl *Situaciones Directas* als auch *Situaciones Inversas* könnten dann ohne Diskriminierung problemlos beschrieben werden. Ähnliches gilt für eine Sprache mit nur einem Genus, wie dem Englischen, wo die *Situaciones Inversas* ebenfalls, ohne jemanden zu diskriminieren, dargestellt werden können. So bliebe lediglich eine durch den außersprachlichen Kontext entstehende, reelle bzw. soziale Diskriminierung bestehen, die auf tatsächlich existierenden Geschlechterunterschieden beruht (ebd.) oder aber aus der Reproduktion der Geschlechterstereotype resultiert.

Einen weiteren Mechanismus des Mitgemeintseins von Frauen beschreibt A. García Meseguer bei der unreflektierten Verwendung der Relativpronomen an den Beispielen „el que" und „uno", welche ebenfalls entweder im spezifisch maskulinen oder generischen Sinn eingesetzt werden können (vgl. García Meseguer 1988: 149f). Kritik übt er in diesem Zusammenhang an der *Real Academia Española* (*RAE*), denn in dem einsprachigen Spanischwörterbuch werden die Begriffsdefinitionen von Personen, unabhängig davon, ob sie das *género masculino* oder *género común* bezeichnen, mit „el que" eingeleitet, anstatt es durch ein geschlechtsneutrales „persona que", mit dem beide Geschlechter gemeint sein können, zu ersetzen (vgl. a.a.O.: 150f). Um die Eindeutigkeit der Definitionen zu wahren und Frauen in sprachlicher Hinsicht nicht zu verdecken, ist er gegen die Anwendung des Maskulinums in generischem Sinn. Dagegen befürwortet er die folgenden Varianten: „Genus Commune, oder [...] das Wort *persona*, [...] Beidnennung von Maskulinum und Femininum, oder [...] jegliche Umschreibung, die das Maskulinum umgeht" (a.a.O.: 151). Als geschlechtsneutrale Alternative für die oben genannten Personalpronomen in Texten empfiehlt er „quien" und „quienes" (a.a.O.: 153 und 164). Seinen Vorschlägen zu geschlechtergerechteren Begriffsdefinitionen kam die *RAE* nach: In der aktuellen 22. Auflage (2001) des *DRAE* wurden sie z. T. übernommen, wenn seine Ausführungen dabei auch nicht vollständig berücksichtigt wurden[12].

12 Zum Beispiel: „AGENTE: com. Persona que...; m. Persona que...; m. Funcionario que...", (letztere Variante wird in der 23. Auflage ebenfalls zugunsten von „Persona que..." verändert); „CAZADOTES: m. Hombre que..." (http://buscon.rae.es/draeI/).

Die Personalpronomen, die ebenfalls Gegenstand von A. García Meseguers Sprachkritik sind, weisen im Spanischen gegenüber den anderen romanischen Sprachen, in denen die Grammatik ähnlich ist, eine Besonderheit auf: Die erste und zweite Person Plural verfügen über eine maskuline und feminine Form: *nosotros – nosotras* und *vosotros – vosotras* (García Meseguer 1988: 161). Diese Eigenschaft ist aus der Sprachgeschichte von *nos* und *vos* heraus zu erklären. *Vos* war bis etwa gegen Ende des Mittelalters die Siezform für eine oder mehrere Personen (a.a.O.: 162), vergleichbar mit dem (auch heutzutage üblichen) deutschen „Sie", das ebenfalls für Singular und Plural gilt. *Vos* hat seine Bedeutung im heutigen Spanisch fast vollständig verloren (García Meseguer 1988: 162). Die Ambiguität dieses Pronomens, das eine Präferenz für die Verwendung im Singular aufzeigte, führte schließlich zur Bildung des Kompositums *vos-otros* als Pluralform und wurde als solches ab der zweiten Hälfte des 15. Jahrhunderts hauptsächlich benutzt. Analog dazu wurde *nosotros* gebildet (ebd.). Die Bildung der entsprechenden femininen Formen führt der Linguist auf die, so nennt er es, „sexuelle Apartheid"[13] zurück, die, wie er weiterschreibt,

> „zur damaligen Zeit üblich war, und die, bedingt durch den arabischen Einfluss, in Spanien stärker ausgeprägt war als in anderen romanischsprachigen Ländern. Tatsächlich ist in der arabischen Sprache der Sexus ebenfalls an diesen Pronomen erkennbar und spiegelt somit die Kultur wider" (García Meseguer 1988: 162).

Somit entsteht dasselbe Problem bei der Verwendung der maskulinen Personalpronomen wie bei den Substantiven und Relativpronomen. Während die femininen Formen in ihrer spezifischen Funktion auf Frauen referieren, sind die maskulinen Formen durch ihre spezifische, auf Männer referierende und ihre generische Funktion ambivalent (a.a.O.: 163) und implizieren in dieser letzteren Funktion wiederum die Frauen. Dieselben Regeln gelten auch für die Possessivpronomen in der ersten und zweiten Person Plural: *nuestros, nuestras, vuestros, vuestras* (ebd.).

13 „… favorecida por la situación de *apartheid* sexual, que era común en la época, más fuerte en España que en otros países latinos, debido a la influencia árabe. La lengua árabe, en efecto, también sexa estos pronombres como reflejo de su cultura" (García Meseguer 1988: 162).

Zwei weitere Bereiche, in denen sprachliche Diskriminierung häufig auftritt und auf die Á. García Meseguer in seinem zweiten Werk zur spanischen Sprachwissenschaft eingeht, sind die *Insultos y Palabras Malsonantes* sowie *Chistes y Refranes*. Die Mechanismen der Diskriminierung sind oft ähnlich den bereits genannten, vor allem aber werden Geschlechterstereotype reproduziert. Darüber hinaus hat die Sprachwissenschaftlerin María Ángeles Calero im Jahr 1989 eine Arbeit zum Frauenbild in spanischen Sprichwörtern verfasst, so dass an dieser Stelle nicht näher auf diese Bereiche eingegangen werden soll.

2.2.1.2 Sexismo Sintáctico

Innerhalb dieses Teilbereiches der feministischen Sprachwissenschaft betrachtet Á. García Meseguer im Wesentlichen vier Kritikpunkte: Geschlechterstereotype; *la Óptica de Varón*; *el Androcentrismo* und *el Salto Semántico* und illustriert diese mit zahlreichen Beispielen. Die sich in der Sprache widerspiegelnden Geschlechterstereotype finden sich in einem Großteil seiner Beispiele wieder. Hinzu kommt, dass er diese sowohl auf lexikalisch-semantischer Ebene (die Wortbedeutung bzw. Bedeutungsvarianten – seinem Konzept nach in etwa dem *Nivel Léxico* bzw. *Sintáctico* entsprechen) als auch auf der Anwendungsebene (*Nivel Sintáctico*) mit den im *DRAE* angegebenen Beispielen untersucht. Schließlich geht der Linguist auf den Einfluss der katholischen Kirche auf die spanische Sprache ein.

Anhand des Beispiels der Boxerin, welche einleitend in diesem Kapitel eine Frau in einer traditionellen Männerdomäne repräsentierte, wird besonders deutlich, dass Sprache und Realität miteinander einhergehen und in gegenseitiger Wechselbeziehung zueinander stehen. So bezeichnet der Sprachwissenschaftler die Sprache als „hauptsächliches Übertragungsmedium kultureller Gewohnheiten“, denn so heißt es, „die uns vererbte Kultur hat uns einen gewissen männlichen und einen anderen weiblichen Archetypus mitgegeben, von denen anzunehmen ist, dass sie sich sprachlich widerspiegeln“ (García Meseguer 1988: 76f). Etwas genauer fasst er sich zum Thema Sprache und Realität in seinem zweiten Buch, in dem steht:

> „Die Sprache ist eine Widerspiegelung von Ideen, Sitten und Gebräuchen vorangegangener Generationen. […] es erscheint angebracht, sich nicht nur darauf zu konzentrieren, was gesagt wird, sondern auch, wie

es gesagt wird. Aber die Sprache ist auch ein Regulierungsmedium, an dem wir unsere Art der Wirklichkeitswahrnehmung ausrichten. In Bezug auf die Beziehungen zwischen Frauen und Männern spiegelt die Sprache die traditionelle Ungerechtigkeit wider, mit der die Gesellschaft die einen und die anderen behandelt." (García Meseguer 1994: 23)[14].

Um den *Sexismo Sintáctico* aufzuzeigen, wo sich A. García Meseguer zufolge der „wahre Machismus der Mentalitäten widerspiegelt" (a.a.O.: 53), untersucht er zunächst geschlechterspezifisches Vokabular und Vokabular, das im *DRAE* (in der Auflage von 1970 und den bis 1982 vorgenommen Veränderungen) als geschlechterspezifisch klassifiziert wird. So werden Geschlechterstereotype bedient, welche dem weiblichen Geschlecht in den jeweiligen Begriffserläuterungen Schwäche, („SEXO DEBIL: Las mujeres; FEMENINO, NA: Débil, endeble"; *DRAE* 1970 in: García Meseguer 1988: 78), den Männern hingegen Stärke als jeweils geschlechtertypische Eigenschaft zuschreiben („SEXO FUERTE: Los hombres; VARONIL: Esforzado, valeroso y firme"; a.a.O.: 78f). Bis in die aktuelle Auflage des *DRAE* sind die Begriffserläuterungen der genannten Beispiele unverändert (http://buscon.rae.es/draeI/). Ausgehend von diesen sehr offensichtlich sexistischen Beschreibungen benennt der Sprachwissenschaftler im Wesentlichen vier Bereiche, aus denen er entsprechendes Beispielvokabular ausgewählt hat, um seine Sprachkritik zu untermauern. Im Anschluss daran geht er kurz auf die in sexistischer Hinsicht etwas subtileren Anwendungsbeispiele aus dem *DRAE* ein, welche im Folgenden ebenfalls kurz dargestellt werden sollen.

Bei den vier Themen handelt es sich um Liebesbeziehungen, Ehe und Sexualität, den Arbeitsbereich, um feminine sowie um maskuline „Spezifika".

Das Thema Liebesbeziehungen erscheint ihm bei der Betrachtung der ausgewählten Wörter, so schreibt er,

> „wie ein asymmetrischer Eroberungsprozess, bei dem die Männer die aktive Rolle und die Frauen die passive Rolle spielen: [...] FESTEJAR: Requebrar a una mujer. // Procurar captarse el amor de una mujer. [...]

14 „La lengua es un reflejo de ideas, usos y costumbres de generaciones anteriores. [...] conviene fijarse no solo en lo que se dice, sino también en cómo se dice. Pero la lengua es también el medio con arreglo al cual estructuramos nuestra forma de aprehender la realidad [...] En el terreno de las relaciones entre mujeres y varones, la lengua refleja la desigualdad tradicional con la que la sociedad viene tratando a las unas y a los otros" (García Meseguer 1994: 23).

> CHICOLEO: Dicho o donaire de que se usa con las mujeres por galantería“ (García Meseguer 1988: 79)[15].

Die heterosexuelle Orientierung seiner spanischen Mitbürgerinnen und Mitbürger vorausgesetzt, kritisiert der Spanier bei diesen und auch bei einigen der noch folgenden Beispiele neben der (damaligen) gesellschaftlichen Situation, welche sich in den Beschreibungen widerspiegelt, die Sichtweise der (männlichen) Redakteure auf diese Wörter, la *Óptica de Varón* (ebd.). Die Redakteure betrachten den Inhalt der Wörter aus männlicher Sicht in Bezug auf Frauen. Sie schreiben auch *viceversa* nicht dazu, um auf die umgekehrte Sichtweise, nämlich die weibliche, zu referieren; ganz zu schweigen von einer möglichen geschlechtsneutralen Erklärungsvariante. Demzufolge erlauben diese Ausführungen zwei Interpretationsansätze: Einerseits werden z. B. die Komplimente, *los Chicoleos*, nur den Frauen gemacht und nicht etwa den Männern (von weiblicher Seite). Andererseits suggeriert diese sexistische Herangehensweise an die Worterklärung nach Á. García Meseguers Auffassung, dass die Kommunikationssituation zwischen den Verfassern und Lesern des *DRAE* „ausschließlich Männersache“ ist (García Meseguer 1988: 79).

A. García Meseguer nutzt auch hier die Inversionsregel, um ein weiteres Mal auf *la Óptica de Varón* der *Real Academia Española (RAE)* aufmerksam zu machen, welche das Wort *prenda* in seiner 6. Bedeutung folgendermaßen definierte:

> „lo que se ama intensamente, como hijos, marido, amigos, etc.“ (vgl. García Meseguer 1988: 50).

Mit der Inversionsregel, mit der *marido* durch *mujer* ersetzt werden müsste, ist deutlich erkennbar, dass dieser Wörterbucheintrag aus männlicher Sicht vorgenommen wurde. A. García Meseguer schlägt im Sinne des nichtsexistischen Sprachgebrauchs das geschlechtsneutrale *cónyuge* als Alternative vor (ebd.).

15 „[La relación amorosa] nos aparece como un proceso asimétrico de conquista, en el que los varones juegan el papel activo y las mujeres el pasivo: […] FESTEJAR: Requebrar a una mujer. // Procurar captarse el amor de una mujer. […] CHICOLEO: Dicho o donaire de que se usa con las mujeres por galantería“ (García Meseguer 1988: 79).

Die gesellschaftlichen Konventionen und Zwänge in Bezug auf die Ehe spiegeln sich ebenso im Vokabular wider, wie Á. García Meseguer anhand dieser Beispiele zeigt:

> „BRAGAZAS: Hombre que se deja dominar o persuadir con facilidad, especialmente por su mujer. [...]
> MUJER DE DIGO Y HAGO: Mujer fuerte, resuelta y osada. [...]
> FAVOR: Expresión de agrado que suelen hacer las damas."
> (García Meseguer 1988: 80f).

Das erste Beispiel hat mit „Pantoffelheld" im Deutschen ein entsprechendes Äquivalent. Die Worterklärung für *mujer de digo y hago* suggeriert, dass die genannten Eigenschaften bei Frauen nicht üblich sind, als dass diese explizit erwähnt werden müssten. Die Kritik des Sexistischen wird durch die Tatsache verstärkt, dass es keine entsprechende maskuline Form im Spanischen gibt, weil diese Eigenschaften bei Männern vorausgesetzt werden (a.a.O.: 81). Dass auch der Terminus *favor* eine einseitige Auslegung durch das *DRAE* erfährt, ist offensichtlich. Der Sprachwissenschaftler erklärt die hierarchische (Ehe)Beziehung zwischen Männern und Frauen mit ihren Folgen auf sprachlicher Ebene folgendermaßen:

> „Sobald die Ehe geschlossen wurde, befiehlt der Mann und die Frau gehorcht. Wer sich diesem Gesellschaftsmodell nicht anpasst, wird beleidigt" (García Meseguer 1988: 80)[16].

Bis heute finden sich diese drei und die beiden folgenden Beispiele unverändert in ihrer Erklärung im *DRAE* (http://buscon.rae.es/draeI/).

Auch „gozar" („conocer carnalmente a una mujer") sowie „tomar mujer" („contraer matrimonio con ella") (García Meseguer 1988: 80f) kritisiert A. García Meseguer wieder als „einseitig gerichtet" und „asymmetrisch". Im Besonderen deutet die letztgenannte Wortgruppe („zur Frau nehmen") auf die „Gleichsetzung der Frau mit einem Objekt" hin (a.a.O.: 82).

In sexistischer Hinsicht noch offensichtlichere Beispiele findet er mit:

16 „Una vez unidos en matrimonio, el varón manda y la mujer obedece. Quien no se ajusta a este modelo social, es insultado" (García Meseguer 1988: 80).

> „HONRA: Estima y respeto de la dignidad propia. // Pudor, honestidad y recato de las mujeres.
> DESHONORAR: Quitar a uno solo su empleo, oficio, categoría o dignidad.
> DESHONRAR: Desflorar, forzar o conocer torpemente a una mujer de buena opinión.
> INTEGRIDAD: Pureza de *las* vírgenes. [...]
> INCASABLE: Que no puede casarse. // Dícese también del que tiene gran repugnancia al matrimonio. // Aplícase a la mujer que su fealdad, pobreza o malas cualidades difícilmente podrá hallar marido."
> (a.a.O.: 83).

Immerhin wurde in der Zwischenzeit der Wortlaut der Erklärung von *deshonorar* auf ein geschlechterunspezifisches „Quitar a *alguien* ..." verändert und die dazugehörige vollständige Definition durch eine neue ersetzt: „deshonrar" („violar a una mujer"), was nun auch eindeutig auf die Qualität der Bedeutung referiert; gleichzeitig jedoch auch auf eine gesellschaftlich-kulturell bedingte Bedeutungsänderung, angeregt möglicherweise durch die feministische (Sprach)-Kritik, hinweist. Für *incasable* existiert im Deutschen keine im Duden eingetragene Entsprechung, die wirklich dasselbe ausdrückt („unverheiratbar"), so dass bei einer Übersetzung auf eine Umschreibung zurückgegriffen werden müsste. Für die zweite und dritte Bedeutung dieses Adjektivs wurde mittlerweile in der Begriffsdefinition des *DRAE* ein geschlechtsneutrales „Dicho de una *persona* que ..." eingesetzt (http://buscon.rae.es/draeI/).

Á. García Meseguer merkt zu seinem ausgewählten Vokabular, mit dem er den Sexismus in der spanischen Sprache herauszustellt, an, dass es einerseits „eine eindeutige Besessenheit von der Ehe" gibt; andererseits aber auch „die gängige, unausgesprochene Annahme, dass jede Frau heiratet" (García Meseguer 1988: 84).

Neben den bereits genannten Eigenschaften, die jeweils mit einem bestimmten Geschlecht assoziiert werden, werden Kinder und Frauen bei den Termini bzw. deren Definition häufig miteinander in Verbindung gebracht, worauf sich A. García Meseguer mit *el Menosprecio de la Mujer en el Lenguaje* (die sprachliche Herabwürdigung der Frau) bezieht. Er spricht in diesem Zusammenhang von der „Verbindung Frau – Kind, Personen, die in unserer kulturellen Traditionen miteinander verschwistert zu sein scheinen" (a.a.O.:

109). Diese Tatsache sieht er in Situationen begründet, in denen Menschenleben in Gefahr sind („Frauen und Kinder zuerst"), sowie, wie er schreibt, an mehreren Stellen in der Bibel, weil religiöse Bezüge in der spanischen Sprache und Kultur vorhanden sind (García Meseguer 1988: 109). So macht der Sprachwissenschaftler diese Assoziationen vor allem bei Kleidungsstücken aus:

> „BLUSA: Prenda exterior, a modo de jubón holgado, que usan las mujeres y los niños.
> BRAGA: Prenda interior, generalmente ceñida, usada por las mujeres y los niños de corta edad, que cubre …" (ebd.).

Diese Definitionen wurden zwar in der 22. Auflage des *DRAE* (2001; vgl. http://buscon.rae.es/draeI/) geändert, jedoch nicht hinsichtlich der Personen, die sie dem Wörterbuch zufolge benutzen. Hingegen findet Á. García Meseguer in keinem einzigen Wort einen Hinweis auf die Assoziation von Männern und Kindern. Den Grund hierfür vermutet er in der historisch gewachsenen Aufgabenteilung und den verschiedenen Lebenswelten der Geschlechter, wonach sich Frauen zu Hause um die Kinder kümmerten (García Meseguer 1988: 109).

Wie stark sich dieses erlernte, kulturelle Wissen in unserem Unterbewusstsein verankert hat, demonstriert der Autor des Buches mit Hilfe des Beispiels *precioso* und dem dazugehörigen Beispielsatz, den die Autoren des *DRAE* gebildet haben und der nach wie vor dort zu finden ist:

> „Esta mujer es preciosa; aquel niño es precioso."
> (ebd. und http://buscon.rae.es/draeI/).

Was den Arbeitsbereich betrifft, ist die Vielzahl an Beispielen nicht ganz so groß, daher seien nur die beiden folgenden genannt:

> „LABOR: Acción de trabajar y resultado de esta acción. // Obra de coser, bordar etc., en que se ocupan las mujeres. […]
> LABRAR: Trabajar un oficio. // Cultivar la tierra. // Coser o bordar o hacer otras labores mujeriles." (García Meseguer 1988: 84f).

Der Wunsch nach Genauigkeit bei der Definition scheint auf den ersten Blick der Grund dafür zu sein, die durch die Frau verrichtete Tätigkeit explizit zu benennen. Den wahren Grund dafür sieht A. García Meseguer allerdings „in der gesellschaftlich vereinbarten Vorstellung, dass es spezifische Aufgaben für Frauen gibt" (a.a.O.: 85). Denn, so führt er weiter aus, „diese Vorstellung von der Spezifizität der Frau geht Hand in Hand mit dem spezifischen Charakter, den das feminine Genus in der Sprache gegenüber dem extensiven Charakter des Maskulinen hat" (ebd.). In seinem 1994 erschienenen Buch zur feministischen Sprachkritik zeigt er, dass die Konzepte *persona* und *varón* in der Vergangenheit oft verwechselt wurden, und folglich konnte, so steht geschrieben, „*varón* uneingeschränkt auf alles referieren". Diese weit verbreitete Erscheinung nennt der Spanier *Androcentrismo* (García Meseguer 1994: 61f). Er beklagt in diesem Zusammenhang die zum Teil unnötige Asymmetrie nach Geschlechtern in den Begriffsdefinitionen (García Meseguer 1988: 85), auf welche innerhalb dieses Kapitels ebenfalls noch eingegangen wird.

In Zusammenhang mit dem *Androcentrismo* führt García Meseguer weiterhin Wörter und Redewendungen, welche sich auf Eigenschaften und Tätigkeiten beziehen, an, die so maskulin geprägt sind, dass sie sich kaum auf Frauen oder gar Personen unbekannten Geschlechts anwenden lassen; darunter u. a. „portarse como un hombre" und „caballerosidad" (vgl. García Meseguer 1988: 112). Die Existenz solcher Beispiele ist ebenfalls ein Beweis für die Herabwürdigung von Frauen und, so schreibt er, „Ausdruck der unbewussten Gleichsetzung von *varón* mit *persona*, die für jede patriarchalische Gesellschaft typisch ist", und, so steht bei ihm weiter zu lesen, dass „die sexistischen Mechanismen in uns allen automatisch aktiv sind und uns nur detaillierte Überlegung neutralisieren kann" (ebd.). Im vorangegangenen Unterkapitel wurde allerdings bereits ausgeführt, dass solche maskulinen Beispiele zunehmend in Bezug auf Frauen verwendet werden, da die Bildung einer geschlechtergerechten Entsprechung oftmals zu unerwünschten Bedeutungsänderungen führt und als einzige Alternative eine vollständige Umformulierung zur Beschreibung der Situation bleibt.

Der sog. *Salto Semántico* (semantischer Sprung) als Sonderfall des *Androcentrismo* wird am Beispiel von *egipcios* betrachtet. Mit dem *Salto Semántico* veranschaulicht der Linguist die Kontextabhängigkeit der Wortbedeutungen, wenn sie neben der spezifischen auch noch eine generische aufweisen:

> „Los egipcios permitían a las mujeres tener criados propios“ (García Meseguer 1988: 165; Die Ägypter erlaubten ihren Frauen, eigene Diener zu haben).

Los egipcios, denen wir anfangs generischen Charakter zuschreiben, stellen sich durch die Nennung von *las mujeres* schließlich doch als reine Männergruppe, d. h. mit spezifisch männlicher Bedeutung, heraus. Die Bedeutung von *egipcios* verändert sich durch den inhaltlichen Zusammenhang ausgehend von der generischen hin zur eindeutig männlichen.

Auf diesen *Salto Semántico* wird auch in dem 2007 erschienenen *Manual de Estilo del Lenguaje Administrativo*, das den Sprachgebrauch in Schriften aus der öffentlichen Verwaltung im Hinblick auf eine geschlechtergerechte Verwendung regelt, hingewiesen, und zwar als „generischer Gebrauch des Maskulinums, um auf eine Gruppe von Männern und Frauen zu referieren, die nachträglich im Ausschluss der Letztgenannten mündet“ (Miguel Rodríguez de la Rubia Sánchez de Molina 2007: 51). Ziel dessen ist es, durch den „Curso de Redacción Jurídica“ eine diskriminierende Sprache und u. a. solche *Saltos Semánticos* zu vermeiden.

A. García Meseguer zufolge ist dieser auch ein Mechanismus „der Gleichsetzung des Teils mit dem Ganzen, des Mannes mit der Person“, welcher sich ganz „subtil“ im Unterbewusstsein festsetzt und dessen Folge wiederum die *Ocultación de la Mujer* ist (García Meseguer 1988: 148 und 159). Um derartige Mechanismen zu umgehen, empfiehlt er, „ständig auf der Lauer zu sein“ und insbesondere bei dem schon oben besprochenen Wort *hombre* keine Mehrdeutigkeit bei dessen Gebrauch zuzulassen (ebd.).

Im Bereich der femininen Spezifika zeigt Á. García Meseguer anhand des Vokabulars auf, dass eine Frau weder frei sein noch das Haus oft verlassen soll (García Meseguer 1988: 86):

> „PERIQUEAR: Usar las mujeres de excesiva libertad. […]
> PINDONGUEAR: Andar sin necesidad ni provecho de un sitio a otro. […]
> PINDONGA: Mujer callejera (que anda sin necesidad de calle en calle). […]
> PIRUJA: Mujer joven, libre y desenvuelta.“ (García Meseguer 1988: 86)

Während sich das Verb *pindonguear* auf beide Geschlechter bezieht, existiert das Substantiv nur als Bezeichnung für eine Frau; eine männliche gibt es nicht. Die Definition von *piruja*, eine Beleidigung, enthält keine negativen Eigenschaften, dagegen erhält der Terminus *desenvoltura* in Bezug auf Frauen eine negative Konnotation: „desvergüenza, deshonestidad, principalmente en las mujeres" (García Meseguer 1988: 87). In der 22. Auflage des *DRAE* wird diese Spezifizierung nach Geschlechtern nicht mehr vorgenommen (vgl. „desenvoltura" http://buscon.rae.es/draeI/).

Negative Konnotationen gibt es auch bei den maskulinen Spezifika; diese zielen aber ebenso auf die (indirekte) Abwertung der Frauen ab:

> „ENFALDADO: Dícese del varón, sobre todo del niño, que vive demasiado apegado a las mujeres de la casa. […]
> COMINEAR: Entremeterse el hombre en menudencias propias de las mujeres.
> COCINILLA: El que se entremete en cosas, especialmente domésticas, que no son de su incumbencia" (García Meseguer 1988: 87).

Die Bezeichnungen an sich sind dabei weniger sexistisch und auch weniger negativ (sondern eher humoristisch konnotiert) als ihre Definitionen. Mit „Muttersöhnchen" und „Topfgucker" lassen sich für das erste und dritte Beispiel adäquate Übersetzungen finden. „Sich mit Weiberkram abzugeben" ist durch die Wortwahl im Deutschen hingegen noch negativer in der Wertung der Frauen. Das Fehlen jeweils männlicher bzw. weiblicher Entsprechungen verdeutlicht dagegen einmal mehr die Asymmetrie zwischen den Geschlechtern und ist folglich eine Erscheinung des *Sexismo Léxico*. In der 22. Auflage des *DRAE* ist die Definition von „cominear" nicht mehr sexistisch: „Entremeterse en cominerías" (vgl. „cominear" http://buscon.rae.es/draeI/).

Die Widerspiegelung der Geschlechterstereotype – einem „Teil" der gesellschaftlichen Realität – in den Definitionen der Termini sowie die maskuline Sichtweise (*Óptica de Varón* und *Androcentrismo*) auf diese Definitionen sind die bisher behandelten wesentlichen Kritikpunkte an der redaktionellen Vorgehensweise des *DRAE*. Hinzu kommt der bereits kurz angesprochene Kritikpunkt zur Reproduktion der Geschlechterstereotype bei den Anwendungsbeispielen, bei denen die Chance, Beispiele ohne sexistischen Inhalt zu bilden, verpasst wird. A. García Meseguer sieht in der Nutzung der sich die sozialen

Archetypen zunutze machenden Frauen- und Männerbezeichnungen eine subtilere Art der Diskriminierung, denn, wie er dazu weiter schreibt,

> „unsere Kultur im Allgemeinen und unsere Sprache im Besonderen sind damit befasst, die gleichen Ideen fortwährend zu reproduzieren, die sich auf diese Weise langsam eingeprägt und in das Unterbewusstsein der Menschen gegraben haben“ (García Meseguer 1988: 88)[17].

Er führt wiederum mehrere Beispiele dafür an. Nur eines davon sei an dieser Stelle genannt, das Anwendungsbeispiel von „chico, ca: Es un buen chico, es una chica hacendosa.“ Gleich im Anschluss bringt er die Definition von *hacendoso, sa* an, welche er aus dem *DRAE* zitiert: „solícito y diligente en las faenas domésticas“ (ebd.). Diese Eigenschaften werden natürlich den Frauen zugeschrieben, weil Frauen bereits in der historischen Entwicklung für den Haushalt zuständig waren, weil sich diese Tatsache folglich im Unterbewusstsein der Menschen gefestigt hat und diese bei unreflektiertem Sprachgebrauch reproduziert wird.

Der spanische Sprachwissenschaftler bezieht auch den Einfluss der (katholischen) Kirche auf die spanische Sprache in seine Betrachtungen ein. Dies gilt vor allem in sexueller Hinsicht, denn die (katholische) Kirche ist in seinen Augen „eine der sexistischsten Institutionen in ihrer Hierarchie, die die Welt kennt“ (García Meseguer 1988: 91). Er benennt Beispiele wie „lujuriar: Cometer pecado de lujuria. // Ejercer los animales el acto de la generación.“, aber deren genaue Herkunft belegt er in wissenschaftlicher Hinsicht nicht ausreichend. Von größerer Bedeutung ist der Einfluss der katholischen Kirche auf die Festigung geschlechterspezifischer Stereotype und Assoziationen bestimmter Eigenschaften, die auf Männer (Stärke, Autorität, Gewalt) bzw. auf Frauen (Schwäche, Unterwürfigkeit, Sanftheit) projiziert werden (García Meseguer 1988: 92ff). Diese Kategorisierung nach traditionell maskulinen oder femininen Eigenschaften steht den Zielen der feministischen Bewegung, die A. García Meseguers Ausführungen zufolge „die freie Zuschreibung [dieser] zu jeder Person ohne soziale Zwänge“ verfolgt, konträr gegenüber (ebd.). Dies hat zur Folge, dass auch Männer einem sozialen Druck ausgesetzt sind, diesem

17 „… nuestra cultura en general y el lenguaje en particular, se encargan de martillear continuamente sobre las mismas ideas, que resultan así grabadas como a fuego, incrustadas en el subconsciente de las personas“ (García Meseguer 1988: 88).

traditionellen Rollenmodell zu entsprechen. Aber, so schreibt der Autor weiter, es gibt

> „ein wachsendes Bewusstsein seitens der Männer, dass die Ablehnung der ‚männlichen Werte' und ‚weiblichen Werte' auch für sie eine Befreiung darstellt. Diese Bewusstwerdung geht Hand in Hand mit dem Willen, auf die oben angespielten sozialen Privilegien zu verzichten; aber dementsprechend verhalten sich natürlich nur die Männer, die wahre Stärke und Selbstvertrauen besitzen" (García Meseguer 1988: 96).[18]

Daraus leitet Á. García Meseguer die Erklärung für die Existenz des Machismus ab: Schwache Männer, die gar nicht den Eindruck eines Schwachen vermitteln, wünschen sich eben durch ihre Eigenschaft die Fortsetzung der Unterdrückung der Frau (ebd.).

Die sprachliche Reproduktion der Geschlechterstereotype, *la Óptica de Varón, el Androcentrismo* und *el Salto Semántico* sind Mechanismen, mit deren Hilfe die Rolle der Frauen auf sprachlicher Ebene herabgewürdigt, verdeckt oder gar nicht beschrieben werden. Dass traditionelle (überholte) Rollenverständnisse weiterhin auch sprachlich reproduziert werden, zeugt von mangelnder Reflexion der AutorInnen beim Verfassen ihrer Texte, „Fahrlässigkeit" oder dem ausdrücklichen Willen, diese Rollenverständnisse aufrechtzuerhalten.

2.2.1.3 Lösungsvorschläge nach García Meseguer

Im Großen und Ganzen hofft A. García Meseguer, mit seiner Kritik bei der *Real Academia Española (RAE)* auf Akzeptanz zu stoßen; wobei er diese keineswegs als Angriff auf deren Arbeit verstanden wissen möchte. Deren Aufgabe ist es, wie er formuliert, „die Sprache zu bereinigen und festzulegen und das birgt Möglichkeiten und Schwierigkeiten" (García Meseguer 1988: 89). So hofft er, dass wenigstens ein Teil seiner Vorschläge zukünftig berücksichtigt wird. Das Ansehen, das die *RAE* aufgrund ihrer Arbeit genießt, wird seiner Aussage nach durch die öffentliche Kritik, der sie gleichzeitig ausgesetzt ist,

18 „… hay una toma de conciencia creciente en los varones de que también para ellos supone una liberación el rechazar la existencia de ‚valores masculinos' y ‚valores femeninos'. Esta toma de conciencia corre pareja con una voluntad de renuncia a ejercer los privilegios sociales antes aludidos, pero esta actitud sólo la muestran, naturalmente, aquellos varones que poseen una auténtica fortaleza y seguridad en sí mismos" (García Meseguer 1988: 96).

„kompensiert" (vgl. ebd.). Tatsächlich sind, wie an den entsprechenden Beispielen erläutert wurde, einige seiner Vorschläge von der *RAE* berücksichtigt worden, wenn sie auch nur nach und nach Eingang ins *DRAE* finden, andererseits aber auch unklar ist, inwiefern diese wirklich von *seiner* Sprachkritik angeregt wurden.

Ausgehend von der Tatsache, dass es im Spanischen einige Bezeichnungen für typische Frauenberufe und noch viel mehr Bezeichnungen für traditionell typische Männerberufe gibt, die keine entsprechenden Äquivalente für das andere Geschlecht aufweisen, stellt A. García Meseguer einige selbst entwickelte Lösungsvorschläge für diese Problematik vor. Zwar sieht er nicht die Sprache an sich als Ursache für die sexuelle Diskriminierung, aber durch den traditionellen, unreflektierten Sprachgebrauch ergeben sich für die Bildung solcher Äquivalente Probleme: So reicht es ihm nicht aus, der maskulinen auch eine feminine Bedeutung zuzuschreiben bzw. eine feminine Form von der maskulinen abzuleiten, was er in manchen Fällen gar für „schädlich" hält (vgl. García Meseguer 1988: 236 und 195), weil beide unter Umständen nicht dasselbe bedeuten. Er verfolgt dazu in seinen beiden Büchern voneinander abweichende Ansätze. So sieht er in seinem ersten Werk zur spanischen Sprachwissenschaft den Idealfall in der Entwicklung von Wörtern für Personen, die in der Realität noch gar nicht existieren, um Sexismen zu vermeiden (a.a.O.: 195).

Eine etwas realistischere Alternative aus diesem ersten Buch erklärt er anhand des Beispiels *presidente*: Er fordert als spezifisch feminine Variante *la presidenta*, um den *Situaciones Directas* inhaltlich gerecht zu werden (a.a.O.: 196). Wenn sich aber eine feminine (*la presidenta*) und eine maskuline (*el presidente*) entwickeln, wäre der Grundstein für Diskriminierung in *Situaciones Inversas* gelegt. Das will der Autor durch die zusätzliche Bildung des Genus Commune für Personenbezeichnungen, d. h. *el presidente, la presidente*, so dass sich mit dem Terminus prinzipiell beide Geschlechter identifizieren können (ebd.). Dabei erachtet er es als wünschenswert, den Terminus im Genus Commune zu bevorzugen, weil zunächst an eine „Person" und nicht an „Frau" oder „Mann" gedacht werden sollte und schreibt:

„Der Gebrauch der Form im Genus Commune soll gegenüber den geschlechterspezifischen Formen bevorzugt gefördert werden" (García Meseguer 1988: 196f)[19].

Tatsächlich finden sich beide Termini, *la presidenta (f.)* und *el/la presidente (com.)* im aktuellen *DRAE* (2001) wieder (beide: http://buscon.rae.es/draeI/).

In der Bildung einer Form im Genus Commune für Berufsbezeichnungen anstelle spezifisch femininer und spezifisch maskuliner, letztere folglich auch in generischer Verwendung, sieht der Sprachwissenschaftler auch eine Vereinfachung der mündlichen und der Schriftsprache, weil eine Beidnennung der Geschlechter entfiele, ohne Frauen (oder auch Männer) durch Nichtnennung zu diskriminieren (García Meseguer 1988: 198). Dieser Vorschlag würde ebenso die Problemfälle lösen, in denen die feminine und maskuline Form der Berufsbezeichnung unterschiedliche Bedeutungen haben wie z. B. *el gobernante* und *la gobernanta* (a.a.O.: 199). Die *RAE* ist diesem Vorschlag aber nicht gefolgt: Beide Bezeichnungen existieren weiterhin in ihrem jeweiligen Genus. Zusätzlich zur traditionellen Bedeutung von *la gobernante* („mujer que en los grandes hoteles tiene a su cargo [… la] limpieza de habitaciones …") wird „encargada de la administración de una casa o institución" angeführt (http://buscon.rae.es/draeI/). Der maskulinen Form mit der Bedeutung „hombre que se mete a gobernar algo" entspricht es somit semantisch nicht vollständig (http://buscon.rae.es/draeI/).[20]

Auch in anderen Fällen ignoriert die *RAE* A. García Meseguers Vorschlag zur Einführung einer Form im Genus Commune bei Berufsbezeichnungen. Stattdessen bietet sie nun feminine und maskuline Äquivalente an, wo es vorher kulturell bedingt nur die Bezeichnung für ein Geschlecht gab, wie in den Fällen von *embajador* und *azafata*, mit ihren Neuerungen *embajadora* und *azafato* (http://buscon.rae.es/draeI/). Trotzdem ist mit diesen und weiteren femininen und maskulinen Wortschöpfungen der Grundstein für eine geschlechtergerechte Sprache auf lexikalischer Ebene gelegt worden.

19 „El camino es fomentar el empleo de la forma común con preferencia a las formas sexuadas" (García Meseguer 1988: 196f).

20 Die Definition mit „hombre" ist aufgrund der diesem Terminus innewohnenden Ambiguität nicht eindeutig. Die Bedeutung im Sinne von „Mann" liegt aber nahe, da die *RAE* in geschlechtsneutralen Fällen oft auf „persona" zurückgreift.

In seinem zweiten Werk sieht A. García Meseguer drei mögliche Lösungen zur Vermeidung von Sexismen in der Sprache, auf welche beim Thema Berufsbezeichnungen unter *Sexismo Léxico* ausführlich eingegangen wurde: *Feminización, Comunización* und *Androginización*. Für welche Lösung sich die Sprechenden entscheiden, nennt der Linguist eine „Frage des Geschmacks" und nicht zuletzt ist diese Entscheidung immer vom Einzelfall abhängig (García Meseguer 1994: 51).

Besondere Problemfälle stellen für A. García Meseguer die Bezeichnungen für Verwandtschaftsbeziehungen dar, und weil sie kulturell bedingt variieren, sind sie in besonderem Maße sexistisch (García Meseguer 1988: 207). *Padres*, das gleich drei Bedeutungen aufweist (Väter, ein Elternpaar, mehrere Elternpaare) und *hijos* oder *hermanos* (mit jeweils spezifisch männlicher und generischer Bedeutung) sind nur einige Beispiele. Bei letzteren sieht er keine andere Lösung, als auf Neologismen zurückzugreifen, die er sich folgendermaßen vorstellt:

> „neologismos del estilo de *hijes, hermanes*, según la teoría ‚*o* varón, *a* mujer, *e* persona'…" (a.a.O.: 209).

Das Suffix *e* wählt er, weil Attribute, die keine Flexion nach Geschlecht aufweisen (*fuerte, valiente*), ebenfalls dieses Suffix haben (vgl. a.a.O.: 231). Er gibt dabei aber auch zu bedenken, dass dieses Suffix zu diesem Zwecke nicht bei allen Substantiven funktioniert (*jefe, alcalde, señores, españoles*; a.a.O.: 232). Im Singular räumt er ein, keine geschlechtsneutrale Alternative für diese Beispiele zu finden außer der Beidnennung (a.a.O.: 209f und 231).

Die größte Schwierigkeit sieht A. García Meseguer bei den Artikeln. Sofern deren Nennung nicht vermeidbar ist, empfiehlt er auch hier in der Pluralform die Ersetzung von *los* durch *les*, um eine eindeutig beide Geschlechter umfassende Lösung anzubieten (a.a.O.: 228 und 232). Der unbestimmte Artikel *un, una* kann durch *une* ersetzt werden, für den bestimmten Artikel findet sich kein geschlechtsneutraler Ersatz (ebd.).

Schließlich verteidigt A. García Meseguer seine Muttersprache bei genauer Betrachtung nicht als Ursache sexueller Diskriminierung, sondern, wie es bei ihm heißt,

> „die mentalen Assoziationen der Sprechenden und Hörenden [sind] durch die Routine fehlgeleitet und seit der Schule in ihrem Ursprung verzerrt, wo anstelle einer Warnung vor diesen Fehlern der Irrtum, Genus und Sexus gleichzusetzen, befördert wird“ (García Meseguer 1988: 236)[21].

Die Trennung von Genus und Sexus ist im Spanischen durch die jeweils zwei vorhandenen Möglichkeiten tatsächlich nicht immer einfach. Daher unterstreicht er die Wichtigkeit der Trennung beider Konzepte, am besten durch *Terrorismo Lingüístico*, eine der pazifistischsten und effizientesten Formen des Terrorismus, wie er schreibt (a.a.O.: 238). Dazu gehören nach seiner Ansicht die Anwendung des Suffixes *-e* sowie andere behandelte Lösungsvorschläge, damit sich die tatsächlichen Assoziationen von Wörtern und Konzepten in den Köpfen aller (Spanisch) Sprechenden ändern und sich ihren reellen Bedeutungen anpassen (vgl. ebd.). Um einen unangemessenen Sprachgebrauch und folglich die Festigung von Geschlechterstereotypen und sprachlichen Sexismen zu vermeiden, mahnt er das sprachliche Verhalten aller im mündlichen und schriftlichen Sprachgebrauch nochmals ausdrücklich an (García Meseguer 1988: 241). Denn, wie er sehr treffend formuliert, „die Sprechweise ist auch eine Verhaltensweise“ (a.a.O: 164). Außerdem schreibt er dazu, „resultieren diese [machistischen] Aussagen von der Kindheit bis ins hohe Alter darin, die Denkweisen dem reinsten Machismus anzupassen“ (a.a.O.: 165), worin eine wesentliche Ursache für den sexistischen Sprachgebrauch liegt.

Folglich erachtet er es für notwendig, Schul- und Märchenbücher sowie offizielle Dokumente hinsichtlich ihrer Sprache zu überprüfen und sie ggf. von Sexismen zu befreien (a.a.O.: 164).

2.2.1.4 Género y Sexo, Lengua y Realidad

In den vorangegangenen Unterkapiteln wurde bereits angesprochen, dass A. García Meseguer die Verwechslung bzw. Vermischung der Konzepte *Género* und *Sexo* (Genus und Sexus) im spanischen Sprachgebrauch beklagt. Für eine grundlegende Untersuchung des *Sexismo Lingüístico* im Spanischen unter ganz

21 „… no es el lenguaje en sí mismo el causante de la discriminación sexual, sino las asociaciones mentales de quienes hablan y escuchan, mal conducidas por la rutina y viciadas de origen desde la escuela; en la que, lejos de alertarse contra estos errores, se fomenta el equívoco de identificar género con sexo“ (García Meseguer 1988: 236).

anderen Gesichtspunkten als den bisher betrachteten hält er jedoch eine strikte Trennung beider Konzepte für unerlässlich, welche nachfolgend vorgenommen werden soll.

Eine semantische Trennung der Konzepte Genus und Sexus ist A. García Meseguers Ausführungen zufolge den feministischen Bewegungen zu verdanken. Demnach bezeichnet Sexus („eine Variable der Natur") alles mit Biologie (seinen Ausführungen zufolge auch mit Psychologie) in Zusammenhang Stehende, Genus („eine Variable der Kultur") alles auf soziologische Aspekte Referierende (García Meseguer 1994: 81). Auf der Ebene der Adjektive ist eine Unterscheidung nach Genus und Sexus nicht so einfach, weil sich das Wortpaar *masculino – femenino* auf beide Konzepte beziehen kann, was wiederum auch ein Beweis dafür ist, wie diese Konzepte im Sprachgebrauch miteinander vermischt werden, so dass der Bedeutungsunterschied i. d. R. gar nicht wahrgenommen wird, wie im Falle von *género masculino/género femenino* in Bezug auf Sprache, *sexo masculino/sexo femenino* (anstelle von *sexo macho/sexo hembra*) in Bezug auf Personen (García Meseguer 1994: 82). *Género* und *Sexo* werden fast synonym gebraucht. Um weitere Verwechslungen zu vermeiden, schlägt A. García Meseguer die Verwendung der Adjektive wie folgt vor:

> „*masculino/femenino (maskulin/feminin)*, in Zusammenhang mit der Kultur, um das grammatische Geschlecht zu bezeichnen, den Bereich der Sprache; und [...] die Adjektive *varonil/mujeril (weiblich/männlich)* um das biologische Geschlecht zu bezeichnen, in Zusammenhang mit der Natur, den Bereich der Wirklichkeit" (García Meseguer 1994: 83)[22].

Seiner Vorstellung entsprechend wird diese Terminologie auch in dieser Arbeit beibehalten.

Den Unterschied von *Lengua* und *Realidad*, Sprache und Wirklichkeit, stellt er anhand zweier unterschiedlicher Situationen dar: zum einen die Schilderung einer Nachricht, von der alle wichtigen Fakten bekannt sind, zum anderen die Schilderung einer Nachricht, von der nur wenige Tatsachen bekannt sind.

22 „*masculino/femenino*, ligados a la cultura, para calificar al género gramatical, ámbito de la lengua; y [...] los adjetivos *varonil/mujeril* para calificar a los sexos, ligados a la naturaleza, ámbito de la realidad" (García Meseguer 1994: 83).

Im ersten Fall wird eine bekannte Situation auf der Basis der Wahrnehmung (der Wirklichkeit) beschrieben und die Sprache, so formuliert der Sprachwissenschaftler, „drückt dieser anschließend ihre Etikette auf“ (García Meseguer 1994: 84). Somit wird die Wirklichkeit auf die Sprache „übertragen“. Die Sprache übernimmt „die etikettierende Funktion“ (vgl. ebd.).

Im zweiten Fall werden keine Tatsachen, sondern Möglichkeiten, Wünsche oder Zukünftiges geschildert, so dass hier die „sprachliche Etikettierung“ keine Fakten beschreibt, sondern „all das, was über die Beschreibung der wahrgenommenen Realität hinausgeht“ (vgl. ebd.). An dieser Stelle übt die Sprache „kreative Funktion“ aus, weil zuerst auf sprachlicher Ebene ausgedrückt wird, was dann in der Realität eintreffen kann, nämlich die Übertragung der Sprache auf die Realität (ebd.).

Somit kann sich ein und derselbe Satz je nach beschriebenem Fall semantisch voneinander unterscheiden, weil ein Wort abhängig von der Situation seine Bedeutung ändern kann: „Pedro compareció ante un juez“ bezieht sich im ersten Fall auf einen (männlichen) Richter, während der zweite Fall auf „un juez asexuado“ (Richter oder Richterin) Bezug nimmt. A. García Meseguers Unterscheidung bei der Rolle der Sprache bzw. des Sexus der Personen in verschiedenen Situationen entspricht ungefähr der Beschreibung der *Situaciones Directas (Función Etiquetadora, der etikettierenden Funktion)* und der *Situaciones Inversas (Función Creativa, der kreativen Funktion)*. Diese aktuellere Beschreibung mit neuen Termini soll nun dazu dienen, den Unterschied zwischen Genus und Sexus zu klären.

Ausgehend von diesen beiden Funktionen der Sprache – *etiquetadora* und *creativa* – gibt es auf der Ebene der Realität, der *Función Etiquetadora*, zwei biologische Geschlechter, *varonil* und *mujeril*. Auf der Ebene der Sprache mit ihrer *Función Creativa*, wo die Personen und deren Geschlecht unbekannt sind und die Sprache auf die Realität „übertragen“ wird, wird ein drittes Adjektiv notwendig, dem er mit *andrógino/a* (beide Geschlechter umfassend) Rechnung trägt (García Meseguer 1994: 85f).

Nach dieser terminologischen Klärung bekommt Á. García Meseguer zufolge

> „jedes spanische Wort, das zur Geschlechtswelt gehört, […] bekommt zwei Bezeichnungen *(calificativos)*, eine dem Genus des Wortes entsprechende und eine dem Geschlecht der dazugehörigen Person entsprechende. Folglich heißt das:

a) das Wort *reina* (Königin) ist ein weibliches Femininum und *rey* (König) ein männliches Maskulinum;
b) das Wort *maricona* (Schwuler) ist eine männliches Femininum [...] und das Wort *putón* (Flittchen) ist ein weibliches Maskulinum;
c) das Wort *persona* (Person) ist ein androgynes Femininum und *personaje* (Persönlichkeit) ist ein androgynes Maskulinum, da keiner der beiden den Sexus der Person anzeigt.“ (García Meseguer 1994: 86)[23].

Mit den beiden angegebenen *Calificativos* referiert der Spanier zum einen auf das Genus des Substantivs (*masculino/femenino*) und zum anderen auf den Sexus der Person (*varonil/mujeril/andrógino*), welche mit dem Substantiv benannt wird.[24]

Eine Nachricht kann aber auch in Abhängigkeit des Kontexts, in dem sie geäußert wird, in ihrer Bedeutung variieren; eine Unterscheidung von *Sexismo Lingüístico* und *Sexismo Social* ist aus diesem Grund für diese Untersuchung nicht ausreichend.

Der Kontext, innerhalb dessen eine Nachricht erst ihre vollständige Bedeutung erlangt, ist A. García Meseguer zufolge von zwei Elementen abhängig: vom verbalen, d. h. einschließlich der vorangegangenen und der noch folgenden Sätze, und vom sozialen oder kulturellen Element, d. h., wie eine verbale Nachricht vor dem entsprechenden Hintergrund verstanden und interpretiert wird (vgl. García Meseguer 1994: 86f).

Dabei spielt der Kontext in der Kommunikation eine Doppelrolle: einerseits, weil sich die Kommunizierenden seiner in bewusster Weise bedienen, indem sie gewisse Fakten einer Nachricht nicht versprachlichen, weil ihnen diese Fakten bereits bekannt sind. Andererseits sind die Kommunizierenden aber „Gefangene ihres Kontextes“, weil Informationen oder Nachrichten von Person A anders verstanden werden können als Person B sich das vorstellt, ohne dass sich Person B dessen unbedingt bewusst ist (a.a.O.: 87).

23 „...cada palabra del español perteneciente al mundo de lo sexuado podrá recibir dos calificativos, uno según el género de la palabra y otro según el sexo de su referente. Así, diremos que:
a) la palabra *reina* es un femenino mujeril y *rey* un masculino varonil;
b) la palabra *maricona* es un femenino varonil [...] y la palabra *putón* es un masculino mujeril [...];
c) la palabra *persona* es un femenino andrógino y *personaje* un masculino andrógino, ya que ninguna de las dos marca sexo en el referente“ (García Meseguer 1994: 86).

24 *Andrógino/a* soll in der Übersetzung als *androgyn* nach Á. García Meseguers Terminologie beibehalten werden. Im Verlauf dieser Arbeit wird darauf jedoch mit dem im Deutschen üblichen Terminus *geschlechtsneutral* referiert.

Der Kontext ist ein Zusammenspiel aus vielerlei Faktoren: individuelle (wie Charakter, Bildung), kollektive (wie Zeit, Land, Ethnie), permanente (wie Geschlecht), vorübergehende (wie Laune, Müdigkeit) sowie externe Faktoren wie z. B. Geräusche unterschiedlicher Art (vgl. García Meseguer 1994: 87). Somit trägt der persönliche Kontext zur verbalen Bedeutung einer Nachricht bei. Das bedeutet folglich auch, dass in einer patriarchalischen Kultur sozialisierte Menschen eher dazu tendieren, in eine nichtsexistische Aussage einen sexistischen Inhalt hineinzuinterpretieren. Die Schwierigkeit besteht dabei nach A. García Meseguers Ansicht in der Trennung von Text und Kontext (a.a.O.: 89). Er unterscheidet drei verschiedene Formen des Sexismus: „der des Sprechenden, der des Hörenden und der der Sprache selbst. Das Vorhandensein der ersten beiden steht außer Zweifel; bei der dritten steht diese Frage momentan noch zur Diskussion" (ebd.).

Die Frage nach dem Einfluss des grammatischen Geschlechts auf den Sexismus in einer Sprache ist nicht ganz so leicht zu klären. Wie in den vorangegangenen Unterkapiteln ausgeführt wurde, scheint die spanische Sprache aufgrund ihrer Genusstruktur den *Sexismo Lingüístico* zu fördern, weil das *Género Femenino* meist auf Frauen referiert, das *Género Masculino* durch seine Mehrdeutigkeit entweder auf Männer oder auf Personen referieren kann. Mit anderen Worten: Männer sind damit immer gemeint, Frauen manchmal auch und manchmal nicht, so dass sie sprachlich „verdeckt" werden.

Auf dieser Grundlage wird die spanische Sprache als sexistisch bezeichnet. Á. García Meseguer stellt an dieser Stelle aber die Frage, woher wir überhaupt wissen, ob sich ein bestimmtes Wort (Substantiv, Adjektiv, Pronomen) auf eine Frau bezieht oder nicht. Außerdem ist es in diesem Zusammenhang wichtig zu erkennen, wann der Sexismus in der Sprache in der Aussage des/der Sprechenden liegt, wann beim/bei der Zuhörenden und wann in der Sprache als System (vgl. García Meseguer 1994: 90).

Um diese Fragen klären zu können, ist es unerlässlich, den Zusammenhang zwischen dem Genus der Wörter „der belebten Welt" und dem Sexus ihrer „Referenzpersonen" herauszustellen (García Meseguer 1994: 91). Nach Á. García Meseguers Nachforschungen bezüglich der Definitionen von *Géneros Gramaticales* im *DRAE*, im *Larousse* und weiteren drei Grammatikwerken wird schnell klar, dass diese unvollständig, ungenau, und vor allem in beiden erstgenannten Fällen in sich widersprüchlich und sogar falsch sind. Seine Frage kann somit vorerst nicht beantwortet werden.

Seine eigentliche Studie, mit der er den Zusammenhang von Genus und Sexus untersucht, beginnt er mit der Trennung der Substantive „der unbelebten Welt“ und „der belebten Welt“, weil das Genus bei ersterer (außer in Fällen von Substantiven mit doppeltem Genus wie *fruto,a; huerto,a*) nicht semantisch motiviert ist. Daraufhin trennt er die Substantive der belebten Welt wiederum in zwei Gruppen: nach dem Genus, dem sie angehören, und dem Sexus ihrer Referenzpersonen. Bei dieser Kategorisierung macht er bereits weitere Gruppen aus:

- *Palabras Emparejadas* – Wortpaare mit unterschiedlicher Flexion je nach Sexus (*amigo, amiga*);
- *Palabras de Forma Única* – Wörter im Genus Commune mit einer Form aber möglichem Bezug auf beide biologischen Geschlechter (*testigo*);
- *Voces Individuales y Voces Colectivas* – auf Einzelpersonen und Gruppen referierende Wörter (*víctima* bzw. *ejército*);
- semantische Wortpaare, die morphologisch nicht als solche gelten (*caballero – dama*);
- Wörter, die im Singular semantisch eindeutig und im Plural mehrdeutig sind (*rey, reyes* in seinen Bedeutungen Könige; Könige und Königinnen; Königspaar; Königspaare; García Meseguer 1994: 97), wobei diese Mehrdeutigkeit wie im Falle des letzten Beispiels über die Problematik des generischen Maskulinums hinaus eine weitere Bedeutungsnuance erhält.

Anhand dieser Wortgruppen stellen sich folgende Probleme dar: Die Verwendung des Artikels bei Substantiven des Genus Commune spezifiziert im Singular immer den Sexus der Referenzpersonen; im Plural ist dies nicht immer der Fall. Daher ist eine Betrachtung der Wörter ohne Artikel sinnvoll (García Meseguer 1994: 99). Danach besteht weiterhin die Möglichkeit einer Untersuchung, wenn diese Wörter mit Artikel stehen. Zudem ist die Verwendung der Wörter im Singular oder Plural insofern relevant, als dass sich ihre Bedeutung ändern kann (z. B. generisches Maskulinum, welches meist im Plural gebraucht wird), weshalb zunächst nur eine Analyse der Wörter im Singular vorgenommen wird. Somit stehen für A. García Meseguers Studie Genuswörter der belebten Welt zur Verfügung, welche im Singular und ohne Artikel stehen (vgl. a.a.O: 99).

Seiner Einteilung der Substantive entsprechend unterscheidet der Linguist zwischen *Palabras de Doble Forma* (Wörter mit zwei Formen: einer femininen und einer maskulinen) und *Palabras de Forma Única* (Wörter mit nur einer

Form: *personaje; persona; testigo*). In die Gruppierung der *Palabras de Forma Única* fallen zum einen die *Voces Individuales y Voces Colectivas* und zum anderen die *Substantive im Genus Commune*, wo Femininum oder Maskulinum allein im Wort verdeckt sind (vgl. García Meseguer 1994: 100). Das Genus ist somit bei letzteren implizit; bei den anderen Beispielen ist es explizit, weil das Genus der Substantive entweder auf Maskulinum oder Femininum festgelegt ist. Sowohl die *Palabras de Forma Única* mit implizitem Genus (sowohl maskulin als auch feminin möglich) als auch die *Palabras de Doble Forma* (entweder maskulin oder feminin) beziehen sich auf Männer oder Frauen, sind *varonil* oder *mujeril*, wie weiter bereits ausgeführt wurde. Hingegen sind die *Palabras de Forma Única* mit explizitem Genus *(masculino, femenino – personaje, persona)* androgyn (ebd.). Gleiches gilt auch für Gruppenbezeichnungen wie *ejército* und *comisión*.

Einen genauen Überblick über die Klassifizierung verschafft Abbildung 1 zur Klassifizierung der Substantive nach A. García Meseguers Studie.

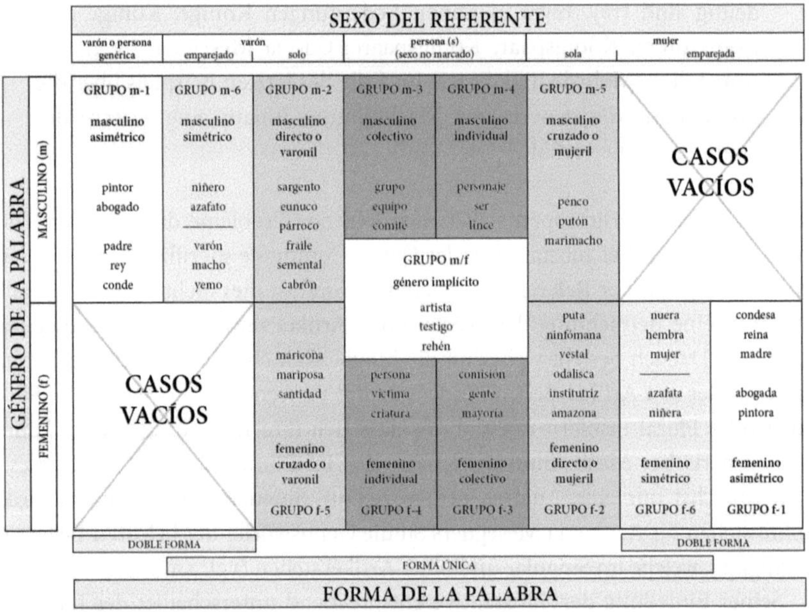

Abb. 1: Semantische Typenlehre der Personenbezeichnungen im Spanischen: der Zusammenhang von Genus und Sexus (García Meseguer 1994: 102)

Die von A. García Meseguer erstellte Tabelle ist das Ergebnis seiner Studie zum Zusammenhang von Genus und Sexus bei den Substantiven im Spanischen und zeigt, wie er schreibt, „eine geometrische Symmetrie von besonderer Schönheit" (García Meseguer 1994: 91). Die lexikalisch-grammatische Ebene, *la Lengua*, ist mit *Género de la Palabra* auf der linken Seite und mit *Forma de la Palabra*, den morphologischen Eigenschaften des Wortes, im unteren Teil der Tabelle vertreten. Die Ebene der Wirklichkeit, *la Realidad*, ist im oberen Teil der Tabelle mit *Sexo del Referente (Sexus der Referenzperson)*, den semantischen Eigenschaften des Wortes, repräsentiert (vgl. ebd.).

Von oben nach unten betrachtet zeigt die Tabelle A. García Meseguer zufolge „die Gesellschaftswelt, wie sie von der spanischen Sprache geformt wird; es ist die Welt der *Realität*" (a.a.O.: 101). Der/Die RezipientIn soll sich anhand der für jede Wörtergruppe gegebenen Beispiele die entsprechenden Referenzpersonen vor Augen halten und nicht die Wörter an sich. Die Tabelle von links nach rechts gelesen veranschaulicht, so schreibt er, „die Grammatikwelt, es ist die Welt der *Sprache*" (García Meseguer 1994: 101). Unter diesem Gesichtspunkt sollen sich die RezipientInnen auf die Wörter und nicht auf die Personen konzentrieren. Ebenso verhält es sich mit der Leserichtung von unten nach oben entsprechend der *Form des Wortes*. A. García Meseguer spricht sogar von zwei übereinander gelegten Tabellen, von denen „die zweite die linguistischen Etiketten enthält, die die Sprache den realen Inhalten, die in der ersten Tabelle enthalten sind, zuschreibt" (ebd.). Im Prinzip verdeutlicht er damit die Unterscheidung von Begriff (bei ihm die linguistische Etikette) und Gegenstand bzw. Person(en) nach dem semiotischen Dreieck.

Dem Ergebnis seiner Studie widmet der spanische Sprachwissenschaftler ein ganzes Kapitel, in dem er zu der Schlussfolgerung kommt, dass das grammatische Genus dazu dient, die Konkordanz der Wörter untereinander zu markieren. Das Problem beruht auf der Tatsache, dass Kinder in einer patriarchalischen Kultur wie der spanischen fälschlicherweise von klein auf gelehrt bekommen, dass Genus und Sexus übereinstimmen, was dem Mann wiederum einen Vorteil der Frau gegenüber einräumt, den er auf der Genusebene tatsächlich hat. Nach A. García Meseguers Erkenntnissen ist aber „die Frau […] ebenso ‚Herrin' über das maskuline Genus wie der Mann", denn die Gleichsetzung von Genus mit Sexus ist eine auf der Kultur beruhende Routine und kein linguistisches Gesetz (García Meseguer 1994: 241).

Tatsächlich besteht eine Asymmetrie von Genus und auch Sexus zwischen Femininum und Maskulinum bzw. Frauen und Männern, die der Autor wie folgt beschreibt:

> „die Sprache (und das Sprechen…) verleiht der Frau größere linguistische Stärke als dem maskulinen Genus, und dem Mann größere linguistische Schwäche als dem femininen Genus“ (a.a.O.: 241f)[25].

Dass Frauen in der Sprache durch das feminine und maskuline Genus stärker repräsentiert sind als Männer (die nur durch das maskuline Genus abgebildet werden), liegt vor allem daran, dass bei den Substantiven *de Doble Forma*, den Wörtern mit zwei Formen, der Gegensatz von Femininum und Maskulinum nicht dem Gegensatz von *mujer – varón* entspricht, sondern von *mujer – persona* (vgl. a.a.O.: 243). Der Sprachwissenschaftler Louis Hjelmslev bezeichnet diese auf die grammatische Kategorie referierende Situation als „Gesetz der Teilhabe, [bei dem] es keinen Gegensatz zwischen A und nicht A gibt; was es jedoch gibt, sind die Gegensätze zwischen A auf der einen Seite und A plus nicht A auf der anderen“ (ebd.).

Aus dieser Perspektive betrachtet, sind die Regeln zum grammatischen Geschlecht in der spanischen Sprache an sich nicht diskriminierend (vgl. ebd.). Nur die Identifikation von maskulinem Genus mit männlichem Sexus ist eine Falle, die bis zum Eintritt der Frauen in das aktive gesellschaftliche Leben nicht entdeckt werden konnte. Aufgrund dieser falschen Assoziation wurde der Mann als „einziger Protagonist des Lebens, der der Frau schadet, indem sie verdeckt bleibt“ dargestellt (García Meseguer 1994: 243f). In der Sprachwissenschaft – und selbstverständlich auch in der gesprochenen Sprache – muss nach der Trennung der Systeme von Genus und Sexus in der Psychologie und Soziologie diese Trennung folglich ebenfalls vorgenommen werden, damit Frauen aufgrund der stärkeren grammatischen Präsenz des maskulinen Genus nicht mehr geschadet werden kann (García Meseguer 1994: 244).

Bei den *Palabras de Forma Única* stellt sich dieses Problem nicht dar, weil das Genus semantisch unmotiviert ist (*persona, personaje, víctima*). Bei den *Palabras de Doble Forma* ist das Genus hingegen semantisch motiviert (*el abogado, la abogada*): Während sich das Maskulinum in der Vergangenheit auf

25 „… la lengua (y el habla…) otorga una mayor fortaleza lingüística a la mujer y al género masculino, y una mayor debilidad lingüística al varón y al género femenino“ (García Meseguer 1994: 241f).

Männer bezog, ist diese Bedeutung durch die Eingliederung der Frauen „in das aktive Leben" der sexuell neutralen Bedeutung im Sinne von *persona* gewichen. Das Femininum ist hinsichtlich des Sexus motiviert und referiert auf Frauen (ebd.).

Dieser Interpretation zufolge ist das generische Maskulinum – welches in diesem Zusammenhang nicht als solches bezeichnet wird – das Ergebnis einer soziokulturellen Entwicklung, das sich in der Sprache der jeweiligen Kultur, in diesem Falle der spanischen, niederschlägt. Umgekehrt würde dies bedeuten, dass das generische Maskulinum auf der Basis der soziokulturellen Sprachgeschichte in jeder Kultur, in der es Teil einer Sprachkritik ist, neu untersucht werden müsste, weil Geschichte, Traditionen, die Gesellschaftsordnung nur einige Aspekte einer Kultur sind und diese von Kultur zu Kultur variieren können. Offen ist bei dieser Fragestellung auch, inwieweit sich die Konzepte Kultur und Sprachraum gegenseitig bedingen. Spanien als Staat mit mehreren Sprachen, von denen das Baskische als einzige nicht zu den indoeuropäischen Sprachen gehört, ist für eine solche Untersuchung besonders interessant, um A. García Meseguers Studienergebnis insbesondere zum generischen Maskulinum belegen oder widerlegen zu können.

Immerhin bleibt ein Kritikpunkt bei den *Palabras de Doble Forma* die weiterhin bestehende semantische Asymmetrie zwischen Femininum und Maskulinum; schließlich ist die Bedeutung der Maskulina im Sinne von *persona* eine Abstrahierung eines solchen Wortpaares. Diese semantische Asymmetrie ist ein ganz wesentlicher Aspekt, der in seiner Tabelle, deren geometrische Symmetrie er unter grammatikalischen Gesichtspunkten so lobt, gar nicht erwähnt wird. In seiner Auswertung bzw. den Schlussfolgerungen gewinnt er den sexusneutralen Maskulina gar Positives ab; denn Frauen, die mit einem solchen Maskulinum im Sinne von Person in den „Personengruppen" anstelle von „Frauengruppen" „mitgemeint" sind, so schreibt A. García Meseguer, „erweisen sich als bedeutender und nicht als unbedeutender" (García Meseguer 1994: 245). Die von A. García Meseguer gewählten Beispiele entstammen allesamt einem positiven Kontext, in dem jeweils einzelne Frauen gewürdigt wurden und die Würdigung der nach seinen Vorstellungen zu interpretierenden Wortwahl („das sexusneutrale Maskulinum") größer ausfällt. Wie der Sprachwissenschaftler in den Vorbetrachtungen seiner Untersuchung ausführt, ist der Kontext einer Aussage auch immer eine entscheidende Komponente der Kommunikation. Insofern untergräbt er sein Beispiel selbst, denn in einem negativen Kontext fällt die Bewertung von im Zusammenhang mit sexuell neutralem Maskulinum genannten Frauen entsprechend negativer aus.

A. García Meseguer besteht auch darauf, dass die, so heißt es bei ihm, „asymmetrischen Maskulina immer im generischen Sinn gebraucht werden müssen" (ebd.). Der/Die LeserIn muss diese dann auch als genau solche interpretieren, es sei denn, der/die SchriftstellerIn verweist im Text auf etwas Gegenteiliges (vgl. García Meseguer 1994: 245).

Wenn allerdings nur auf Männer Bezug genommen wird, soll nach A. García Meseguers Auffassung das spezifische Maskulinum nach folgendem Muster verwendet werden:

> „die Summe eines maskulinen Terminus und eines weiteren, der auf einen Mann hinweist. Wenn der zweite Terminus weggelassen wird, wie es bisher die traditionelle Norm gewesen ist, verfallen wir wieder in die sexistisch-patriarchalische Routine und die Ambiguität wird gefördert – zugunsten des Mannes" (García Meseguer 1994: 245)[26].

Dieses spezifische Maskulinum nach dem Muster von „profesores varones" (männliche Professoren) soll verhindern, dass eine allein stehende maskuline Form eines Wortpaares nur mit Männern identifiziert wird, denn sie repräsentiert seiner These zufolge Personen, also Männer *und* Frauen. Im Sinne der semantischen Symmetrie der Wortpaare, sollte, wer auf Beidnennung nicht verzichten möchte, diese als „alternative Schocktaktik" dem einfachen bzw. sexuell neutralen Maskulinum vorziehen: „profesores varones y profesoras, alumnas y alumnos varones" (a.a.O.: 246). Die Beidnennung im Stile von „profesores y profesoras" hält er für akzeptabel als „provisorische Taktik zur Sichtbarmachung der Frau in den Bereichen, in denen es angebracht ist" (ebd.). Im Prinzip ist diese Variante aber wenig ratsam, weil sie die Gefahr birgt, das asymmetrische Maskulinum „profesores" von der Semantik her mit dem spezifischen Maskulinum „profesores varones" gleichzusetzen (García Meseguer 1994: 246).

26 „Si se desea hacer referencia a varón sólo, sin incluir a la mujer, debe utilizarse un masculino específico, suma de un término masculino más otro que aluda a varón. Si se omite el segundo término, como ha sido norma tradicional hasta ahora, se cae en la rutina patriarcal sexista y se fomenta la ambigüedad, en beneficio del varón" (García Meseguer 1994: 245).

Der spanische Linguist räumt allerdings auch ein, dass eine Beidnennung dem Prinzip der Sprachökonomie widerspricht, und diese deshalb nur in Maßen eingesetzt werden sollte. Er schätzt ihre Chancen, sich langfristig im Sprachgebrauch zu etablieren, als gering ein (ebd.). Seine bevorzugte Form der Beidnennung mit spezifischem Maskulinum stellt sich dabei als besonders schwierig dar, weil sie zum einen noch komplexer als die „einfache" Beidnennung der Wortpaare und zum anderen in ihrer beabsichtigten Bedeutung NichtlinguistInnen schwerer vermittelbar ist.

Je weiter der Prozess der Eingliederung der Frauen „in das aktive Leben" voranschreitet, umso weniger wird das spezifische Maskulinum nach A. García Meseguers Ansicht die Präsenz der Frauen verdecken und die Beidnennung wird überflüssig werden. Um diesen Prozess zu beschleunigen, schreibt er, „sollte das spezifische Maskulinum oft gebraucht werden, immer dort, wo es angemessen ist." (a.a.O.: 247).

Seine weiteren Strategien zur Überwindung des Sexismus im Sprachgebrauch sind die Bildung von Neologismen für Frauen, ausgehend vom bisher nur Männer bezeichnenden Maskulinum, welche bereits vorgestellt wurden: die Feminisierung, Kommunisierung und Androgynisierung. Keine dieser Strategien hält er für sexistisch, weshalb der Geschmack jeder einzelnen Person über deren Auswahl entscheiden sollte (García Meseguer 1994: 246). Um den *Sexismo Lingüístico* in seinen Erscheinungsformen des *Sexismo Léxico* und des wesentlich schwerer festzustellenden *Sexismo Sintáctico* aufzudecken, empfiehlt er weiterhin die Inversionsregel. Darüber hinaus macht er aber auch darauf aufmerksam, dass der Sexismus nicht in der Sprache als System, sondern in der Mentalität liegt. Im Falle des Spanischen liegt er nach A. García Meseguers Forschungsergebnissen nicht in der Sprache, sondern im Sprachgebrauch, *en el Habla*, zum einen auf Seiten des/der Sprechenden und zum anderen auf Seiten des/der Zuhörenden, wobei dieser Sexismus wiederum bewusst oder unbewusst von Sprechenden und Zuhörenden eingesetzt werden kann.

Schlussbetrachtungen zur Studie

A. García Meseguer betrachtet in seiner Studie zum Verhältnis von Genus und Sexus bei spanischen Personenbezeichnungen lediglich die morphologische Ebene der Termini. Zwar behauptet er, unter der Überschrift „Sexo del Referente" die semantische Ebene in diese Studie mit einzubeziehen, aber seine Interpretation von Semantik greift hier zu kurz, denn die Semantik gibt nicht nur Aufschluss über den Sexus, sondern zuallererst über die eigentliche Bedeutung der Wörter. Gerade bei den *Palabras de Doble Forma* werden somit wesentliche Aspekte der feministischen Sprachkritik auf der Ebene des *Sexismo Léxico* (und auch des wesentlich genauer definierten Konzepts des Sprachsystems) vollständig außer Acht gelassen: die asymmetrische Bedeutung von Feminina und Maskulina durch Herabwürdigung der Frauen, der *Vacíos Léxicos* und *Vocablos Ocupados* und des Vergessens von Frauen. Als Folge der Tatsache, dass der Sexus nicht der einzige semantische Aspekt eines Wortes ist, ist eine Gleichsetzung der Termini nach A. García Meseguers Vorstellung *Sexo – Realidad* (und *Género – Lengua*) unangebracht und falsch.

Seine Studie gibt lediglich ein Bild davon, wie symmetrisch die spanischen Personenbezeichnungen auf morphologischer Ebene angeordnet sind und welche Möglichkeiten diese theoretische Ebene des Sprachsystems für die Übertragung der Wörter in den Sprachgebrauch bietet. Die Tabelle ist folglich ideal, um die *Pares Incorrectos* als solche aufzudecken und somit möglicherweise auch deren angemessenen Gebrauch zu fördern.

Letztendlich ist seine Studie eine Analyse des Sprachsystems, welches wiederum aber auch nur schwer veränderbar ist. Seine weiteren, unter *Sexismo Léxico* behandelten sprachlichen Kritikpunkte werden bis auf wenige Ausnahmen gar nicht durch diese Studie berührt. Bei den Ausnahmen handelt es sich um die Anreden für Männer und Frauen, wo die Termini *señor – señora, señorito – señorita* auf morphologischer Ebene gegenübergestellt werden, aber der semantische Aspekt dieser bleibt unbeachtet. Die größte Ausnahme ist das generische Maskulinum, was, wie bereits behandelt, in Zusammenhang mit der Studie nicht mehr diese Bezeichnung trägt. Die Bedeutung, die A. García Meseguer nun in das Maskulinum, welches nun immer eine generische Bedeutung („persona“) hat, hineininterpretiert, stört seine viel gepriesene morphologische Symmetrie der Tabelle unter semantischen Gesichtspunkten, welche in der Tabelle nicht ausreichend berücksichtigt wurden. Durch seine Interpretation der Maskulina bei den *Palabras de Doble Forma* entsteht eine zusätzliche semantische Asymmetrie, die eben aufgrund ihrer Bedeutung nur schwer nachzuvollziehen und somit nach außen schwer vermittelbar ist.

A. García Meseguers Untersuchung ist daher eine Analyse des Sprachsystems, die allerdings keine echten Lösungsvarianten für die feministische Sprachkritik bietet. Immerhin regt sie zum Nachdenken über die symmetrische oder asymmetrische Semantik der Termini und deren bewussten Gebrauch an – die Grundlage für einen möglichst nicht sexistischen Sprachgebrauch im Sinne der feministischen Sprachkritik.

2.2.2 Weitere bedeutende Werke und Quellen zur feministischen Sprachkritik

Neben A. García Meseguer haben sich weitere Institutionen und Personen mehr oder weniger ausführlich mit den Aspekten der feministischen Sprachkritik beschäftigt. Im Rahmen dieser Arbeit soll auf vier weitere dieser Abhandlungen eingegangen werden. Dazu gehören das *Manual de Estilo del Lenguaje Administrativo*, herausgegeben vom *Ministerio para las Administraciones Públicas* (1990), das *Manual de Estilo del Lenguaje Administrativo* von Miguel Rodríguez de la Rubia Sánchez de Molina, herausgegeben vom *Centro de Estudios para la Administración Pública* (2007), *Nombra – La Representación del Femenino y el Masculino en el Lenguaje*, herausgegeben von der *Comisión Asesora sobre Lenguaje del Instituto de la Mujer* (1995) und das *Libro de Estilo para evitar el Sexismo en los Medios de Comunicación*, verfasst von den Feministinnen Cristina Cordeiro López, Alixe Rodríguez Gil, Amaia Herrero Otarzabal, Patricia Ruíz Cascajar (2004).

Das *Manual de Estilo del Lenguaje Administrativo* wird auf Empfehlungen hin des im *Plan de Acción para la Igualdad de Oportunidades de las Mujeres* (1988–1990) vom EU-Ministerrat formulierten Empfehlungen erarbeitet, um auf dessen Grundlage die sprachliche Diskriminierung von Frauen in Verwaltungsdokumenten zu beseitigen. In den zu diesem Zweck untersuchten Verwaltungsdokumenten sollen die Amts- oder Stellenbezeichnungen, welche von Frauen besetzt sind, auch mit Feminina benannt werden (*Manual de Estilo del Lenguaje Administrativo* 1990: 157). In Verwaltungstexten, so heißt es dort, „die dem Gebrauch der normativen Sprache folgen", wird das generische Maskulinum verwendet und als grammatisch korrekt betrachtet, wenn, so steht weiter, „sich auf abstrakte Weise auf eine bestimmte Berufs- oder Beamtengruppe bezogen wird" (ebd.). Eine mögliche Veränderung des Maskulinums hin zum Femininum soll je nach Fall, wenn es sich auf konkrete Personen bezieht, im Auge behalten werden. Über diese Variante des generischen Maskulinums hinaus wird aber auch auf nicht geschlechterspezifische Substantive oder Gruppenbezeichnungen (*la persona; el colectivo*) sowie die Beidnennung (*los trabajadores y trabajadoras*) hingewiesen (a.a.O.: 159). Für kurze Texte wird auch die Kurzschreibung von Beidnennungen mit Schrägstrich, Bindestrich oder Parenthesen anerkannt (*o/a; o-a; o (a)*), was dann auch der Konkordanz entsprechend auf Adjektive und Partizipien angewendet werden muss (ebd.). Die Reihenfolge, ob zuerst die Männer oder Frauen genannt werden sollen, wird nicht festgelegt (*Manual de Estilo del Lenguaje Administrativo* 1990: 160).

Anreden sollen weder für Männer noch für Frauen gebraucht werden, es sei denn, dies ist im Einzelfall aus formalen Gründen notwendig. Folglich wird D/Dª nicht vor den Namen und Vornamen einer Person gestellt (ebd.). Außerdem soll auf Verwandtschaftsbezüge der Art „D. … y su esposa Doña…" verzichtet werden (a.a.O.: 161).

Wie A. García Meseguer in seinem Buch (1994) erwähnte, soll *hembra* in Verwaltungsdokumenten nicht mehr benutzt werden. Als Bezeichnungen für Männer stehen *hombre* und *varón* zur Verfügung, was gleichzeitig den generischen Gebrauch von *hombre* untersagt (a.a.O.: 161).

Das *Manual de Estilo del Lenguaje Administrativo* aus dem Jahr 2007 weist darauf hin, dass beim Verfassen von Texten und beim Sprechen, wie dort geschrieben steht, „alle darauf achten sollten, nicht in einen sexistischen Sprachgebrauch, aber auch nicht in linguistische Absurditäten zu verfallen" (*Manual de Estilo del Lenguaje Administrativo* 2007: 49). Allerdings sind die Ausführungen dazu wenig konkret und obendrein nur oberflächlich betrachtet: Der Autor behandelt außer dem beschriebenen *Salto Semántico* die, wie er schreibt, „strenge Konkordanz des Genus mit seinen Besitzern", die negative Kritik an der Feminisierung von Substantiven des Genus Commune und wiederum die negative Kritik an der Verwendung des Suffixes *-e* im Plural, um das generische Maskulinum zu umgehen, wie es A. García Meseguer in seinem ersten Buch zur feministischen Sprachwissenschaft 1988 vorgeschlagen hatte (*Manual de Estilo del Lenguaje Administrativo* 2007: 49ff). Die Feminisierung von Substantiven im Genus Commune wie im Falle von *jueza*, dessen maskuline Form *juez* beide Geschlechter bezeichnen kann, erachtet er als „sinnlos", weil „juezo" auch nicht verwendet wird. Ähnliche Beispiele führt er mit *oficial, oficiala; edil, edila; concejal, concejala*, für die es die „maskulinisierten" Formen mit dem Suffix *-o* ebenso wenig gibt. Als Vergleich zu *jueza* bemüht er feminine spanische Substantive, die trotzdem auf *-ez* enden, ohne dass ihnen noch ein Suffix *-a* angehängt wird (*la escasez, la esbeltez, la nuez,* obwohl *la escaseza, la esbelteza, la nueza* im *DRAE* aufgenommen sind, wenn die ersten beiden auch mit dem Vermerk „desusado", und *nueza* eine andere Bedeutung hat; vgl. http://buscon.rae.es/draeI/). Daher lehnt er die Feminisierung *aller* Berufsbezeichnungen ab, weil sie nicht unter linguistischen, sondern unter politischen Gesichtspunkten vorgenommen wurden, wobei er sie aber im Falle von *médica* und *médico* anerkennt (vgl. *Manual de Estilo del Lenguaje Administrativo* 2007: 50). Dabei widerspricht er seinen eigenen Ausführungen und es zeigt, dass eine derartige Verallgemeinerung bei Berufsbezeichnungen schwierig ist, denn, wie A. García Meseguer mit seiner Studie herausgestellt hat, gehören die Substantive zum einen unterschiedlichen Genuskategorien (*femenino, masculino, común*) an und zum anderen sind Genus und Sexus nicht unbedingt identisch. Seine Kritik an der Feminisierung von *juez* zu *jueza* ist nicht ganz unberechtigt, aber seine Beispiele zum femininen Suffix -ez zeigen, dass er Genus und Sexus verwechselt.

Auch die von, wie er schreibt, „den Anhängern der sprachlichen Gleichberechtigung" vorgeschlagene Verwendung des Suffixes *-e* im Plural nach dem Muster *querides amigues* kritisiert er als „lächerlich" (vgl. *Manual de Estilo del Lenguaje Administrativo* 2007: 52). Unter wissenschaftlichen Gesichtspunkten setzt er sich damit nicht auseinander; genauso wenig, wie er die Zugehörigkeit der Substantive zu unterschiedlich Genera nicht betrachtet.

Lediglich die Vermeidung des *Salto Semántico* legt er nahe. Die Übereinstimmung von Genus und Sexus ist – soweit möglich – seiner Ansicht nach ebenfalls noch ein nachvollziehbarer Aspekt der feministischen Sprachwissenschaft.

Das *Instituto de la Mujer* hat Mitte der 1990er Jahre eine *Comisión Asesora sobre Lenguaje* namens *Nombra* gegründet, welche Expertinnen aus unterschiedlichen Fachbereichen (wie z. B. aus der Philologie, Geschichte, Wirtschaft, Pädagogik und Kunstgeschichte) eint und in Kooperation mit der *Comisión Española de la UNESCO* Richtlinien zum Sprachgebrauch erarbeitet. Da deren Empfehlungen größtenteils mit denen von Cristina Cordeira López et al. im *Libro de Estilo para evitar el Sexismo en los Medios de Comunicación (Stilcode zur Vermeidung von Sexismen in den Medien)* verfassten übereinstimmen, werden beide Werke parallel betrachtet und Gemeinsamkeiten und Unterschiede herausgestellt, wobei dieser Stilcode für die Medien zumeist wesentlich umfangreicher und detaillierter als *Nombra – La Representación del Femenino y el Masculino en el Lenguaje* ist.

In beiden Werken sprechen sich die Autorinnen eindeutig für die Beidnennung von Personenbezeichnungen aus, weil es sich dabei nicht um eine Wiederholung oder eine Dopplung handelt (*Nombra* 1995: 14 und Cordeira López et al.: 2004: 76f). In Stellenangeboten soll dies gemäß *Libro de Estilo* auch genau so gehandhabt werden (Cordeira López 2004: 76f). Eine Beidnennung in Kurzform mit Schräg-, Bindestrich oder Klammern sowie Formen, welche keine zwei Geschlechtervarianten aufweisen oder nicht versprachlicht werden können (*l@s niños/as*), lehnt das *Libro de Estilo* im Gegensatz zu den Empfehlungen für Verwaltungsdokumente ab. *Nombra* akzeptiert hier sowohl die Beidnennung als auch eine Schreibung mit Schrägstrichen (*Nombra* 1995: 27). Die Autorinnen des *Libro de Estilo* weisen außerdem darauf hin, dass Substantive des Genus Commune, wenn sie ohne Artikel stehen, weder auf ein Maskulinum noch auf ein Femininum hindeuten und daher als geschlechterneutrale Variante gebraucht werden können (Cordeira López 2004: 81).

Das generische Maskulinum wird sowohl von *Nombra* als auch vom *Libro de Estilo* abgelehnt. Stattdessen wird der Einsatz von sich auf beide Geschlechter beziehende *Palabras Genéricas* (*Nombra* 1995: 13) bzw. *Genéricos Reales* (Cordeira López 2004: 76) wie z. B. *ser humano, persona, gente* befürwortet, auf die A. García Meseguer mit *Palabras de Forma Única* referiert. Das Konzept der *Genéricos Reales* wird allerdings in beiden Werken unterschiedlich verwendet: *Nombra* unterscheidet zwischen den *Genéricos Reales*, den *Genéricos* und den *Abstractos* als Variante der Neutralisierung oder Abstrahierung der Personenbezeichnungen, das *Libro de Estilo* nutzt für die Neutralisierung und Abstrahierung nur das Konzept der *Abstractos*. Diese Mechanismen zur Umgehung des generischen Maskulinums nach dem Vorbild von *el profesorado, el personal médico, la jefatura, la tutoría* sollen angewendet werden, wenn es um eine Gruppe von Personen geht oder deren Geschlecht keine Rolle spielt (*Nombra* 1995: 16ff und Cordeira López 2004: 77f, 89). Weitere Varianten der Verallgemeinerung sind die in *Nombra* behandelte Verwendung des unpersönlichen Pronomens *se* (was sich im Gegensatz zu „man" im Deutschen nicht der feministischen Sprachkritik ausgesetzt sieht) und die Verwendung der ersten Person Plural, um beispielsweise auch *hombre* in seinem generischen Sinn zu vermeiden (a.a.O.: 19). Dieselben Möglichkeiten bieten sich neben der Verwendung der zweiten Person Singular (*tú, usted*) bei allgemeinen Anweisungen (a.a.O.: 21).

In beiden Werken wird die Verwendung des unpersönlichen Pronomens *uno* im allgemeinen Sinn abgelehnt – zugunsten einer geschlechterneutralen Version, indem es durch *alguien, cualquiera, la persona, el ser humano* oder der ersten Person Plural ersetzt wird (*Nombra* 1995: 22 und Cordeira López 2004: 78). Ähnliches gilt für den Gebrauch der Relativpronomen *el/los/aquel/aquellos que*, welche durch *quien, quienes* oder *las personas* ersetzt werden sollen (a.a.O.: 23 und a.a.O.: 78).

Der *Uso Androcéntrico en el Lenguaje* (androzentrische Sprachgebrauch) wird ebenfalls in beiden Werken kritisiert, wobei *Androcentrismo* durch die Autorinnen nicht so genau spezifiziert wird wie durch A. García Meseguer. In diesem Zusammenhang beziehen sich die Autorinnen aber auch auf das von ihm so genannte Konzept des *Salto Semántico*, was durch die erwähnten Mechanismen der Neutralisierung und Abstrahierung der Personenbezeichnungen leicht vermieden werden kann (a.a.O.: 25 und a.a.O.: 79). Ebenfalls vermieden werden sollen weitere Formen des *Uso Androcéntrico* wie der nach A. García Meseguer beschriebene *Androcentrismo*, sexistischer Sprachgebrauch und die Nennung von Frauen in ihrer (Verwandtschafts)Beziehung mit Männern (ebd. und ebd.). Das *Libro de Estilo* nennt hier weitere Merkmale des *Uso Androcéntrico* und lehnt in diesem Zusammenhang den Gebrauch des spezifischen maskulinen Genus nach dem Muster *los niños varones* als Unterscheidung zu einem generischen Maskulinum (*los niños*) entschieden ab, weil es nicht der Sichtbarmachung der Frauen dient (Cordeiro López 2004: 95).

Bei den Anreden *señor/señora* befürworten die Autorinnen beider Werke deren alleinige Verwendung und bezeichnen *señorita* als veraltet wegen seines Bezugs auf den Familienstand der Frau, in dessen Sinn es kein maskulines Äquivalent gibt (*Nombra* 1995: 27 und Cordeira López 2004: 79f). Ebenso wie A. García Meseguer kritisieren die Autorinnen des *Libro de Estilo* den Gebrauch des Artikels bei weiblichen Familiennamen (*la Caballé*), wofür eine männliche Entsprechung unüblich ist (a.a.O.: 81).

Bezeichnungen für Berufe, Titel, Posten und Ämter sollen feminisiert und auch entsprechend verwendet werden; in beiden Werken wird der Bezug zum 1995 verabschiedeten Gesetz zur Anpassung der „Bezeichnung offizieller akademischer Titel" hergestellt (*Nombra* 1995: 29 und Cordeiro López 2004: 82ff), worauf im Kapitel zur rechtlichen Stellung der Frau eingegangen wird. Das *Libro de Estilo* geht mit seinen Forderungen über dieses Gesetz hinaus: Es will die Bildung von Feminina und Maskulina mit entsprechenden Suffixen bei

Paarformen (u.a. *-a/-o; -era/-ero; -or/-iz*) und auch bei Personenbezeichnungen im Genus Commune *(la poeta, el poeta; aquella modelo, aquel modelo)* ausweiten (Cordeiro López 2004: 87ff). Nicht nur in diesem Zusammenhang verweisen die Autorinnen des *Libro de Estilo* darauf, die Konkordanzen zwischen Personenbezeichnungen und deren Bezugswörtern, vor allem die Objektpronomen, immer korrekt auszuwählen (a.a.O.: 80f).

Schließlich ist bei C. Cordeiro López die letzte Empfehlung, keine frauenfeindlichen Konzepte oder Feminina in pejorativem Sinn zu benutzen, eine ganz zentrale für die Medien. Dabei geht es den Autorinnen nicht nur darum, Äußerungen wie „Es una solterona“ („Sie ist eine alte Jungfer“) zu vermeiden, sondern auch darum, Adjektive, die abschätzig, plump oder zu lobend auf Frauen referieren und dabei keinen wichtigen Inhalt vermitteln, nicht in einen Text einfließen zu lassen („la bella escritora“ – die schöne Schriftstellerin; Cordeiro López 2004: 80f).

In der spanischen feministischen Sprachwissenschaft gibt es somit eine Vielzahl von Veröffentlichungen, die sich unterschiedlich detailliert und mit einem unterschiedlichen Grad an Wissenschaftlichkeit mit diesem Thema beschäftigen. Auch im Internet gibt es zahlreiche Foren zum Feminismus und zum nicht sexistischen Sprachgebrauch, wo sich die Schreibenden zu verschiedenen allgemeinen und aktuellen Themen äußern und sich auch WissenschaftlerInnen wie Mercedes Bengoechea, eine der Autorinnen von *Nombra,* beteiligen (http://www.mujeresenred.net; http://www.nodo50.org/mujeresred/).

So findet beispielsweise im Jahr 2004 eine Diskussion zur „Namensgebung“ des im Dezember 2004 verabschiedeten *Ley Orgánica 1/2004* zu „Maßnahmen zum umfassenden Schutz vor geschlechterspezifischer Gewalt“ im Internetforum http://*www.mujeresenred.com* statt. Angestoßen wird diese Diskussion von der *RAE*, welche sich mit einem Brief an die Regierung bzw. an die zuständigen Ministerien wendet, in dem sie darlegt, warum der Arbeitstitel des in Entstehung befindlichen Gesetzes *Ley Integral contra la Violencia de Género* nicht angemessen ist. Der Ausdruck *Violencia de Género* ist demnach eine Entlehnung aus dem Englischen von *gender violence*; im Spanischen hingegen, wie es dort zur Begründung steht,

> „muss der Terminus Sexus benutzt werden, wenn es darum geht, die männlichen von den weiblichen Lebewesen aufgrund ihrer Biologie

> voneinander zu unterscheiden. Das heißt, die Wörter haben ein Genus (und keinen Sexus), während die Lebewesen einen Sexus haben (und kein Genus). Im Spanischen gibt es die Tradition, das Wort ‚Genus' synonym zu ‚Sexus' zu gebrauchen, nicht" (*RAE* bei Charo Nogueira, Journalistin)[27].

Diese klare Unterscheidung von Genus und Sexus entspricht genau dem, was A. García Meseguer in seinem Buch aus dem Jahr 1994 sehr deutlich herausstellt. Dass der Sprachgebrauch der Konzepte von Genus und Sexus viel zu oft von der *RAE* beschriebenen Tradition abweicht, zeigen nicht zuletzt die Untersuchungen in diesem Kapitel. Als Alternativen zur Bezeichnung des Gesetzes bietet die *RAE* folgende an: *Violencia Doméstica o por Razón de Sexo*. Wohlwissend, dass bei *Violencia Doméstica*, der am häufigsten zu findenden Variante, Paare, die nicht zusammenwohnen, ausgeschlossen werden, wird *o por Razón de Sexo* angefügt (ebd.). Die Notwendigkeit einer Änderung des Gesetzestitels sieht die *RAE* in einer mit diesem Gesetz sehr wahrscheinlich einhergehenden Festigung der entsprechenden Termini im Sprachgebrauch, den sie somit in die richtige Richtung lenken will. Die Diskussion wird in den feministischen Internetforen noch weitergeführt. Das Ansinnen der *RAE* bleibt leider erfolglos; die Bezeichnung bleibt *Violencia de Género*.

Während sich die *RAE* in dem beschriebenen Fall für einen reflektierten Umgang mit der Sprache einsetzt, hat sie aber nur vergleichsweise wenige Kritikpunkte aus der feministischen Sprachwissenschaft in ihr *Diccionario* übernommen. So gibt es seit der anfangs zitierten Definition von *Feminismo* aus der Ausgabe des *DRAE* von 1970 eine (hier kursiv markierte) Änderung, aber nicht die von A. García Meseguer vorgeschlagene:

> „Doctrina social favorable a la mujer, a quien concede capacidad y derechos reservados *antes* a los hombres;
> Movimiento que exige para las mujeres iguales derechos que para los hombres" (http://buscon.rae.es/draeI/).

27 „Para designar la condición orgánica, biológica, por la cual los seres vivos son masculinos o femeninos, debe emplearse el término sexo. Es decir, las palabras tienen género (y no sexo), mientras que los seres vivos tienen sexo (y no género). En español no existe tradición de uso de la palabra género como sinónimo de sexo" (RAE bei Charo Nogueira, Journalistin).

Die Präposition *antes* ersetzt in der aktuellen Ausgabe des *DRAE „hasta ahora“*; *a quien concede* wird nicht zugunsten von *a quien reconoce* nach A. García Meseguers Vorschlag geändert. Die Änderung der Präposition allein ist jedoch als Erfolg zu werten und gibt Anlass zu weiterem Optimismus, dass auch bei der *RAE* zumindest das Bewusstsein für einen reflektierteren Umgang mit der Sprache gestärkt wird und sich dies in den Neuauflagen des *DRAE* entsprechend manifestiert.

3 Die rechtliche Stellung der Frau in Spanien

Die Vorschläge und Anregungen aus der feministischen Sprachwissenschaft finden in den Gesetzestexten keine oder kaum Anwendung, insbesondere weil sie erst nach dem Erlass der Gesetze aus der Franco-Zeit aufkamen. Eine Interpretation der Gesetze aus der Zeit der Franco-Diktatur unter feministisch-linguistischen Gesichtspunkten ist daher nicht sinnvoll. Die Gesetzgebung aus demokratischen Zeitraum hingegen bietet unter diesem Aspekt sicherlich noch ausreichend Forschungspotential.

3.1 Die rechtliche Situation unter Francos Regime

Der Staatsaufbau der Militärdiktatur Francos und der der modernen Demokratie des Königreiches Spanien unterscheiden sich grundlegend voneinander. Im Gegensatz zum demokratisch legitimierten Herrschaftssystem, in dem es eine Gewaltenteilung gibt, wo den Bürgerinnen und Bürgerinnen die bürgerlichen Grundrechte zuerkannt werden und das nach rechtsstaatlichen Prinzipien funktioniert, herrscht Francisco Franco fast uneingeschränkt allein, weil er mehrere „Gewalten", so schreibt der Jurist Francisco Fernández Segado, in seiner Person vereint: Er hat nicht nur die Gründungsvollmacht des Staates inne; er ist „a) Regierungschef; b) Oberbefehlshaber des Militärs; c) Staatschef; d) Vorsitzender der Spanischen Einheitspartei" (*Falange*, später *Movimiento Nacional*; von diesem Vorsitz rühren auch die Begriffe „Caudillaje" sowie „Caudillo Carismático"); „und hat e) gesetzgebende Gewalt" (Francisco Fernández Segado 1986^3: 691ff). Die gesetzgebende Gewalt übt Franco nicht allein, sondern mit dem Ministerrat aus, jedoch kann er, wie es weiter heißt, in „dringenden Fällen" auch allein Gesetze erlassen und den Ministerrat im Nachhinein davon unterrichten (ebd.).

Die beiden unterschiedlichen politischen Systeme, die in dieser Arbeit betrachtet werden, erfordern eine differenzierte Betrachtung der Gesetzgebung, weil es z. B. eine Verfassung nach demokratischem Vorbild zu Francos Zeiten nicht gibt und die lange Regierungszeit Francos mit seiner Vielzahl von Gesetzen eine Berücksichtigung im Rahmen dieser Arbeit unmöglich macht. Die wichtigsten Rechtsquellen wie die Grundgesetze und der *Código Civil* sollen im Folgenden mit ihren jeweiligen Veränderungen, die sich auf das Geschlechterverhältnis von Männern und Frauen auswirken, betrachtet werden.

In der Hierarchie der Rechtsnormen stehen die Grundgesetze (*Leyes Fundamentales*) an oberster Stelle, danach folgen die einfachen Gesetze (*Leyes Ordinarias/Formales*) und schließlich die Gesetzesverordnungen (*Decretos-Leyes*) und Dekrete (*Decretos*), wobei die beiden letztgenannten nicht unbedingt die förmlichen Gesetzgebungsverfahren passieren müssen (Günther Haensch/Celestino Sánchez López 1975: 80 und 100; Hispanist); sie werden im Rahmen dieser Arbeit nur vereinzelt betrachtet. Weitere Rechtsnormen von geringerer Rangordnung werden nicht behandelt.

3.1.1 Die Grundgesetze

Der Prozess der Verfassungsgebung beginnt im Jahr 1936. Bei der Verfassung im Franco-Staat handelt es sich nicht, wie F. Fernández Segado es formuliert, um „eine rationale Verfassung, die mit einem Mal komplett entsteht", sondern um einen „Prozess, innerhalb dessen die Institutionen gefestigt und die Gesetze definiert werden, welche aber allesamt der ständigen Überprüfung während dieses Prozesses unterliegen" (Fernández Segado 1986^3: 694). Dieser verfassungsgebende Prozess lässt sich in vier Phasen unterteilen: 1) die Phase der ideologischen Ausrichtung; 2) die Phase des rechtlich-institutionellen Aufbaus; 3) die Phase der institutionellen Festigung und 4) die Phase der konstitutionellen Entwicklung (vgl. ebd.).

Die ideologische Ausrichtung geschieht im Wesentlichen mit der Erarbeitung zweier programmatischer Dokumente:

- mit dem *Decreto de Unificación, de 19 de Abril de 1937* (Vereinigungsdekret vom 19. April 1937) und dem
- *Fuero del Trabajo, de 9 de Marzo de 1938* (Grundgesetz der Arbeit vom 9. März 1938).

Im Zuge des rechtlich-institutionellen Aufbaus werden beide Texte in überarbeiteter Form teilweise in den sog.

- *Fuero de los Españoles, de 17 de Julio de 1945* („Grundrecht" der Spanier vom 17. Juli 1945), aufgenommen. Dieser bildet, gemeinsam mit den drei folgenden Gesetzen, eine Art Verfassung bzw. Grundrechtskatalog Spaniens:

- *Ley Constitutiva de las Cortes, de 17 de Julio de 1942* (Gesetz über die Bildung der spanischen *Cortes* bzw. des spanischen Ständeparlaments);
- *Ley del Referéndum Nacional, de 22 de Octubre de 1945* (Gesetz über den Volksentscheid) und
- *Ley de Sucesión en la Jefatura del Estado, de 26 de Julio de 1947* (Gesetz über die Nachfolge in der obersten Staatsführung) (Fernández Segado 1986: 694ff).

Der *Fuero del Trabajo* von 1938 ist eine Erklärung von Tatsachen, Rechten und Pflichten, derzufolge, so die Präambel, „Spanien die Aufgabe übernimmt, den Spaniern Heimat, Brot und Gerechtigkeit zu garantieren" (vgl. „Fuero del Trabajo de 1938"). Nur wenige der Artikel beziehen sich direkt auf die Bürgerinnen und Bürger selbst; die Spanierinnen sind nur in Art. II. 1. explizit erwähnt. Während in Art. I. 8 allen Spaniern das Recht auf Arbeit eingeräumt wird, wird Frauen und Kindern in dem darauffolgenden Art. II. 1. die Nachtarbeit verboten. Der Staat regelt die Hausarbeit und verheiratete Frauen werden von der Arbeit, so heißt es, in „Werkstatt und Fabrik befreit" (ebd.). Eine ausreichende Entlohnung für die Arbeit, so steht es in Art. III. 1., „soll dem Arbeiter und seiner Familie ein anständiges und würdiges Leben ermöglichen" (ebd.). Betagte Arbeiter sollen Art. X. 2. zufolge eine ausreichende Rente erhalten. Die besondere Bedeutung der Familie als wesentliche, natürliche Einheit und Grundlage der Gesellschaft, die es entsprechend zu schützen gilt, wird in Art. X. 3. hervorgehoben. Die zur Arbeit und Produktion beitragenden Spanier sind berechtigt, eine gewerkschaftliche Organisation zu stellen (Art. X. 1.). Im letzten Art. XVI. des *Fuero del Trabajo* verpflichtet sich der Staat, der „Kampfjugend" und all jenen, die Spanien wie Helden erobert haben, eine Arbeit zu verschaffen (vgl. ebd.).

Auf der Grundlage des *Ley de Cortes*, welches nur vier Jahre später durch ein neues Gesetz modifiziert wird, konstituiert sich eine ständige Versammlung aus Menschen unterschiedlicher Bevölkerungsschichten und Berufsgruppen, das sog. Ständeparlament bzw. die *Cortes*. Die Zusammensetzung dieser sozialen Gruppen in den Cortes ist in diesem Gesetz genau geregelt und wird als *Representación Orgánica* (ständestaatliche Vertretung als Gegensatz zum allgemeinen Wahlrecht) bezeichnet, da diese VolksvertreterInnen nicht als Individuen, sondern als Gruppen agieren. Die hauptsächliche Funktion der *Cortes* ist die Vorbereitung, Erarbeitung und Beratung von Gesetzen, jedoch nicht deren Erlass, welcher das vollständige Vorrecht des Staatschefs bleibt (Fernández Segado 1986: 696).

Der *Fuero de los Españoles* ist F. Fernández Segado zufolge eine „typische Erklärung von Rechten und Pflichten mit allgemein programmatischem Charakter und mit kaum direkt anwendbaren Normen, so dass deren Rechtsgültigkeit abhängig ist von deren Weiterentwicklung in der Gesetzgebung" (Fernández Segado 1986: 696). „Dadurch sind sie", so schreibt der Jurist weiter, „im Prinzip absolut wirkungslos. [...] Der *Fuero* wurde jedoch während des Franco-Regimes kaum weiterentwickelt, was dazu beitrug, dass die Rechte und Freiheiten größtenteils eine Vortäuschung ohne rechtlich-normativen Halt waren, der diese Rechte zu einem Mindestmaß hätte garantieren können" (ebd.). Die sozialen Rechte und bürgerlichen Freiheiten, die darin niedergelegt sind, sind mit allerhand Vorbehalten und Einschränkungen insbesondere durch die umfangreiche Kasuistik des *Código Penal* versehen (vgl. a.a.O.: 708f). Die für diese Arbeit relevanten Artikel sollen dennoch genannt werden.

Art. 5 zufolge haben, so heißt es, „alle Spanier das Recht und die Pflicht, Erziehung und Bildung zu genießen, je nach ihrer Wahl entweder zu Hause oder in privaten oder öffentlichen Einrichtungen" (*Fuero de los Españoles de 1945*). Im darauffolgenden Art. 6 wird die katholische Religion als Staatsreligion anerkannt, andererseits auch die Religionsfreiheit garantiert. Ebenso wie im *Fuero del Trabajo* wird auch hier die Bedeutung der Familie (Art. 22) hervorgehoben, aber mit dem Zusatz, dass Ehen nicht auflösbar sind und kinderreiche Familien in besonderem Maße geschützt werden müssen. Auch das Recht jedes Spaniers auf Arbeit (Art. 24) ist darin wieder aufgenommen, in Zusammenhang mit der Pflicht, der Gesellschaft mit einer Tätigkeit nützlich zu sein (ebd.).

Das *Ley del Referéndum Nacional* etabliert das Vorrecht des Staatschefs, von den *Cortes* ausgearbeitete Gesetzesprojekte oder -vorschläge als Volksentscheid zu unterbreiten, wenn er das im Sinne des Gesetzes für ratsam hält oder das öffentliche Interesse dies verlangt. Dabei handelt es sich zunächst um einen fakultativen Volksentscheid, der mit Erlass des oben genannten *Ley de Sucesión* zwei Jahre später in einen obligatorischen Volksentscheid umgewandelt wird, sofern es um sog. *Leyes Fundamentales* (Grundrechte) geht (vgl.

Fernández Segado 1986: 696). Allerdings hat ein solcher Volksentscheid nur konsultativen und keinen Entscheidungscharakter, so dass der Erlass entsprechender Gesetze nicht an die Entscheidung des Volkes gebunden ist.

Mit dem *Ley de Sucesión* von 1947 werden konkretere Aspekte zum Staatsaufbau geregelt, wonach Spanien ein katholischer, sozialer und parlamentarischer Staat und ein Königreich ist (Art. 1). Die wichtigsten sind die ausdrückliche Ernennung Francisco Francos zum Staatsoberhaupt (Art. 2), die Klärung der Nachfolge in der obersten Staatsführung (Art. 8) und die Aufzählung der *Leyes Fundamentales de la Nación* mit konstitutionellem Charakter, deren Veränderung oder Aufhebung nur mit Zustimmung der *Cortes* und eines Volksentscheides möglich ist (Art. 10).

In Art. 9 des Gesetzes sind die Bedingungen aufgeführt, unter welchen eine Person Spaniens Staatsoberhaupt als König oder Regent werden kann: „Es muss ein Mann und ein Spanier sein, mindestens 30 Jahre alt sein, die katholische Religion ausüben,…" (*Ley de Sucesión en la Jefatura del Estado de 1947*). Sofern ein König eingesetzt worden ist, so ist in diesem Gesetz auch dafür eine Nachfolgeregelung vorgesehen: Dabei hat der Mann desselben Verwandtschaftsgrades Vorrang vor der Frau, die nicht regieren kann; ihr Recht kann sie hingegen auf ihre männlichen Erben – entsprechend der in diesem Gesetz festgelegten Regeln – übertragen (vgl. ebd.).

Dieses Gesetz ist insofern bedeutsam, als dass es die bereits genannten Gesetze mit verfassungsgebendem Charakter ebenso wie dieses *Gesetz zur Nachfolge* auch formal als verfassungsgebend anerkennt und die politische Form des Staates ebenso wie die Nachfolge festlegt. Die Möglichkeit, neue *Leyes Fundamentales* zu schaffen, ist weiterhin gegeben (vgl. Art. 10, *Ley de Sucesión en la Jefatura del Estado de 1947* und Fernández Segado 1986: 696). Eine Besonderheit ist außerdem, dass Francisco Franco persönlich als Staatschef in diesem Gesetz mit Verfassungscharakter festgelegt ist (Art. 2). Dieses Gesetz beschließt die Phase des rechtlich-institutionellen Aufbaus des Franco-Staates.

Mit dem 1958 verabschiedeten *Ley de Principios Fundamentales* wird in einer kurzen Zusammenfassung der wichtigsten, in den oben genannten *Leyes Fundamentales* niedergelegten Prinzipien deren beständiger und unveränderlicher Charakter betont und ihnen damit ein höherer Rang als anderen Gesetzen eingeräumt (vgl. Fernández Segado 1986: 698). Dabei wird in Art. II nochmals auf die Untrennbarkeit von Staat und katholischer Kirche hingewiesen; die katholische Kirche soll auch die Gesetzgebung (Art. II) und die Politik des Landes (Art. IX. 4) inspirieren. Dies soll vor allem bei einer gleichmäßigen Verteilung des Volkseinkommens (*Renta Nacional*) und der Steuerbelastungen gelten, welche, wie es heißt, nach „christlichem Vorbild der sozialen Gerechtigkeit" vorgenommen wird (*Ley de Principios del Movimiento Nacional de 1958*).

Das Gesetz *Ley 56/1961, de 22 de Julio*, über die politischen, beruflichen und Arbeitsrechte der Frau entwickelt die Artikel 11 und 24 des *Fuero de los Españoles* weiter, in denen es heißt, dass „die Spanier Ämter und öffentliche Funktionen entsprechend ihrer Leistung und ihren Fähigkeiten übernehmen können" (Art. 11 *Fuero de los Españoles*) und dass „alle Spanier das Recht auf Arbeit und die Pflicht haben, sich mit einer gesellschaftlich nützlichen Tätigkeit zu beschäftigen" (Art. 24 *Fuero de los Españoles*). Obwohl in der Einleitung des Gesetzestextes darauf hingewiesen wird, dass die Diskriminierung der Frauen durch ihr gesellschaftlich zugeschriebene Rollen der Vergangenheit angehören und eine Ungleichbehandlung allein aufgrund des Geschlechts nach dem Gesetz vom 24. April 1958 im Zivilrecht untersagt ist (vgl. *Ley 56/1961, de 22 de Julio*), nimmt dieses Gesetz von 1961 nicht wenige Ausnahmen auf. Frauen dürfen zwar jede Art von Arbeitsverträgen eingehen; sie dürfen aber nicht wegen ihres Geschlechtes oder Familienstandes, selbst wenn dieser sich ändert, diskriminiert werden und sie müssen den gleichen Lohn für die Arbeit von „gleichem Wert" erhalten. Sie dürfen lediglich keine schwierigen, gefährlichen oder gesundheitsschädlichen Arbeiten verrichten (Art. 4 und 5 des *Ley 56/1961*). Gerade die Diskriminierung der Frauen wegen ungleicher Löhne besteht jedoch weiterhin – nicht zuletzt wegen entsprechender Gesetze innerhalb verschiedener Produktionszweige (Paloma Alcalá et. al. 1995: 80, Physikerin).

Ebenso haben die Spanierinnen dieselben Rechte in Bezug auf die Ausübung politischer, beruflicher Aktivitäten und der Arbeit wie die Spanier und können öffentliche Ämter sowie öffentliche Ämter des Staates, der Lokalverwaltung und anderer Gremien ausfüllen (Art. 1 und 2 *Fuero de los Españoles*). Allerdings ist es ihnen verwehrt, in der Armee, bei der Marine und der Luftwaffe sowie bei Institutionen, bei denen die Arbeit mit dem Gebrauch von Waffen verbunden ist, zu dienen. Des Weiteren dürfen sie nicht in der Handelsmarine und als Kollegialrichterinnen, Richterinnen und Staatsanwältinnen – bis auf wenige Ausnahmefälle – arbeiten (Art. 3 *Fuero de los Españoles*).

Bereits 1966 wird der Art. 3.2 wieder aufgehoben und Frauen dürfen im Rechtswesen arbeiten (*Ley 96/1966, de 28 de Diciembre* in: Mabel Pérez-Serrano 2008: 387, Historikerin). Die im *Fuero del Trabajo* gemachten Einschränkungen in Bezug auf die Ausübung einer Arbeit durch eine verheiratete Frau, wonach diese „von der Arbeit in Werkstatt und Fabrik befreit" werden müssen (Titel II, Art. 1), werden im Vortext des Gesetzestextes selbstverständlich berücksichtigt.

Schließlich wird mit dem 1967 verabschiedeten Organgesetz (*Ley Orgánica del Estado de 10 de Enero de 1967*) der verfassungsgebende Prozess beendet. Art. 3 dieses Gesetzes beinhaltet die Grundzüge des spanischen Nationalstaates; dazu gehören u. a. der Schutz der Personen-, Familien- und sozialen Rechte und die Förderung einer gerechten Gesellschaftsordnung, in der jegliches Einzelinteresse dem Allgemeinwohl untergeordnet ist (ebd.). Dieses Gesetz legt u. a. eine neue Vorgehensweise für die Erarbeitung von Gesetzen fest und stärkt die *Leyes Fundamentales* dadurch, dass eine Möglichkeit der Beschwerde wegen Rechtsverletzung (*Recurso de Contrafuero*, eine Art Verfassungsbeschwerde) eingeräumt wird (Título X). Art. 29 zufolge ist das Rechtswesen unabhängig, wird jedoch, wie es dort heißt, „im Namen des Staatschefs verwaltet" (ebd.). Weitere geschlechterspezifische Regelungen sind darin nicht enthalten.

Diese acht beschriebenen *Leyes Fundamentales*, die Verfassungscharakter haben, obwohl sie zu unterschiedlichen Zeitpunkten erlassen wurden, gelten formal bis zum Erlass der Verfassung von 1978, deren *Erste Aufhebungsbestimmung* die *Leyes Fundamentales* außer Kraft setzt. Tatsächlich bedeutete aber das *Gesetz zur politischen Reform* im Januar 1977 (*Ley para la Reforma Política de 4 de Enero de 1977*) einen geistigen Bruch mit den franquistischen Grundgesetzen, weil dieses Gesetz mit seinen Vorschriften die alte institutionelle Ordnung indirekt außer Kraft setzt (vgl. Fernández Segado 1986: 821). Vor dessen Erlass wurde das *Gesetz zur politischen Reform* im November 1976 durch einen Volksentscheid anerkannt (ebd.).

3.1.2 El Código Civil

Der *Código Civil*, das „Bürgerliche Gesetzbuch" in Spanien, tritt 1889 in Kraft, obwohl er fast vierzig Jahre vorher erarbeitet wurde. Er ist während der Franco-Diktatur und darüber hinaus bis in die Gegenwart die wichtigste Rechtsquelle des Zivilrechts. Bis zur Gründung der Zweiten Spanischen Republik

1931 werden daran nur zwei Änderungen vorgenommen (1904 und 1928), danach werden verschiedene Artikel dieses Gesetzeswerks, so schreiben die Juristen Luis Díez-Picazo und Antonio Gullón, „außerordentlich oft" durch Gesetze verändert (Díez-Picazo/Gullón 2002[10]: 60). Eine Auswahl der wichtigsten, die Gleichberechtigung von Männern und Frauen betreffenden Reformen soll im Folgenden kurz vorgestellt werden, nachdem ein kurzer Einblick in dessen Aufbau erfolgt ist.

Der *Código Civil*, im Folgenden *CC* genannt, besteht aus einem Vortitel und vier Büchern, welche wiederum in Titel und Artikel unterteilt sind. Buch I handelt „Von den Personen", Buch II „Von Gütern, Eigentum und seinen Veränderungen", Buch III „Von den unterschiedlichen Möglichkeiten des Erwerbs von Eigentum" und Buch IV „Vom Schuldrecht" (Francisco Javier Fernández Urzainqui, 2004). Als Vorbild dafür dient der französische *Code Civil* von 1804, dem bereits ein „antifeministischer Geist" (vgl. Inmaculada Vivas Tesón) innewohnt. Einige Beispiele dessen aus der ursprünglichen Fassung, die bis in Francos Regierungszeit hinein gelten, sind der *Gehorsam der Frau gegenüber dem Ehemann und ihr Schutz durch diesen* laut Art. 57 *CC*, die *Vertretung der Frau durch ihren Ehemann* laut Art. 60 *CC*, das *Sorgerecht des Vaters über die gemeinsamen Kinder* laut Art. 154 *CC*, die erforderliche *Zustimmung der Eltern zum Auszug volljähriger, noch nicht 25-jähriger Töchter aus dem Elternhaus* laut Art. 321 *CC* oder die *Unfähigkeit der verheirateten Frau zur Bekundung ihrer Zustimmung* laut Art. 1263.2 *CC* (Vivas Tesón).

Weitere Beispiele sind Art. 22 *CC*, wonach die Frau die Staatsangehörigkeit ihres Ehemannes annehmen muss und Art. 45 *CC*, wonach Witwen oder Frauen nach annullierter Ehe erst einen mit 301 Tagen festgelegten Zeitraum verstreichen lassen müssen, bevor sie wieder heiraten dürfen (Rosario Ruiz Franco 2003: 122f; Geografin und Historikerin). Nach Art. 58 *CC* ist die Ehefrau verpflichtet, ihrem Mann zum von ihm allein ausgewählten Wohnsitz zu folgen. Der Ehemann verwaltet nach Art. 59 CC das Ehevermögen und laut Art. 61 *CC* ist die Ehefrau nicht berechtigt, Güter zu erwerben oder auch ihre eigenen zu verkaufen (Ruiz Franco 2003: 123). Art. 62 *CC* regelt die häusliche Gewalt oder Schlüsselgewalt der Frau[28] *(Potestad Doméstica o de las Llaves Concedida a la Mujer)* (Vivas Tesón). Art. 105 *CC* in seiner ursprünglichen

28 *Potestad Doméstica* wird in der Rechtsterminologie mit *häusliche Gewalt* übersetzt, auch wenn der deutsche Terminus nach heutigem Verständnis eine andere Bedeutung hat. *Potestad Doméstica de las Llaves* entspricht heutzutage dem Konzept der *Haushaltführung*.

Fassung sieht die gegenseitige Treue von Ehefrau und Ehemann vor; der Verstoß dagegen wird jedoch unterschiedlich – je nach Geschlecht – bestraft: Während der Ehebruch durch die Frau „in jedem Fall" bestraft wird und einen gerechtfertigten Trennungsgrund darstellt, wird der Ehebruch durch den Mann, so heißt es bei I. Vivas Tesón, nur bestraft, wenn ein öffentlicher Skandal oder die Geringschätzung der Frau drohen (vgl. Vivas Tesón). Ehefrauen, welche das Sorgerecht über die Kinder nur haben, wenn der Ehemann dies nicht mehr wahrnimmt, verlieren es durch eine weitere Eheschließung laut Art. 168 (Ruiz Franco 2003: 123). Art. 1340 *CC* schreibt eine Mitgift für die Frau bzw. Tochter einer Familie vor, sofern sie die Zustimmung ihrer Familie zur Heirat eingeholt hat. Dieses Instrument der Mitgift bevorzugt die Töchter den Söhnen auf den ersten Blick. Allerdings, so formuliert es Vivas Tesón, war es einerseits ein Mittel, „um den Ehemann zu kaufen, da die Mitgift eine Art Kompensation für die Pflicht des Mannes, die Ehefrau ernähren zu müssen, sein soll" (Vivas Tesón). Andererseits ist die Mitgift ein Instrument, mit dem sie die Töchter bei der Wahl ihres Mannes bevormunden können (ebd.). Besonders in den Artikeln des *CC* zum Vermögen in der Ehe gibt es eine ganze Reihe weiterer Regelungen, wodurch insbesondere die Frauen gegenüber den Männern benachteiligt sind (Ruiz Franco 2003: 123).

Bis zum Inkrafttreten des Gesetzes *Ley de 13 de Diciembre de 1943* im Januar 1944 bestimmt Art. 320 *CC* das Alter der Volljährigkeit mit 23 Jahren, wobei die Zivilgesetzgebung diesbezüglich in den einzelnen Regionen Spaniens abweicht (Díez-Picazo/Gullón 2002[10]: 61). Das Gesetz von 1944 versuchte, die Volljährigkeit mit 21 Jahren für ganz Spanien einheitlich zu regeln. Da es jedoch nicht in den *Código Civil* aufgenommen wurde, blieb die darin enthaltene Regelung zur Volljährigkeit ab einem Alter von 23 Jahren bis 1972 bestehen. Erst das in jenem Jahr verabschiedete Gesetz *Ley 31/1972, de 22 de Julio* verändert das Volljährigkeitsalter auf 21 Jahre (vgl. „Mayoría de Edad").

Für Frauen bis zum Alter von 25 Jahren existiert gemäß Art. 321 *CC* eine Ausnahmeregelung, wonach sie bis zur Vollendung des 25. Lebensjahres ohne die Einwilligung ihrer Mutter oder ihres Vaters, bei der/dem sie wohnen, nicht aus dem Elternhaus ausziehen dürfen; es sei denn, sie ändern ihren Familienstand („para tomar Estado") oder Vater oder Mutter haben wieder geheiratet (Díez-Picazo/Gullón 2002: 61). Die Formulierung „tomar estado" bezieht sich eigentlich auf den, wie es in dem Gesetz heißt, „Estado Matrimonial o Religioso", aber der Oberste Gerichtshof Spaniens hatte 1901 die Auslegung dieser

Formulierung auf die erstgenannte Bedeutung, den „verheirateten Familienstand", beschränkt (ebd.). Deswegen wird die Ausnahmeregelung von 1952 zur Mündigkeit der Frauen (*Ley de 20 de Diciembre de 1952*) eindeutiger formuliert, wonach volljährige und minderjährige Frauen den elterlichen Haushalt verlassen dürfen, wenn, so steht es in dem Gesetz, „sie 1) heiraten; 2) einem von der Kirche anerkannten Institut beitreten; 3) wenn Vater oder Mutter wieder geheiratet haben oder 4) wenn irgendein anderer Grund das Ausziehen rechtfertigt" (vgl. *Ley de 20 de Diciembre de 1952* und Díez-Picazo/Gullón 2002: 61). Diese Regelung wird erst mit dem Gesetz *Ley de 22 de Julio de 1972* außer Kraft gesetzt (*Mayoría de Edad*).

Zur Volljährigkeit wird 1978 ein Königliches Dekret (*Real Decreto-Ley 33/1978, de 16 de Noviembre*) mit Ausnahmeregelungen zur Volljährigkeit mit 18 Jahren verabschiedet; kurz darauf legt die aktuell geltende spanische Verfassung, verabschiedet am 6. Dezember 1978, die Volljährigkeit aller Spanier im gleichen Alter fest; und schließlich regelt das 1981 erlassene Gesetz *Ley 11/1981, de 13 de Mayo*, bis in die Gegenwart die Volljährigkeit ausnahmslos aller Spanier mit Erreichen des 18. Lebensjahres in Art. 315 *CC* (vgl. *Mayoría de Edad* und *Ley 11/1981, de 13 de Mayo*).

Obwohl laut Art. 1263 *CC* Frauen ohne die Vollmacht ihres Ehemannes ohnehin keinen Handel ausüben, ihren eigenen Arbeitslohn nicht nutzen und keine Verträge abschließen dürfen, wozu auch die Arbeitsverträge gehören (Celia Valiente Fernández 2003: 151f, Soziologin), wird Frauen ab 1939 zudem mit Hilfe mehrerer Gesetze der Zugang zu verschiedenen Berufen verwehrt. So können Beamtinnen z. B. keine leitenden Funktionen in der Verwaltung übernehmen (*Orden del Ministerio de Trabajo del 27 de Septiembre de 1939*), sie dürfen sich 1942 nicht bei der Ausschreibung der diplomatischen Stellen des Außenministeriums bewerben; im Juni 1944 verbietet das *Reglamento Notarial* Frauen den Zugang zum Notarberuf (Ruiz Franco 2003: 124f), um nur einige dieser Regelungen zu nennen. Die Bildungspolitik für Mädchen und Frauen tut ihr Übriges, um ihnen den Zugang zum Arbeitsmarkt zu erschweren oder ganz zu verhindern, wie im *Kapitel 4. Die gesellschaftliche Stellung der Frau in Spanien* ausgeführt wird.

Immerhin müssen die Spanierinnen, sofern sie ab dem 1. Januar 1962 geheiratet haben, nach Inkrafttreten des *Decreto 258/1962, de 1 de Febrero* nach der Eheschließung ihre Arbeitsstelle nicht mehr unbedingt aufgeben, können dies aber weiterhin tun und erhalten dafür eine Abfindung. Sie können zudem zwischen zwei weiteren Optionen wählen, nämlich ob sie ihrer Arbeit weiterhin wie gewohnt nachgehen oder ihre Arbeit über einen Zeitraum von mindestens einem, aber höchstens fünf Jahren aussetzen (Valiente Fernández 2003: 153).

Im öffentlichen Leben sind Frauen aufgrund vieler solcher Regelungen kaum repräsentiert. Der Status der Frauen im Privatrecht ist, wie Rosario Ruiz Franco schreibt, der einer „ewig Minderjährigen, die der Vormundschaft des Vaters, Bruders oder Ehemann unterliegt“ (Ruiz Franco 2003: 130). Jedoch ist es vor allem dem Einsatz der Rechtsanwältin und Journalistin Mercedes Formica, die mit ihrer Öffentlichkeitsarbeit auf die ungleiche Behandlung von Frauen und Männern hinwies, wie in Kapitel 4 zur gesellschaftlichen Stellung der Frau ausgeführt wird, zu verdanken, dass der *CC* im April 1958 (*Ley de 24 de Abril de 1958*) umfassende Änderungen erfährt. Die Hauptziele waren L. Díez-Picazo und A. Gullón zufolge,

> „die Geschäftsfähigkeit der Frauen zu erweitern, indem veraltete, restriktive Vorschriften, die als rein historische Überbleibsel zu erklären sind, abgeschafft werden; das Eherecht zu verändern (*Titel IV des Ersten Buches*), um einerseits den *CC* mit dem 1953 mit dem Heiligen Stuhl geschlossenen Konkordat zu harmonisieren und andererseits die rechtliche Situation getrennter Ehepaare umfassender und sorgfältiger zu regeln; [...]; das Erbrecht des verwitweten Ehepartners zu stärken (Art. 834 bis 839); und Frauen eine Regierungsbeteiligung sowie ihnen zur (beschränkten) Gütergemeinschaft gehörendes Vermögen zu gewähren“ (Art. 1413) (Díez-Picazo/Gullón 2002: 62).

Zu den wichtigsten Neuregelungen gehören z. B. das Sorgerecht von Witwen für ihre Kinder, das sie mit der erneuten Eheschließung nicht verlieren und dass von ihrem Ehemann getrennt lebende Frauen nach der Trennung die gemeinsame Wohnung nicht aufgeben müssen (di Febo 2008: 234). Innerhalb des Zivilrechts wird der Ehebruch seitens des Ehemannes bzw. der Ehefrau als Trennungsgrund anerkannt, während er in strafrechtlicher Hinsicht weiterhin unterschiedliche Konsequenzen – je nach Geschlecht der Ehe brechenden Person – nach sich zieht (Ruiz Franco 2003: 135). Trotz allem bleiben wichtige

Regelungen wie die eheliche Vormundschaft bzw. die Einwilligungspflicht des Ehemannes (*Tutela/Licencia Marital*) von diesen Reformen unangetastet (di Febo 2008: 234).

Ebenso wird mit diesem Gesetz von 1958 die Adoption neu geregelt, jedoch 1970 durch ein neues Gesetz modifiziert (*Ley 7/1979, de 4 de Julio*), weil sich die Regelungen aus ersterem in der Praxis als ungenügend herausstellten (vgl. *Ley 7/1970 de 4 de Julio* und Díez-Picazo/Gullón 2002: 62). Aufgrund vielfacher, auch aktueller Veränderungen im Adoptionsrecht soll dieses im Rahmen der Arbeit nicht eingehender behandelt werden.

Der 1958 stattfindende Kongress der Federación Internacional de Mujeres de Carreras Jurídicas (Internationaler Verband der Frauen mit juristischer Laufbahn) lobt das kurz zuvor verabschiedete Gesetz zur Reformierung des CC (Ley de 24 de Abril de 1958), fordert in den Folgejahren jedoch weitergehende Rechte für Frauen. Unter der Leitung der Rechtsanwältin María Telo Núñez arbeitet eine Kommission von Juristinnen und Juristen auf der Jahrestagung der Federación Internacional de Mujeres de Carreras Jurídicas im September 1969 konkrete Forderungen aus: die Abschaffung der ehelichen Vormundschaft (Licencia Marital), die Verwaltung und Verfügung über das Vermögen in der Ehe auch durch die Ehefrau, das Sorgerecht auch für Mütter und die „vollwertige" Volljährigkeit für ledige Frauen (Ruiz Franco 2003: 137ff). Deren Empfang beim Staatschef Franco, dem Justizminister und weiteren Behörden und ihre Öffentlichkeitsarbeit ziehen schließlich ebenso Reformen nach sich, auch wenn diese wenig ambitioniert sind. Das Adoptionsgesetz von 1970 (Ley 7/1979, de 4 de Julio) ist ein Ergebnis dessen, ebenso das Ley de 22 de Julio de 1972, welches es volljährigen Frauen unter 25 Jahren endlich ermöglichte, aus dem elterlichen Haushalt ohne deren Einverständnis auszuziehen (ebd.). Schließlich bringt im Mai 1975 ein neues Gesetz (Ley 14/1975, de 2 de Mayo) einige grundlegende Veränderungen in Bezug auf die Gleichberechtigung von Männern und Frauen im Familienrecht mit sich, weil es die rechtliche Gleichstellung der Eheleute festlegt und somit die Freiheit und Unabhängigkeit verheirateter Frauen bewahrt und folglich viele der bis dahin existierenden Einschränkungen vor allem in Bezug auf ihre Rechts- und Geschäftsfähigkeit (Capacidad de Obrar) beseitigt werden (Díez-Picazo/Gullón 2002: 64f). Mit diesem Gesetz ist eine Reihe von Reformen verbunden, von denen im Folgenden einige genannt werden sollen.

Das *Prinzip der juristischen Einheit der Familie* (*Principio de Unidad Jurídica de la Familia*) wird aufgehoben. Demzufolge verliert eine spanische Staatsbürgerin bei der Heirat nicht mehr automatisch ihre Staatsbürgerschaft, es sei denn, sie möchte freiwillig eine andere annehmen (Art. 19). Ebenso bekommen AusländerInnen bei der Heirat eines Spaniers/einer Spanierin die spanische Staatsbürgerschaft zuerkannt (Art. 21; a.a.O.: 65).[29]

Die bis zum Inkrafttreten dieses Gesetzes für verheiratete Frauen erforderliche Erlaubnis des Ehemannes (*Licencia Marital*) und die gerichtliche Genehmigung (*Licencia Judicial*) werden abgeschafft; ebenso entfällt der Gehorsam der Ehefrau gegenüber ihrem Mann. Gleichzeitig wird als Grundsatz anerkannt, dass eine Heirat die Geschäftsfähigkeit keiner der Eheleute beeinflusst (Art. 62; ebd.). Dem modifizierten Art. 57 zufolge sollen sich Ehemann und Ehefrau gegenseitig respektieren, schützen und immer im Interesse der Familie handeln. Diese vermeintlich gleichberechtigte Stellung der Eheleute wird mit Art. 59 wieder untergraben, denn dort heißt es:

> „Der Ehemann verwaltet das Vermögen der Ehegemeinschaft, es sei denn, Gegenteiliges wurde vereinbart“
> (http://www.judicatura.com/Legislacion/0816.pdf).

Jegliche Rechtshandlung (*Actividad Jurídica*) der Ehepartnerin oder des Ehepartners wird als individuelle und unabhängige Handlung gewertet, sofern es um die eigenen Rechte und ausschließlich eigenes Vermögen geht. Als gemeinschaftlich werden die Handlungen betrachtet, die sich auf gemeinsames Vermögen und auf durch Mitinhaberschaft erworbene Rechte beziehen (*Derechos Ostentados en Cotitularidad*) (Art. 63, 64 und 65; Díez-Picazo/Gullón 2002: 65).

Durch das Gesetz besteht von dessen Inkrafttreten an für Ehepaare die Möglichkeit, auch nach der Hochzeit ihre Güterstandsregelung (*Régimen de Bienes*) bei der beschränkten Gütergemeinschaft (*Sociedad Legal de Gananciales*) zu belassen oder zu verändern oder einen Ehevertrag (*Capitulaciones Matrimoniales*) abzuschließen, wie es in einem großen Teil besonderer Zivil- oder

29 Weitere Gesetze (wie z. B. *Ley 51/1982, de 13 de Julio; Ley 18/1990, de 17 de Diciembre; Ley 29/1995, de 2 de Noviembre; Ley 36/2002, de 8 de Octubre*) ändern die Regelungen bezüglich der Staatsbürgerschaft verheirateter Frauen. Aktuell ist diese in Art. 14.4 *CC* so geregelt, dass Frauen ihre eigene Nationalität unabhängig von der ihres Mannes behalten können oder auch die des Ehemannes annehmen können (vgl. Vivás Tesón).

Foralgesetzgebungen der spanischen Regionen bereits vorher geregelt war (Art. 1320 und 1315; ebd.). Allerdings sind die Ehefrauen ihren Männern bei der Verwaltung des ehelichen Vermögens und beim Sorgerecht noch nicht gleichgestellt; diese Rechte obliegen weiterhin den Ehemännern und werden erst mit späteren Gesetzen reformiert (Ruiz Franco 2003: 142).

Während der gesamten Regierungszeit Francos gibt es kein Ehescheidungsrecht; lediglich eine Trennung aus Gründen der Schuldhaftigkeit, die einem Teil des Ehepaares zuzuschreiben ist, oder eine dauerhafte Trennung sind möglich (Begoña Zabala 2008: 28, Juristin/Rechtsanwältin). Die Ehe gilt als unauflösbar; nur in ganz wenigen Sonderfällen akzeptiert die (katholische) Kirche eine Annullierung dieser (Amelia Valcárcel 2000: 113, Philosophin).

Eine weitere wichtige Reformierung erfährt der *CC* durch das Gesetz *Ley de 26 de Mayo de 1978*, wodurch Ehebruch und wilde Ehe bzw. Lebenspartnerschaft nicht mehr unter Strafe gestellt werden; Ehebruch stellt kein Hindernis mehr für die Schließung der Zivilehe dar; der Ehebruch mit der Frau eines Testators ist ebenfalls kein unwürdiger Grund, der eine Eheschließung verhindert. Allerdings wird der Ehebruch mit der Frau des Testators als gerechtfertigter Grund für eine Enterbung anerkannt (vgl. *Ley 22/1978, de 26 de Mayo* und Díez-Picazo/Gullón 2002: 62). Außerdem werden die Gründe der Enterbung ehelicher oder leiblicher Kinder oder Nachkommen auf die Adoptivkinder ausgeweitet (Art. 853), sowie von den ehelichen oder leiblichen Eltern und Vorfahren auf die Adoptiveltern (Art. 854) (vgl. ebd.).

Weitere Reformen des *CC* in Bezug auf die Gleichberechtigung von Mann und Frau werden im *Kapitel 3.2 Die rechtliche Situation in der Demokratie* behandelt, da diese nach Verabschiedung der Verfassung von 1978 in Kraft treten.

3.2 Die rechtliche Situation in der Demokratie

Für die Betrachtung der rechtlichen Situation werden in diesem Kapitel die relevantesten Rechtsquellen herangezogen sowie für diese Arbeit relevante Gesetzesänderungen im Hinblick auf die Geschlechtergerechtigkeit untersucht. Dabei geht es zunächst um das EU-Recht und die spanische Verfassung, *la Constitución Española*, als hierarchisch höchste Rechtsquellen. Danach wird der *Código Civil* als wesentlicher Bestandteil des Privatrechtes behandelt.

Diese Untersuchung erhebt keinen Anspruch auf Vollständigkeit bezüglich der zum Thema Gleichstellung betrachteten Rechtsquellen. Vor allem beim EU-Recht werden nur ein paar der wichtigsten genannt und anschließend bei den in Spanien erlassenen Gesetzen, denen sie teilweise als Grundlage dienten, aufgegriffen. Ebenso werden wegen des Umfangs dieser Arbeit nur die wichtigsten Artikel bzw. Bestimmungen dieser Rechtsquellen erfasst.

3.2.1 Die Gesetzgebung der Europäischen Union

Seit dem Beitritt Spaniens in die Europäische Gemeinschaft im Jahre 1986 gilt auch dort das Europäische Gemeinschaftsrecht. Das bedeutet, dass in Spanien – wie in allen EU-Mitgliedsstaaten – die auf der Ebene der Europäischen Union abgeschlossenen Verträge, internationalen Übereinkünfte sowie das sog. abgeleitete Recht die verbindlichen Rechtsquellen sind.

Die Verträge, das „Primärrecht" der EU, entsprechen, wie auf den Internetseiten der EU zu lesen ist, „dem in den Mitgliedsstaaten geltenden Verfassungsrecht" (vgl. „Über EU-Recht: Organe und Verfahren"). Weiterhin heißt es dort:

> „In den Verträgen sind die Grundprinzipien der Union festgelegt [...]. Die Verträge werden in direkten Verhandlungen zwischen den Regierungen der Mitgliedsstaaten ausgehandelt und müssen anschließend nach den im nationalen Recht vorgesehenen Verfahren ratifiziert werden (meist durch die nationalen Parlamente oder Referendum)" (ebd., vgl. auch Hans-Michael Wolffgang 2000: 254).

Neben den beiden Grundverträgen der EU, dem *Vertrag zur Gründung der Europäischen Gemeinschaft* bzw. die *Römischen Verträge* von 1957 (Wolffgang 2000: 223) und dem *Vertrag über die Europäische Union* bzw. die *Verträge von Maastricht* von 1992 (a.a.O.: 227) zählen dazu beispielsweise die Beitrittsverträge und der *Vertrag von Amsterdam*, auf welchen im Folgenden noch kurz eingegangen wird.

Der Vertrag zur Gründung der Europäischen Gemeinschaft wird mit Inkrafttreten des Vertrages von Lissabon am 1. Dezember 2009 umbenannt in *Vertrag über die Arbeitsweise der Europäischen Union*, da die Europäische Gemeinschaft aufgelöst und ihre Funktionen von der Europäischen Union übernommen wurden (vgl. „Vertrag über die Arbeitsweise der Europäischen Union"). Der Vertrag von Lissabon, auch EU-Reformvertrag genannt, regelt die institutionelle Arbeitsweise der Europäischen Union mit 27 Mitgliedstaaten neu und übernimmt einen großen Teil seines Inhaltes aus dem abgelehnten EU-Verfassungsvertrag (ebd.). Mit dem Vertrag von Lissabon tritt die EU gemäß Art. 6 Abs. 2 der seit 1953 geltenden EU-Menschenrechtskonvention bei (vgl. „Vertrag von Lissabon"). Art. 6 Abs. 2 verweist auf die Charta der Grundrechte der Europäischen Union (ebd.). Sie orientiert sich an der EU-Menschrechtskonvention und tritt zeitgleich mit dem EU-Reformvertrag am 1. Dezember 2009 in Kraft („Charta der Grundrechte der Europäischen Union"). Der Vertrag von Lissabon mit seinem Hinweis auf die Charta der Grundrechte der Europäischen Union wird ebenso Einfluss auf die spanische Gesetzgebung nehmen und in diesem Zusammenhang noch behandelt werden.

Die internationalen Übereinkünfte, die zweite Rechtsquelle, dienen der angegebenen Internetseite zufolge

> „dem Ausbau der wirtschaftlichen, sozialen und politischen Beziehungen mit der restlichen Welt. Es handelt sich immer um Abkommen zwischen Völkerrechtssubjekten (Mitgliedsstaaten oder Organisationen), die eine Zusammenarbeit auf internationaler Ebene herbeiführen" („Über EU-Recht: Organe und Verfahren").

Die dritte Rechtsquelle, das abgeleitete Recht, kann, wie es im Text heißt,

> „definiert werden als die Gesamtheit der normativen Rechtsakte, die von den europäischen Organen entsprechend den Bestimmungen der Verträge angenommen wurden" (ebd.).

Dazu gehören „die im EG-Vertrag genannten verbindlichen (Verordnungen, Richtlinien und Entscheidungen) und nicht verbindlichen (Entschließungen, Stellungnahmen) Rechtsakte sowie eine Reihe anderer Rechtsakte…" (ebd.). Die Verordnungen als verbindliche Rechtsquelle sind allgemein und unmittelbar gültig, während Richtlinien innerhalb eines bestimmten Zeitraums in nationales Recht umgesetzt werden müssen, mit dem Ziel, „Rechtsvorschriften anzugleichen“ (ebd.), dabei aber die Wahl der Form und Mittel den Mitgliedsstaaten zu überlassen. Wird eine Richtlinie verspätet oder unvollständig oder gar nicht umgesetzt, können sich, so ist weiter zu lesen, „Betroffene vor den nationalen Gerichten unmittelbar auf die Richtlinie berufen“ (ebd.). Entscheidungen als verbindliche Rechtsquelle betreffen Einzelfälle. Verordnungen und Entscheidungen sind in allen ihren Teilen verbindlich. Besonders die Richtlinien im Hinblick auf Gleichbehandlung und Gleichberechtigung sind in dieser Arbeit von Bedeutung. Die weiteren Rechtsakte der EU sind aufgrund ihres nicht verbindlichen Charakters nicht für diese Arbeit relevant und werden deswegen vernachlässigt.

3.2.2 La Constitución Española

Im Jahre 1978 wird die Verfassung des Königreiches Spanien, die *Constitución Española*, im Folgenden *CE* genannt, verabschiedet und in Kraft gesetzt. Gemäß ihrer Präambel hat sie die Aufgabe,

> „das demokratische Zusammenleben im Rahmen der Verfassung und der Gesetze […] zu gewährleisten; einen Rechtsstaat zu festigen; alle Spanier und Völker Spaniens bei der Ausübung der Menschenrechte […] zu schützen; […] eine fortschrittliche demokratische Gesellschaft zu errichten;….“ („Die spanische Verfassung“).

In diesem Kapitel werden nicht nur die Artikel der Verfassung betrachtet, die sich auf die Gleichstellung und Gleichberechtigung beziehen, sondern im Anschluss daran auch die Gesetze, in denen die entsprechenden Artikel weiterentwickelt werden. Die Gesetze werden entsprechend des Datums ihrer Verabschiedung in chronologischer Reihenfolge abgehandelt.

Die Verfassung regelt das Prinzip der *Gleichheit vor dem Gesetz* in Kapitel 2, Art. 14, in dem es heißt:

> „Die Spanier sind vor dem Gesetz gleich, und niemand darf wegen seiner Abstammung, seiner Rasse, seines Geschlechtes, seiner Religion, seiner Anschauungen oder jedweder anderer persönlicher oder sozialer Umstände diskriminiert werden“ (ebd.).

In Kapitel 1, Art. 9.2 *CE* werden *Freiheit und Gleichheit* der spanischen Bürgerinnen und Bürger festgelegt. Dort steht geschrieben:

> „Den öffentlichen Gewalten obliegt es, die Bedingungen dafür zu schaffen, dass Freiheit und Gleichheit des Einzelnen und der Gruppe, in die er sich einfügt, real und wirksam sind, die Hindernisse zu beseitigen, die ihre volle Entfaltung möglich machen oder erschweren und die Teilnahme aller Bürger am politischen, wirtschaftlichen, kulturellen und sozialen Leben zu erleichtern" (ebd.).

Eine Ausnahme von diesem Grundsatz bildet jedoch die spanische Krone. In Art. 57.1 *CE* ist die Nachfolge für den spanischen Thron wie folgt geregelt:

> „Die Krone Spaniens wird an die Nachfolger Seiner Majestät Don Juan Carlos I. von Borbón, den legitimen Erben der historischen Dynastie vererbt. Die Thronfolge folgt den Regeln der Erstgeburt und der Vertretung, dabei ist die frühere der späteren vorzuziehen, innerhalb derselben Linie der nähere dem ferneren Grad, innerhalb desselben Grades der männliche dem weiblichen Thronfolger und innerhalb desselben Geschlechts die ältere der jüngeren Person." (ebd.).

Für eine Änderung dieser Regelung im Sinne der Gleichberechtigung ist ein umfangreiches Procedere für die Verfassungsänderung notwendig. Die Thronfolgeregelung ist jedoch als Sonderfall zu betrachten; deswegen wird auf dieses Procedere nicht näher eingegangen.

Art. 32.1 *CE*, dessen Inhalt in unserer Kultur – zumindest aus heutiger Sicht – als selbstverständlich erscheint, garantiert Mann und Frau das Recht, „bei voller rechtlicher Gleichstellung die Ehe zu schließen". Laut Art. 32.2 *CE* regelt das Gesetz

> „die Formen der Ehe, das Alter und die Voraussetzungen für die Eheschließung, die Rechte und Pflichten der Ehegatten sowie die Gründe für die Trennung und Auflösung und deren Auswirkungen" (ebd.).

Vor dem Hintergrund der Stellung der Frau auch im Spanien der vergangenen Jahrzehnte ist dieser Artikel jedoch von großer Bedeutung und wird unter Punkt *3.2.3 Código Civil* noch abgehandelt.

Das Prinzip der *Freiheit und Gleichheit* der spanischen Bürgerinnen und Bürger wird, wie die Grundrechte im Allgemeinen, in zusätzlichen Gesetzen weiterentwickelt und präzisiert. Dazu zählen die *Leyes Básicas*, die einfachen Gesetze, und die *Leyes Orgánicas*, die Organgesetze. In der Verfassung heißt es in Kapitel 2, Art. 81:

> „Die Organgesetze sind jene Gesetze, die sich auf die Entwicklung der Grundrechte und der öffentlichen Freiheiten beziehen (...) sowie die weiteren von der Verfassung vorgesehenen Gesetze verabschieden" (ebd.).

Zum Teil liegen diesen Gesetzen internationale bzw. EU-Verträge zugrunde, was an entsprechender Stelle ausgeführt wird. Die einzelnen Gesetze, acht an der Zahl und im Zeitraum zwischen 1995 und März 2007 verabschiedet, werden in chronologischer Reihenfolge behandelt.

Im Jahre 1995 bringt das Ministerium für Bildung und Wissenschaft eine Verordnung zur Anpassung der „Bezeichnung offizieller akademischer Titel in Abhängigkeit des männlichen oder weiblichen Geschlechtes der betreffenden Person" ein (vgl. *Orden de 22 de Marzo de 1995*). Darin wird die Wichtigkeit der Sprache in der Herausbildung der Identität anerkannt; Frauen sollen sich durch eine angemessene Verwendung der Sprache repräsentiert sehen. Gleichzeitig wird der Forderung, geschlechtsspezifische Diskriminierung durch die traditionelle Anwendung des Maskulinums zu vermeiden, Rechnung getragen. Dieses Gesetz betrifft „Bezeichnungen und weitere Erwähnungen in Titeln, Zertifikaten und Zeugnissen offiziellen Charakters" in ganz Spanien, jeweils in Übereinstimmung mit der spezifischen Gesetzgebung der einzelnen Autonomiegebiete. Demzufolge soll es feminine Bezeichnungen dort geben, wo die spanische Sprache die Möglichkeit der Bildung einer solchen Form zulässt. Das gilt auch für die femininen Bezeichnungen, die möglicherweise einen Bedeutungsunterschied gegenüber ihrer maskulinen Entsprechung aufweisen. Das spanische *Instituto de la Mujer* spricht sich für eine weitestgehende Anpassung und Anwendung der femininen Entsprechungen aus. Bezeichnungen, die sowohl für maskuline als auch feminine Formen gelten, sollen beibehalten werden. Im Rechtswesen soll jedoch mit Hinweis auf die Verwendung generischer Substantive auf die Nennung maskuliner und femininer Formen verzichtet werden. In den Autonomiegebieten, in denen es neben dem Kastilischen noch weitere Amtssprachen gibt, soll dieses Gesetz auch in der jeweils anderen Sprache Anwendung finden, wobei die Bezeichnungen in der anderen Sprache von der jeweiligen Autonomen Regierung festgelegt werden sollen. Offizielle Titel, die vor Inkrafttreten dieses Gesetzes ausgestellt wurden, werden so beibehalten, können jedoch auf Wunsch der betreffenden Person und gegen Entrichtung der Kosten für den Neudruck der Unterlagen geändert und somit dem biologischen, in diesem Falle dem weiblichen Geschlecht, angepasst werden. Außerdem wird in dem Gesetz verfügt, dass die Bezeichnungen für die Abschlüsse der Studiengänge geändert werden sollen.

Im Anhang dieses Gesetzes befindet sich eine Liste der maskulinen Bezeichnungen mit den entsprechend femininen, so z. B. „*Técnico Superior – Técnica Superior, Bachiller – Bachiller; Doctor – Doctora; Profesor Especializado – Profesora Especializada; Técnico Deportivo Elemental – Técnica Deportiva Elemental*“.

Ein im Jahr 2000 vom spanischen Justizministerium eingebrachtes Gesetz modifiziert bestimmte Artikel des *Reglamento del Registro Civil*, in Deutschland vergleichbar mit dem Personenstandgesetz, „in Bezug auf Vor- und Familiennamen und die Reihenfolge dieser“ (vgl. http://www.jccm.es/imclm/fileadmin/user_upload/Ordenapellidos_registro_RD193-2000.pdf).

Art. 192 zufolge dürfen nun höchstens zwei einfache oder ein zusammengesetzter Namen vergeben werden, im ersten Fall werden diese mit Bindestrich und mit jeweils großen Anfangsbuchstaben geschrieben. Diese Namen dürfen nicht, auch nicht in Verbindung mit dem Familiennamen, die Würde der sie tragenden Person verletzen. Das Übersetzen des Namens in eine andere Amtssprache Spaniens ist erlaubt und muss nur offiziell beglaubigt werden, wenn es nicht offensichtlich ist, um welches Äquivalent es sich handelt und welche Schreibweise die richtige ist. Wenn die Stellung der Familiennamen nicht nach Art. 109 des *Código Civil* erfolgt, dann „ist der erste Familienname eines Spaniers in der Regel der erste Familienname des Vaters und der zweite Familienname der erste Familienname der Mutter, auch wenn sie Ausländerin ist“. Die

Inversion der Familiennamen bei Volljährigen kann durch eine Erklärung beim *Registro Civil del Domicilio* (Standesamt bzw. Namensänderungsbehörde) beantragt werden; dasselbe gilt für die Anpassung von Namen an eine der Amtssprachen Spaniens. Auch in diesem Fall ist eine offizielle Beglaubigung notwendig, wenn die Namensentsprechung und deren Schreibweise nicht offensichtlich sind.

Im Jahr 2003 verabschiedet die spanische Regierung ein Gesetz „über Maßnahmen zur Berücksichtigung geschlechtsspezifischer Probleme“ (Gender Mainstreaming) „in von der Regierung ausgearbeiteten gesetzlichen Bestimmungen“ (vgl. *Ley 30/2003, de 13 de Octubre*). Im ersten Teil dieses Gesetzes werden die Gründe für dessen Ausarbeitung dargelegt. Dabei wird vor allem Bezug auf die *Vierte Weltfrauenkonferenz*, die 1995 in Peking stattfand, genommen, welche Regierungen und weitere Akteure zu mehr Engagement für die Gleichberechtigung der Geschlechter in allen Politiken und Programmen aufforderte. Trotz „beachtlicher Anstrengungen, Gleichheit zwischen den Geschlechtern in allen Bereichen zu erzielen“, wie es in dem Text heißt, ist dieser „Prozess langsam gewesen und ohne konkrete Ergebnisse geblieben, die Sorgen der Frauen sind in einigen Teilen der Welt immer noch zweitrangig.“

Des Weiteren hatten die UN-Sondergeneralversammlung und die Folgekonferenz *Peking +5* zum Thema „Frauen 2000 – Geschlechtergleichheit, Entwicklung und Frieden für das 21. Jahrhundert“ Anteil an der Entstehung dieses Gesetzes, sowie auch der am 1. Mai 1999 auf der Ebene der Europäischen Union in Kraft getretene *Vertrag von Amsterdam*. Einer der Schwerpunkte des Vertrags war die Förderung der Gleichberechtigung von Männern und Frauen in allen Politikbereichen und die Beseitigung von Ungerechtigkeiten in der Politik der Europäischen Union. Außerdem werden das *Europäische Gipfeltreffen von Nizza* und die vom Europäischen Rat auferlegte *Gemeinschaftsstrategie für die Gleichbehandlung von Männern und Frauen* vom Dezember 2000 als weitere Grundlagen für das vorliegende Gesetz angeführt. Gleichzeitig soll aber auch beachtet werden, dass nicht sexistisch erscheinende politische Entscheidungen unterschiedliche Auswirkungen auf Frauen und Männer haben können, ohne dass diese vorherzusehen oder erwünscht waren, so dass hier auf die „Allgemeingültigkeit“ «mainstreaming» hingewiesen wird. „Allgemeingültigkeit“, wie es im spanischen Gesetzestext heißt, „als ersten Schritt zur Realisierung des Engagements der Europäischen Union, die Genderperspektive in die Gemeinschaftspolitik mit zu integrieren [...] mit dem Ziel, nicht beabsichtigte negative Folgen, die Diskriminierung begünstigen, zu vermeiden und die Qualität und die Wirksamkeit der Gemeinschaftspolitik zu verbessern." An diesem Punkt setzt auch Art. 1 des Gesetzes aus dem Jahr 2003 an, welchem zufolge bei der Ausarbeitung von Gesetzesvorlagen erstens, Notwendigkeit und Chancen dieser durch Studien und Berichte gestützt werden sollen; zweitens, dieser Prozess durch einen Bericht über geschlechterspezifische Auswirkungen (*Gender Mainstreaming*) der im Gesetz angestrebten Maßnahmen begleitet wird; und drittens, ein Bericht zur Wirtschaftlichkeit mit einer Kostenschätzung zur Umsetzung der Gesetze vorliegen soll. Art. 2 legt fest, dass „auf jeden Fall alle Regelungen von einem Bericht über geschlechterspezifische Auswirkungen der in diesen Regelungen vorgesehen Maßnahmen begleitet werden sollen."

Im Dezember 2004 wird das Organgesetz *Ley Orgánica 1/2004* zu „Maßnahmen zum umfassenden Schutz vor geschlechterspezifischer Gewalt" (*Ley Orgánica 1/2004, de 28 de Diciembre*) erlassen. Dieses Gesetz verfolgt im Wesentlichen zwei Ziele: zum einen der verstärkte Schutz von Frauen vor geschlechterspezifischer Gewalt, zum anderen eine höhere Bestrafung der Täter. Da Letzteres das Strafrecht betrifft, wird darauf in dieser Arbeit nicht eingegangen. Die positiven Maßnahmen zum Schutz der potentiellen Opfer werden jedoch betrachtet.

Geschlechterspezifische Gewalt ist, wie es einleitend im Gesetzestext heißt, „das ungeheuerlichste Anzeichen der existierenden Ungleichheit in unserer Gesellschaft" und „betrifft nicht nur den privaten Bereich." Sie richtet sich, so lautet es weiter,

> „gegen Frauen, beruhend auf der Tatsache, dass sie Frauen sind und es ihnen deswegen in den Augen ihrer Angreifer an den geringsten freiheitlichen Rechten, Achtung und Entscheidungsgewalt mangelt. [...] Angriffe auf Frauen treten in der spanischen Realität besonders häufig auf, wobei heute das Bewusstsein dafür gestiegen ist [...], vor allem dank der Bemühungen von Frauenorganisationen in ihrem Kampf gegen alle Formen geschlechterspezifischer Gewalt" (*Ley Orgánica 1/2004, de 28 de Diciembre*).

Das Organgesetz verweist mit Art. 15 *CE* auf „das Recht aller auf Leben und körperliche und moralische Unversehrtheit; niemand darf jemals der Folterung oder unmenschlichen oder entwürdigenden Strafen oder Behandlungen ausgesetzt werden" (ebd.). Weiterhin heißt es, dass die „geschlechterspezifische Gewalt eine der offenkundigsten Angriffe auf die in der Verfassung verankerten Grundrechte wie Freiheit, Gleichheit, Leben, Sicherheit und Nichtdiskriminierung darstellen" und dass die Behörden gemäß dem bereits zitierten Art. 9.2 *CE* dazu verpflichtet sind, positive Maßnahmen zu ergreifen (ebd.).

Das Gesetz beruft sich u. a. auf die *UN-Konvention zur Beseitigung aller Formen von Diskriminierung gegen Frauen* von 1979, auf die Erklärung von 1999 zum *Europäischen Jahr der Bekämpfung der Gewalt gegen Frauen* sowie andere internationale Resolutionen und nationale Gesetze.

Die Gesetzgebung geht das Problem der geschlechterspezifischen Gewalt auf „umfassende und multidisziplinäre Art und Weise" an, beginnend bei Maßnahmen zur Sensibilisierung, Prävention und Erkennung in Titel I, welche dabei den Bildungsbereich (Kapitel I), die Werbung und die Medien (Kapitel II) sowie den Gesundheitssektor (Kapitel III) in der Verantwortung sehen (ebd.). In Titel II werden den Opfern geschlechterspezifischer Gewalt besondere Rechte und Hilfe zugestanden, zum Beispiel den in Kapitel I, Art. 20 festgeschriebenen kostenlosen Rechtsbeistand, wenn sie nicht selbst über genügend Mittel verfügen. Laut Kapitel II desselben Titels soll für sie ein *Besonderes Beschäftigungsprogramm* (Art. 22) initiiert werden; eine Unterbrechung des Arbeitsverhältnisses ist über einen bestimmten Zeitraum möglich und wird trotzdem als Beitragszeitraum für die Sozial- und Arbeitslosenversicherung gewertet (Art. 21).

Als Sonderfall ist dieses Gesetz dahingehend zu betrachten, dass es versucht, die kulturellen Gegebenheiten in Spanien zu verändern, die auf den patriarchalischen Gesellschaftsstrukturen gründen. Es geht in dem Gesetz aber nicht nur um Frauen, sozial Schwache (die beide potentiell gefährdeter sind) und die Opfer geschlechterspezifischer Gewalt, sondern auch um institutionelle und finanzielle Fragen sowie um die Personen der Gesellschaft, die – zumeist beruflich – mit diesen drei genannten Gruppen zu tun haben. Aus diesem Grund und aufgrund der vielfältigen Maßnahmen in diesen unterschiedlichen Bereichen sollen die angeführten Beispiele zu den positiven Maßnahmen dieses Organgesetzes an dieser Stelle ausreichen.

Im März des Jahres 2005 trifft der spanische Ministerrat eine „Vereinbarung zu Maßnahmen zur Förderung der Gleichstellung von Frauen und Männern" (vgl. *Orden 525/2005, de 7 de Marzo*). Zunächst erfolgt darin eine Bestandsaufnahme der aktuellen Situation der Frauen in der Gesellschaft mit einem Rückblick auf die vorangegangenen 25 Jahre. Darin wird anerkannt, dass trotz der großen Errungenschaften der spanischen Frauen noch keine vollständige und tatsächliche Gleichberechtigung herrscht, wie sie Frauen entsprechend der Verfassung zuerkannt wird. So ist die Arbeitslosigkeit bei Frauen höher als bei Männern, es gibt bedeutende Unterschiede bei den Löhnen für die gleiche Arbeit und familiäre Aufgaben werden nach wie vor fast ausschließlich von Frauen übernommen, was zu Schwierigkeiten bei der Vereinbarkeit von Beruf und Familie führt. Außerdem fordert die geschlechterspezifische Gewalt jedes Jahr eine, so wörtlich, „unerträgliche" Anzahl von Todesopfern unter Frauen, die durch ihren Partner ermordet wurden. Im Gesetzestext heißt es dazu weiter:

> „Diese historische Diskriminierung von Frauen wurde noch nicht beendet, weil es in dieser Gesellschaft nicht dieselbe Chancengleichheit für alle Bürgerinnen und Bürger gibt" (ebd.).

Um das zu ändern, sieht diese Übereinkunft Maßnahmen im Bereich der Beschäftigung, der Unternehmen, der Vereinbarung von Beruf und Familie, der Forschung, der Solidarität, des Sports vor sowie weitere Maßnahmen zur Gleichstellung, zum Kampf gegen geschlechterspezifische Gewalt und zur weiteren Vorgehensweise in dieser Hinsicht.

Im Bereich der Beschäftigung richten sich 60 Prozent der innerhalb des *Nationalen Aktionsplans zur Beschäftigung* (*Plan Nacional de Acción para el Empleo*) geplanten Aktionen an Frauen. Des Weiteren sollen Frauen bevorzugt eingestellt werden und ihr Zugang in verantwortungsvolle Positionen in der öffentlichen Verwaltung erleichtert werden, bis das Geschlechterverhältnis ausgeglichen ist. Ein ausgeglichenes Geschlechterverhältnis wird nicht nur auf allen Ebenen der öffentlichen Verwaltung angestrebt, sondern auch in den ihr angeschlossenen Gremien und Unternehmen. Die zum Zeitpunkt des Gesetzeserlasses im Amt befindliche Regierung ist die erste paritätische in der Geschichte Spaniens, wie an anderer Stelle in dem Gesetz nachzulesen ist. Zunächst im öffentlichen, danach auch privaten Sektor soll es eine – zunächst wenig ambitionierte – Frauenquote von mindestens fünf Prozent für Positionen mit niedrigem Frauenanteil geben. Nicht zuletzt werden noch Maßnahmen zur Integration und Förderung von Frauen beim Militär sowie in Fischerei und Landwirtschaft verabschiedet.

Für die Unternehmen soll es ein mit ihnen abgestimmtes Handlungsprogramm mit Anreizen zur Einstellung von Frauen geben. Mit Hilfe von Abkommen (u. a. mit dem *Instituto de la Mujer)* sollen den Unternehmerinnen Mikrokredite gewährt werden; für Frauen sollen Kurse zur Unternehmensgründung und -konsolidierung angeboten werden; und es sollen innerhalb der „*Príncipe Excelencia Empresarial*"-Preisverleihung auch die Bemühungen zur Gleichstellung im Beruf und der Vereinbarung von Beruf und Familie ausgezeichnet werden.

Im Sinne der besseren Vereinbarkeit von Beruf und Familie sollen diejenigen die Möglichkeit der vergüteten Reduzierung der Arbeitszeit erhalten, die sich um Alte, um Kinder unter zwölf Jahren und um Behinderte kümmern. Im öffentlichen Sektor sollen flexible Arbeitszeiten ermöglicht werden sowie Kindergärten in militärischen und staatlichen Einrichtungen geschaffen werden.

Im Bereich der Forschung soll ein spezielles Gremium namens „*Mujer y Ciencia*" geschaffen werden, das die Situation der Frauen in Forschungseinrichtungen ermittelt und ihre dortige Präsenz erhöht. Auch soll die Teilnahme von Frauen bei Arbeitsgruppen verstärkt werden. Zudem sollen ein jährlicher Gesundheitsbericht vorgelegt und ein Buch über parlamentarische Aktivitäten von Frauen während der ersten demokratischen Legislaturperiode verlegt werden. Eine jährliche Auszeichnung für Frauen aus dem politischen, insbesondere dem parlamentarischen Leben, deren Arbeit die Bedeutung der Teilhabe von Frauen unterstreicht, wird ebenfalls ins Leben gerufen.

In dem „*Solidaridad*" betitelten Punkt fünf des Gesetzesanhangs bekennt sich Spanien zur Bekämpfung der Diskriminierung von Frauen und autorisiert die Regierung zur Unterzeichnung des Rahmenabkommens mit UNIFEM, dem Entwicklungsfonds der Vereinten Nationen für Frauen, der sich für die Bedürfnisse und Vorschläge von Frauenbewegungen in aller Welt einsetzt.

Im sportlichen Bereich ist, ähnlich wie in der Forschung, ein Programm „*Mujer y Deporte*" geplant. So sollen der Frauensport gefördert, das Prinzip der Parität angewandt und die Geschlechtergerechtigkeit gefördert werden.

Die weiteren Maßnahmen zur Gleichstellung sehen nicht nur, aber hauptsächlich Handlungsbedarf bei der Förderung von Frauen. Bei Stellenausschreibungen für den öffentlichen Sektor muss jedoch eben das Geschlecht angeführt werden, welches in dem jeweiligen Fall unterrepräsentiert ist. Weiterhin soll geschlechterspezifische Gewalt in der Verwaltung bekämpft werden, Informationen zur Gleichberechtigung sollen auf den Internetseiten aller Ministerien und öffentlichen Organe verfügbar sein, Gleichstellungspläne in allen Regionen und Gemeinden gefördert werden, um nur die wichtigsten zu nennen.

Im Kampf gegen die geschlechterspezifische Gewalt als vorletzte der neun Maßnahmen sollen sich Gerichte sowie eine spezielle Regierungsdelegation konstituieren, die sich mit Gewalt gegen Frauen befassen. Frauen, die Opfer von Gewalt wurden, sollen über einen Integrationsplan für den Arbeitsmarkt schneller eine Arbeitsstelle finden. Im Wohnungsbau sind diesen Frauen sowie allein erziehenden Eltern besonders geschützte Wohnungen vorbehalten.

Die neunte und letzte Maßnahme des Gesetzes legt die weitere Vorgehensweise hinsichtlich der Gleichberechtigung von Frauen und Männern fest. Ein Bericht, der dem spanischen Ministerrat vorgelegt werden soll, soll Aufschluss darüber geben, inwiefern die in dieser Vereinbarung getroffenen Maßnahmen in den ersten vier Monaten des Jahres 2006 umgesetzt worden sind.

Ebenfalls im März des Jahres 2005 wird der vom spanischen Ministerrat beschlossene „Plan zur Gleichstellung der Geschlechter in der Allgemeinen Staatlichen Verwaltung“ gebilligt (vgl. *Orden 526/2005, de 7 de Marzo*). In Anerkennung der Artikel der Verfassung, die sich auf die Gleichstellung (Art. 14) und den gleichberechtigten Zugang zu öffentlichen Funktionen und Ämtern (Art. 23 und 103) beziehen, soll die Diskriminierung der Frauen im Berufs- und Privatleben vollständig beseitigt werden. Von besonderer Bedeutung ist dies insofern, als dass im Spanien der 1960er Jahre Gesetze erlassen wurden, die Frauen aufgrund von „natürlichen Tatsachen und Umständen“ diskriminierten und vor allem verheiratete Frauen in ihren Verdienstmöglichkeiten eingeschränkt wurden, weil sie, so wörtlich, der „Führungsgewalt, die die Natur, die Religion und die Geschichte dem Ehemann zuschreiben“ unterliegen (ebd. aus: *Ley 56/1961*).

Zwei auf EU-Ebene 1976 und 2002 verabschiedete Direktiven haben durch verschiedene Gesetze Eingang in das spanische Rechtssystem gefunden, wodurch auch die rechtlichen Hindernisse für Arbeit suchende Frauen beseitigt wurden und der Grundsatz der Gleichberechtigung positiv entwickelt wurde. Das hier vorliegende Gesetz zielt aber insbesondere auf die berufliche Förderung von Frauen hin zu einem verbesserten Zugang zu leitenden Positionen einerseits und zu einem neuen Verständnis von Arbeitsteilung zwischen beiden Geschlechtern im Berufs- und Privatleben andererseits ab.

Die folgenden, im Gesetz festgelegten Maßnahmen sollen (nach der rechtlichen auch) eine tatsächliche Gleichberechtigung von Männern und Frauen sicherstellen, damit z. B. auch Berufsleben und Familie besser miteinander vereinbart werden können, ein neues Rollenverständnis der Geschlechter in Bezug auf Arbeitsteilung gefördert wird und Frauen durch sog. „positive Maßnahmen" verbesserten Zugang zu höheren Positionen erhalten. Es handelt sich dabei um Maßnahmen a) zum gleichberechtigten Zugang der Geschlechter zur öffentlichen Beschäftigung, b) zur beruflichen Förderung von Frauen im öffentlichen Dienst, c) zur Vereinbarung des persönlichen, privaten und Berufslebens der in der Allgemeinen Staatlichen Verwaltung (*Administración General del Estado*) beschäftigten Personen, d) Maßnahmen gegen geschlechterspezifische Gewalt in der Allgemeinen Staatlichen Verwaltung, e) Initiativen, die den Stellenwert der Gleichstellung der Geschlechter in der Allgemeinen Staatlichen Verwaltung fördern sollen, und f) Maßnahmen zu Studien und Evaluationen der beruflichen Werdegänge nach Geschlecht der öffentlich Angestellten und Entwicklung des Prinzips der Gleichstellung. Im Anhang des Gesetzes werden diese sechs Maßnahmen noch spezifiziert.

Die Maßnahme zum gleichberechtigten Zugang der Geschlechter zur öffentlichen Beschäftigung sieht vor, dass Frauen im *Centro de Información Administrativa* des Ministeriums für Öffentliche Verwaltung sämtliche Informationen und Anforderungen beispielsweise für Stellenausschreibungen oder Stipendien einholen können. Stellenausschreibungen im öffentlichen Sektor müssen einen Absatz enthalten, der darauf hinweist, welches Geschlecht in dem entsprechenden Arbeitsbereich unterrepräsentiert ist. Die Gerichte und die sog. Auswahlausschüsse, welche selbst nach dem in Art. 14 *CE* festgelegten Gleichheitsgrundsatz zusammengesetzt sind, haben über Erfüllung des Kriteriums der Gleichberechtigung zu wachen.

Die Maßnahme zur beruflichen Förderung von Frauen legt fest, dass mindestens zwei von vier vorgeschlagenen Kandidaten für Führungspositionen Frauen sein müssen. Beschwerden bei Verletzung des Gleichheitsgrundsatzes werden beim *Observatorio de Empleo Público*, in etwa vergleichbar mit einem Petitionsausschuss in Deutschland, behandelt und Empfehlungen und Vorschläge für den weiteren Ablauf formuliert. In Ausschreibungen für (Weiter-) Bildungsangebote von Instituten, die der staatlichen Verwaltung unterstehen, werden Frauen mindestens 40 Prozent der Plätze garantiert, es sei denn, in dem betreffenden Bereich gibt es nicht genügend Frauen oder eine nicht ausreichende Anzahl von Bewerberinnen, um den genannten Prozentsatz zu decken. Weiterbildungen für Regierungsangestellte müssen im Sinne der Vereinbarung von Beruf und Familie innerhalb der regulären Arbeitszeit stattfinden. Bei der Neubesetzung von Arbeitsplätzen müssen Ministerien und Abteilungen auf eine ausgeglichene Geschlechterrepräsentation achten, genauso wie in der Allgemeinen Staatlichen Verwaltung und dazugehörigen Behörden und Sachverständigenausschüssen Männer und Frauen paritätisch vertreten sein müssen.

Zur Vereinbarung des persönlichen, Familien- und Berufslebens ist in der dritten Maßnahme vorgesehen, dass eine vergütete Reduzierung der Arbeitszeit für die Angestellten möglich ist, die für Behinderte, Kinder unter 12 Jahren und Alte sorgen. Arbeitszeiten können flexibler gestaltet werden und bei der Neubesetzung von Posten sollen auch das Großziehen von Kindern und die Pflege alter Menschen berücksichtigt werden.

Entsprechend der Maßnahme vier – gegen geschlechterspezifische Gewalt – soll sexuelle Belästigung als schwerwiegendes Vergehen innerhalb eines Disziplinarverfahrens bei öffentlich Angestellten eingestuft werden. Außerdem erhalten Personen, die Opfer geschlechterspezifischer Gewalt geworden sind, Vorrecht auf einen Arbeitsplatz.

In Maßnahme fünf, der Initiative zur Förderung des Stellenwertes der Gleichstellung der Geschlechter wird die Gründung einer Auszeichnung angeregt, die die *Best Practices* zur Umsetzung dieses Zieles innerhalb des öffentlichen Sektors prämiert. Alle Bildungszentren für öffentlich Angestellte nehmen in ihren Kursprogrammen das Thema Gleichstellung der Geschlechter auf, um das Personal dahingehend auszubilden und zu sensibilisieren. Sogar in Einstellungstests des öffentlichen Dienstes sollen Fragen zur Geschlechtergerechtigkeit aufgegriffen werden.

Auf der Grundlage der sechsten Maßnahme sollen Studien und Evaluationen zu beruflichen Werdegängen nach Geschlecht der öffentlich Beschäftigten durchgeführt werden. Das *Ministerio de Administraciones Públicas*, das Ministerium für Öffentliche Verwaltung, hat dabei die Aufgabe, ein homogenes Indikatorensystem einzuführen, mit dessen Hilfe in allen Ministerien und öffentlichen Organen die qualitativen Maßnahmen zur Förderung der Gleichstellung der Geschlechter in der Allgemeinen Staatlichen Verwaltung evaluiert werden. Studien zur Sicherung der Beschäftigung und zur Befristung von Arbeitsstellen im öffentlichen Sektor im Besonderen von Frauen sollen durchgeführt und gleichzeitig Ursachen und Gegenmaßnahmen benannt werden. Berichte zu Werdegängen und Qualifizierungen der Frauen sollen dazu dienen, eine Angleichung an die der Männer sicherzustellen. Außerdem soll in einer Studie untersucht werden, inwieweit die Vereinbarkeit von Beruf und Familie ermöglicht und genehmigt wird.

Ein weiterer, siebter Punkt befindet sich im Anhang des Gesetzes zur Gleichstellung in der öffentlichen Verwaltung, der Maßnahmen zur Erfassung statistischer Daten und Informationen bezüglich der Geschlechterpolitik vorsieht. In der Haushalts- und Steuerpolitik sollen geschlechterspezifische Indikatoren berücksichtigt werden, wenn sie im Entscheidungsprozess von Bedeutung sind. So sollen z. B. die Auswirkungen bestimmter Steuervergünstigungen nach Geschlecht erfasst werden können.

Im Oktober des Jahres 2006 wird ein Gesetz zur Gleichberechtigung von Männern und Frauen bei der Erbfolge von Adelstiteln verabschiedet, welches den Trägern und Trägerinnen solcher zwar keinen privilegierten Status zuerkennt, diese aber als Ehrentitel anerkennt und sie vor der Nutzung durch Dritte schützen soll (vgl. *Ley 33/2006, de 30 de Octubre*).

Der spanische Ministerrat verabschiedet im März 2007 schließlich ein umfangreiches „Organgesetz zur tatsächlichen Gleichstellung von Frauen und Männern“ (*Ley Orgánica 3/2007, de 22 de Marzo*). In dessen Einleitung werden die Gründe für die Erarbeitung des Gesetzes ausgeführt, die momentane Stellung und Diskriminierung von Frauen beschrieben und Ziele der Gleichberechtigung mit ihren Instrumenten und Maßnahmen dargelegt. Zu den Gründen zählen neben den in Art. 9 und 14 niedergelegten Verfassungsgrundsätzen die folgenden internationalen Verträge und Abkommen: die *UN-Konvention zur Beseitigung jeder Form der Diskriminierung der Frau* von 1979 (1983 von Spanien ratifiziert), die *Weltfrauenkonferenzen* von Nairobi 1985 und von Peking 1995, der *Amsterdamer Vertrag* von 1999, der auf die Gleichberechtigung von Frauen und Männern in der EU abzielt, die *Römischen Verträge* mit ihrem Art. 111 zur Gleichberechtigung zwischen den Geschlechtern sowie zwei europäische Richtlinien, die mit diesem Organgesetz Eingang in das nationale spanische Recht finden (*Richtlinie 2002/73/EG zur Änderung der Richtlinie 76/207/EWG zur Verwirklichung des Grundsatzes der Gleichbehandlung von Männern und Frauen hinsichtlich des Zugangs zu Beschäftigung, zur Berufsbildung und zum beruflichen Aufstieg sowie in Bezug auf die Arbeitsbedingungen* und *Richtlinie 2004/113/EG zur Verwirklichung des Grundsatzes der Gleichbehandlung von Männern und Frauen beim Zugang zu und bei der Versorgung mit Gütern und Dienstleistungen*). Im deutschen Recht wurden diese EU-Richtlinien mit Hilfe des *Allgemeinen Gleichbehandlungsgesetzes* (AGG), dem sog. Antidiskriminierungsgesetz, umgesetzt (vgl. http://bundesrecht.juris.de/agg/).

Indirekte und direkte Diskriminierung aufgrund des Geschlechtes wie niedrigere Löhne für Frauen und eine höhere Arbeitslosigkeit unter Frauen sollen mit diesem, wie es im spanischen Gesetzestext heißt, „modernen Antidiskriminierungsgesetz" bekämpft werden. Ausdrückliche Berücksichtigung sollen auch Fälle von doppelter Diskriminierung wie z. B. zu Minderheiten gehörige Frauen, Migrantinnen und Frauen mit Behinderung finden. Das Gesetz verweist aber nicht nur auf die Rechte der Frauen und die Grundsätze in der Verfassung im Hinblick auf die Chancengleichheit, sondern sieht darin auch, so ist im Text zu lesen,

> „gleichzeitig ein Element zur Bereicherung der spanischen Gesellschaft an sich, das zur wirtschaftlichen Entwicklung und zur Erhöhung der Beschäftigung beitragen wird" (ebd.).

Auch dieses Organgesetz beruft sich auf die „Allgemeingültigkeit" des Gleichheitsgrundsatzes in allen Politikfeldern, dem Prinzip des „*Gender Mainstreaming*" und strebt durch entsprechende Maßnahmen eine tatsächliche Gleichberechtigung zwischen den Geschlechtern an, wie z. B. einen ausgeglichenen Anteil von Frauen und Männern im Parlament und anderen verantwortungsvollen Positionen, um dem Gesetz zufolge „die Qualität unserer Demokratie an sich zu verbessern". Gleichzeitig sieht es Maßnahmen zur Beseitigung jeglicher Diskriminierung aus Gründen des Geschlechts vor. Das in Titel, Kapitel und Artikel untergliederte Organgesetz mit den sich daran anschließenden *Zusätzlichen Regelungen*, *Übergangsregelungen*, einer *Aufhebungsregelung* sowie den *Abschließenden Regelungen* ist noch wesentlich detaillierter als die vorangegangenen einfachen Gesetze zu dieser Problematik. Aus diesem

Grund sollen an der Stelle nur die wichtigsten, bisher noch nicht benannten Aspekte beschrieben werden.

Zu diesen Aspekten gehören rechtliche Belange, die eine Diskriminierung aufgrund des Geschlechts darstellen oder hervorrufen. In Kapitel I, Art. 8 wird die Benachteiligung von Frauen aufgrund von Schwangerschaft oder Mutterschaft erstmals ausdrücklich als direkte Diskriminierung bezeichnet und für unzulässig erklärt.

Laut Art. 10 werden diskriminierende oder Diskriminierung verursachende rechtliche Belange für nichtig und wirkungslos erklärt und betroffenen Personen ein Anspruch auf angemessene Entschädigung für den erlittenen Schaden zugestanden. Mit Hilfe eines „effizienten und abschreckenden Sanktionssystems" sollen, wie es weiter heißt, „diskriminierende Verhaltensweisen verhindert werden".

In Art. 13 desselben Kapitels geht es um die Beweislastumkehr, d. h., dass die der geschlechterspezifischen Diskriminierung beschuldigte Partei die Beweislast dafür tragen muss, dass keine Diskriminierung im Sinne der angenommenen Bestimmungen vorgelegen hat. Die Beweislastumkehr ist allerdings nicht auf Strafprozesse anwendbar.

In Absatz 11 des Art. 14 zu den Allgemeinen Handlungskriterien der Behörden – aus Titel II („*Políticas Públicas para la Igualdad*"), Kapitel I („*Principios Generales*") – wird, wie dort geschrieben steht, „die Anwendung einer nicht sexistischen Sprache im Bereich der Verwaltung sowie die Förderung dieser in der Gesamtheit der sozialen, kulturellen und künstlerischen Angelegenheiten" festgelegt.

In Kapitel II („*Acción Administrativa para la Igualdad*"), in Art. 24, in dem es um das Prinzip der Gleichstellung der Geschlechter in der Bildungspolitik geht, wird unter Punkt b) die Beseitigung und Ablehnung sexistischer und stereotyper Verhaltensweisen und Inhalte, auch in Bezug auf Unterrichtsbücher und -materialien, deutlich gemacht. Unter Punkt f) sind Bildungsmaßnahmen zur Anerkennung der Rolle der Frau in der Geschichte festgeschrieben. Des Weiteren sind in den folgenden Artikeln dieses Kapitels gleichstellungspolitische Regelungen erfasst, so in der höheren Bildung, im künstlerischen und intellektuellen Schaffen, in der Gesundheitspolitik, der Wissensgesellschaft, dem Sport, der ländlichen Entwicklung, der Stadtentwicklung, Raumordnung sowie dem Wohnungsbau, der Entwicklungszusammenarbeit, Verträge sowohl in der Öffentlichen als auch Allgemeinen Staatlichen Verwaltung und öffentliche Zuschüsse. Im Bereich von Stadtentwicklung, Raumordnung und Wohnungsbau soll die Regierung laut Gesetzestext

> „den Zugang von Frauen zum Wohnungsmarkt fördern, wenn sie bedürftig oder von gesellschaftlichem Ausschluss bedroht sind oder Opfer geschlechterspezifischer Gewalt wurden und im Besonderen, wenn sie, in beiden Fällen, die alleinige Unterhaltspflicht für minderjährige Kinder innehaben" (ebd.).

In Titel III zum Thema „*Igualdad y Medios de Comunicación*" heißt es in Art. 36:

> „Die öffentlich-rechtlichen Medien achten auf die Vermittlung eines egalitären, vielfältigen und nicht stereotypen Bildes von Frauen und Männern in der Gesellschaft und fördern das Bewusstsein und die Verbreitung des Gleichheitsgrundsatzes zwischen Frauen und Männern" (ebd.).

Für die staatliche Radio- und Fernsehgesellschaft Spaniens, RTVE, und die Nachrichtenagentur EFE wird neben anderen Aspekten auch die Verwendung einer nicht sexistischen Sprache vorgeschrieben, während die privaten Medien lediglich angehalten sind, wie es heißt, „die Gleichstellung von Frauen und Männern zu respektieren und jegliche Form der Diskriminierung zu vermeiden" (ebd.).

Titel IV handelt von der Chancengleichheit beim Recht auf Arbeit; Art. 50 schreibt die Schaffung eines „Qualitätsprädikats" für Unternehmen vor, die die Geschlechterpolitik im Sinne der Gleichbehandlung und Chancengleichheit umsetzen. Titel V handelt vom Gleichheitsgrundsatz im öffentlichen Dienst, Titel VI von der Gleichbehandlung beim Zugang zu Waren und Dienstleistungen und ihrer Bereitstellung, Titel VII von der Gleichstellung bei der sozialen Verantwortung der Unternehmen.

In Titel VIII sind *Organisatorische Verfügungen* (*Disposiciones Organizativas*) niedergelegt. In Art. 76 desselben Titels wird die Verantwortung für die Koordinierung der von den Ministerien erlassenen Gleichstellungsmaßnahmen und -politiken dem *Interministeriellen Ausschuss für die Gleichstellung von Frauen und Männern* (*Comisión Interministerial de Igualdad entre Mujeres y Hombres*) übertragen. Art. 77 verfügt über die Schaffung einer *Abteilung für*

Gleichstellung von Frauen und Männern (*Unidades de Igualdad*) in jedem Ministerium, das innerhalb seiner jeweiligen Kompetenz u. a. statistische Informationen erfasst und Studien zur Förderung der Gleichstellung innerhalb seines Aufgabenbereiches erarbeitet. Art. 78 regelt die Gründung eines *Rates zur Teilhabe der Frau* (*Consejo de Participación de la Mujer*) als beratendes Organ, dessen Ziel die Teilhabe von Frauen ist, wenn es darum geht, Gleichbehandlung und Chancengleichheit zwischen beiden Geschlechtern herzustellen und Diskriminierung aus Gründen des Geschlechts zu bekämpfen.

Auf die Titel mit ihren Kapiteln und Artikeln folgen in diesem Organgesetz die *Zusätzlichen Bestimmungen*, in denen bereits geltende Gesetze unter dem Gesichtspunkt der Gleichstellung von Frauen und Männern modifiziert bzw. einzelne Artikel dieser Gesetze spezifiziert werden. Erwähnt werden soll an dieser Stelle nur die erste dieser Bestimmungen, welche eine „ausgewogene Zusammensetzung" beider Geschlechter in Gremien definiert. Demzufolge darf der Anteil der Personen eines Geschlechts 60% nicht übersteigen bzw. 40% nicht unterschreiten.

Als Beispiel für ein modifiziertes Gesetz wird an dieser Stelle nur das Betriebsverfassungsgesetz, die *Ley del Estatuto de los Trabajadores*, ursprünglich verabschiedet im März 1995, in der *Zusätzlichen Bestimmung 10.1* genannt. Laut einer der Änderungen dieses Gesetzes müssen Personen des in einer Berufsgruppe geringer vertretenen Geschlechts bei gleicher Eignung bevorzugt eingestellt werden. Dies soll als positive Maßnahme im Sinne eines verbesserten Zugangs von Frauen zu allen Berufen geschehen und Bestandteil der Tarifbestimmungen werden. Weitere Änderungen dieses und anderer Gesetze werden aufgrund des innerhalb dieser Arbeit begrenzten Umfangs nicht näher ausgeführt. Die Änderungen, die Mutterschaft und Vaterschaft betreffen, werden teilweise unter Punkt *3.2.2 Frauen- und Familienpolitik* aufgegriffen.

Die *Übergangsbestimmungen* des Organgesetzes beziehen sich auf einzelne Aspekte desselben, beispielsweise die ausgewogene Zusammensetzung und Vertretung in Gremien in der *Ersten Übergangsbestimmung*. Diese wird erst mit der nächsten Ernennung einer Person nach Inkrafttreten des Organgesetzes geltend.

Die *Einzige Aufhebungsbestimmung* hebt, wie der Name bereits sagt, „Normen desselben oder niedrigeren Ranges auf, die dem in diesem Gesetz Verfügten entgegenstehen oder widersprechen".

Die *Schlussbestimmungen* verweisen nochmals auf die verfassungsrechtliche Grundlage dieses Organgesetzes (*Schlussbestimmung Eins*) und weisen eine Evaluierung der Ergebnisse aus den Tarifverhandlungen bezüglich der Geschlechtergerechtigkeit nach vier Jahren an (*Schlussbestimmung Fünf*). Mit Ausnahme eines Artikels tritt das Gesetz am 24. März 2007 gemäß *Schlussbestimmung Acht* in Kraft.

Mit dem Organgesetz *Ley Orgánica 1/2008, de 30 de Julio* werden die in Art. 10 *CE* niedergelegten Grundrechte entsprechend dem Vertrag von Lissabon weiterentwickelt, der in seinem Art. 6.1 auf die Charta der Grundrechte der Europäischen Union verweist. Titel III des Organgesetzes befasst sich mit der Gleichstellung, wobei in Art. 21 und 23 näher auf die Gleichberechtigung von Männern und Frauen eingegangen wird. Art. 21 verbietet jegliche Diskriminierung u. a. aus Gründen des Geschlechts (vgl. *Ley Orgánica 1/2008, de 30 de Julio*). In dem noch konkreteren Art. 23 zur *Gleichberechtigung von Frauen und Männern (Igualdad entre Mujeres y Hombres)* heißt es:

> „Die Gleichberechtigung von Frauen und Männern muss in allen Bereichen garantiert werden, auch in Bezug auf Beschäftigung, Arbeit und Entlohnung. Das Prinzip der Gleichberechtigung verbietet es nicht, Maßnahmen, die konkrete Vorteile für das jeweils weniger repräsentierte Geschlecht mit sich bringen, beizubehalten oder zu erlassen" (*Ley Orgánica 1/2008, de 30 de Julio*).

In Bezug auf den im spanischen Gesetzestext angewendeten Sprachgebrauch lässt sich eine positive Entwicklung hin zu einer möglichst geschlechterneutralen und somit weniger diskriminierenden Sprache feststellen, zumeist ist von „personas" die Rede (ebd.). Im Sinne der sprachlichen Gewohnheiten trifft dies nicht an allen Stellen zu und so wird auch auf das generische Maskulinum zurückgegriffen („los empresarios", „los trabajadores"; Art. 27ff).

Mit dem Gesetz *Ley 9/2009, de 6 de Octubre* wird ein *Gesetz zur Ausweitung des Vaterschaftsurlaubs* erlassen, das das *Ley Orgánica 3/2007* in einer Übergangsbestimmung sowie zwei weitere, davon maßgeblich betroffene Gesetze modifiziert: das *Königliche Dekret Real Decreto Legislativo 1/1995* sowie das Gesetz *Ley 30/1984, de 2 de Agosto (Maßnahmen zur Reformierung des öffentli-*

chen Dienstes). Der Vaterschaftsurlaub wird nach Inkrafttreten des Gesetzes am 1.1.2014 von 13 Tagen auf vier ununterbrochene Wochen im Fall einer Geburt, einer Adoption oder der Aufnahme eines Pflegekindes ausgeweitet. Handelt es sich um Mehrlinge, wird dieser Zeitraum für jedes weitere Kind um je zwei Tage verlängert (ab dem zweiten Kind). Dieser Vaterschaftsurlaub wird unabhängig von der Dauer des Mutterschaftsurlaubs gewährt und kann nur vom Vater – oder bei Adoption oder Pflegekind von *einem* der beiden Elternteile in Anspruch genommen werden. Ebenso ist eine Teilzeitregelung des Vaterschaftsurlaubs mit einer Mindestarbeitszeit von 50% möglich (vgl. *Ley 9/2009, de 6 de Octubre*).

Im März 2010 wird mit dem *Ley Orgánica 2/2010, de 3 de Marzo* ein *Organgesetz zur sexuellen und reproduktiven Gesundheit und zum Schwangerschaftsabbruch* erlassen und tritt im Juli desselben Jahres in Kraft. Es sichert Frauen, die einen Schwangerschaftsabbruch vornehmen lassen wollen, diesen unter medizinischen Bedingungen und mit medizinischem Fachpersonal zu, bei Minderjährigen unter 16 Jahren mit Zustimmung der/des Erziehungsberechtigten. Innerhalb der ersten 14 Schwangerschaftswochen ist dieser auf Bitten der Frau nach ausführlicher Beratung und frühestens drei Tage nach einer solchen Beratung möglich (Art. 14, *Ley Orgánica 2/2010, de 3 de Marzo*). Art. 15 des Gesetzes ermöglicht eine Abtreibung bis zur 22. Schwangerschaftswoche, wenn eine medizinische Indikation vorliegt, d. h. wenn Gefahr für die Frau oder das Kind besteht oder der Fötus z. B. von einer schweren, unheilbaren Krankheit betroffen ist. Das Gesetz regelt nicht nur den Zugang und die Voraussetzungen für den Schwangerschaftsabbruch, sondern verpflichtet auch zur umfangreichen Aufklärungsarbeit über sexuelle und reproduktive Gesundheit, den Abbruch und Risiken, die Mutterschaft und alle rechtlichen und finanziellen Möglichkeiten der Mutter als auch die Nachsorge im Fall einer Abtreibung.

Über den Schwangerschaftsabbruch hinaus schreibt dieses Gesetz u. a. auch die Einbindung des Themas *sexuelle und reproduktive Gesundheit* ins Bildungssystem (Kapitel III) sowie die medizinische Versorgung nach aktuellen wissenschaftlichen Standards und die bestmögliche Ausbildung des medizinischen Personals, insbesondere unter geschlechterspezifischen Gesichtspunkten, vor (Kapitel II). Diese Maßnahmen sowie weitere Details dieses Gesetzes werden nicht näher betrachtet, weil sie beide Geschlechter gleichermaßen betreffen.

Diese neue Regelung zur Abtreibung ist eine Vereinfachung in Bezug auf die Indikationen des vorher geltenden Abtreibungsgesetzes *Ley Orgánica 9 de 5 de Julio 1985*, weil nun nicht mehr die Indikation einer Vergewaltigung vorliegen muss. Die aktuelle Formulierung zur Gesundheit der Frau, die ohne Abtreibung gefährdet sein könnte, schließt im weitesten Sinn auch diese vormals notwendige Indikation mit ein, ohne dass die Frau weiteren Rechtfertigungen oder gar Beweiszwängen ausgesetzt ist. Auf das vorherige Abtreibungsgesetz *Ley Orgánica 9 de 5 de Julio 1985* wird in Kapitel *4.3 Die Frauen- und Familienpolitik in der Demokratie* ausführlicher eingegangen.

3.2.3 El Código Civil

In den letzten Jahren der Franco-Diktatur und während der *Transición* gibt es zwar einzelne Reformgesetze, wie sie auch in Kapitel *3.1.2 El Código Civil* während der Franco-Diktatur behandelt wurden, aber erst mit der Einführung der Demokratie und der Verfassung 1978 gelingt in Spanien ein großer Schritt hin zu mehr Gleichberechtigung. Im Sinne der Verfassung werden in den 1980er und 1990er Jahren Reformgesetze zum *Código Civil* verabschiedet, die wichtige Fragen des Familienrechtes wie das Sorgerecht oder den Güterstand in der Ehe regeln und das Prinzip der Nichtdiskriminierung stärker verankern. Nachfolgend werden die wichtigsten Reformen der Gesetzgebung im *CC* hinsichtlich der Gleichberechtigung von Männern und Frauen, ohne Anspruch auf Vollständigkeit, aufgezeigt (vgl. dazu auch die Ausführungen von Vivas Tesón).

Nach der Aufhebung diskriminierender Artikel wie des Artikels 321 *CC* sind ledige Frauen ledigen Männern vollständig gleichgestellt; dasselbe gilt auch für Witwen. Bei verheirateten Frauen stellte sich die Lage jedoch etwas schwieriger dar. Erst die bereits im vorangegangenen Kapitel zitierten Art. 14 und 32 *CE* regelten die juristische Gleichstellung zwischen den Eheleuten. Bis zum Inkrafttreten der Verfassung war der Ehemann gemäß einer hierarchisch-vertikalen Auffassung von Familie auch per Gesetz das Oberhaupt und Entscheidungsträger derselben (ebd.).

Unter der ersten demokratisch gewählten Regierung nach der Franco-Diktatur werden zwei wichtige Gesetze verabschiedet, die die Gleichberechtigung von Frauen und Männer, im Besonderen in der Ehe, wesentlich verbessern sollen. Dabei handelt es sich zum einen um das Gesetz zur Veränderung des *Código Civil* in Bezug auf Abstammung, das Sorgerecht und den Güterstand in der Ehe (vgl. *Ley 11/1981, de 13 de Mayo*) und zum anderen um das Gesetz zur Veränderung der Regelungen in Bezug auf die Ehe und die Eheschließung und zur Festlegung der Vorgehensweise bei Aufhebung der Ehe, Trennung und Scheidung (*vgl. Ley 30/1981, de 7 de Julio*). Nachstehend werden wichtige Änderungen vorgestellt.

Das Gesetz *Ley 11/1981* regelt die Abstammung, das Sorgerecht und den Güterstand in der Ehe (*Filiación, Patria Potestad und Régimen Económico del Matrimonio*) neu und reformiert damit die entsprechenden Artikel des *CC*, von denen einige ausgewählte betrachtet werden (vgl. *Ley 11/1981, de 13 de Mayo*). Beim Güterstand in der Ehe wird mit diesem Gesetz die vollständige Gleichberechtigung hergestellt. Gemäß Art. 1315 *CC* bestimmen die Eheleute in ihrem Ehevertrag (*Capitulaciones Matrimoniales*) ihren Güterstand selbst. Gibt es einen solchen nicht, greift eine *Zusätzliche Gesetzliche Regelung*, die in Art. 1316 *CC* verankerte beschränkte Gütergemeinschaft (*Régimen de Gananciales*). Besteht aber ein Ehevertrag ohne nähere Bestimmungen und nur mit dem Ziel, diese beschränkte Gütergemeinschaft zu vermeiden, gilt laut Art. 1435.2 *CC* die Gütertrennung (*Separación de Bienes*). Auf den Balearen und in Katalonien gilt die Gütertrennung als *Zusätzliche Gesetzliche Regelung* und nicht – wie in allen anderen Teilen Spaniens – die beschränkte Gütergemeinschaft. Die Gütertrennung, bei der jede Ehepartnerin/jeder Ehepartner jeweils ihr/sein eigenes Vermögen behält, gereicht oft Frauen zum Nachteil, weil diese meist nur wenig oder kein Vermögen mit in die Ehe bringen und sie durch nicht vergütete Arbeit im Haushalt und für die Familie nicht direkt zur Vermehrung des Vermögens beitragen. Der Güterstand des *Régimen de Participación* (in Deutschland in etwa mit der *Errungenschaftsgemeinschaft* vergleichbar), der zwischen den Eheleuten vertraglich vereinbart werden muss, ist der wahrscheinlich gerechteste und für Frauen somit der vorteilhafteste, weil das in der Ehe erwirtschaftete Vermögen beider so aufgeteilt wird, dass beide gleich große Anteile davon bekommen (vgl. Vivas Tesón). Die genauen Details zur Gütergemeinschaft und den anderen Gesetzen und ihren Einschränkungen zum ehelichen Güterstand sollen in dieser Arbeit außer Acht gelassen werden. Im Großen und Ganzen ist dieses Gesetz zur Abstammung, zum elterlichen Sorgerecht und zur Güterstandsregelung in der Ehe im Sinne der

Gleichbehandlung von Frauen und Männern abgefasst (vgl. *Ley 11/1981, de 13 de Mayo*).

Des Weiteren haben nach dem Gesetz *Ley 11/1981, de 13 de Mayo* beide Eheleute laut Art. 154 und 156 *CC* das Sorgerecht bzw. einer von beiden mit ausdrücklicher oder stillschweigender Zustimmung des anderen. Außerdem müssen die Kinder betreffende Entscheidungen auch im gemeinsamen Einvernehmen getroffen werden. Art. 170 *CC* zufolge kann der Vater oder die Mutter das Sorgerecht „ganz oder teilweise verlieren, wenn ein Urteil darüber vorliegt, dass er oder sie die dem Sorgerecht innewohnenden Pflichten nicht erfüllt hat oder dass kriminelle oder eheliche Gründe für das Urteil vorlagen" (ebd.).

Die Haushaltsführung „kann", so der Wortlaut des Art. 1319 *CC* entsprechend des Gesetzes *Ley 11/1981,* von irgendeinem Teil der Eheleute übernommen werden. Nach Art. 1322 *CC* ist, soweit ein Gesetz dies verlangt, für Verwaltungsakte immer das Einverständnis beider Eheleute notwendig; es sei denn, einer der beiden hat vorher ausdrücklich eingewilligt, dass der entsprechende Akt ohne sie/ihn vorgenommen werden kann. Letztendlich können sich die Eheleute auf der Grundlage des Artikels 1323 *CC* gegenseitig Güter und Rechte übertragen und jede Art von Verträgen untereinander abschließen.

Das Gesetz zur Regelung der Ehe und Eheschließung und zur Festlegung der Vorgehensweise bei Aufhebung der Ehe, Trennung und Scheidung (vgl. *Ley 30/1981, de 7 de Julio*) bringt für Frauen entscheidende Verbesserungen bezüglich ihrer Stellung in der Ehe. Entsprechend Art. 46.1 *CC* dürfen nur Volljährige heiraten. Minderjährige dürfen nur heiraten, wenn sie selbständig leben. In Art. 66 heißt es, „der Ehemann und die Ehefrau haben dieselben Rechte und Pflichten" (ebd.). Die Frau behält damit heutzutage ihre Stellung innerhalb der Familie auch nach der Heirat bei und muss sich dem Ehemann nicht mehr unterordnen. Formulierungen wie in Art. 67 *CC*, „Die EhepartnerInnen müssen sich gegenseitig achten und helfen und im Interesse der Familie handeln" (vgl. *Código Civil Español*), überlassen der Rechtsprechung jedoch einen beträchtlichen Spielraum bei der Auslegung. 1994 urteilt ein Gericht, dass „jegliches aggressives Verhalten, das über einen gewöhnlichen Zwischenfall im Eheleben hinausgeht, die Pflicht, die andere Person zu achten, verletzt und daher eine ernsthafte Missachtung darstellt" (Fernández Urzainqui, 2004: 221). Art. 68 *CC* legt fest, dass „die Eheleute verpflichtet sind, zusammenzuleben, sich treu zu sein und sich gegenseitig zu helfen" (vgl. *Ley 30/1981, de 7 de*

Julio). Die Eheleute müssen sich nach diesem Gesetz gemeinsam auf einen Wohnsitz einigen und, wenn eine solche Einigung nicht zustande kommt, ein Richter diesen im Interesse der Familie festlegt (Art. 70). Art. 71 *CC* entsprechend darf ein Ehepartner/eine Ehepartnerin ohne dessen/deren vorherige Einwilligung den/die jeweils andereN nicht vertreten (ebd.). Eine Mitgift für die Tochter ist nach Art. 1340 CC nicht mehr vorgeschrieben; stattdessen die Eviktionshaftung oder die Haftung für verborgene Mängel, wenn die verlobte oder verheiratete Person in böser Absicht gehandelt hat (ebd.). Die Neufassungen der Artikel sind nach diesem Gesetz so gestaltet, dass die Eheleute als gleichberechtigte Personen vor dem Gesetz betrachtet werden.

Trotz Verabschiedung dieser und weiterer Gesetze auch zur Adoption (*Ley 21/1987*) wirken sich, so heißt es im einführenden Text zum Gesetz *Ley 11/1990, de 15 de Octubre*, „einige Kriterien in bestimmter Hinsicht und rechtlichen Situationen entweder in Form von Bevorzugung oder durch unangemessene Behandlung aus Gründen des Geschlechts aus“ (vgl. *Ley 11/1990, de 15 de Octubre*). Dieses *Gesetz zur Veränderung des Código Civil in Bezug auf die Anwendung des Prinzips der Nichtdiskriminierung aus Gründen des Geschlechts* reformiert vornehmlich einige wenige Artikel zur Adoption und zur (in Deutschland nicht existierenden) zivilrechtlichten Gebietszugehörigkeit (*Vecindad Civil*), auf die nicht näher eingegangen werden soll, und nimmt terminologische Veränderungen vor, wodurch *mujer* und *esposa* durch das geschlechtsneutrale *cónyuge* ersetzt werden (Art. 648.1 CC.).

Weitere Artikel des *CC* werden im Juli 2005 mit der Verabschiedung zweier Gesetze, zum einen zum Eheschließungsrecht (*Ley 13/2005, de 1 de Julio*) und zum anderen zur Trennung und Scheidung (*Ley 15/2005, de 8 de Julio*), reformiert.

Das *Gesetz zum Eheschließungsrecht* legitimiert die Ehe zwischen Personen desselben Geschlechts und ist daher lediglich, wie es im Gesetzestext heißt, „eine terminologische Anpassung verschiedener Artikel des *Código Civil*, die sich auf die Ehe beziehen und ausdrücklich Bezug nehmen auf das Geschlecht der Personen“ (ebd.). Die terminologischen Änderungen werden in den betreffenden Artikeln dieser Arbeit bereits übernommen. In Art. 67 *CC* beispielsweise ist nun nicht mehr von „*marido y mujer*“, sondern von den im Spanischen beide Geschlechter gleichermaßen bezeichnenden Begriffen „*cónyuge*“ oder „*consorte*“ die Rede. Es ist somit nicht nur eine terminologische Anpassung im Sinne der Frauen, sondern auch im Sinne gleichgeschlechtlicher Beziehungen (ebd.).

Mit dem *Gesetz zur Trennung und Scheidung* werden nicht nur Artikel des *CC* reformiert, sondern es bringt auch Veränderungen im Zivilprozessrecht mit sich, welche hier nicht berücksichtigt werden. Gemäß Art. 68 *CC* sind die Eheleute nicht nur dazu „verpflichtet, zusammen zu leben, sich treu zu sein und sich gegenseitig zu helfen", sondern sie

> „müssen außerdem die häuslichen Verpflichtungen teilen und sich gemeinsam um die Vorfahren, Nachkommen und anderer sich in ihrer Obhut befindlicher Personen kümmern" (ebd.).

Eine Ehe kann nun nach Art. 81 *CC* auf Ersuchen beider PartnerInnen hin bereits nach drei Monaten und nicht, wie vorher, erst ein Jahr nach ihrer Schließung wieder geschieden werden. Wenn nur einer der Eheleute dies erbittet, ist es unter bestimmten Voraussetzungen möglich, wenn z. B. das Leben, die körperliche oder moralische Unversehrtheit oder die Freiheit der Antrag stellenden Person oder der Kinder in Gefahr sind. Art. 82 *CC*, in dem die Gründe für eine Trennung definiert waren, wird aufgehoben. Ebenfalls aufgehoben wird Art. 87 *CC*, der einen Versuch der Versöhnung im Sinne der Kinder vorsah. Das Sorgerecht für die Kinder ist in einem nun wesentlich umfangreicheren Art. 92 *CC* geregelt. Des Weiteren bietet Art. 97 verschiedene Möglichkeiten der Entschädigung wie eine zeitlich begrenzte oder unbegrenzte Rente oder eine Einmalzahlung für den Ehepartner/die Ehepartnerin, dem/der durch die Trennung oder Scheidung ein finanzieller Nachteil gegenüber dem/der anderen entsteht. In der vorherigen Regelung war lediglich eine Rente festgelegt.

Die hauptsächlichen Veränderungen der Zivilgesetzgebung in Bezug auf die Gleichstellung von Frauen und Männern in Spanien wurden in diesem Kapitel abgehandelt. Frauen werden nun im Zuge dieses historischen Prozesses nach und nach dieselben Rechte zuerkannt wie Männern. Manche Formulierungen wie „die dem Sorgerecht innewohnenden Rechte und Pflichten eines Vaters oder einer Mutter" in Art. 170 *CC* lassen jedoch weiterhin viel Spielraum für Auslegungen und bergen eine gewisse Gefahr für die Rechtsprechung, weil sich die gesellschaftlich gewachsenen, stereotypen Rollenbilder von Mann und Frau wesentlich unterscheiden und auch bis heute existieren.

Unter sprachlichen Gesichtspunkten ist das Eheschließungsgesetz von 2005 zur terminologischen Anpassung bestimmter Artikel des *CC* eine positive Entwicklung, weil sie versucht, Diskriminierung zu vermeiden – und somit einer konsequenteren, weniger diskriminierenden Benennung von Frauen und generell weniger Diskriminierung in allen Lebensbereichen gerecht zu werden versucht.

4 Die gesellschaftliche Stellung der Frau in Spanien

In diesem Kapitel wird betrachtet, wo Frauen in der spanischen Gesellschaft tatsächlich stehen und in welcher Beziehung die Realität zur Gesetzgebung steht.

Zuerst geht es darum, wie sich die Neue Frauenbewegung auf Spanien ausgewirkt hat, welchen besonderen Herausforderungen sie sich in einem Land gegenüber sieht, das jahrzehntelang von einer Diktatur beherrscht wird. Der geschichtliche Einblick, bei dem auch die Erste Frauenbewegung nicht ganz ausgeblendet wird, gibt einen Überblick über die Entwicklung des Feminismus in Spanien bis hin zur Etablierung als politischer Theorie und Gegenstand der Forschung an Bildungseinrichtungen in der jüngeren Vergangenheit. Schließlich wird aufgezeigt, wie vor allem junge Frauen den Feminismus heute sehen.

Die beiden darauffolgenden Kapitel beschäftigen sich mit den Verhältnissen der Frauen in den verschiedensten Lebensbereichen sowohl während der Diktatur Francos als auch während der bürgerlichen Demokratie: Familie, Bildung, Beschäftigung und Arbeitslosigkeit, bezahlte und unbezahlte Arbeit, Rente, Gesundheit, geschlechterspezifische Gewalt.

Die Rolle und Bedeutung des Katholizismus in der spanischen Kultur werden anhand eines geschichtlichen Überblicks verdeutlicht. Inwiefern sich der Einfluss der katholischen Kirche bis in die heutige Zeit halten kann und wie die Tendenz für die Zukunft aussieht, zeigt der letzte Teil des vorliegenden Kapitels auf.

4.1 Der Einfluss feministischer Bewegungen auf Spanien

Die Auswirkungen der Ersten Frauenbewegung sind im Spanien des Jahres 1868 zu spüren, als Frauen mit der fortschrittlichen Verfassung bestimmte Bürgerrechte übertragen werden und sie Zugang zur Bildung erhalten (vgl. Elisabeth de Sotelo 2005: 25, 28, Psychologin und Philosophin). Mit dem

Ateneo de Señoras gründet sich das erste kulturelle Frauenzentrum. Als Reaktion auf die liberalen Tendenzen wird die linke katholische Organisation *Asociación Católica de Señoras* ins Leben gerufen (ebd.). Die Professorin für Frauenforschung E. De Sotelo beschreibt sie als eine Institution,

> „that educated women in accordance with Catholic philosophy and focused on public welfare. Its main objective was to deconstruct of the image of women as inferior beings while emphasizing their moral and ethical advantages as wives and mothers. The focus on women's emotional qualities and their unique educational abilities resulted in a feminist approach that became popular in Spain later on as social feminism (Nash, Mary 1994). At that time some Catholic groups were using the term ‚feminismo sensato' (sensible feminism)" (ebd.).

Mit Ausnahme einiger kurzer Zeitspannen vor und nach der Gründung der Ersten Republik 1873 beeinträchtigen jedoch Spaniens strenger Katholizismus und die Isolation im 19. und 20. Jahrhundert die Auseinandersetzung mit internationalen philosophischen Ansätzen und behindern die Gründung von Frauenorganisationen (ebd.). Lediglich katholische Frauengruppen und -versammlungen (z. B. *Las Teresianas*) sind in größerem Maße organisiert, die sich der Bildungsarbeit und medizinischen Versorgung widmen und sich für wohltätige Zwecke engagieren (vgl. de Sotelo 2005: 32).

Die Anfänge feministischer Bewegungen in Spanien sind im Jahre 1918 zu finden, als von María Espinosa die *Asociación Nacional de Mujeres Españolas (ANME, Nationale Spanische Frauenvereinigung)* gegründet wird (vgl. de Sotelo 2005: 32). E. De Sotelo schreibt,

> „The ANME was the first society to call for the political equality of women in civic, penal and economic issues. The voices expressed by the ANME were quite moderate overall and usually did not address the societal structure and hierarchy of gender roles which had been intensified by the Restoration; they confirmed women's purpose as wives and mothers as defined by Catholicism. Dedicated feminists called for a new image of women" (ebd.).

In den Jahren danach werden weitere Frauenorganisationen gegründet, die ihrer Arbeit unterschiedliche Werte zugrunde legen und somit auch unterschiedliche Ziele verfolgen. Bevor diese vorgestellt werden, wird ein kurzer Einblick in die Frauenbewegung Spaniens der 1930er Jahre gegeben.

Der im internationalen Vergleich ohnehin relativ schwach ausgeprägte Feminismus im Spanien der 1930er Jahre hat mit mehreren Problemen zu kämpfen: ein insbesondere von der Filmproduktion in Hollywood propagiertes Frauenbild, das den Idealen der feministischen Bewegung konträr gegenübersteht und somit bereits das Abebben dieser symbolisiert; eine sehr stark ausgeprägte Religion, die außerdem vom sog. *Feminismo Católico* gestützt wird, sowie ein geringes Interesse der politischen Linken für dieses Thema, da für sie die Radikalisierung der politischen Positionen im Vordergrund steht (vgl. Aurora Morcillo Gómez 2007: 90f, Außerordentliche Professorin für Frauenstudien und Geschichte). In diesem Spannungsfeld linker und rechter Ideologien kann sich der Feminismus nicht als unabhängige Bewegung herausbilden und ist im Prinzip zum Scheitern verurteilt.

Trotzdem bilden sich während der Zweiten Republik, so A. Morcillo Gómez, „zahlreiche Frauengruppen unterschiedlicher Art, je nach sozialer Schicht, Bildungsgrad oder Religiösität der Frauen, und sie sind eher in der Stadt als auf dem Land angesiedelt“ (ebd.). Sie unterscheidet dabei drei unterschiedliche Konzepte von Feminismus: *Feminismo Radical, Feminismo Oportunista y Conservador* und *Feminismo Católico* (ebd.), wobei sich das Frauenbild der beiden letzteren nicht wesentlich voneinander unterscheidet. Die Verfechterinnen des *Feminismo Radical* wie z. B. Clara Campoamor, Victoria Kent und Margarita Nelken fordern gleiche Rechte, gleiche Chancen und eine gleiche Ausbildung für Männer und Frauen. Mit ihrer liberalen Auffassung von Feminismus fordern sie die Spanierinnen auf, sich für die neue spanische Republik einzusetzen, wobei M. Nelken jedoch zu bedenken gibt, dass Frauen unter dem starken Einfluss der Kirche und aufgrund ihrer fehlenden oder mangelhaften Bildung eher eine Gefahr für die Republik darstellen (a.a.O.: 93). Die Juristin Clara Campoamor hingegen gründet mit der *Unión Republicana Femenina* im Oktober 1931 eine der zumeist städtischen Frauengruppen, die sich für das Wahlrecht der Frauen einsetzt (a.a.O.: 97f). Zu den weiteren republikanischen Frauengruppen zählen u. a. die 1920 gegründete *Asociación de Mujeres Españolas*, das 1931 gegründete *Patronato de la Mujer*, die seit 1893 bestehenden *Agrupación Socialista Femenina* und das *Comité de Mujeres Cont-*

ra la Guerra y el Fascismo; die *Asociación de Mujeres Republicanas*, die *Comisión Femenina del Frente Popular de Izquierdas* sowie die *Federación Internacional de Mujeres Universitarias* (Aurora Morcillo Gómez 2007: 98). Die Geografin und Historikerin Pilar Folguera schreibt, dass das verstärkte Engagement der Frauen in parteipolitischen oder unabhängigen Organisationen vor und während der Zweiten Republik über die Bestrebungen zur Einführung des Wahlrechts für Frauen hinausgeht (Folguera 1997: 513). Sie macht dafür den hohen Grad der Politisierung zur damaligen Zeit verantwortlich. Außerdem kämpfen Frauenorganisationen unterschiedlicher ideologischer Ausrichtungen bereits vor Bestehen der Zweiten Republik für eine bessere Bildung und Ausbildung von Frauen, dabei im Besonderen gegen den Analphabetismus, für ihre Gleichstellung mit Männern in Bezug auf Löhne und vor dem Gesetz, für die Anerkennung ihrer politischen Rechte; dafür, dass sie einer bezahlten Arbeit nachgehen dürfen und sich als unmittelbare Folge dessen von der sexuellen Versklavung befreien können; und so kämpfen sie letztendlich auch für wahre sexuelle Freiheit (Folguera 1997: 514 und 524).

Die liberale, „bürgerliche“ Frauenbewegung, wie sie ebenso in den Vereinigten Staaten und anderen Ländern Europas zu finden ist, genießt in Spanien weder einen breiten Rückhalt in der Bevölkerung, noch geht von der Mehrheit der Spanierinnen ein „militanter Aktivismus“ aus (Morcillo Gómez 2007: 94). Alle Errungenschaften der Zweiten Spanischen Republik sind auf deren eigenes Modernisierungsbestreben zurückzuführen, welche als beispielhaft für den demokratischen Liberalismus gelten. Dieser sieht sich allerdings sowohl von außen als auch von innen durch unterschiedliche Faktoren bedroht: sowohl die Weltwirtschaftskrise und die sich zunehmend formierenden totalitären Systeme als auch die katholisch-konservative Ideologie und die linke Arbeiterschaft, welche wiederum zwei unterschiedliche Frauenbilder propagieren (a.a.O.: 94 und 90).

Erst während des Bürgerkriegs setzen sich Frauen aktiver für ihre liberalen Ziele ein und organisieren sich politisch u. a. zunehmend in der kommunistischen Frauenorganisation *Comité Nacional de Mujeres Contra la Guerra y el Fascismo* und der anarchistischen Gruppe *Mujeres Libres* (a.a.O.: 94).

Der katholisch-konservative Feminismus der 1930er Jahre propagiert ein Frauenideal, das zu Franco-Zeiten übernommen und durch die Mitgliedschaft der Frauen in die Organisation *Sección Femenina de Falange* (kurz: *Sección*

Femenina) potenziert wird. A. Morcillo Gómez beschreibt dieses Ideal folgendermaßen:

> „Es handelte sich um eine Frau, die sich ihrer Pflicht, diskret im Hintergrund zu arbeiten, bewusst war, um eine gute – vor allem gebärfreudige – Ehefrau und gute Mutter. Die Theorien von der Verschiedenartigkeit der Frauen [gegenüber den Männern] stützten mit Hilfe der ‚Wissenschaftsgläubigkeit' dieses ideologische Korpus, den sich die Moral der katholischen Kirche bemühte zu heiligen. Eine gute Christin musste sich vom Feminismus fernhalten, denn dieser hat schlimme Folgen für ihre Seele" (Morcillo Gómez 2007: 94).

Die päpstlichen Enzykliken der Jahre 1930 und 1931 nehmen ausdrücklich Bezug auf dieses Frauenideal und ihre Aufgaben und Funktion in der Familie (vgl. ebd.).

Trotz des in der Verfassung der Zweiten Republik festgeschriebenen Laizitätsprinzips, welches nur schwer Eingang in die religiöse spanische Gesellschaft findet, bilden sich neue katholische Jugend- und Frauenorganisationen (z. B. *Juventud Católica Femenina*) und das *Centro de Cultura Superior Femenina* im Jahr 1933 in Madrid, „um", so schreibt A. Morcillo Gómez, „eine Alternative zum schädlichen gemeinsamen Unterricht von Mädchen und Jungen und zum Mangel an hauswirtschaftlicher und religiöser Bildung in den existierenden Bildungszentren zu bieten" (Morcillo Gómez 2007: 97). Organisationen des *Feminismo Católico* wie diese setzen sich für Bildung und Ausbildung der Frauen nach diesem traditionellen, katholischen Frauenbild ein, wonach, so die Wissenschaftlerin weiter,

> „die Frau nicht minderwertiger, sondern anders als der Mann war. Es galt nicht als erniedrigend, die Herrschaft und den Schutz des Mannes hinzunehmen, da man davon ausging, dass die Frau Gesellschaft, Unterordnung und Schutz brauchte. Schließlich drängte man die Spanierinnen, diesen Feminismus zu vergessen, der sie zu reinen Repliken der Männer machen wollte und sie von ihrem familiären Auftrag in der Familie entfernt, indem er die Teilhabe der Frauen am öffentlichen Leben anstrebt" (ebd.).

Die *Sección Femenina*, die 1934 gegründet wird, übernimmt die ideologische Ausrichtung des katholischen Feminismus in ihrem Programm (ebd.). Daneben entstehen im Rahmen des *Feminismo Oportunista y Conservador* weitere Frauenorganisationen im rechten politischen Spektrum, die sich zum Teil für das Frauenwahlrecht engagieren, wie z. B. die *Asociación Femenina de Acción Nacional*, *Asociación Femenina de Renovación Española*, gegründet 1931 und 1933, und die sich in den Jahren bis zum Bürgerkrieg formierenden *Asociación Femenina Tradicionalista* und *España Femenina* (a.a.O.: 98).

Bei den Parlamentswahlen in der Zweiten Republik zu den sog. *Cortes Constituyentes* (kurz: *Cortes*) im Jahr 1931 können Frauen als Abgeordnete gewählt werden. So sind Clara Campoamor Rodríguez für die *Partido Radical*, Victoria Kent Siano für die *Partido Radical Socialista* (beide für Madrid) und etwas später Margarita Nelken für die *Partido Socialista* (für Badajoz) bis zu den darauffolgenden Wahlen im Jahr 1933 in den *Cortes*, dem spanischen Ständeparlament, vertreten (a.a.O.: 99). 1933 und 1936 werden je fünf Frauen in die *Cortes* gewählt (ebd.). C. Campoamor ist an der Ausarbeitung der am 9. Dezember 1931 verabschiedeten republikanischen Verfassung beteiligt und maßgeblich für die Formulierung zur Gleichberechtigung von Männern und Frauen im Artikel 25 verantwortlich (a.a.O.: 100). Diese Verfassung, so schreibt die Hispanistin Catherine Davies, „stipulated absolute equality before the law" (Davies 1999: 177). Im Zuge der Verfassung wird den Spanierinnen auch das allgemeine Wahlrecht zuerkannt, was von allen Spanierinnen und Spaniern erst ab einem Alter von 23 Jahren ausgeübt werden kann. Auch dieses Verdienst ist C. Campoamor zu verdanken, jedoch, wie es bei A. Morcillo Gómez heißt, „entstand dies in Alleinarbeit, wofür sie in der Politik geächtet wurde" (Morcillo Gómez 2007: 106). Zeugnis dessen ist wohl, dass die Frauen und nicht zuletzt C. Campoamor selbst, als sie 1933 zum ersten Mal wählen dürfen, für den Sieg der nun rechtsgerichteten Regierung verantwortlich gemacht werden – ausgehend von der Annahme, dass ihre Wahlentscheidung von der Kirche beeinflusst wurde (vgl. de Sotelo 2005: 33 und Davies 1999: 177).

Tatsächlich ist der Ausgang der Wahlen 1933 mit dem Sieg der Rechten eine logische Konsequenz verschiedener Umstände: eine uneinige, schlecht organisierte Linke; die den Wahlen vorausgegangene Krise der linken Regierungsmehrheit und das abrupte Ende ihrer Legislaturperiode; eine starke Rechte, die sich zur *Confederación Española de Derechas Autónomas (CEDA)* vereint; die verbreitete Stimmenthaltung seitens der AnarchistInnen, die bei den Wahlen 1931 ihre Hoffnungen an die republikanischen Kräfte knüpften; ein Koalitionen begünstigendes Wahlrecht (dem Mehrheitswahlrecht entsprechend erhält die Rechte doppelt so viele Stimmen wie die Linke, obwohl dies nicht dem Stimmenproporz entspricht; vgl. „Zweite Spanische Republik“); die Wahlkampagnen der Parteien, die sich nicht bemühen, den Frauen die Bedeutung ihres Stimmrechtes nahezubringen, vor allem unter dem Gesichtspunkt, dass ein Großteil von ihnen ungebildet ist und mit dieser neuen Verantwortung, wählen zu dürfen, gar nichts anfangen kann (vgl. Morcillo Gómez 2007: 108; „Elecciones en Madrid durante la Segunda República Española“ und „Segunda República Española“). Insofern tragen die Wahlpräferenzen der Spanierinnen nur zu einem Teil zum Wahlsieg der rechten *CEDA* bei.

Die Verfassung beinhaltet weitere positive Neuerungen für Frauen wie z. B. deren Arbeitsschutz. Hingegen liegt das Grundgehalt von Frauen für ihre Arbeit im Jahr 1930 im Vergleich zu den Männern um 53% niedriger (Morcillo Gómez 2007: 101). Dass Frauen überhaupt eine bezahlte Arbeit ausüben, ist in weiten Teilen der Gesellschaft schlecht angesehen, aber eine absolute finanzielle und wirtschaftliche Notwendigkeit, trotz der geringen Bezahlung. Zumindest haben die Arbeiterorganisationen mit ihren Bemühungen über viele Jahre hinweg erreicht, dass im Januar 1930 eine Mutterschutzverordnung (*Reglamento de Aplicación del Seguro Maternal*) in Kraft tritt, die den Müttern u. a. eine Art Mutterschutzgeld und kostenlose medizinische Versorgung gewährt (ebd.).

Zwei weitere, insbesondere Frauen betreffende Gesetze erregen in den 1930er Jahren in Spanien große Aufmerksamkeit: Zum einen das im März 1932 verabschiedete Ehescheidungsgesetz, das vor allem bei der katholischen Kirche auf Kritik stößt, weil eine Scheidung von diesem Zeitpunkt an unter bestimmten Voraussetzungen möglich war; zum anderen wird schließlich im Juni 1935 die Prostitution verboten (a.a.O.: 102ff). Dazu schreibt A. Morcillo Gómez:

> „Die politische Linke argumentierte, dass die Prostitution eine Schlüsselrolle dabei spielt, der bürgerlichen Familie dauerhaft Halt zu geben. Die Doppelmoral bewirkte, dass Ehe und Prostitution die zwei Seiten einer einzigen Medaille abbildeten. Diese Doppelmoral wurde durch die Ansicht gerechtfertigt, dass die weibliche Sexualität weniger stark ist als die des Mannes, folglich durfte er seine Sexualität außerhalb der Ehe

ausleben, während sich die Frau ausschließlich auf ihren Partner beschränken musste" (ebd.).

Diese Doppelmoral wird auch in den darauffolgenden Jahrzehnten – unter Franco – das Gesellschaftsbild im Hinblick auf die Rollenverteilung von Männern und Frauen prägen.

Nach einigen von Fortschritt und Liberalismus geprägten Jahren in der Zweiten Republik bricht 1936, fast genau fünf Monate nach den Wahlen, die die politische Linke gewinnt, der Bürgerkrieg aus und schließlich kommt Franco 1939 an die Macht.

In den drei Jahren des Bürgerkrieges müssen Frauen die Arbeitsplätze ihrer im Krieg befindlichen Ehemänner „übernehmen" (Morcillo Gómez 2007: 111). Nicht nur dort ist ihre Arbeit von großer Wichtigkeit, sondern auch, so heißt es bei A. Morcillo Gómez, „in den Nähereien, wo sie Unterwäsche und Uniformen fertigten, in den Kindergärten, damit die Mütter arbeiten konnten und im ‚Körperpflege- und Gesprächsdienst' für die Soldaten" (a.a.O.: 112). Des Weiteren sammeln Organisationen wie die *Mujeres Antifascistas* Spenden und Kleidung für Flüchtlinge und Soldaten; und sie ermutigen Frauen über ihre eigene, 1936 erscheinende Zeitschrift *Mujeres,* mit ihrer Arbeit die Regierung im Krieg zu unterstützen (ebd.). Auch junge Frauen formieren sich in Organisationen, wie z. B. die zur *Unión de Juventudes Comunistas y Socialistas* gehörende *Unión de Muchachas*, die ab 1937 mit *Muchachas* ebenfalls ihre eigene Zeitschrift veröffentlicht. Ihre Arbeit ist ähnlich ausgerichtet wie die der anderen Frauen und Frauengruppen; ihr Aufgabenschwerpunkt liegt aber darin, wie bei A. Morcillo Gómez weiter zu lesen ist, „die Frauen aus ihrer Unwissenheit zu erretten. […] es wurden Kurse zu Politik und Allgemeinbildung sowie Unterricht für Analphabetinnen abgehalten" (a.a.O.: 113).

In Katalonien gibt es mit der *Unió de Dones de Catalunya* und der *Aliança Nacional de la Done Jove* vergleichbare Organisationen, die die gleichen Aufgaben wahrnehmen.

Die wichtigste anarchische und gleichzeitig eine der ganz wenigen (auch partei)unabhängigen Frauenorganisationen ist die im Frühjahr 1936 in Madrid gegründete Organisation *Mujeres Libres*, die nur bis zum Ende des Bürgerkrieges besteht: Ihr gehören ca. 150 Gruppierungen in der republikanischen Zone Spaniens und damit ungefähr 20 000 Frauen, zumeist Arbeiterinnen, an (a.a.O.: 114f und Mary Nash 1979: 23f, Historikerin). Als Arbeiterinnen unterscheiden sie sich zudem auch von vielen bürgerlichen Frauengruppen und betrachten daher den Kampf für ihre Rechte auch aus einer Klassenperspektive heraus (Nash 1979: 29). Ihrer Theorie zufolge führen Frauen einen doppelten Kampf: zum einen den sozialen Kampf als Mitglied der Gesellschaft, damit die Arbeiterklasse nicht mehr ausgebeutet wird; zum anderen den Kampf der Frau gegen ihre eigene Ausbeutung, für ihre persönliche Befreiung (ebd.). Die Hauptziele der *Mujeres Libres* sind die Emanzipation der Frauen, die Gleichstellung beider Geschlechter, Bildung und Kultur für Frauen (Morcillo Gómez 2007: 114f); die Integration der Frauen in alle Bereiche des politischen und sozialen Lebens sowie der antifaschistische Kampf (Nash 1979: 23f). Auch übernimmt *Mujeres Libres* die bereits genannten Tätigkeiten. Daneben engagiert sich die Organisation auch für die Verbreitung von Verhütungsmitteln, für Sexualerziehung der Kinder, die Verhütung von Geschlechtskrankheiten, die Abschaffung der Prostitution und das Recht jeder Frau auf (kostenlose) Abtreibung – unter medizinisch-hygienischen Bedingungen (Morcillo Gómez 2007: 116).

In dem anarchosyndikalistisch geprägten Gebiet Katalonien wird im Dezember 1936 der Schwangerschaftsabbruch legalisiert und in den öffentlichen medizinischen Einrichtungen Kataloniens kostenfrei angeboten und somit „die Illegalität dieser gesellschaftlichen Realität beendet“ (a.a.O.: 117 und Concha Martín Perpiñan 1995: 117, Gynäkologin). Die zu diesem Zeitpunkt in Spanien amtierende Ministerin für Gesundheit und Soziales hat gegen die Legalisierung des Schwangerschaftsabbruchs dann keine Einwände, wenn die Abtreibungen in engem Zusammenhang mit dem weiterhin bestehenden Problem der Prostitution stehen (Morcillo Gómez 2007: 117).

Nachdem Franco im Jahr 1937 den Bürgerkrieg zu einem „Kreuzzug der Gottgläubigen“ verklärt und dieser Kreuzzug von der katholischen Kirche tatsächlich als solcher abgesegnet wird, treten auch katholische Frauenorganisationen verstärkt in den Vordergrund, allen voran die *Sección Femenina*, aber auch die zur *Acción Católica* gehörigen *Confederación de Mujeres Católicas* und *Juventud Femenina de Acción Católica*. A. Morcillo Gómez zufolge arbeiten die Frauen der beiden letztgenannten Gruppen „in den Kirchgemeinden der Arbeiterviertel, wo sie das moralische Benehmen und die Einhaltung katholischer Zeremonielle durch die Jungen und Mädchen überwachten“ (a.a.O.: 119).

Die 1934 gegründete *Sección Femenina* wird von Pilar Primo de Rivera, Tochter des früheren spanischen Diktators Miguel Primo de Rivera, geleitet. Wenig später wird die *Sección Femenina* in die von Pilar Primo de Riveras Bruder José Antonio Primo de Rivera ein Jahr zuvor gegründete *Falange* eingegliedert (ebd.). Die Arbeit der *Sección Femenina* besteht im Wesentlichen aus den gleichen Aufgaben wie die der anderen Frauenorganisationen; sie basiert auf den Prinzipien der „Selbstlosigkeit und Hingabe" (ebd.). Bereits im September 1936 zählt die *Falange* 80 000 weibliche Mitglieder (ebd.). Deren Anzahl vergrößert sich noch, als die an die deutsche Winterhilfe angelehnte *Auxilio de Invierno* im April 1937 unter dem Namen *Auxilio Social* mit der *Sección Femenina* und der Frauenorganisation *Frentes y Hospitales* vereint wird, die alle der *Jefatura Nacional Femenina* unterstehen (a.a.O.: 120). Innerhalb der *Auxilio Social* werden unterschiedliche Bereiche gebildet, die A. Morcillo Gómez wie folgt benennt:

> „Nationalsyndikalistisches Familienwerk, Hilfsdienst für Kranke, Förderung der Arbeit im Haushalt, Altenhilfe, Nationalsyndikalistisches Werk für den Schutz von Mutter und Kind. Das Institut für Mutterschaft und Kinderkrankenpflege wurde gegründet; Kurse zu Körperhygiene, häusliche Dekoration und Kochen wurden ins Leben gerufen; Mutterschaftshäuser, Erholungsheime für Mütter und Kindergärten wurden geschaffen; außerdem wurde die Heimarbeit mit der Herstellung von Emblemen und der Kleidung für die Läden des Hilfsdienstes ausgeweitet. Und schließlich wurde durch das Dekret vom 7. Oktober 1937 ein ‚Sozialdienst' von sechs Monaten für alle Frauen eingeführt, die keine Pflichten als Mütter erfüllen mussten." (ebd.).

Zu diesem „Sozialdienst" sind fast alle Frauen zwischen 17 und 36 Jahren (bis zur Vollendung des 36. Lebensjahres) verpflichtet; für diejenigen, die eine Arbeit haben wollen, ist er unerlässlich (Helen Graham 1995: 187; Historikerin). Der sechsmonatige Sozialdienst besteht zu einer Hälfte aus Theorieunterricht; in den anderen drei Monaten arbeiten die Frauen zumeist in Schulen, Kranken- oder Waisenhäusern, Altenheimen oder Essküchen (Folguera Crespo 1997: 545). Dabei sind mindestens drei Monate des staatlichen Wohlfahrtsdienstes unbezahlt (Graham 1995: 187). Ohne diese kostenlose Arbeitsleistung wäre der Franco-Staat vor allem im ländlichen Spanien – trotz der geringen Erwartungen der Bevölkerung an soziale Dienste – in eine tiefe Krise geraten. Nur mit Hilfe dieser von den Frauen geleisteten Arbeit können damals die sozialen Grundbedürfnisse für die Reproduktion von Arbeit gedeckt werden (vgl. Graham 1995: 187).

Im Zusammenhang mit dem *Servicio Social* wird ganz besonders deutlich, dass sich die *Sección Femenina* als politischer Arm des franquistischen Systems zur Bildung bzw. Indoktrinierung der Spanierinnen nach nationalkatholizistischem Vorbild versteht (Folguera Crespo 1997: 545). Von dieser Pflicht zum Sozialdienst sind nur verheiratete Frauen, Witwen, Nonnen und Frauen mit acht ledigen Geschwistern ausgenommen. Für alle anderen Frauen ist der Sozialdienstnachweis unerlässlich für eine spätere Anstellung in der öffentlichen Verwaltung, um einen Pass, den Führerschein oder andere Zeugnisse zu erhalten. Bei diesem Sozialdienst geht es nicht zuletzt darum, dass sich die Frauen in Disziplin üben und sich an die hierarchischen Strukturen anpassen sollen, denn die Struktur der *Sección Femenina* ist nach dem patriarchalischem Vorbild der gesamten franquistischen Gesellschaft aufgebaut. Demnach herrscht eine strikte Geschlechtertrennung und die Frauen sind in der Gliederungsebene immer den Männern untergeordnet, ebenso wie die *Sección Femenina* eine Gliederungseinheit der Einheitspartei *Falange* ist (di Febo 2008: 232; Susanna Tavera García 2008: 257, Historikerin). Verstöße gegen die Anweisungen innerhalb des Sozialdienstes werden mit zusätzlichen Diensttagen geahndet und bei wiederholten Verstößen kein Sozialdienstnachweis ausgehändigt (di Febo 2008: 232).

Während des Bürgerkrieges sind im linken politischen Spektrum die anarchistische Frauengruppe *Mujeres Libres* und die kommunistische Frauengruppe *Mujeres Contra la Guerra y el Fascismo* die bedeutendsten (Morcillo Gómez 2007: 109). Im rechten politischen Spektrum gewinnt die zur *Falange* (bzw. später Nationalen Bewegung/*Movimiento)* gehörende *Sección Femenina* weiterhin zunehmend Einfluss (ebd.), die unter dem franquistischem Regime die einzig offizielle und legale Frauenbewegung ist (vgl. Davies 1999: 177; Lourdes Benería 1977: 19; Wirtschaftswissenschaftlerin). Dort war E. de Sotelo zufolge „the regression of women's status and their subjection absolute" (de Sotelo 2005: 34).

Obwohl die Gebräuche und Verhaltensweisen vieler Frauen in den Jahren der Zweiten Republik von einem höheren Maß an Selbstbestimmung geprägt sind, gelingt es ihnen auch in der republikanischen Zone nicht, diese positive

Entwicklung in den Jahren des Bürgerkrieges oder gar darüber hinaus fortzusetzen. Die Gründe hierfür liegen nicht nur in der Niederlage der republikfreundlichen Kräfte, sondern auch in der Heterogenität der politischen und gesellschaftlichen Zugehörigkeit der Frauen: Kommunistinnen, Anarchistinnen, Sozialistinnen, Frauen in den Milizen oder solche, die sich nicht in derlei Gruppen engagieren, aber allesamt ihre Hoffnungen auf mehr Rechte enttäuscht sehen (Morcillo Gómez 2007: 122). Erschwerend kommt hinzu, dass die in der nationalen Zone organisierten Frauen größere Einheit und strikte Disziplin demonstrieren und auch von offizieller Seite seit Kriegsbeginn unterstützt werden (ebd.).

Nach Ende des Bürgerkrieges beginnen in Spanien „die dunklen Jahre für den Feminismus", wie A. Morcillo Gómez sie nennt (ebd.). Unter Francos fast 40 Jahre währendem autoritären Regime werden Frauen nicht nur ihrer bürgerlichen Rechte beraubt, sondern auch ihrer gesellschaftlichen Integration und internationaler Netzwerke; und sie werden auf ihre biologischen Funktionen degradiert (vgl. de Sotelo 2005: 34). Viele Spanierinnen, die sich in der Frauenbewegung engagiert hatten, befinden sich nun im Exil, im Gefängnis oder schweigen (vgl. Amparo Moreno Sardá 2007: 131). Die Historikerin und Journalistin Amparo Moreno Sardá schreibt in ihrem Artikel „*La réplica de las Mujeres al Franquismo*" („Die Erwiderungen der Frauen auf den Franquismus"), „dass es zwischen 1939 und 1940 in ganz Spanien mindestens 30 000 politisch inhaftierte Frauen gab und sich im selben Zeitraum die Zahl der zum Tode verurteilten und hingerichteten Frauen auf ungefähr 1000 belief" (ebd.). Vor allem in Städten wie Madrid, Málaga, Córdoba und Segovia füllen sich ab 1942–1943 die Gefängnisse mit im Widerstand gegen den Franquismus agierenden Frauen, die ihre Aktivitäten ab 1945 noch intensivieren (ebd.). Sie machen u. a. mit Hungerstreiks wie denen 1946 im Gefängnis von Ventas und 1948 im Gefängnis von Segovia auf sich und den antifranquistischen Kampf aufmerksam. Die Strafen der Inhaftierten belaufen sich auf 20–30 Jahre Gefängnis und die Presse bemüht sich, diese Frauen in jeglicher Hinsicht zu diskreditieren (ebd.).

In den darauffolgenden Jahren bilden sich parallel zu den *Comisiones Obreras* (vergleichbar mit Gewerkschaften) in Barcelona die ersten Frauenversammlungen (a.a.O.: 133). Diese oftmals, aber nicht in jedem Falle mit der *Partit Socialista Unificat de Catalunya* sympathisierenden Frauen treffen sich zumeist samstags in verschiedenen Kirchgemeinden, um über frauenspezifische (z. B. Geburtenkontrolle) oder allgemeine politische Fragen (z. B. Staatsverträge mit den Vereinigten Staaten) zu diskutieren (a.a.O.: 134). Auch die Frauen der *Partido Comunista de España* organisieren sich auf diese Art in mehreren Städten des Landes und schließlich wird 1965 die *I Asamblea General* abgehalten, auf der sich das *Movimiento Democrático de Mujeres* gründet und sich dann auch auf andere Regionen des Landes ausdehnt (ebd.). Die Feministin Rosa Pardo spricht bei dieser Gruppe, die Sozialistinnen, Kommunistinnen, Christinnen und viele andere Frauen ohne religiöse oder parteipolitische Zugehörigkeit eint, von der ersten politischen und feministischen Bewegung zu Franco-Zeiten, weil sie sich aus dem Bewusstsein heraus gründen, dass Frauen in dieser franquistischen Gesellschaft diskriminiert werden und sie selbst etwas dagegen unternehmen müssen (Pardo 2007: 202). Da sie den „Befreiungskampf der Frauen" in engem Zusammenhang mit dem Kampf für Freiheit und Demokratie sehen, bekämpfen sie auch den Franquismus mit all seinen Auswirkungen auf das Leben der Frauen und sind daher um antifranquistische Unterstützung aus anderen Teilen der Bevölkerung bemüht (ebd.). Auf der Suche nach einer größeren Mitgliederzahl treten einige Frauen auch den legalen, von der *Delegación Nacional de la Familia* unterstützten Hausfrauenverbänden (*Asociaciones de Amas de Casa*) bei, so dass das *Movimiento Democrático de Mujeres (MDM)* mit deren Hilfe sogar auf legalem Weg operieren kann (Moreno Sardá 2007: 134 und 146f). R. Pardo schreibt dazu, dass diese Hausfrauenverbände ab 1969 gar vom *MDM* selbst gegründet werden (Pardo 2007: 206f). Das *MDM* bringt u. a. ein Monatsblatt namens *La Mujer y la Lucha* heraus und verfügt über einen eigenen Propagandaapparat (Pardo 2007: 203). Allerdings sind die Fragen, *wie* sich die Spanierinnen mit ihren demokratischen Bestrebungen organisieren, wie sie zusammenarbeiten und welche genauen Ziele sie dabei verfolgen wollen, z. T. so schwierig miteinander vereinbar, dass das *Movimiento Democrático de Mujeres* in Barcelona bereits 1969 nicht mehr existiert (Moreno Sardá 2007: 135). In Madrid und anderen Regionen bleibt die Organisation bestehen, steht allerdings unter stärkerem Einfluss der kommunistischen Partei und beschäftigt sich aufgrund dessen primär mit deren Zielen als mit feministischen Interessen (ebd.).

Im Jahr 1953 formiert sich, zunächst in Oviedo und danach in Madrid, mit der *Asociación Española de Mujeres Universitarias* die erste organisierte Frauengruppe während der Franco-Diktatur, die mehr als 1500 Unterschriften „Por los Derechos de la Mujer Española" (für die Rechte der spanischen Frauen) sammelt und sich mit dem gleichnamigen Dokument an den Vizepräsidenten der Regierung richtet (Moreno Sardá 2007: 136 und Rosa Pardo 2007: 201). Aktionen dieser Art von legalen und illegalen Gruppen häufen sich in den 1960er und 1970er Jahren (Moreno Sardá 2007: 136). Diese liberale, aus Frauen mit überdurchschnittlichem Bildungsniveau bestehende Organisation hat zwar demokratischen, antifranquistischen Charakter, aber im Großen und Ganzen sieht sie in ihrem Programm keine politischen Aktionen vor (Pardo 2007: 201).

Nachdem sich die Mitglieder des Vereins *Amistad Universitaria* bereits über zwei Jahre hinweg getroffen haben, wird er im April 1956 als solcher gegründet. Das Ziel der ca. 200 weiblichen Mitglieder – hauptsächlich katholische Akademikerinnen – ist es, über aktuelle Themen unter katholischen Gesichtspunkten zu informieren. Zu ihren monatlichen Treffen laden sie Referenten und Referentinnen zu unterschiedlichen Themen ein, wie z. B. Mercedes Formica, deren öffentlichkeitswirksamer Kampagne gegen häusliche Gewalt und für eine verbesserte rechtliche Stellung der Frauen sie sich anschließen, die 1958 schließlich in einer Gesetzesreform mündet (Teresa Rodríguez de Lecea 1995: 180, Philosophin). Darauf wird im folgenden Kapitel eingegangen.

Im Jahr 1960 gründet María Lafitte, Condesa de Campo Alange, die bereits eigene Bücher veröffentlicht hat (*„La Secreta Guerra de los Sexos“* 1948; *„La Mujer en España – Cien Años de su Historia (1860–1960)“* 1963) gemeinsam mit acht weiteren, zumeist intellektuellen Frauen das *Seminario de Estudios Sociológicos sobre la Mujer* (ebd. und Moreno Sardá 2007: 136). Diese Gruppe widmet sich ausschließlich dem Studium und der Forschung und veröffentlicht 1967 unter María Lafittes Leitung die Studie *Habla la Mujer: Resultados de un Sondeo en la Juventud Actual* („Die Stimme der Frau: Umfrageergebnisse aus der heutigen Jugend.“; ebd. und ebd.). Weitere feministische Gruppen und Autorinnen publizieren ihre eigenen Werke oder Übersetzungen nordamerikanischer feministischer Texte (Moreno Sardá 2007: 136). Zu den bedeutendsten Autorinnen zählen die Schriftstellerin und Dramaturgin María Aurelia Capmany, die Anfang der 1970er Jahre die Werke *El Feminismo Ibérico* und *El Feminisme a Catalunya* veröffentlicht und die Juristin, Dramaturgin, Journalistin und Philosophin Lidia Falcón, Gründerin der *Partido Feminista de España*, die neben anderen Werken die erste „militante feministische Zeitschrift“ namens *Vindicación Feminista* im Jahr 1976 auf den Markt bringt (Moreno Sardá 2007: 146 und Davies 1999: 177).

Der Soziologe José Álvarez-Junco schreibt, dass im Zuge der Entstehung feministischer Vereinigungen innerhalb der Zweiten, der Neuen, Frauenbewegung in den industriellen Demokratien auch in Spanien Mitte der 1960er Jahre neben Nachbarschaftsverbänden und Umweltgruppen feministische Organisationen entstehen (vgl. Álvarez-Junco in: Enrique Laraña 1994: 311). Im Unterschied zu den demokratischen Ländern sind im damaligen franquistischen Spanien die Bedingungen für deren Entstehung, Bestehen und Weiterentwicklung besonders schwierig. Die größte feministische (illegale) – und bereits genannte – Organisation, *Mujeres Democráticas*, wird auch von der Spanischen Kommunistischen Partei (*PCE – Partido Comunista Español*) kontrolliert und verschreibt sich dem Kampf gegen das Regime (Álvarez-Junco 1994: 315). Denn, so heißt es in seinem Essay, „the pressing problem was […] the state's democratization and its conversion into the main instrument of social reform" (ebd.).

In der *Encyclopedia of Contemporary Spanish Culture* ist hingegen zu lesen:

> „In the 1960s there were no feminist organizations in Spain although the conditions for the future success of feminism (…) were being laid down, and women became active in trade unions, political parties and housewives' associations (both legal and illegal)" (Davies 1999: 177).

Angesichts der schwierigen politischen Verhältnisse und der schwierigen gesetzlichen Rahmenbedingungen, die regime- und systemkritische Stimmen nicht zuließen, ist es heutzutage nicht mehr so einfach nachzuvollziehen, welche Arbeit diese Frauengruppen tatsächlich leisteten, denn, so schreibt E. de Sotelo in ihrem Essay über die letzten Jahre unter Franco,

> „feminist groups had no hopes of being visible in the public forum while Franco was alive. Only a few dared to form groups and sometimes did so under pseudonyms, such as ‚Amas de Casa', a federation of housewives as well as the Association of the Friends of the United Nations which served as a front for women working on behalf of democracy (Borreguero, Concha; Catena, Elena; et al. 1986)" (de Sotelo 2005: 37).

Hier wird auch deutlich, dass sich die wenigen organisierten Frauen für demokratische Verhältnisse in ihrem Land einsetzen; nicht zuletzt, weil sie mit dem faschistischen Sieg ihre BürgerInnenrechte verloren hatten, die ihnen die Gesetzgebung der Zweiten Republik zuerkannt hatte, sondern auch, weil das franquistische Regime die Freiheiten der Frauen einschränkte und ihnen Verbote vielerlei Art auferlegte (vgl. Valentina Fernández Vargas 2005: 44, Philosophin und Philologin).

Im Jahr 1970 hält die *Sección Femenina* den *I Congreso Internacional de la Mujer* ab. Dass daran auch Frauenverbände wie die *Asociaciones de Amas de Casa y Hogar*, welche im Folgenden noch vorgestellt werden, teilnehmen und mit Vorträgen zum inhaltlichen Teil beitragen, löst Ärger bei anderen Frauenverbänden aus (Mabel Pérez-Serrano 2008: 372, Historikerin). Das wiederum führt dazu, dass die Zulassung neuer Verbände von diesem Zeitpunkt an eingeschränkt wird (ebd.), obwohl das Vereinsgesetz von 1964 (*Ley de Asociaciones*) diesen erst eine gesetzliche Existenzgrundlage gab (Díaz Sánchez 2008: 361, Historikerin).

Trotzdem bilden sich ab 1971 neue Frauengruppen, u. a. die *Asociación de Mujeres Juristas*, die sich hauptsächlich mit der Reform des Familienrechts befasst; die *Asociación Española de Mujeres Separadas*, die sich bemühen, gegen die Korruption bei Kirchengerichten anzugehen, wenn es um Trennungen und Eheannulierungen geht, als Scheidungen in Spanien illegal sind; oder von Studentinnen selbst organisierte Selbstfindungsgruppen, die die Probleme der Frauen in kleinem Kreis diskutieren und dabei eigene Erfahrungen verarbeiten (Pardo 2007: 203f). Weitere Frauengruppen entstehen z. B. in Stadtvierteln, Berufsschulen und anderen Bereichen; ebenso analysieren fortschrittliche Christinnen spezifische Frauenfragen (ebd.). Die Frauen der *Asociación de Amas de Hogar de Madrid* arbeiten im Oktober 1974 ein Schreiben aus, in dem sie Veränderungen in Arbeitsgesetzen sowie im *Código Civil* und im *Código Penal* fordern. Dazu gehören konkret die Nichtdiskriminierung in Tarifverträgen, die Abschaffung der Einwilligungspflicht des Ehemanns (*Licencia Marital*), die Beseitigung von Vergehen wie Ehebruch, die Volljährigkeit für Frauen ab 18 Jahren. Zudem kritisieren sie den Mangel an Schulplätzen, die Subventionen für Privatschulen sowie den Unterricht von Jungen und Mädchen in gemischten Klassen, der seit 1970 üblicher wird. Andere Frauenorganisationen wie die *Asociación Castellana de Amas de Casa* engagieren sich auf ähnlichem Weg und fordern u. a. die Abschaffung der Todesstrafe, die während des gesamten Franco-Regimes legal ist und praktiziert wird (Pilar Díaz Sánchez 2008: 364, Historikerin).

Ebenso soll die 1971 entstandene *Asociación de Mujeres Empresarios* erwähnt werden, die sich mit dem Ziel gründet, Frauen eine unternehmerische Ausbildung auf jeglicher Ebene zu bieten und dies in Zusammenarbeit mit internationalen Organisationen zu koordinieren. Diese Gruppe wird im Zuge der Gründung des Dachverbandes *Confederación Española de Organizaciones Empresariales (CEOE)* 1977 in diesen integriert (Pérez-Serrano 2008: 376f).

Wie eng feministische und antifranquistische Strömungen im Spanien der 1970er Jahre beieinander liegen, beschreibt C. Davies folgendermaßen:

> „Throughout the 1970s second-wave feminism was closely involved with the anti-Franco and anti-capitalist movements, with the result that feminism was not a priority on the programmes of the political parties introducing key democratic reforms. Feminist objectives had always been subordinated to class politics in Spain. This led to the phenomenon of double militancy (women participating in both left-wing political parties and feminist or women's organizations) which became both Spanish feminism's strength and its Achilles' heel" (Davies 1999: 177).

Abgesehen von der kommunistischen Partei beschäftigen sich A. Moreno Sardá zufolge andere Parteien aus dem linken politischen Spektrum gar nicht mit der Situation der Frauen und feministischen Positionen (Moreno Sardá 2007: 148). Auch Frauen selbst sehen damals den Feminismus nicht unbedingt als etwas Positives. So gibt es viele militante Antifeministinnen, die stolz darauf sind, in politischen Männerkreisen akzeptiert zu werden und sich bei deren „Unterdrückung durch die Frauen" zu sehr an ihre eigene (überwundene) Situation erinnert fühlen und daher den Feminismus ablehnen (ebd.). Erst die aufkommende Zweite Frauenbewegung und das *Internationale Jahr der Frauen 1975* zwingen die politischen Parteien zum Umdenken (ebd.).

Obwohl sich Ende der 1960er Jahre in Madrid und Barcelona heimlich Frauengruppen formiert hatten, welche u. a. Simone de Beauvoirs Werke studierten, schafft es der feministische Gedanke erst im Dezember 1975 zu seinem Durchbruch mit dem Abhalten der *I Jornadas Estatales por la Liberación de la Mujer* unter nicht ganz legalen Bedingungen in Madrid (de Sotelo 2005: 11). An diesen *I Jornadas* nehmen 500 Frauen aus ganz Spanien teil; sie stellen damit den Höhepunkt der Veranstaltungen im von den Vereinten Nationen erklärten *Internationalen Jahr der Frauen* dar (Pardo 2007: 204). Im Vorfeld war es den vielen kleinen Frauengruppen, die sich besonders Anfang der 1970er Jahre formierten, mit Hilfe des *Movimiento Democrático de Mujeres* gelungen, sich zum *Secretariado de Organizaciones No Gubernamentales* zusammenzuschließen und das Veranstaltungsprogramm und die Aktivitäten für 1975 vorzubereiten (ebd.). R. Pardo bezeichnet dieses von der UNO erklärte Jahr der Frauen als „Antwort auf die offizielle Demagogie zu einem Thema, das die *Sección Femenina* für sich eingenommen hat" (ebd.). Spanische Feministinnen nutzen bei den *I Jornadas Estatales por la Liberación de la Mujer* die Chance, sich nach Ende des Franco-Regimes – nur zwei Wochen nach Francos Tod, zum ersten Mal öffentlich zu präsentieren und ihre Marginalisierung und Unterdrückung in der Gesellschaft zu diskutieren (vgl. de Sotelo 2005: 11). Dabei geht es vor allem auch um die zwei unterschiedlichen feministischen Ansätze, welche in den Debatten der folgenden fünf Jahre polarisieren: den von politischen und Gewerkschaftsorganisationen unabhängigen *Feminismo Radical* als rein feministische Strömung auf der einen und den als Klassenkampf verstandenen Feminismus, dem *Feminismo Socialista*, mit dem Ziel, ein demokratisches System in Spanien zu etablieren, auf der anderen Seite (ebd. und Pardo 2007: 205). Nach den *I Jornadas* benennt sich das Organisationskomitee *Secretariado de Organizaciones No Gubernamentales* um in *Plataforma Unitaria de Organizaciones Feministas en Madrid* und geht ebenso als gestärkte Koordinationsstelle für feministische Gruppen in ganz Spanien daraus hervor (Pardo 2007: 205).

Bereits im darauffolgenden Jahr wird in Madrid eine Demonstration unter dem Motto „*Mujer lucha por tu liberación*" und in Barcelona die *I Jornadas Catalanes de la Dona* abgehalten. An den *I Jornadas Catalanes de la Dona* nehmen 4000 Frauen teil und debattieren darüber, wie die Emanzipation der Frauen und gleichzeitig die Schaffung einer sozialistischen Gesellschaft erreicht werden können, jedoch bereits zu diesem Zweck eine demokratische Staatsform geschaffen werden muss (Pilar Folguera 2007: 167, Historikerin). Bei den in Barcelona behandelten Themen stehen die Vorträge und Debatten zu Frauen und Politik, Familie, Sexualität und Frauen und Stadtteile im Vordergrund (Moreno Sardá 2007: 153). Die Presse skandalisiert im Besonderen die Themen Sexualität und Familie dahingehend, dass diese als Vernachlässigung der Kinder interpretiert werden (ebd.). Es konstituieren sich weitere Gruppen, die sich mit ihrer Arbeit auf die Erforschung der weiblichen Sexualität aus feministischer Perspektive konzentrieren, wie das *Colectivo Feminista Pelvis de Mallorca* (a.a.O.: 152f), und damit auch den Forschungs- und Aufklärungsbedarf in diesem Themengebiet aufzeigen. Die Gynäkologin und ehemalige Vorsitzende des Verbandes *Asociación de Planificación Familiar de Madrid*, Concha Martín Perpiñan, schreibt in ihrem Artikel *Salud y Sexualidad*, dass in den 1970er Jahren ein von einer Bostoner Frauengruppe verfasstes Handbuch zur Selbstkenntnis des weiblichen Körpers mit dem Titel *Nuestros Cuerpos, Nuestras Vidas* in ganz Spanien verbreitet wird, was auch das Misstrauen der Frauen gegenüber den Gynäkologen widerspiegelt (Concha Martín Perpiñan 1995: 113). Daneben werden heimlich Zeichnungen und Skizzen zu verschiedenen Verhütungsmethoden und Verhütungsmittel selbst verbreitet, denn zu den zentralen Forderungen der feministischen Bewegung der 1970er Jahre gehören auch die Trennung von Sexualität und Fortpflanzung bzw. Sexualität und Mutterschaft sowie die Legalisierung von Verhütungsmitteln (a.a.O.: 113f). Auch fortschrittliche Ärzte betrachten Verhütungsmittel als wichtigen Bestandteil der reproduktiven Gesundheit von Frauen und schließen sich mit dem Ziel zusammen, die Legalisierung dieser zu erreichen (a.a.O.: 114). Nach dem britischen Vorbild des „Family Planning“ findet – allerdings im Unterschied zu Großbritannien – die „Planificación Familiar“ hauptsächlich für ledige und verheiratete Frauen Eingang in das Spanische, wobei die danach benannten Gruppen aber erst nach Francos Tod in größerem Umfang arbeiten und mit anderen Gruppen kooperieren können (ebd.). Im Jahr 1977 öffnet das erste *Centro de Planificación Familiar* mit feministischem Charakter in Madrid seine Türen. Dort arbeiten uneigennützig zehn Ärztinnen und Ärzte, die Verhütungsmittel verschreiben, Hilfe und Anleitung im Umgang mit diesen sowie Beratung zur „vergessenen weiblichen Sexualität“ bieten und dabei bei den Nutzerinnen ein feministisches Bewusstsein zu schaffen versucht. Trotz der 300 Peseten Gebühr, die sie für die Finanzierung dieses Dienstes zahlen müssen, nehmen ihn mehr als 3000 Frauen im Jahr in Anspruch. Aufgrund dieser offensichtlichen Notwendigkeit übernimmt bald das öffentliche Gesundheitssystem diese Aufgaben und so schließen die Gründerinnen das *Centro de Planificación Familiar* zwei Jahre später (a.a.O.: 114). In den 1980er Jahren werden zunehmend wieder solche Zentren eröffnet: 641 existieren im Jahr 1995 in Spanien. Sie arbeiten mit dem spanischen Gesundheitsministerium zusammen und bieten Informationen und Beratung zu den Themen Sexualität, Verhütung und Familienplanung (ebd.). Seit 1990 setzt sich die *Federacion de Planifica-*

ción Familiar de España, der spanische Dachverband der verschiedenen, regional operierenden *Asociaciones de Planificación Familiar*, für die Gesundheit und die Anwendung der sexuellen und reproduktiven Rechte der Bürgerinnen und Bürger ein und kooperiert mit dem *Internationalen Familienplanungsverband (IPPF)*. Nach der vom UN-Bevölkerungsfond organisierten *Internationalen Bevölkerungs- und Entwicklungskonferenz* 1994 in Kairo bemüht sich die *Federación de Planificación Familiar de España* um die Erfüllung des dort formulierten Aktionsprogramms und der internationalen Verträge, indem sie ihre Arbeit auf die internationale Ebene ausweitet und Sensibilisierungs- und Lobbyarbeit im genannten Bereich sowie in der Entwicklungszusammenarbeit leistet („Actividades de Sensibilización e Incidencia Política para el Cumplimiento de los Acuerdos Internacionales").

Des Weiteren stehen sich bei den *I Jornadas Catalanes de la Dona* in den Diskussionen zu einer Einflussnahme auf die zukünftige Verfassung Spaniens zwei Gruppen von Frauen gegenüber: einerseits diejenigen, die sich innerhalb politischer Parteien für die Belange der Frauen innerhalb des Demokratisierungsprozesses einsetzen, andererseits die Frauen, die sich in unabhängigen Frauengruppen oder ihrer eigenen Frauenpartei engagieren (de Sotelo 2005: 11). Einige Parteien der politischen Linken erkennen das Wählerinnenpotential vor den ersten demokratischen Wahlen nach vierzig Jahren und nehmen einige feministische Forderungen mit in ihr Programm auf. Um niemanden „abzuschrecken", bieten sie jedoch nur sehr schüchterne Reformen an (vgl. Moreno Sardá 2007: 153). Angesichts dieser Schwierigkeiten in politischen Organisationen engagieren sich viele Frauen zunehmend in antiautoritären feministischen Vereinigungen auf der Suche nach ihrer eigenen persönlichen und gemeinschaftlichen Identität (a.a.O.: 154). Mit der *Associació Catalana de la Dona* wird 1976 die erste demokratische, unabhängige feministische Organisation gegründet, der Frauen aller sozialen Schichten und Ideologien angehören (Davies 1999: 177). Seit 1977 wird der 8. Mai als *Gleichstellungstag der Frau* in der Gesellschaft begangen (de Sotelo 2005: 11).

In diesem Zeitraum, nämlich im April 1977, wird nicht nur das *Movimiento* und mit ihm die *Sección Femenina* aufgelöst (*Decreto Ley 23/1977, de 1 de Abril* in: Pérez Serrano 2008: 383). Es gründen sich, im Besonderen nach dem oben genannten Frauengipfel in Madrid 1975, in Spanien eine breite Palette feministischer Gruppen mit unterschiedlichen Zielen (Inés Alberdi 2005: 60). Priorität hat zwar ihre Freiheit noch vor der Gleichstellung (ebd.), jedoch liegen beide Aspekte bei den Zielstellungen meist eng beieinander. Die Feministin Justa Montero, u. a. Mitglied der *Asamblea Feminista de Madrid*, in der sich Ende der 1980er Jahre eine Reihe feministischer Gruppen zusammenschließen, beschreibt die Ziele der feministischen Bewegung sehr ausführlich:

> „Der Feminismus bietet eine Reihe von Handlungsmöglichkeiten für die Verbreitung seiner Ideen und Vorschläge: für eine freie Sexualität, gegen die Bestrafung des Ehebruchs, für die Legalisierung von Verhütungsmitteln, für die Notwendigkeit von Kindertagesstätten, für Sexualkunde, für das Recht auf Scheidung, bezahlte Arbeit und Arbeitsrechte, für die Abschaffung diskriminierender Gesetze, die gesellschaftliche Einbindung von Hausarbeit mit Hilfe öffentlicher Dienstleistungen, und für die Notwendigkeit einer Amnestie für die mehr als 350 Frauen, die wegen der genannten, spezifischen Vergehen (Ehebruch, Abtreibung, Prostitution) verurteilt und ins Gefängnis gesperrt worden sind. Arbeit, Familie und Sexualität sind die drei großen Themen, um die sich bei den feministischen Forderungen seitdem fast alles dreht" (Montero in: Zabala 2008: 29f).

Diese Forderungen äußern sie, wie weiter zu lesen ist, „mit provokativen Schildern, auf denen das feministische Symbol [das Venussymbol, z. T. mit der erhobenen Faust darin] zu sehen ist, sowie bei Auftritten auf der Straße und bei Demonstrationen, durch die Herstellung grafischer Materialien und von Dokumenten, durch die Ausarbeitung alternativer Gesetzestexte in den Fällen von Scheidung, Abtreibung, bei der Reform des *Código Penal…*" (a.a.O.: 30).

Nicht zu vergessen sind aber die Probleme und Herausforderungen, vor denen der Feminismus in Spanien nach vierzig Jahren Diktatur steht. Als Beispiele nennt E. de Sotelo „the prevailing influence of the church, a lack of political experience in democratic action, and a poorly established feminist tradition, which in turn meant that women were not very approachable" (de Sotelo 2005: 11f). Außerdem gibt die Soziologin und Politikwissenschaftlerin I. Alberdi zu bedenken:

> „The private lives of these women were a constant contradiction between their desire for independence and freedom and their family duties, between their Utopias and reality of discrimination in the family,

> political associations and workplaces. (…) The feminists discovered very soon that their struggle began in the most immediate realms, in the relationships of couples or with parents or work companions and in all that related to the most personal (…). For this reason personal relationships were treated as political as they were relationships of power; individual and personal domination is political. For this reason the slogan ‚the personal is political' soon became an abbreviated message of the feminist ideal" (Alberdi 2005: 61f).

Im Großen und Ganzen sind die Ziele der feministischen Bewegung in der Übergangszeit zur Demokratie aber genauso optimistisch wie vielfältig. Es geht nicht nur um Demokratie, sondern vor allem auch um Forderungen zur Sexualität wie Familienplanung, Verhütung, Abtreibung, Frauenrechte; Scheidung und Veränderungen im Familienrecht; Veränderungen in der Schulbildung hinsichtlich der Geschlechterrollenstereotype sowie eine gemeinsame Schule für Jungen und Mädchen; die Abschaffung der patriarchalischen Franco-Gesetze; die Anerkennung des Rechts auf eine bezahlte Arbeit, ohne Diskriminierung auf dem Arbeitsmarkt; Veränderungen im sozialen Sicherungssystem (vgl. Judith Astelarra 2005: 51, Soziologin und Julia López Giráldez 1995: 49, Gymnasiallehrerin). Gerade in der Schulbildung sind die Forderungen der Feministinnen nach eingehender Untersuchung durch die Organisationen *Frente para la Liberación de la Mujer* und die *Asociación Universitaria para el Estudio de los Problemas de la Mujer* ziemlich umfassend: Sie verlangen Unterrichtsmaterialien mit nicht sexistischen Texten, Abbildungen und Beispielen, Lehrkräfte beider Geschlechter auf allen Ausbildungsniveaus, Sexualerziehung, Berufsschulen mit den selben Ausbildungsmöglichkeiten für Frauen wie für Männer (López Giráldez 1995: 51f). Beide Organisationen äußern jeweils noch spezifischere Forderungen wie gleiche Lehrinhalte für Jungen und Mädchen an Schulen (besonders in den Bereichen Hauswirtschaft und Sport) und die Beseitigung der Frauendiskriminierung an Universitäten (a.a.O.: 52ff). Diese Beispiele sollen genügen, um die Lage im Schulwesen zu illustrieren. Im Hinblick auf die demokratischen Wahlen 1977 haben die Frauen eine breite Plattform für ihre Forderungen und Vorschläge. Alle politischen Parteien suchen damals größtmögliche Unterstützung und so will kaum jemand diese Forderungen ignorieren (vgl. Alberdi 2005: 65).

P. Folguera schreibt in ihren Ausführungen, dass fast alle politischen Parteien im Jahr 1977 verschiedene Forderungen der Frauen in ihr Programm aufnehmen (Folguera 2007: 169). So erkennt die Demokratische Rechte die formale Gleichstellung von Männern und Frauen, die Notwendigkeit einer Bildungs- und Kulturpolitik für Frauen und des Schutzes der Familie an (ebd.). Das Wahlprogramm der Liberalen und Christdemokraten gestaltet sich ähnlich; sie fordern zudem eine Reform des Familienrechts sowie eine Verbesserung der sozialen Dienstleistungen. Die sozialistischen, die kommunistische und die noch weiter links davon stehenden Parteien nehmen alle Forderungen der Frauen in ihr Programm auf, allen voran die vollständige Gleichberechtigung beider Geschlechter im juristischen und im Arbeitsbereich sowie in der Familie (ebd.). Außerdem streben sie die Schaffung eines gleichberechtigten und koedukativen Bildungssystems an, im Arbeitsbereich gleichberechtigten Zugang zu bezahlter Arbeit für Männer und Frauen und somit die Schaffung sog. „*servicios colectivos*", d. h. z. B. Mensen und Kindertagesstätten, damit Frauen auch tatsächlich die Möglichkeit haben, einer Arbeit außer Haus nachzugehen. Mit ihren Forderungen und der großen Aufmerksamkeit, die die Wahlwerbung insgesamt erregt, leisten die Frauen nicht nur einen wichtigen inhaltlichen Beitrag dazu, sondern ihr politisches Bewusstsein wird dadurch wesentlich gestärkt (a.a.O.: 170).

Der Einfluss der feministischen Bewegung ist nicht zuletzt in der spanischen Verfassung von 1978 spürbar, die – mit Ausnahme der Thronfolge – gleiche Rechte für (Ehe)Männer und (Ehe)Frauen garantiert, auch wenn es von feministischer Seite viele Kritikpunkte im Besonderen vor deren Verabschiedung gibt und radikale feministische Gruppen die Verfassung vollständig ablehnen (ebd.). Auch in der allgemeinen Gesetzgebung manifestiert sich dieser Einfluss: Verhütungsmittel werden legalisiert, ein Ehescheidungsrecht und, wenn auch ein sehr restriktives, Abtreibungsrecht werden verabschiedet. Frauen benötigen von nun an nicht mehr die Erlaubnis ihrer Ehemänner für die Aufnahme einer (bezahlten) Arbeit und verlieren mit der Eheschließung nicht mehr automatisch ihren Arbeitsplatz (vgl. Astelarra 2005: 51f und Alberdi 2005: 64f). I. Alberdi formuliert treffend:

> „The Constitution of 1978 was a rupture with the Spanish tradition of women's inferiority and was, from the moment of its proclamation, an

instrument of support to the concrete changes demanded by feminists" (ebd.).

Nach den nationalen Parlaments- und Kommunalwahlen 1979 – aus letzterer geht die politische Linke mit großer Mehrheit als Gewinnerin hervor – sind prozentual trotzdem nicht wesentlich mehr Frauen in den Kommunalparlamenten vertreten. Die Gleichgültigkeit der Linken gegenüber den feministischen Forderungen führt zu Ernüchterung und Ablehnung geschlechtsübergreifender Organisationen seitens der feministischen Bewegung (Folguera 2007: 172), so dass – paradoxerweise – die im Dezember 1979 in Granada abgehaltenen *II Jornadas Feministas* den „Niedergang" des organisierten Feminismus einläuten (ebd.). P. Folguera spricht in diesem Zusammenhang auch von der „Krise der feministischen Bewegung" in den Jahren von 1979 bis 1982 (ebd.). Bei den *II Jornadas Feministas* mit mehr als 3000 Teilnehmerinnen (Folguera 2007: 172) geht es um die weitere Orientierung der feministischen Bewegung, die nun eine theoretische Herangehensweise, basierend auf den Konzepten *Equality* und *Difference*, verlangt (vgl. de Sotelo 2005: 11). Der *Feminismo de la Diferencia* oder auch *Feminismo Radical* genannt, beschäftigt sich auf unabhängiger Ebene mit individuellen Angelegenheiten, wie der Sexualität von Frauen und der Reform patriarchalischer Strukturen. Der *Feminismo de Igualdad* verfolgt hingegen einen marxistischen bzw. sozialistischen Ansatz, zu dessen Vertreterinnen die Philosophin Celia Amorós gehört, die selbst bis 1993 an der *Universidad Complutense* in Madrid zu diesem Thema forscht (vgl. Davies 2005: 178 und María Xosé Agra Romero 2005: 143, Philosophin). Die Spannung auf theoretischer Ebene zwischen diesen beiden Sichtweisen manifestiert sich im heutigen feministischen Diskurs Spaniens stärker als im Feminismus in Europa und den USA (Luisa Posada Kubissa 2005: 137, Philosophin).

Als marxistisch-feministische Partei definiert sich die von der Juristin Lidia Falcón im Jahre 1979 gegründete und 1981 zugelassene feministische Partei *Partido Feminista*, da die Frauen eine große Bevölkerungsgruppe darstellen, die größer ist als alle sozialen Klassen und somit einen wesentlichen Beitrag zum Funktionieren der Gesellschaft und der Arbeitswelt leisten (Folguera 2007: 176). Der Einfluss dieser Partei beschränkt sich hauptsächlich auf die Region Barcelona, da ihre Anhängerschaft in anderen Teilen des Landes nur klein ist (ebd.).

Im Zeitraum von 1979 bis 1982 gewinnen die Frauenausschüsse der politischen Parteien und Gewerkschaften an Bedeutung, nachdem sich bis dahin nur der innerhalb der Sozialistischen Arbeiterpartei (*Partido Socialista Obrero Español, PSOE*) im Jahr 1976 gegründete Ausschuss *Mujer y Socialismo* mit Frauenthemen beschäftigt hat (Folguera 2007: 173f). Zunächst sind es die Linksparteien – die Kommunistische Partei Spaniens (*Partido Comunista de España, PCE*), die Kommunistische Bewegung (*Movimiento Comunista, MC*) und vor allem die *PSOE*, die Parallelstrukturen zu ihren Parteistrukturen bilden, um sich innerhalb und außerhalb der Institutionen für feministische Ziele einzusetzen (a.a.O.: 173). Die demokratischen Parteien der Mitte und der Rechten – die Demokratische Zentrumsunion (*Unión de Centro Democrático, UCD*, später Demokratisch-Soziales Zentrum, *Centro Democrático y Social, CDS*) und die Volksallianz (*Alianza Popular, AP*, Vorgänger der Volkspartei, *Partido Popular, PP*) – erachten erst 1983 die Gründung sog. Frauenbüros oder nichtfeministischer Verbände für notwendig (ebd.). Ein solcher Verband sind die *Mujeres Conservadoras*, deren Forderungen sich ebenfalls an Fraueninteressen orientieren (ebd.). Das Frauenbüro (*Secretaría de la Mujer*) der Gewerkschaft *Comisiones Obreras* setzt sich Ende der 1970er Jahre für die Interessen der Frauen ein, die einer Arbeit außer Haus nachgehen sowie für die Anerkennung der Hausarbeit und für die Erarbeitung des Betriebsverfassungsgesetzes (*Estatuto de los Trabajadores*; Folguera 2007: 175). Durch ihre Arbeit und verschiedene Studien hat diese Gewerkschaft geschlechterbedingte Diskriminierungen beim Lohn und der Beförderung von Angestellten offengelegt und erreicht, dass Frauen bei den Arbeitsgerichten (*Tribunales de Trabajo*) oder auch bei internationalen Institutionen – wie die ILO – bereits mehrfach geklagt haben (ebd.).

In den Jahren von 1982 bis 1988 ist in ganz Spanien eine Tendenz der Zerstreuung und gar Auflösung der feministischen Bewegung zu beobachten, die eigentlich von Europa und den USA ausgeht und sich in Spanien reproduziert (Folguera 2007: 177). Dieser Tendenz liegt auf internationaler Ebene der Wunsch nach einer Trennung von institutionalisierter feministischer Arbeit zugrunde (ebd.). Aber gerade nachdem die sozialistische Partei 1982 die Wahlen gewonnen hat, gründen Frauen anerkannte Institutionen wie Familienplanungszentren, Beratungszentren und Frauenunterkünfte, obwohl tatsächlich ein Prozess der Demobilisierung sowohl bei Frauen- als auch bei anderen Interessengruppen angesichts vieler politischer Probleme (z. B. hohe Arbeitslosigkeit und Terrorismus) und trotz geschlechterspezifischer Diskriminierungen einsetzt (a.a.O.: 178). Gerade auch die den Autonomen Regionen zugehörigen Frauenministerien (*Departamentos de la Mujer*), Ämter und Beratungsstellen in Rathäusern, öffentlichen Universitäten und Kulturzentren übernehmen nun wichtige Aufgaben, indem sie Frauen Hilfe in den Bereichen Gesundheit, Fürsorge und Bildung anbieten (a.a.O.: 179). Folguera spricht in diesem Zusammenhang von „neuen Formen des Feminismus", in diesem Fall vom „institutionellen Feminismus", welche in diesem Zeitraum entstehen; ebenso bilden sich der *Feminismo Sectorial* bzw. *Profesional* und der *Feminismo Académico* (a.a.O.: 176ff) heraus, welche nacheinander vorgestellt werden sollen.

Das beste Beispiel für den institutionellen Feminismus ist die Gründung des *Instituto de la Mujer* in Madrid 1983, welches sich mit Frauenfragen beschäftigt. Damals dem Kulturministerium, später dem Arbeits- und Sozialministerium zugeordnet, erhält es danach seine finanzielle Unterstützung als unabhängig arbeitendes Gremium des erst im April 2008 gegründeten spanischen Gleichstellungsministeriums über die *Secretaría General de Políticas de Igualdad*. Letzterem ist neben dem *Instituto de la Mujer* auch die *Delegación Especial del Gobierno contra la Violencia de la Mujer* untergeordnet.

Das *Instituto de la Mujer* definiert sein Selbstverständnis laut seinem Internetauftritt folgendermaßen:

> „Sein Ziel ist es einerseits, Bedingungen zu schaffen und zu fördern, die die soziale Gleichstellung beider Geschlechter ermöglichen und andererseits die Teilhabe der Frau am politischen, kulturellen, wirtschaftlichen und gesellschaftlichen Leben zu fördern und zu unterstützen. Es ist folglich das zentrale Regierungsgremium zur Förderung der Gleichstellungspolitik von Frauen und Männern."
> (http://www.mtas.es/mujer/quien/historia.html).

Bis heute arbeitet das Institut im Bereich der Gleichstellung der Geschlechter u. a. in Politik, Beschäftigung, Gesundheit, Bildung, Familie und Medien (vgl. de Sotelo 2005: 12 und Monica Threlfall 1999: 269, Politikwissenschaftlerin) und hat erst vor wenigen Jahren mit Inkrafttreten des Organgesetzes 3/2007 eine Erweiterung bzw. Konkretisierung seines Aufgabenbereiches hinsichtlich Diskriminierung und deren Opfer erfahren (*Disposición Adicional Vigésima*

Séptima und *Vigésima Octava; Ley Orgánica 3/2007, de 22 de Marzo*). Im Dezember 2007 stellt es den *Plan de Igualdad 2008–2011* vor, der für mehr Chancengleichheit für Frauen u. a. in Bereichen wie Bildung und Ausbildung, Gesundheit, politische, soziale und wirtschaftlich-finanzielle Teilhabe, Frauenbild, Außen- und Entwicklungspolitik sorgen soll (*Plan Estratégico de Igualdad de Oportunidades 2008–2001*). Das *Instituto de la Mujer* unterhält Außenstellen in den Autonomen Regionen Spaniens, unterstützt Frauenorganisationen, verfügt über eine eigene Bibliothek und führt Informations- und Werbekampagnen nicht nur zur Bekämpfung der Geschlechterrollenstereotype durch. Die Kritik, der sich das Institut dadurch allerdings auch gegenübersieht, gibt der Besorgnis Ausdruck, dass damit eine gewisse Dominanz über die Frauenbewegung allgemein ausgeübt wird. Außerdem wird ihm vorgeworfen, sich zu wenig für die Belange „normaler Frauen" einzusetzen (vgl. Threlfall 1999: 270).

Ein im Jahr 1987 vom *Instituto de la Mujer* veröffentlichter Katalog zählt 600 Frauenorganisationen, von denen sich 60 als feministisch bezeichnen (Folguera 2007: 176). Die meisten von ihnen verfolgen keine bestimmte soziale oder politische Strategie oder Projekte, sondern sie definieren sich in erster Linie über ihren pluralistischen Charakter hinsichtlich der unterschiedlichen feministischen Strömungen: *Feminismo Radical, Feminismo de la Diferencia* und den mit dem Lesbianismus in Verbindung stehenden Feminismus (ebd.). Vielmehr verschreiben sich viele dieser Organisationen einzelnen kurzfristigen Zielen, wie z. B. eine nicht-sexistische Bildung und Ausbildung, das Recht auf Abtreibung, Gleichberechtigung vor allem in den Bereichen Bildung, Arbeit, vor dem Gesetz sowie kulturelle Förderung (ebd.).

Trotz dieser enormen Anzahl an Organisationen sind Frauen in den 1980er Jahren praktisch nicht in Führungspositionen vertreten (Amelia Valcárcel 2008: 430). Dadurch wird die Herausbildung der feministischen Philosophie begünstigt und unter der Leitung der Philosophin Celia Amorós wird 1987 mit Hilfe einer Forschungsgruppe eine erste Studie zum Thema Frauen und Macht durchgeführt (ebd.). Fast parallel dazu, etwa ab Mitte der 1980er Jahre, dienen Quotenregelungen dazu, Frauen in soziale und Beschäftigungsbereiche einzubeziehen, von denen sie traditionell ausgeschlossen wurden (vgl. de Sotelo 2005: 13 und Fernández Vargas 1999: 47). Die *PSOE* (*Sozialistische Arbeiterpartei Spaniens*) beispielsweise führt im Jahr 1988 eine Frauenquote von mindestens 25% für Organe innerhalb und außerhalb der Partei ein. Wenig später zieht die *Izquierda Unida* (Vereinte Linke) mit einer Quote von 35% nach, während die Gewerkschaften diesbezüglich keine Notwendigkeit sehen, obwohl deren weibliche Mitglieder nur 20% ausmachen und sie in deren Verwaltungen nur zu zwischen 8% und 13% vertreten sind (Paloma Alcalá/Oliva Blanco Corujo 1995: 23, Physikerin; Chemikerin). Im Großen und Ganzen werden die Quotenregelungen jedoch von einer breiten Masse kritisiert und abgelehnt und bleiben ohne großen Erfolg im Hinblick auf die Veränderung der bestehenden Geschlechterstrukturen und der politischen „Vormachtstellung" der Männer (de Sotelo 2005: 13 und Fernández Vargas 1999: 47). Letztendlich ist die Frauenquote mit der durch sie eingeleiteten Debatte um den Zugang von Frauen insbesondere zu politischen Führungspositionen die Wegbereiterin dafür, dass die Gleichstellung ein zentrales Thema der politischen Tagesordnung wird (Valcárcel 2008: 430). In diesem Zuge entwickelt sich auch der akademische Feminismus mit der Gründung von Studien- und Forschungsinstituten, Promotionsprogrammen, Verlagsreihen, der wiederum die theoretische Grundlage für die politischen Forderungen in Bezug auf die Gleichstellung der Geschlechter liefert (Valcárcel 2008: 432). Ein lange Zeit angestrebter Erfolg hinsichtlich der Quote ist schließlich 2004 zu verzeichnen, als die *PSOE* nach ihrem Wahlsieg ein nach Geschlechtern ausgewogenes Regierungskabinett bildet – das erste dieser Art in Spanien (ebd.).

Ebenfalls in den 1980er Jahren besuchen zum ersten Mal in der Geschichte Spaniens sowohl Jungen und Mädchen vom Land die Schule, wobei hier angemerkt werden muss, dass es während der Diktatur gravierende Unterschiede in der spanischen Bevölkerung – auch unabhängig vom Geschlecht – hinsichtlich ihres Alters, ihrer finanziellen Situation und vor allem ihres Wohnortes in städtischer oder ländlicher Region gegeben hat (vgl. Fernández Vargas 1999: 48).

Neben dem institutionellen Feminismus nennt die Historikerin P. Folguera den *Feminismo Sectorial* bzw. *Profesional*, den „Feminismus nach Berufsgruppen" als wichtige Interessengruppe der Spanierinnen, denn der Zusammenschluss von Frauen unterschiedlicher Berufe stärkt sie bei den Gesetzeskampagnen im Kampf um ihre Rechte (Folguera 2007: 179). So beklagen beispielsweise die Juristinnen *Mujeres Abogadas* die Willkür der Rechtsprechung bei der Anwendung und Interpretation des Abtreibungsrechts, des Weiteren Misshandlungen sowie fehlende gesetzliche Instrumente, die geschiedene Frauen schützen sollen, welche von ihrem ehemaligen Partner keine Unterhaltszahlungen bekommen (ebd.). Ebenso beteiligen sich Medizinerinnen, Juristinnen, Psychologinnen und Journalistinnen aktiv an der Kampagne für die Legalisierung der Abtreibung (ebd.).

Außerdem entwickelt sich in den 1980er Jahren der *Feminismo Académico*, der einerseits den Anfang macht bei der Kritik am androzentrischen Charakter des politischen Diskurses und andererseits Frauen und ihre Verdienste in Forschung und Wissenschaft fördern und vor allem auch ihre Rolle in der Geschichte Spaniens wieder sichtbar machen will (Folguera 2007: 182). Die feministische Forschung, Lehrtätigkeit und der wissenschaftliche Diskurs sollen dabei aus einer neuen Sicht, der *Perspectiva de Género*, betrachtet werden (Folguera 2007: 182). So wird bereits im Jahr 1978, angeregt von den Soziologinnen Judith Astelarra und Marina Subirats, an der *Universidad Autónoma de Barcelona* das *Seminario de Estudios de la Mujer* ins Leben gerufen, welches einige Monate später die *Primeras Jornadas de Estudio sobre el Patriarcado* organisiert (Folguera 2008: 442). Dort wird das patriarchalische System auf theoretischer Basis mit seinen Auswirkungen der doppelten Unterdrückung der Frauen – bezogen auf Produktion und Reproduktion – debattiert und analysiert (ebd.). Im Jahr 1979 wird an der *Universidad Autónoma de Madrid* die Schaffung des *Seminario de Estudios de la Mujer* angeregt und selbiges von der Soziologin María Ángeles Durán gegründet (ebd.). Es beschäftigt sich fortan in Forschung und Lehre mit allen Frauen betreffenden Fragen und Themen. Auch weitere spanische Universitäten (z. B. *Universidad Autónoma y Central* in Barcelona, Granada, Valencia, *Universidad Complutense* in Madrid, País Vasco) gründen solche Seminare, jedoch mit jeweils unterschiedlicher Ausrichtung und spezifischen Schwerpunkten (Folguera 2007: 182). Sie halten Kongresse und Seminare ab und publizieren Werke in Themenfeldern wie Geschichte, Soziologie, Literatur, Recht, Anthropologie. Nach mehreren Jahren Arbeit haben sie ihre Ziele noch nicht erreicht, auch wenn sie öffentlich wahrgenommen werden. Immerhin werden die Lehrpläne durch ihre Arbeit hinsichtlich dieser neuen Sichtweise verändert (ebd.). Nicht zuletzt ist die Entstehung und die Arbeit dieser *Centros de Estudios de las Mujeres* den zahlreichen feministischen Dozentinnen zu verdanken, weil sie ihr feministisches Engagement mit ihrer Lehrtätigkeit vereinen, indem sie die Forderungen und Debatten aus der feministischen Bewegung an die Universität tragen (ebd.). Dadurch stellen diese Studienzentren einen offenen Raum des Treffens und der Reflexion sowohl für Studentinnen, Dozentinnen und auch für Frauen außerhalb der Universitäten dar (Folguera 2007: 182f).

Nicht zu vergessen ist hingegen das feministische Bewusstsein, das sich im Privatleben vieler Spanierinnen erkennen lässt, obwohl sie mit keiner feministischen Bewegung in Verbindung stehen: Insbesondere viele jüngere Spanierinnen lehnen das traditionelle Rollenbild der Frau ab, wehren sich gegen die ungleiche Behandlung, die sie von Lehrern und Eltern erfahren sowie das Verhalten ihrer Freunde und Partner und gegen die für Männer und Frauen unterschiedlichen bzw. eingeschränkten Möglichkeiten bei der Berufswahl (a.a.O: 179f).

Insgesamt ist die feministische Bewegung in der Übergangszeit zur Demokratie, der *Transición*, am aktivsten; danach können sie die Frauen nicht mehr so zahlreich mobilisieren. Als Grund hierfür ist zum einen die Ernüchterung nach der Etablierung des demokratischen Systems zu nennen, weil nicht alle, zum Teil utopische, Ziele erreicht wurden und sich eine vollkommene Veränderung der Lebensstile ebenso wenig eingestellt hat. Zum anderen fehlt es den feministischen Gruppierungen, die sich als radikale Opposition zum Establishment gebildet hatten, an Struktur und Organisation. Es war schwierig, demokratische Strukturen in diese Gruppierungen hineinzutragen und somit ihr Bestehen, Wachstum und ihre Kontinuität zu sichern (vgl. Alberdi 2005: 61).

Trotzdem hat die feministische Bewegung viele positive Ergebnisse zu verzeichnen und entscheidenden Einfluss auf die sozialen Veränderungen im Spanien der 1980er und 1990er Jahre genommen, wodurch sich die Situation der Frauen schnell verbesserte und ihre Mentalität einem Wandel unterlag (vgl. Astelarra 2005: 52 und de Sotelo 2005: 17). Gerade aufgrund ihrer Diversität, ihrer besonderen Organisationsform in Netzwerken und kleinen Gruppen mit ihrer Pluralität und Intensität sowie ihrem großen Engagement, für kulturelle Kreativität und sozialen Wandel einzutreten, wurde genau das möglich (vgl. Ana de Miguel Álvarez 2005: 119, Philosophin). Bei Frauen aller sozialen Gruppen, aller Alters- und Berufsgruppen werden der Bruch mit alten Verhaltensmustern und die Ablehnung patriarchalischer Machtstrukturen erkennbar. Das äußert sich vor allem in einem größeren Wunsch nach finanzieller, beruflicher und persönlicher Unabhängigkeit seitens der Spanierinnen (Folguera 2007: 181). Mit diesem neuen Bewusstsein verändern sie die Beziehungen zwischen den Geschlechtern, die Gewohnheiten und Gebräuche im Privatleben der Bürgerinnen und Bürger ganz entscheidend und tragen somit zu einer stärkeren Demokratisierung ihrer Gesellschaft bei (ebd.). Ein wesentlicher Schlüssel zum Erfolg ist außerdem die „ethische Glaubwürdigkeit“ des Feminismus, wie die Philosophin María Xosé Agra Romero die Einbettung der Ziele in das Menschenrechtskonzept nennt (Agra Romero 2005: 147). I. Alberdi schreibt zum Erreichten:

> „[...] it is doubtlessly an unfinished history, of a project that is still alive as far as its objectives of equality between men and women. At the same time it is possible to evaluate the enormous changes occurred in Spanish society and the profundity with which the majority of the objectives proposed by the feminist movement have taken root. [...] The change in behaviour of younger generations reflects the gradual abandonment of traditional norms in this area, the transformation of sexual relations and the widening for personal options for women“ (Alberdi 2005: 66).

Auf internationaler Ebene treten spanische Feministinnen aktiv für die Rechte von Frauen ein: Im Rahmen der Spanischen Koordinationsstelle für die Europäische Frauenlobby (*Coordinadora Española para el Lobby Europeo de Mujeres, CELEM*) arbeiten sie u. a. an den Kampagnen zur Ausarbeitung des Vertrages von Amsterdam, der Europäischen Menschenrechtskonvention, der Europäischen Verfassung, der europäischen Positionspapiere bezüglich der Frauenkonferenz von Peking 1995 und den beiden darauffolgenden Konferenzen von 2000 und 2005 mit (Folguera 2007: 186).

Auch in philosophischer Hinsicht gibt es seit den 1980er Jahren positive Entwicklungen, wie M. X. Agra Romero in ihrem Essay ausführt:

> „the intellectual production and academic presence of feminist philosophy in Spain has continued to grow. [...] important work is being done by feminists in the area of philosophy of science and philosophy of law, to take some significant fields, but there are also many more who are concerned with the reconstruction of the history of philosophy, of justice, of citizenship and with multiculturalism. [...] Although, of course, we still have some distance to go before we achieve full recognition, we are confident that the time for Spanish feminist philosophy has come“ (Agra Romero 2005: 152).

Außerhalb bestimmter Milieus ist über feministische Forschung aber kaum etwas bekannt und wird auch auf intellektueller Ebene oft ignoriert, was nur durch historische und politische Faktoren zu erklären ist (vgl. Posada Kubissa 2005: 129f).

Das Bild, das die feministische Bewegung in der spanischen Gesellschaft hinterlässt, ist jedoch kein positives. Das Prinzip der Gleichberechtigung ist allgemein anerkannt und wird als Grundlage einer demokratischen Kultur betrachtet; der feministischen Bewegung sind in diesem Zusammenhang viele Errungenschaften zu verdanken. Trotzdem wird Feminismus geringgeschätzt, auch von jungen Frauen, die, so führt es I. Alberdi aus,

> „assume as given their rights and freedoms, their possibilities of studying any subject, of applying for any type of job, and to do with their bodies and private lives as they please, declare paradoxically that they are not feminists, that feminism seems to them somewhat behind the times. […] On the part of men something similar occurs: The principles of feminism are theoretically accepted by the majority of Spanish men. […] But they are against putting them in practice in relationships with women, in the home or at the office. The loss of male privileges is accepted in theory as an advance of democratic and modernizing nature, but in reality it is resented in everyday life“ (Alberdi 2005: 66f).

Die Gründe hierfür sind vielfältig: die provokativen und teilweise utopischen feministischen Vorstellungen und Forderungen; das beständige Beharren auf Unabhängigkeit und Gleichberechtigung, das im Mittelpunkt von Paarbeziehungen steht und gleichzeitig einen Streitpunkt darstellt. Zum Teil ist diese Unpopularität auch auf die reaktionären Kampagnen zurückzuführen, die konservative Institutionen gegen den Feminismus betreiben (ebd.).

In der Aktualität sieht sich der Feminismus einigen Herausforderungen gegenüber. Die Soziologin Cristina Vega spricht in ihrer Rede bei der *Plataforma 8 de Marzo* im Dezember 2006 in Sevilla von den Problemen des Feminismus. Dazu zählen das Verhältnis der Frauen zum Feminismus unter sozialen Veränderungen, die Institutionalisierung des Feminismus und die Zersplitterung und folglich Schwächung der feministischen Bewegung (Vega 2007: 64). Das erste Problemfeld, die sozialen Veränderungen und die Auswirkungen auf das

Verhältnis der Frauen zum Feminismus, illustriert Vega mit zwei Beispielen von den *Jornadas Estatales Feministas de Córdoba* aus dem Jahr 2000: Eine der Teilnehmerinnen sieht in der Beschäftigung keine Emanzipation, sondern eine neue Situation der Ausbeutung der Frauen aufgrund der in der Arbeitswelt zunehmend geforderten Flexibilität und der Prekarisierung der Arbeit (Vega 2007: 65). Diese Prekarisierung ist ein Aspekt, der aus der Sicht feministischer Gewerkschafterinnen bis zu diesem Zeitpunkt noch gar nicht betrachtet wurde (a.a.O.: 66). Eine fast logische Reaktion auf die Sichtweise der Teilnehmerin, die sich kritisch zu Wort gemeldet hat, ist die Wortmeldung einer weiteren Teilnehmerin, die ihrer Arbeit nicht mehr nachgehen will: zum einen, weil die Arbeit sie nicht erfüllt und die Arbeitsbedingungen schlecht sind; zum anderen, weil sie Zeit für ihre Kinder haben möchte (ebd.). Die feministische Bewegung, die auf Probleme wie diese Antworten sucht, steht an dieser Stelle vor einem neuen, bisher ungekannten Problem, für das es Lösungen zu finden gilt.

Hinzu kommt, dass Frauen nun nicht mehr wie in den 1980er Jahren einer Doppelbelastung von bezahlter Arbeit und unbezahlter Arbeit im Haushalt und Kindern, sondern einer Mehrfachbelastung ausgesetzt sind; sie sind folglich absolut überlastet (Vega 2007: 66). Die Soziologin spricht daher von einer „crisis de los cuidados“, der Krise in der Fürsorge und Pflege, zu der viele Faktoren gemeinsam führen: die Flexibilisierung, die alternde Bevölkerung und der Mangel an Ressourcen für gute Pflege und Fürsorge, bezahlte und unbezahlte Arbeit unter teilweise schwierigen Bedingungen (Vega 2007: 66). Diese Mehrfachbelastung betrifft zudem nicht nur eine bestimmte soziale Klasse, sondern wird u. a. auch durch Faktoren wie Herkunft, Ausländerstatus und die Zusammensetzung der Familie bzw. des Haushaltes beeinflusst (a.a.O.: 67). Außerdem ist der Fürsorge- und Pflegebereich gerade dabei, sich zu verändern: Der Staat zieht sich zunehmend aus der Verantwortung zurück, die Bedingungen für Angestellte im Haushalt sind in diesem ungeschützten Dienstleistungsbereich schwierig und so geht es darum, die zunehmende Hausarbeit (besser) zu verteilen. Dabei zeigt sich in vielen Fällen, dass die Vereinbarung von Beruf und Familie misslungen ist und das hegemonische Modell, („modelo de la ayuda“, das Modell der Hilfe) zu Haus weiterbesteht, auch weil die Männer es verpasst haben, ihre Rolle zu Haus in diesem Sinne auszufüllen (ebd.). Das ist deshalb so wichtig, weil zu Haus die Familienplanung und Familienpolitik, die Beziehungsplanung und Arbeits- und Gleichberechtigungspolitik grundlegend gestaltet werden. All diese Aspekte berühren letztlich auch die BürgerInnenrechte, denn sie führen zur Feminisierung der Armut, sowohl auf materieller als auch auf Beziehungsebene (vgl. ebd.).

Nicht nur die Beziehungsebene, sondern auch die Gefühlsebene allgemein ist nach C. Vegas Aussagen zu Unrecht von der feministischen Bewegung in den vergangenen Jahren vernachlässigt worden. Während in den 1960er und 1970er Jahren als Leitsatz des Feminimus „Das Persönliche ist politisch" galt, wurde dieser zu wenig weiterentwickelt, sollte nun aber „lo personal es productivo" („Das Persönliche ist produktiv") lauten, weil es um die „Produktion" von Wünschen, von Waren, von Unterschieden, von Stilen, von Geschlechteridentitäten auf dem Markt geht (ebd.). Sie erhofft sich von der Umsetzung dieses neuen Leitsatzes, die Ebene der Gefühle, der Wünsche und Vorstellungen davon, was es heißt, eine freie Frau zu sein, wieder zu erobern (vgl. ebd.).

Nicht zuletzt sieht C. Vega die Debatte um feministische Themen wie Sexualität und Beziehungen sowie auch viele andere in einer Lücke im Obrigkeitsdenken („fuga del autoritarismo") ablaufen. Diese Lücken bieten im Prinzip Raum für Freiheit, aber es ist den Feministinnen nicht gelungen, diesen Raum mit ihren Wünschen und Vorstellungen zu füllen, die die feministische Bewegung obendrein auch von außen betrachtet attraktiv macht (Vega 2007: 68). Dies gilt es nun zu ändern, und so schreibt sie:

> „Die Produktion von Vorstellungen muss das Motto ‚Das Persönliche ist politisch' wieder aufnehmen, es jedoch weiterführen und die Gedanken über dessen produktiven Charakter in den Markt einbinden, denn das ist eine der abartigen Folgen, die der Kapitalismus ausgelöst hat." (ebd.).

Ein ganz wesentlicher, positiver Aspekt, der dem Einfluss der feministischen Bewegung zu verdanken ist, ist das Selbstbewusstsein der Frauen, vor allem junger Frauen, die in vielerlei Hinsicht wählen können, ihre Meinung äußern können, nach ihren eigenen Vorstellungen hinsichtlich ihres Berufes bzw. ihrer Arbeit, der Familie, der Beziehungen leben können, wodurch sich der Feminismus sehr stark individualisiert (Vega 2007: 69). Diese Individualisierung zeigt auch, dass der Feminismus in weiten Teilen der spanischen Gesellschaft Fuß gefasst hat. Das betrifft städtische und ländliche Regionen ebenso wie unterschiedliche soziologische, ideologische und politische Gruppierungen (Begoña San José 2007: 90, Juristin). Die tendenziell recht kleinen Frauengruppen haben den Vorteil, dass sie feministischen Zielen wie der Selbstfindung, Gruppentherapie und persönlichen Veränderungen besser Rechnung tragen können, wirken sich aber nachteilig auf die Präsenz und die Möglichkeiten der Einflussnahme in der Gesellschaft aus (ebd.).

Andererseits ist, wohl auch infolge der zunehmenden Individualisierung, eine Zersplitterung und Schwächung der feministischen Bewegung festzustellen; an manchen Orten gar eine Auflösung (Vega 2007: 69.). Eine im Jahr 2003 durchgeführte Studie geht davon aus, dass in Spanien ca. 5000 Frauenvereinigungen existieren; nur zwischen 400 und 600 von ihnen bezeichnen sich selbst als feministisch (Begoña San José 2007: 91). Ungefähr 3300 dieser Gruppen haben sozialen Charakter und arbeiten ähnlich wie Nichtregierungsorganisationen: als stabile, gemeinnützige Organisation, regierungs- und parteiunabhängig, ehrenamtlich, mit demokratischen Strukturen und dem Ziel, soziale Veränderungen zu schaffen (a.a.O.: 90). Dabei besteht gerade bei den gemeinnützigen Organisationen die Gefahr, dass sie Aufgaben im Bereich der öffentlichen Wohlfahrt und (im Besonderen soziale) Dienstleistungen kostengünstig übernehmen, für die eigentlich der Staat aufkommen muss (a.a.O.: 91), was C. Vega als zunehmenden Rückzug des Staates aus der Verantwortung im Pflege- und Fürsorgebereich bezeichnet (siehe oben). Bei einer derartigen Vielzahl an Frauenorganisationen ist es – trotz ihrer z. T. gemeinsamen Ziele und Aktivitäten – aber auch kosten-, personal- und zeitintensiv, diese zu koordinieren (ebd.). Insofern betrachtet die Juristin B. San José die von der Institutionalisierung des Feminismus herrührende staatliche Subventionierung feministischer Organisationen als eine Art Hilfe, ihre Zersplitterung wenigstens einzugrenzen (San José 2007: 92).

Die Soziologin C. Vega sieht in der staatlichen Subventionierung in erster Linie einen äußerst negativen Aspekt, weil er Abhängigkeit schafft und diese Abhängigkeit wiederum die Instrumentalisierung der feministischen Bewegung für Parteipolitik zur Folge hat (Vega 2007: 70). C. Vega bezieht neben der Subventionierung auch andere Aspekte der Institutionalisierung des Feminismus in ihre Betrachtungen ein. So hat die Institutionalisierung andererseits den großen Vorteil, dass dadurch feministische Vorschläge in den Handlungsbereich des Staates gelangen und nicht zuletzt auch Eingang in die Parteipolitik finden (Vega 2007: 70). Sie vermutet allerdings in der zunehmenden Institutionalisierung ab 1983 und der schlechten Politik der in den 1980er Jahren regierenden *PSOE* die Gründe für die Schwächung des Feminismus. Auch wenn vieles erreicht wurde, haben sich die politischen Einflussmöglichkeiten seither verändert. Es wird von allen Seiten, nicht nur von der feministischen, Lobbyarbeit betrieben, d. h. es wird Druck auf politische Entscheidungsträger von unterschiedlichen Machtinstanzen ausgeübt, wobei die Frage, wie diese Arbeit bewertet wird, nicht ohne eingehende Analyse beantwortet werden kann (ebd.).

Auf der Suche nach einer neuen, möglichst geschlossenen Vorgehensweise der feministischen Bewegung, um auch möglichst viel zu erreichen, spricht sich die Juristin B. San José für eine Priorisierung der Ziele und eine genaue Zuteilung der geplanten Zeit und Mittel aus (San José 2007: 92). Am Beispiel der geschlechterspezifischen Gewalt hat sich nach dem Tod der von ihrem Ex-Mann misshandelten und 1997 ermordeten Spanierin Ana Orantes gezeigt, dass diese Strategie funktioniert, als Frauen daraufhin gegen geschlechterspezifische Gewalt demonstrieren. Sie kritisiert gleichzeitig, dass dies beinahe das einzige Thema ist, wodurch die feministische Bewegung in den vergangenen Jahren in Spanien sichtbar geworden ist. Daher weist sie darauf hin, dass politischer Feminismus nicht nur von einer möglichst großen Menge an Menschen ausgeht, sondern dass diese auch viele verschiedene Themen und Zusammenhänge artikulieren, so dass viele unterschiedliche Facetten aus dem Leben der Frauen dargestellt werden (ebd.).

Als ganz wesentlichen Teil dieser Strategie sieht B. San José den Kampf gegen wirtschaftlich-finanzielle Ungleichheiten, die nicht nur zwischen Männern und Frauen, sondern auch zwischen Frauen untereinander bestehen. Wenn diese Ungleichheiten nicht beseitigt werden, werden Rechte zu Privilegien und der Feminismus verliert seine Legitimation, wenn er nur einen Teil der Frauen auf Kosten der anderen befreit (vgl. San José 2007: 92). In diesem Zusammenhang nennt sie, wie bereits auch C. Vega, die unbezahlte Hausarbeit sowie Hausangestellte, zumeist Immigrantinnen, die in diesem feminisierten und abgewerteten, unterbezahlten Dienstleistungsbereich keine Arbeitsrechte haben (San José 2007: 92).

Von einer gemeinsamen Vorgehensweise der feministischen Bewegung im Rahmen einer lebendigen Demokratie erwartet B. San José die notwendige Geschlossenheit, der es bedarf, um von Institutionen als ernstzunehmende Interessenvertretung aller Frauen angesehen zu werden, so, wie Jugendorganisationen die öffentlichen Vertreterinnen der Jugend und Gewerkschaften die öffentlichen Vertreterinnen der Arbeitenden sind (a.a.O.: 93). Diese Strategie sieht sie als eine Art Etappe des Feminismus, wie es vorher der Kampf um das

Wahlrecht für Frauen und das Streben nach Demokratie und Gleichstellung waren, und benennt die Eckpunkte, die im Streben nach mehr Gleichberechtigung zum Gelingen beitragen sollen: in erster Linie Gespräche und nicht Subventionen, mehr und regelmäßig Zeit für eine bessere Koordinierung der feministischen Gruppen, die Schaffung und Pflege effektiver Wege für Vorschläge und zum Verfolgen feministischer Forderungen seitens feministischer Organisationen, Erarbeitung und Verfolgen umfassender Programme, um die Situation der Frauen zu verbessern (ebd.).

C. Vega erhofft sich für die feministische Bewegung in der Gegenwart dieselbe Intelligenz, die die Feministinnen zur Zeit der *Transición* an den Tag gelegt haben, damit sie wieder unabhängiger werden (Vega 2007: 71). Somit unterbleiben ihren Erwartungen zufolge die Instrumentalisierung ihrer Ziele und die (nicht nur finanzielle) Abhängigkeit, an die auch immer Forderungen geknüpft sind (Vega 2007: 71).

Einen vorläufigen Höhepunkt erreicht die spanische Frauenbewegung beim Abhalten der *Jornadas Feministas Estatales* vom 5. bis 7. Dezember 2009 in Granada unter dem Titel *Granada, 30 Años después: aquí y ahora*. Dort hatte 30 Jahre zuvor der erste Frauenkongress nach dem Ende der Franco-Diktatur stattgefunden. *El País* zufolge nehmen mehr als 4000 Frauen an diesem Kongress teil, der mit mehr als 130 Veranstaltungen, Diskussionsrunden, Reden, Ausstellungen, Workshops und Filmvorführungen aufwartet (vgl. Mónica Ceberio Belaza). Die darin behandelten Themen sind äußerst vielfältig: Es geht, um nur eine Auswahl zu nennen, um die aktuelle Wirtschafts- und Finanzkrise und die Folgen für Frauen, um die spanische Gesetzgebung in Bezug auf Gleichberechtigung, die Anwendung der Gesetze und die Folgen; geschlechterspezifische Gewalt und mögliche Prävention; Wohlstand und Sozialleistungen des Staates aus der Geschlechterperspektive; Religion und Laizismusbestrebungen; politische Partizipation und Diskriminierung von Frauen; Ökologie und Nachhaltigkeit; Frauen in Medien, Werbung und Sprachgebrauch; Mode- und Schönheitsdiktat; sexuelle Identität und Sexualität; Lesbianismus; Mutterschaft; Abtreibung und Abtreibungsgesetz; Prostitution und nicht zuletzt die Herausforderungen, vor denen die feministische Politik gegenwärtig steht. Die wahrscheinlich größte Herausforderung ist die Diversität der Interessen der Frauen, ihrer Lebensrealitäten, ihrer Bedürfnisse und Wünsche sowie darum, diese auf dem Weg zu einer bestmöglichen Chancengleichheit und Gleichstellung mit Männern trotzdem miteinander zu vereinen und gemeinsam für dieses Ziel zu kämpfen.

4.2 Die Frauen- und Familienpolitik unter Francos Regime

4.2.1 Die Jahre 1930–1950: Von den Anfängen des Neuen Staates

Nach den wenigen fortschrittlichen Jahren der Zweiten Republik, in der die Spanierinnen dieselben Rechte haben wie die Spanier, deutet sich bereits während des Bürgerkrieges mit der stark an Einfluss gewinnenden *Sección Femenina* die von den faschistischen Kräften angestrebte Wende hin zu einer konservativen Politik an, die nach ihrem Sieg und damit dem Ende des Bürgerkrieges 1939 umgesetzt wird. Frauen werden dem faschistischen Frauenbild entsprechend auf ihre biologische Rolle als „Ehefrau und beispielhafte Mutter" (Giuliana di Febo 2008: 219) reduziert und „erscheinen als Bindeglied zwischen der Gesellschaft, der Familie und dem Staat" (ebd.), denn die Hierarchie der patriarchalischen Familie repräsentiert den Staatsaufbau in einer Art Mikrokosmos (Graham 1995: 184). Das Bild der *Mujer Nueva* oder der *Mujer Cristiana* wird im *Nuevo Estado* von falangistischen Ideologen, kirchlichen Würdenträgern und Politikern sowie von Franco selbst, sowohl hinsichtlich ihrer weiblichen Rolle als auch hinsichtlich des Sprachgebrauchs, „geformt" (vgl. di Febo 2008: 219f). Hierbei kommt das Konzept des Nationalkatholizismus zum Tragen, d. h. die Identifikation des Vaterlandes mit der katholischen Religion, in dem die Werte der modernen Welt, vor allem demokratische und liberale, abgelehnt werden und die politische und kirchliche Welt eine Einheit bilden (Teresa Rodríguez de Lecea 2008: 267, Philosophin). Das Konzept des Nationalkatholizismus ist von einem starken Autoritarismus geprägt, der keine politischen oder ideologischen Debatten zulässt und mit einer effizienten Zensur über die politische und moralische Öffentlichkeit wacht, und in dem eine sehr konservative religiöse Doktrin herrscht. Katholische Geistliche werden bei religiösen Akten und Zeremonien auch öffentlichkeitswirksam verehrt und die Ehrfurcht vor der Kirchenhierarchie und den geistlichen Würdenträgern und nicht zuletzt auch gegenüber dem Militär pompös inszeniert und demonstriert (Rodríguez de Lecea 2008: 267).

Das im Nationalkatholizismus vorherrschende Frauenideal ist die Frau in ihrer traditionellen Rolle der Hausfrau und Mutter; die Idee der Emanzipation ist praktisch ausgelöscht (ebd.). Das Zurückdrängen der Frauen in das Privatleben und die „christliche Familie" sowie das gesamte Frauenbild sind trotz bestehender ideologischer Divergenzen und Gegensätze zwischen der Kirche und der Einheitspartei Falange eine wichtige Schnittstelle ihrer jeweiligen Vorstellungen (di Febo 2008: 220).

Ausgehend von diesem Frauenbild wird die Aufteilung der Aufgaben von Männern und Frauen „von gleicher Würde und gleichem Wert für einen einzigen patriotischen Zweck", wie G. di Febo schreibt, notwendig (di Febo 2008: 220). Dazu schreibt G. di Febo weiter:

> „Natürlich ist der mystisch-religiöse Kontext, auf dem diese Asymmetrie (der Geschlechter) beruht, eine unumstrittene Tatsache. Die erneute Beschreibung der Frau als mütterlich und häuslich im Zusammenhang mit der Verherrlichung ihrer Tätigkeiten ist ein grundlegender Bestandteil beim Aufbau des ‚notwendigerweise katholischen' Neuen Staates in einem ‚nationalen' und ‚faschistischen' Spanien" (di Febo 2008: 220).

Im größtenteils ländlich geprägten Spanien der 1940er Jahre herrschen in den traditionellen Familien die Werte der patriarchalischen Autorität und hierarchische Strukturen. Ab den 1950er Jahren verringert sich die Größe der Familien. Die sozialen Rollen von Männern und Frauen verändern sich erst ab Ende der 1960er Jahre (Folguera Crespo 2008: 527). Die Frauen müssen sich in einer Beziehung der Abhängigkeit dem, wie P. Folguera Crespo schreibt, „Naturgesetz" zufolge, immer ihrem Ehemann unterordnen, weil er das Familienoberhaupt ist (a.a.O.: 528). Das Sexualleben wird sogar zwischen Eheleuten immer als Sünde dargestellt, wenn es nicht zur Fortpflanzung dient (a.a.O.: 529).

Die Politik im neuen Franco-Staat wird entsprechend gestaltet: Gesetze und Regelungen zum „Schutz der Mutter" werden erlassen. Um einen Anreiz zur Erhöhung der Geburtenrate zu schaffen – nicht zuletzt, um die demografische Lücke des Bürgerkrieges auszugleichen, werden *Mutterschaftsprämien* (*Premios de Maternidad*), *Familienzuschüsse* ab dem dritten Kind (*Subsidios Familiares; Ley de Bases de 18 de Julio de 1938*) gewährt sowie die Aufgabe der bezahlten Arbeit seitens der Frau gegen eine *Ehemitgift* (*Dote Nupcial*) per Gesetz von 1942 erwirkt. Damit die Frauen nicht mehr ihrer bezahlten Arbeit nachgehen, sondern zu Hause bleiben und sich um Haushalt und Familie kümmern, werden sog. *Ausgleichsmaßnahmen* (*Medidas Mitigadoras*) eingeführt. Dazu gehören die bessere Bezahlung der Arbeiter, die eine Arbeiterin heiraten, welche danach Hausfrau wird, und das Beschäftigungsverbot für verheiratete Frauen, wenn deren Männer ein bestimmtes Einkommen erhalten (di Febo 2008: 222). Das Gesetz zum *Familiengeld* (*Ley de Ayuda Familiar de 26 de Marzo de 1946*) schafft den staatlich finanzierten *Familienbonus* (*Plus Familiar*) für die Männer (an sie werden die Gelder ausgezahlt) ab, deren Frauen weiterhin einer bezahlten Arbeit nachgehen (Graham 1995: 184). Kinderreiche Familien werden mit Preisen geehrt und erhalten im Gegensatz zu anderen Familien finanzielle Vorteile, wie z. B. die Reduzierung der Schulgebühren für die Kinder (Benería 1977: 27f). Dass die Frauen keiner bezahlten Arbeit nachgehen dürfen, damit ihre Familien von diesen Ausgleichsmaßnahmen profitieren können, diskriminiert sie im doppelten Sinn: Einerseits sind sie dadurch gezwungen, zu Hause zu bleiben, andererseits arbeiten sie dadurch oftmals, aufgrund der prekären finanziellen Situation, ohne Arbeitsvertrag, als Hilfskräfte und/oder nur stundenweise (Benería 1977: 27f). Einzelne Industriebereiche wie die Textilindustrie in Katalonien hingegen zahlen ihren weiblichen Angestellten den *Familienzuschuss* aus Privatvermögen, um zu verhindern, dass die Frauen nach der Geburt ihrer Kinder ihren Arbeitsplatz aufgeben, da ihre Arbeitskraft gebraucht wird (ebd.).

Der Einfluss der katholischen Kirche auf die Gesetzgebung ist z. B. beim Abtreibungsverbot und bei der Abschaffung der Zivilehe zu spüren. Die kirchliche Heirat ist zu Francos Regierungszeit die einzige vor dem Gesetz geltende (Rodríguez de Lecea 2008: 267). Das Ehescheidungsrecht wird ebenso wie die in Teilen der Zweiten Republik legalisierte Abtreibung wieder abgeschafft. Somit ergibt sich im Wesentlichen eine Rückkehr zum *Código Civil* aus dem Jahr 1889 in Bezug auf die Bürgerrechte, welche in der Zweiten Republik reformiert worden waren (Benería 1977: 23).

Der „Schutz der Mutterschaft", einhergehend mit dem begrenzten Zugang für Frauen zu bezahlter Arbeit, ist im Grunde sozioökonomischen Faktoren geschuldet: dem demografischen Faktor aufgrund des Bürgerkrieges und den Folgen der Autarkie. Francos mit Begeisterung erklärtes Ziel in Bezug auf eine Bevölkerungszunahme sind „40 Millionen Spanier", mit denen er die Macht der Nation demonstrieren will, wie es für faschistische Regime typisch ist, mit dem Unterschied, dass seine Ideologie auch mit religiösen Inhalten angereichert ist. Zudem bietet das dem Autarkiemodell geschuldeten geringe Wirtschaftswachstum nur begrenzte Beschäftigungsmöglichkeiten (di Febo 2008: 222). Mit dem Ziel, die männliche Arbeitslosenquote möglichst wenig ansteigen zu lassen, wird der Zugang der Frauen zum Arbeitsmarkt eingeschränkt bzw. werden sie in typisch weibliche Berufe wie im Dienstleistungssektor, der Textil-, Schuh- und Tabakindustrie zurückgedrängt (a.a.O.: 224). Dabei regeln sog. Schutzmaßnahmen den Ausschluss der Frauen von gefährlichen, gesundheitsschädlichen oder Nachtarbeiten. Andererseits werden Frauen angesichts mangelnder Berufsausbildung, die ihnen in vielen Fällen verwehrt bleibt, von anderen Arbeitsbereichen von vornherein ausgeschlossen. Zudem scheiden sie, wie bereits erwähnt, nach der Heirat aus dem Berufsleben aus oder werden durch das Regime durch wesentlich niedrigere Löhne im Vergleich zu Männern stark diskriminiert. Die *eheliche Vormundschaft* (*Tutela/Licencia Marital*) schränkt jegliche Handlungsfähigkeit verheirateter Frauen ein, weil sie ohne Zustimmung ihres Ehemannes keinen Arbeitsvertrag unterzeichnen, keine Geschäfte tätigen und ihren eigenen Lohn nicht verwalten dürfen (ebd.). Die vielfach propagierte „antiintellektuelle Natur der Frau“ und „ihre im Vergleich zum Mann geringere Denkfähigkeit“ rechtfertigen den Ausschluss der Frauen von bezahlter Arbeit sowie ihre Degradierung zur Hausfrau und Mutter nach faschistisch-ideologischer Ansicht (di Febo 2008: 224).

Bereits in der Kindheit werden die Rollenaufteilungen von Männern und Frauen – immer vor dem Hintergrund des Nationalkatholizismus – gefördert. Entsprechend den in den Jahren 1945 und 1953 erlassenen Gesetzen (*Ley de 17 de Julio de 1945, Ley de 26 de Febrero de 1953*) findet der Unterricht in Grundschule und Sekundarstufe I „aus moralischen Gründen“, wie es dort formuliert ist, nach Geschlechtern getrennt statt (Pilar Folguera Crespo 1997: 535, 537; Historikerin). Dementsprechend werden unterschiedliche Inhalte vermittelt: Jungen wird die „männliche Religiosität“ nahegebracht, während den Mädchen Hauswirtschaftsunterricht erteilt wird (di Febo 2008: 225). Dem *Decreto de 12 de Junio de 1953* zufolge, das den Abiturlehrplan festlegt, muss in Mädchenschulen Unterricht gehalten werden, der sie auf ihr Leben in Haushalt und Familie sowie auf Frauenberufe vorbereitet (María Antonia García de León 2008: 333; Soziologin). Gemeinsam ist dem Unterricht für Mädchen und Jungen hingegen, dass er vor dem Porträt Francos und dem Kruzifix im Klassenzimmer stattfindet (di Febo 2008: 225) und das gesamte Bildungssystem als

Multiplikator der Ideologie und als Restriktions- und Unterdrückungsmechanismus dient (García de León 2008: 332f). Oftmals gehen die Mädchen in Klosterschulen; dabei entscheidet ihre soziale Herkunft über die Dauer des Schulbesuches. Mädchen aus etwas besser situierten Familien besuchen die Schule länger als andere Mädchen; danach ergreifen sie einen Beruf, um diesen nach der Heirat aufzugeben. Aus ärmeren Verhältnissen stammende Mädchen besuchen die Schule nur wenige Jahre und arbeiten aus der finanziellen Notwendigkeit heraus sehr früh in Fabriken oder Werkstätten. Auch nach der Heirat und der Geburt des ersten Kindes müssen sie entgegen allen ideologischen Bekundungen des Regimes zum Lebensunterhalt der Familie beitragen, auch wenn ihre Arbeitssituation noch so prekär ist (Tavera García 2008: 250). Dabei gehen im Jahr 1940 nicht einmal 9% der Frauen einer bezahlten Arbeit nach, was dem niedrigsten Stand der weiblichen Erwerbstätigkeit im 20. Jahrhundert in Spanien entspricht (ebd.). Gerade die Zeit der wirtschaftlichen Not und Lebensmittelrationierung, die bis 1952 anhält, ist von Verzicht und Entbehrungen geprägt; Sparen in allen Bereichen bestimmt den Alltag in den meisten Haushalten (di Febo 2008: 228). Die Situation für nicht erwerbstätige Frauen stellt sich nicht besser dar: Unbezahlte, von Frauen verrichtete Arbeit dient in den 1940er Jahren dazu, über die finanzielle Notlage des Staates hinwegzutäuschen und auch die bezahlte Arbeit mit einem, wie S. Tavera García schreibt, „niederträchtigen" Lohn zu vergüten (Tavera García 2008: 251). Eine höhere Erwerbsquote lässt die wirtschaftliche Situation des Landes gar nicht zu. Infolgedessen wird Frauenarbeit zu jener Zeit sprachlich als *Hilfe* oder als *Zulage zum Familieneinkommen* wiedergegeben, weil es aus ideologischer Sicht nicht ihnen, sondern dem Ehemann, dem Familienoberhaupt (*el Cabeza de la Familia*) zusteht, den Familienunterhalt zu verdienen (ebd.).

Dass Frauen vom politischen und öffentlichen Leben und qualifizierter Arbeit ausgeschlossen sind, hat nicht nur wirtschaftliche und ideologische Gründe, denen zufolge die Männer die „Ernährer der Familie" *(Ganadores del Pan)* und die Frauen „Hausfrauen" *(Amas de Casa)* sind (a.a.O.: 252). Sie haben in ihrem oftmals sog. *„häuslichen Exil" (Exilio Doméstico)* auch unter Zuhilfenahme der Kinder einen unendlich langen Arbeitstag zu bewältigen. Zu ihren täglichen Aufgaben schreiben P. Folguera Crespo und S. Tavera García:

> „Es war die Aufgabe der Frauen, die Küchenöfen anzuzünden, Kohle und Holz zu besorgen oder später das Öl für die stinkenden Kocher und

Öfen; sie kochten, brachten die Kinder zur und holten sie aus der Schule, wuschen Wäsche und blichen sie mit Lauge, aber manchmal auch mit der Asche, die sie aus den Küchenöfen nahmen; wärmten das Wasser für die wöchentlichen Bäder auf; sie kühlten verderbliche Lebensmittel, die sie regelmäßig kaufen mussten, mit Eis; besserten die Ausstattung des Haushaltes auf und fertigten die Kleidung der Familienmitglieder selbst an und übernahmen somit eine unendlich lange Liste von Aufgaben, die als Ausdruck des weiblichen Strebens beschrieben werden könnte und daher ihre aufmerksame Beachtung verlangte. Die Lebensumstände in ländlichen Regionen stellen sich besonders schwierig dar, weil es oftmals kein fließendes Wasser, keine sanitären Einrichtungen, keine Heizung, keine Elektrogeräte und kein Telefon gibt“ (Folguera Crespo 1997: 541).

„Der Geschlechterunterschied in der Aufgabenteilung wird nicht zuletzt dadurch deutlich, dass viele Frauen in der damaligen Zeit den technischen Fortschritt mit dem Aufkommen elektrischer Haushaltsgeräte assoziieren, weil diese ihnen die tägliche Arbeit wesentlich erleichtern“ (Tavera García 2008: 252).

Darüber hinaus ist, wie oben bereits behandelt, für Frauen zwischen 17 und 36 Jahren der *Servicio Social* der *Sección Femenina* obligatorisch.

Die katholische Kirche fungiert besonders im Hinblick auf Frauen und ihre Familien- und Sexualmoral als Kontrollinstanz, denn die traditionellen und antifeministischen Erwartungen an Frauen, die seitens der Kirche gestellt werden, sind identisch mit den Erwartungen des neuen politischen Regimes (Rodríguez de Lecea 2008: 268). Dadurch genießt die katholische Kirche derart großes Vertrauen durch das System, dass sie auch über eine ungewöhnlich große Freiheit im Vergleich zu anderen Instanzen verfügt (ebd.).

Im Jahr 1948 und in den 1950er Jahren thematisieren drei spanische Schriftstellerinnen in ihren Büchern die Frauen in Zusammenhang mit der von der katholischen Kirche propagierten Rolle: *La Secreta Guerra de los Sexos* von María Campo Alange (1948), *En Tierra Extraña* von Lilí Álvarez (1956) und *Nosotras, las Solteras* von Mary Salas (1959) (Rodríguez de Lecea 2008: 270). Campo Alange kontrastiert in ihrem Werk die beiden unterschiedlichen katholischen Frauenbilder: einerseits die Figur der Eva, die Schuldhaftigkeit symbolisiert, und andererseits die Figur der Maria, die verehrt wird. Die beiden Frauenbilder spiegeln die „schizophrene" Einstellung der katholischen Kirche, wie Rodríguez de Lecea zu lesen ist, gegenüber der Frau wieder (ebd.).

Álvarez behandelt das Thema Religion zum einen als Leben und Erleben, zum anderen verteidigt sie die Gewissensfreiheit jeder einzelnen Person und spricht sich damit für die Notwendigkeit aus, Entscheidungen ohne beständigen Bezug auf kirchliche Instanzen treffen zu können. Einen gesonderten Zusammenhang zwischen dieser Problematik und der Situation der Frauen stellt sie im Gegensatz zu Salas nicht her. Sie spricht sich in ihrem Buch für einen, so formuliert es Rodríguez de Lecea, „gesunden und evangelischen Feminismus" aus, und kritisiert die Marginalisierung und Unterordnung lediger Frauen in der Familie, obwohl sie einer bezahlten Arbeit nachgehen (Rodríguez de Lecea 2008: 270f).

Die Jungfrau Maria als Symbol der Unterordnung, des Gehorsams und der verherrlichten Mutterschaft ist im Neuen Staat nicht die einzige Frau, die verehrt wird. Ebenso haben die Heilige Teresa von Ávila und Königin Isabella I. von Kastilien in ihrer Mutterrolle, sei es im wörtlichen oder übertragenen Sinn, Vorbildfunktion, denn, so steht bei der Historikerin María del Carmen Muñoz Ruíz geschrieben, „sie mahnen bei den Spanierinnen und Spaniern die nationalen und katholischen Werte, die für das Vaterland wichtig sind, an" (Muñoz Ruíz 2008: 280).

Die Aufgabe der *Neuen Frau* im *Neuen Staat* ist aber nicht nur, so schreibt die Historikerin weiter, „die Wiedereroberung des Heims" (*la Reconquista del Hogar*) sondern in ihrer Rolle als Hausfrau soll sie auch in sozialer und ideologischer Hinsicht über die spanische Gesellschaft wachen (a.a.O.: 281). Bereits die Mädchen werden entsprechend mit Hilfe der katholischen Kirche und der *Sección Femenina* sozialisiert und auf ihre zukünftige Rolle als Hausfrau und Mutter vorbereitet, und diese Rolle immer in Abhängigkeit vom Ehemann definiert. Eine Frau ohne Ehemann wird als unvollständig und frustriert betrachtet. Hat eine Frau Kinder, ist sie dazu da, diesen ihr Leben zu widmen. Diese einseitige Beziehung von Abhängigkeit und Unterordnung zwischen Mann und Frau wird durch vermeintlich wissenschaftliche Werke, durch die Kirchenmoral und Francos Gesetzgebung gestützt und legitimiert (Muñoz Ruíz 2008: 281).

Die Kirche schreibt Männern und Frauen nicht nur unterschiedliche Eigenschaften und somit unterschiedliche gesellschaftliche Aufgaben zu, sondern erlegt Jungen und vor allem Mädchen und Frauen Verhaltensregeln auf, die von allen befolgt werden müssen. Dazu schreibt P. Folguera Crespo:

> „Die Kleidung darf weder eng anliegen noch die Körperformen betonen, das Dekolleté darf nicht betont werden, durchsichtige Kleidung ist nicht erlaubt, Mädchen ab zwölf Jahren müssen Strumpfhosen tragen und Jungen dürfen ihre Muskeln nicht nackt zeigen noch zudringlich werden, noch dürfen Jungen an gemeinschaftlich genutzten Orten wie Schwimmhallen oder Stränden auf Frauen treffen" (Folguera Crespo 2008: 530).

Auch Ehemänner sind dazu angehalten, darauf zu achten, dass ihre Frauen bescheiden sind und dass ihre Töchter das Haus nicht leicht bekleidet verlassen (vgl. ebd.).

Die Grenzen der Freiheit der Spanierinnen werden ihnen auch mit dem Verbot, bis zur Vollendung des 25. Lebensjahres aus dem elterlichen Haushalt auszuziehen, aufgezeigt. Ausnahmen sind nur im Falle einer Hochzeit oder des Eintritts in einen religiösen Orden zulässig. Diese Regelung bleibt bis zum Jahr 1973 in Kraft (Benería 1977: 46).

Die Geschlechtertrennung an öffentlichen Orten geht so weit, dass nach der Verordnung vom 9. Oktober 1945 (*Orden de 9 de Octubre de 1945*), die Arbeitsnormen für das Schulsystem beinhaltet, die Lehrkräfte demselben Geschlecht angehören müssen wie ihre Schülerinnen bzw. Schüler (Folguera Crespo 2008: 536). Diese Anforderung ist schwer zu erfüllen, denn Frauen dürfen nach ideologischen Vorgaben keiner bezahlten Arbeit außer Haus nachgehen und am Lehrkräftemangel sind die Folgen des erst zurückliegenden Bürgerkrieges ebenfalls deutlich zu spüren. Diesem Mangel sollen die beiden 1943 und 1945 gegründeten Institutionen, *Junta Profesional de la Sección de Enseñanzas Profesionales de Mujer (Berufsvertretung im Bereich der Berufsausbildung von Frauen)* und das *Instituto de Enseñanzas Profesionales de la Mujer (Institut für die Berufsausbildung von Frauen)*, Rechnung tragen.

4.2.2 Die Jahre 1950–1960: Wirtschaftswachstum und vorsichtige Modernisierung

Das Wirtschaftswachstum, der Tourismus und die zunehmende Verbreitung der Medien, allen voran das Fernsehen, bringen in den 1950er Jahren eine gewisse Modernisierung der Gesellschaft mit sich (di Febo 2008: 234). Frauen nehmen verstärkt am öffentlichen Leben teil und Mädchen werden umfassender in das Bildungssystem integriert. So entstehen und etablieren sich vor allem gegen Ende der 1950er Jahre neue Frauenberufe wie Kino- und Fernsehtechnikerin, Designerin und Schaufensterdekorateurin, Dolmetscherin, Sportlehrerin, Stewardess und Sozialarbeiterin. An den Universitäten ist der erhöhte Frauenanteil erst in den darauffolgenden Jahren zu spüren (Tavera García 2008: 258). Bis dahin jedoch ist für viele Frauen die Arbeit als Haushaltshilfe die einzige Möglichkeit, das Familieneinkommen aufzubessern. Gerade junge Spanierinnen sehen in dieser Arbeit eine Chance, dem im Prinzip vorbestimmten Leben als Hausfrau auf dem Land zu entkommen, indem sie in den Städten eine solche Arbeitsgelegenheit ergreifen (Pilar Díaz Sánchez 2008: 350). So werden sie zunächst finanziell unabhängig und ab Mitte der 1960er Jahre bekommen viele Spanierinnen eine besser bezahlte und besser angesehene Arbeit in den Fabriken, wo die Arbeitskräfte gebraucht werden (ebd.).

Im Schulunterricht der Mädchen wird jedoch weiterhin der Stellenwert der Religion, des Nationalkatholizimus, des gesellschaftlichen Zusammenlebens, der Allgemeinbildung und der Hauswirtschaftslehre betont, wie es von der *Sección Femenina* gefordert wird. Disziplin und Gehorsam gegenüber der Organisation spielen dabei immer eine Rolle (di Febo 2008: 234).

Eine gesellschaftliche Öffnung der *Sección Femenina* ist nur bedingt erkennbar. Einerseits werden in den Zeitschriften der Organisation „moderne" Frauen mit Hosen oder Frauen beim Autofahren abgedruckt; andererseits wird die Rollenverteilung nach Geschlechtern trotzdem weiterhin von der Organisation propagiert (di Febo 2008: 234).

Jedoch treten innerhalb der *Sección Femenina* vereinzelt Mitglieder für die Rechte der Frauen ein, wie im Falle der Rechtsanwältin und Journalistin Mercedes Formica. Nach Veröffentlichung eines Artikels in der Tageszeitung *ABC* im Jahr 1953 über die Misshandlung und Tötung einer Frau durch ihren Ehemann erregt sie das Interesse der Medien und erwirkt fünf Jahre später durch ihren beständigen Einsatz für eine bessere rechtliche Stellung der Frauen die

Veränderung bzw. Streichung einiger Artikel des *Código Civil*, die Frauen gegenüber Männern benachteiligten (ebd.).

Der Erlass des Gesetzes am 22. Juli 1961 (*Ley 56/1961, de 22 de Julio*), der Frauen bei der Ausübung politischer und beruflicher Tätigkeiten sowie der Arbeit die selben Rechte einräumt wie den Männern, soll zumindest den Anschein der rechtlichen Gleichstellung beider Geschlechter haben, denn ideologische Veränderungen im franquistischen System sind nicht erkennbar. Zur Auslegung dieses erlassenen Gesetzes sagt Pilar Primo de Rivera, Vorsitzende der *Sección Femenina* bei ihrer Rede im Parlament, den Cortes, Folgendes:

> „Es ist nicht im Geringsten ein feministisches Gesetz [...]. Irgendwie wollen wir aus dem Mann und der Frau zwei ebenbürtige Menschen machen; weder ihrem Wesen nach noch in ihren zu erfüllenden Lebensaufgaben werden sie sich jemals gleichen, aber wir möchten, dass sie bei denselben Aufgaben dieselben Rechte haben. [...] was wir mit diesem Gesetz möchten, ist, dass die Frau, die aus der Not heraus arbeiten gehen muss, dies unter den bestmöglichen Bedingungen tut. Daher ist das Gesetz nicht feministisch, sondern im Gegenteil, als kleine Unterstützung der Frau durch die Männer zu sehen, um ihr das Leben zu erleichtern“ (Scanlon 1976: 345 in Tavera García 2008: 259f).

Die Eingliederung der Frauen in die Arbeitswelt ist tatsächlich nur der aktuellen Wirtschaftspolitik vor allem gegen Ende der 1950er Jahre geschuldet, um den dringenden Bedarf an Arbeitskräften zu decken. Das Gesetz suggeriert zwar Modernität, aber die Hausfrauen bleiben das gesellschaftlich propagierte Frauenideal (ebd.).

Zum Einfluss der *Sección Femenina*, die von der gesellschaftlichen Mittel- und Oberschicht aus gesteuert wird, schreibt die Historikerin Pilar Díaz Sánchez, dass dieser vor allem in ländlichen Gebieten groß war. In Arbeiterkreisen und städtischen Gebieten zogen es viele Frauen vor, sich bei der *Acción Católica* oder anderen christlichen Basisgruppen zu organisieren, weil sie dort wirklich selbst teilnehmen und mitbestimmen, und sich aus diesen Strukturen heraus ihr politisches Bewusstsein unter dem franquistischen Regime entwickelt (Díaz Sánchez 2008: 352).

4.2.3 Die Jahre 1960–1970: Verbesserte Bildungs- und Arbeitschancen

Nach dem Zweiten Vatikanischen Konzil 1961 und der Veröffentlichung der Enzyklika *Pacem in Terris* durch Papst Johannes XXIII. im Jahr 1963 beginnt in Spanien ein langsamer, aber stetiger Transformationsprozess in Bezug auf die Rolle der Frau in der Gesellschaft. Die Diskriminierung der Frauen wird zumindest in fortschrittlichen katholischen Kreisen und im Laienapostolat in zunehmendem Maße thematisiert (Muñoz Ruíz 2008: 285).

In der Wirtschaftspolitik sind sowohl in den 1960er als auch in den 1970er Jahren die Veränderungen hin zu einem kapitalistischen System immer mehr zu spüren. Langsam entwickelt sich eine Konsumgesellschaft und die ersten Anzeichen einer Wohlstandsgesellschaft sind zu erkennen. Auf der Suche nach besseren Lebensbedingungen wandern viele Menschen vom Land in die Städte ab. Fabriken suchen billige Arbeitskräfte und decken ihren Bedarf zum großen Teil mit weiblichen Arbeitskräften (Pilar Díaz Sánchez 2008: 349, Historikerin). Mit der wirtschaftlichen Entwicklung geht nicht nur eine Veränderung in der Zusammensetzung der Arbeitskräfte nach Geschlechtern einher, sondern auch nach dem Ausbildungsgrad. Die Anzahl schlecht ausgebildeter Arbeitskräfte geht zurück, während der Bedarf an gut ausgebildeten Arbeitskräften vor allem im Dienstleistungssektor steigt (ebd.). Dementsprechend werden auch die Regelungen im Arbeitsrecht liberalisiert, weil die Arbeitskraft der Frauen benötigt wird. Mit der Verabschiedung des Gesetzes zu den politischen und beruflichen Rechten der Frauen (*Ley 56/1961, de 22 de Julio*) wird zumindest formal die Gleichberechtigung von Männern und Frauen hinsichtlich politischer und wirtschaftlicher Tätigkeiten anerkannt, wodurch die Frauen wieder Zugang zu den meisten Berufen erhalten, die ihnen seit den 1940er Jahren versagt blieben. Schließlich wird 1962 das Beschäftigungsverbot für verheiratete Frauen aufgehoben (Benería 1977: 45). Im selben Jahr wird für Frauen die Möglichkeit geschaffen, den Mutterschaftsurlaub von einem auf drei Jahre auszuweiten. Ebenso wird die Diskriminierung nach Geschlechtern bei den Löhnen für gesetzeswidrig erklärt (ebd.).

Sowohl in den Städten als auch auf dem Land nehmen junge Spanierinnen die verbesserten Bildungschancen wahr und besuchen die Schule entsprechend länger. In den 1960er Jahren gleicht sich in der Grundschulausbildung die Anzahl der Schülerinnen denen der Schüler an, wobei die Grundschule dem Gesetz von 1945 zufolge bis zu einem Alter von 12 Jahren dauert und die

Grundschulpflicht seit 1964 tatsächlich aber bis zu einem Alter von 14 Jahren dauert, wie es im Bildungsgesetz von 1970 nachträglich geregelt wird (Díaz Sánchez 2008: 349 und Inmaculada Egido Gálvez, Erziehungswissenschaftlerin). Das Abitur legen immer noch mehr Schüler als Schülerinnen ab, jedoch gleicht sich auch deren Anzahl im Schuljahr 1969/1970 sprunghaft an (Díaz Sánchez 2008: 349).

Diese Veränderungen sieht die Historikerin P. Díaz Sánchez als Ausgangspunkt und Anzeichen dafür, dass sich die Rolle der Frauen zum einen in der Familie langsam verändert; zum anderen bringt ihnen die bessere Ausbildung auch eine größere gesellschaftliche und nicht zuletzt auch politische Teilhabe. Sie haben nun Zugang zu qualifizierteren Arbeitsplätzen, beispielsweise in der Verwaltung, befinden sich auf dem Weg zu mehr Freiheit und Unabhängigkeit und damit beginnt auch eine Neuordnung der Geschlechterrollen. Diese zunächst langsame Entwicklung wird in den folgenden Jahrzehnten nicht mehr aufzuhalten sein (Díaz Sánchez 2008: 350).

Statistiken der *Fundación Foessa* aus dem Jahr 1966 zeigen in diesem Zusammenhang den Generationenunterschied bei den berufstätigen Frauen. Demnach sind es die 14- bis 24-jährigen Frauen, die eine bezahlte Arbeit annehmen, während ihre Mütter zum größten Teil nicht außer Haus arbeiten. Hauptsächlich in den Arbeiterfamilien müssen die Frauen mit sehr schlecht bezahlter Arbeit zum Familieneinkommen beitragen, z. B. als stundenweise beschäftigte Reinigungskräfte oder als Näherin in Heimarbeit (a.a.O.: 351). Wenn Frauen arbeiten, dann aus finanzieller Not, weil ihnen aus ideologischen Gründen vom Regime viele Hindernisse in den Weg gelegt werden und sie auch aus arbeitsrechtlicher Sicht kaum Rückhalt haben. Somit ist es nachvollziehbar, dass ihre Töchter dieser Situation, die sie von klein auf kennen, durch eine bessere Ausbildung und folglich besser bezahlte Arbeit entkommen wollen. Diese jungen Frauen, die sich Ende der 1960er Jahre in die Arbeitswelt eingliedern, sind zu einem erheblichen Teil auch diejenigen, die in den 1980er Jahren aufgrund der wirtschaftlichen und industriellen Umstrukturierung Spaniens bis zuletzt um ihren Arbeitsplatz und somit um ihre hart erkämpfte Unabhängigkeit kämpfen werden (ebd.).

Auch nicht erwerbstätige Frauen sollen sich neben ihrer Hausarbeit der Gesellschaft öffnen, und zumindest bei zur Mittelschicht gehörenden Paaren, so beschreibt es M. Muñoz Ruíz, „die ergänzende Rolle zum Geschäftsmann“ einnehmen und sich damit in gewisser Hinsicht dem sich langsam entwickelnden kapitalistischen Wirtschaftswachstum anpassen (Muñoz Ruíz 2008: 285f). Diese „Modernität" der 1960er Jahre ermöglicht es den Spanierinnen aufgrund der wirtschaftlichen Notwendigkeit neuer Arbeitskräfte, auch außer Haus einer bezahlten Arbeit nachzugehen (a.a.O.: 288). Allerdings ändert sich dadurch zunächst in der Rolle zwischen Mann und Frau wenig, denn die Männer sind auch weiterhin nur im gesellschaftlichen Bereich aktiv. Währenddessen steht die Rolle der Frau, so schreibt die Autorin weiter, als „Heldin des Privatlebens" weiterhin im Mittelpunkt, „die sich still und fröhlich dem Wohlergehen ihrer Familie widmen soll, im Besonderen dabei den Ehemann vor der aggressiven Außenwelt schützen soll, indem sie ihm zu Hause das Glück aller physischen und psychologischen Annehmlichkeiten bietet" (Muñoz Ruíz 2008: 286). Die Spanierinnen sind, sofern sie eine bezahlte Arbeit haben, der Doppelbelastung durch diese und die Hausarbeit ausgesetzt. Dabei besteht die größte „Wertschöpfung" für die Frau , wie die Historikerin schreibt, „in ihrer Demut, ihrer Größe, ihrer Bescheidenheit und ihrer Einsamkeit, oder, anders formuliert, ihre Arbeit wird von der Gesellschaft nicht anerkannt" (vgl. ebd.). Dieses Frauenbild wird auch von der Presse so reproduziert und obendrein dadurch gestützt, dass die fehlende Wertschätzung für die Arbeit der Frauen auch kein Problem für sie darstellt, weil es, so steht es weiter geschrieben, „in der Natur der Frau liegt, genügsam und selbstlos zu sein" (vgl. Muñoz Ruíz 2008: 286). Ledige Frauen gelten ab einem gewissen Alter im Vergleich zu den „normalen" Frauen als gescheitert und als Symbol der sexuellen Enthaltsamkeit, wohingegen der große soziale Wert der von ledigen Frauen verrichteten bezahlten Arbeit und auch der sozialen Arbeit in fortschrittlichen katholischen Kreisen geschätzt wird (a.a.O.: 291). Ledige Männer werden zwar auch nicht positiv betrachtet, aber ihre Rolle in der Gesellschaft reduziert sich nicht auf die Familie, daher sind die Erwartungen an sie andere. Ihr Leben konzentriert sich vollständig auf das Arbeitsleben wie z. B. auf eine politische Karriere (ebd.).

Das von Zeitungen und Zeitschriften vermittelte Frauenbild stützt dieses traditionelle Rollenbild und sieht Frauen in weiteren Bereichen in der Verantwortung. So ist sie verantwortlich für die Harmonie zu Hause, auch auf der Gefühlsebene, für ihr eigenes Aussehen und Auftreten, denn der Ehemann hat die Wahl, ob und wann er nach Haus kommt. Im Fall eines Seitensprungs seitens des Mannes wird der Frau die Schuld zugeschrieben, weil sie ihre Pflicht nicht erfüllt hat (a.a.O.: 292). In allen an Frauen gerichteten Zeitungsartikeln oder -ratgebern dreht sich alles darum, wie Hausfrauen ihren Ehemännern das Leben möglichst angenehm machen können: z. B. ihnen ein gutes, abwechslungsreiches Essen zu bieten, ihn nicht mit den täglichen Problemen der Hausarbeit zu belästigen, ihm Ruhe zu gönnen, dabei selbst immer zurechtgemacht zu sein und im Haushalt alles in Ordnung zu haben, auch, wenn die Frauen selbst den ganzen Tag gearbeitet haben. Sie soll ihm alles recht machen, seinen Bedürfnissen nachkommen, seine Freundin, Ehefrau und gute Mutter und Erzieherin der Kinder sein. Die Frau ist damit in persönlicher und finanzieller Hinsicht von ihrem Mann abhängig. Ein eigenständiges Leben ist für sie unmöglich, daher muss sie auch schwierige Situationen in der Ehe ertragen (ebd.).

Dass die Spanierinnen in den 1960er tatsächlich aktiver am öffentlichen Leben teilnehmen, zeigt sich am sprunghaften Anstieg der Studentinnenzahlen an den spanischen Universitäten. Die Soziologin García de León schreibt in ihrem Essay über eine Annäherung der Geschlechterrollen zumindest in Bezug auf das Studium an der Universität und den beruflichen Tätigkeiten, was für Frauen die Grundlage für ein eigenständigeres und zumindest in finanzieller Hinsicht unabhängigeres Leben bildet. Während der Frauenanteil unter den Studierenden im Zeitraum von 1940 bis 1960 von 13% auf 19% (in absoluten Zahlen von 5032 auf 11932) ziemlich konstant ansteigt, liegt er in den Jahren 1967/1968 bereits bei 30% (34677 Studentinnen; *Instituto de la Mujer* in: García de León 2008: 334ff). Diese verstärkte Einschreibung von Frauen an den Universitäten stellt den gesellschaftlichen Aufstieg der Spanierinnen dar und garantiert ihnen größere soziale Flexibilität, als in der Ehe und/oder Familie ihre persönliche und finanzielle Eigenständigkeit aufzugeben. Auch wenn ihnen der Arbeitsmarkt nicht dieselben Chancen bietet wie Männern und ihnen auch die androzentrischen universitären Strukturen zum größten Teil verschlossen bleiben, verbessern die Frauen ihre gesellschaftliche und berufliche Situation durch ein Studium und den entsprechend längeren Bildungsweg (a.a.O.: 344).

In Bezug auf die Geburtenpolitik lässt sich zumindest in der gesellschaftlichen Debatte eine vorsichtige Öffnung für neue Positionen erkennen. Der pronatalistische Kurs, den Regierung und katholische Kirche mit dem Verbot von Verhütungsmitteln und dem Abtreibungsverbot verfolgen, spiegelt sich nicht so stark in der Kinderanzahl pro Familie wieder, wie zu erwarten wäre. Die im Jahr 1970 durchgeführte Studie der *Fundación Foessa* zum Thema zeigt, dass die meisten Familien zwei Kinder haben, gefolgt von Familien mit drei Kindern und danach die Ein-Kind-Familien, während die Anzahl der Familien mit vier Kindern als sehr gering angegeben wird (*Fundación Foessa* 1970 in: Muñoz Ruíz 2008: 295). Aufgrund dieser Tatsache sowie sozioökonomischer Faktoren ist davon auszugehen, dass Familienplanung trotzdem – im Rahmen der gesetzlichen Möglichkeiten – stattgefunden hat (ebd.). Graham schreibt zur Verhütung, dass insbesondere „arme, arbeitende Frauen alle möglichen Arten von Verhütung, zu denen sie irgendwie Zugang hatten, nutzten, und auch abtrieben, um ihre Gesundheit zu schützen und finanzielles Elend und Familienkrisen zu verhindern, was oft miteinander in Zusammenhang stand. Keinerlei Überredungskünste seitens der *Sección Femenina* würde diese Frauen von den Freuden einer mehrfachen Mutterschaft überzeugen" (Graham 1995: 192).

Die in den 1960er Jahren auf internationaler Ebene geführte Debatte zur Verhütung nach Entwicklung der Anti-Baby-Pille und der möglichen negativen Auswirkungen einer Überbevölkerung der Erde diskutieren auch progressive katholische Gläubige, so formuliert es M. Muñoz Ruíz, die „verantwortungsvolle Vaterschaft" im Zusammenhang mit der Empfängnisverhütung (Muñoz Ruíz 2008: 295). Nach Veröffentlichung der päpstlichen Enzyklika *Humanae Vitae* durch Papst Paul VI. im Jahr 1968, in der er sich gegen die künstliche Regulierung der Geburtenrate ausspricht, bricht diese Debatte jedoch ab (a.a.O.: 296).

Die oben genannte Studie zeigt ebenfalls, dass mit 31% die meisten Spanierinnen und Spanier die völlige oder zeitweilige Enthaltsamkeit der Männer als beste Verhütungsmethode betrachten, während 26% der Befragten „irgendeine Verhütungsmethode für begründete, schwierige Fälle" legalisieren würden, wobei die „schwierigen Fälle" nicht definiert werden (*Fundación Foessa* 1970: 503 und Muñoz Ruíz 2008: 296).

4.2.4 Die Jahre 1970–1980: Zunehmende Eingliederung der Frauen in den Arbeitsmarkt

Der Trend, dass Frauen einen immer längeren Bildungsweg gehen und studieren, ist ungebrochen. An der Universität studieren die Frauen, die in vielen Fällen auch von ihren Eltern zum Studium ermutigt werden, nach einem bis dahin nach Geschlechtern getrennten Bildungsweg erstmals gemeinsam mit gleichaltrigen Studenten. Während von nicht studierten Frauen erwartet wird, dass sie ihren erlernten Beruf später zugunsten von Ehe und Familie aufgeben, ist es gesellschaftlich akzeptiert, dass Akademikerinnen zwischen Karriere und Familie wählen.

Die vom *Instituto Nacional de Estadística* erhobenen Beschäftigungszahlen von Frauen zeigen, dass diese im Alter zwischen 15 und 24 am ehesten einer Arbeit nachgehen (15–19 Jahre: 37,8%; 20–24 Jahre: 48,5%). Über dieses Alter hinaus liegt der Anteil der erwerbstätigen Frauen bei nur noch ca. 20%. Im Gegensatz zu vielen anderen Ländern findet somit eine Eingliederung der Frauen in den Arbeitsmarkt, nachdem die Kinder den elterlichen Haushalt verlassen haben, nicht statt. L. Benería sieht den Grund hierfür in den starken familiären Bindungen, wie sie in spanischen Familien üblich sind, und wo die Frauen die Rollen der Mutter und Großmutter in der Familie mit allen damit verbundenen Hausarbeiten annehmen (Benería 1977: 60f).

Der wirtschaftliche Aufschwung und die damit einhergehende Zunahme vor allem weiblicher Arbeitskräfte seit den 1960er Jahren zieht auch ein Wachstum der Gewerkschaften nach sich.

Die Gewerkschaften, wie sie nach unserer heutigen Vorstellung funktionieren, sind in den 1970er Jahren immer noch verboten (Díaz Sánchez 2008: 352f). Das franquistische Gewerkschaftssystem, in dem Arbeitnehmer- und Arbeitgebervertretung in einer sog. Syndikatsorganisation untergebracht sind, ist veraltet und genügt den aktuellen Anforderungen nicht mehr (Haensch/Sánchez López 1995: 83). Auch wenn es für Frauen schwierig ist, in die immer noch stark nach Geschlechtern getrennten Gewerkschaftsstrukturen zu gelangen, profitieren die Gewerkschaften vom verstärkten Engagement der Spanierinnen, die für die Durchsetzung ihrer Interessen, für mehr Gleichberechtigung, ihre Unabhängigkeit und nicht zuletzt für ihren Arbeitsplatz kämpfen (Díaz Sánchez 2008: 352f). Eine ihrer zentralen Forderungen ist die Schaffung von Kindergärten, und dabei ist es wichtig, dass es sich nicht um Betriebs-, sondern um Stadtteilkindergärten handelt, damit beide Elternteile in die Verantwortung für ihre Kinder eingebunden sind. Außerdem geht es den Frauen, die Vorträge zu diesen verschiedenen Themen insbesondere in den christlichen Frauengruppen, in denen sie sich in den vergangenen Jahren zunehmend zusammenschlossen, darum, sich in ihren Betrieben zu organisieren, um Aspekte wie Familienplanung, Ehe, Sexualität, Verhütung, Scheidung, die rechtliche Stellung der Frauen, ihre Diskriminierung am Arbeitsplatz, gemeinsame Erziehung der Kinder, Hausarbeit zu diskutieren (Díaz Sánchez

2008: 357ff). So sind die letzten Jahre der Diktatur von vielen sozialen Konflikten geprägt; viele Menschen engagieren sich, und nicht zuletzt die Frauen nehmen dabei eine sehr aktive Rolle ein (a.a.O.: 352f).

Zur Diskriminierung von Frauen aufgrund unterschiedlich hoher Löhne nach Geschlechtern schreibt die Juraprofessorin María Jiménez Bermejo einen Artikel, der die Tarifverträge aus verschiedenen Industriebereichen aus dem Jahr 1976 untersucht und vergleicht. Sie kommt zu dem Ergebnis, dass Frauen je nach erfasster Branche zwischen ca. 2 Prozentpunkten (in der Kautschukindustrie) und 38 Prozentpunkten (in der chemischen Industrie) weniger als ihre Kollegen verdienen, wobei auch branchenintern z. T. große Unterschiede auszumachen sind (Jiménez Bermejo 1981: 257f). Folglich beklagt sie, dass eine derartige Diskriminierung durch Lohnunterschiede entgegen gesetzlicher Vorschriften besteht und fordert Gesetzesmaßnahmen zur Beseitigung dieser Diskriminierung (ebd.).

Bei den Sozialleistungen sind die Spanierinnen gegenüber den Spaniern ebenso benachteiligt wie bei den Löhnen. Denn obwohl Frauen genauso hohe Abgaben zahlen wie Männer, liegt die Höhe ihrer Sozialleistungen unterhalb derer der Männer. Begründet wird dieser Unterschied mit der, wie es bei L. Benería steht, „Zentralisierung auf das Familienoberhaupt“ (Benería 1977: 55f).

Nachdem das Jahr 1975 von den Vereinten Nationen zum Internationalen Jahr der Frau erklärt wird, bemüht sich die *Sección Femenina*, dies für ihre Zwecke zu nutzen und Veranstaltungen in ihrem eigenen Sinn dafür zu organisieren. Dem Literaturwissenschaftler Jordi Gracia García zufolge wollte die *Sección Femenina* niemals die Rolle der Frauen als Mutter und Ehefrau verändern, selbst wenn es sich dabei nur um kleine Veränderungen gehandelt hätte (Jordi Gracia García/Miguel Ángel Ruiz Carnicer 2001: 292). Auch hat die Organisation selbst bis zu ihrer Auflösung kaum Änderungen erfahren: Pilar Primo de Rivera blieb über Jahrzehnte hinweg die Vorsitzende. Der Kreis ihrer Anhängerschaft veränderte sich ebenso wenig. Darüber hinaus ist der bürokratische Überbau dieser Organisation im Hinblick auf die Verwaltung von Gebäuden, Aktivitäten, Personal und Veröffentlichung so groß, dass sie den Bezug zur Realität immer mehr verliert. Das beste Beispiel dafür ist der eigentlich obligatorische *Servicio Social*, der unter Vorgabe zahlreicher Entschuldigungen immer seltener erfüllt wird – oftmals nur noch von Frauen mit schlechter politischer Bildung in ländlichen Gebieten (Gracia García/Ruiz Carnicer 2001: 292).

Dass Veränderungen in Bezug auf die Rolle der Frau gesellschaftlich notwendig und erwünscht sind, zeigt die im Januar 1976 – zwei Monate nach Francos Tod – vom Provinzausschuss Segovia *(Comisión Provincial de Segovia)* veröffentlichte Schrift unter dem Titel *La Mujer y la Familia* anlässlich des Internationalen Jahres der Frau 1975. Darin wird vorsichtige Kritik an der Rolle der Frauen in der spanischen Gesellschaft geübt. So ist dort Folgendes zu lesen:

> „Die Familie kann nicht mehr die traditionelle Ehepaarfamilie sein. So, wie sich die aktuelle Situation der Frau darstellt, kann es nicht weitergehen. Laut Gesetz ist das keine Gerechtigkeit" (*Comisión Provincial de Segovia* 1976: 13).

In Bezug auf die Emanzipation der Frauen im Familiengefüge wird neben ihren veränderten Aufgaben auch die Rolle der Männer und deren Wohlwollen angemahnt (a.a.O.: 16). Ebenso werden jedoch die traditionellen Aufgaben und Verhaltensmuster der Frauen beschworen, denn, so heißt es in der Schrift weiter, „nicht jede Frau kann sich zwangsläufig außerhalb des Haushalts selbst verwirklichen. Solche Situationen dürfen nicht erzwungen werden" (a.a.O.: 17). Es wird auf die große Verantwortung und die „grundlegende Pflicht" der Frau hingewiesen, der Gesellschaft, wie es weiter heißt, „nützliche Wesen anstelle von Parasiten" zu schenken. In ihrer Eigenschaft als Mutter trägt sie allerdings nicht nur viel Verantwortung, sondern hat auch Rechte (vgl. ebd.).

Die Forderung nach Gleichberechtigung ist dabei ein erster Schritt hin zu einer modernen spanischen Gesellschaft, die erst nach Francos Tod eine langsame Öffnung erfährt und die als *Transición* bezeichnet wird.

Nach dem Ende der Diktatur und nach den Wahlen 1977 werden die *Falange* bzw. das *Movimiento* und mit ihr die Teilorganisation *Sección Femenina* per Gesetz (*Decreto Ley 23/1977*) aufgelöst (Mabel Pérez-Serrano 2008: 383, Historikerin). Den Forderungen der Vereinten Nationen entsprechend muss aber eine neue staatliche Instanz für Frauen gebildet werden, was sich zunächst aufgrund der vielen verschiedenen Forderungen und der Vielzahl von Frauengruppen als nicht ganz leicht darstellt. Schließlich gründet das spanische Kulturministerium mit der *Subdirección General de la Condición Femeni-*

na eine Unterabteilung speziell für Frauenfragen, der eine *Subdirectora* und ein Kabinett von fünf Frauen aus der Frauenbewegung angehören. Der *Subdirección General de la Condición Femenina* wird nur der niedrigste Verwaltungsrang zuteil und damit, wie M. Pérez-Serrano schreibt, „ein lächerlicher Etat; aber ihnen mangelte es nicht an Ideen, Enthusiasmus und Führungsqualitäten, so dass sie ihre geringen Mittel immer gekonnt einzusetzen wussten" (Pérez-Serrano 2008: 383f). Später wird diese Instanz, deren Arbeit den Grundstein für die Errungenschaften in Bezug auf die rechtliche und gesellschaftliche Situation der Frau im demokratischen Spanien legt, bis zur Gründung des *Instituto de la Mujer* im Jahr 1983 umbenannt in *Subdirección General de la Mujer*, deren Arbeitskapazität sich im Lauf der Zeit als unzureichend herausstellt und sich die Abhängigkeit von der Ministerialabteilung (*Dirección General*) gerade in Bezug auf die geringen finanziellen Mittel nachteilig auswirkt (a.a.O.: 383f und 389).

Patriarchalische Verhaltensmuster sind L. Benería zufolge tief in den spanischen Traditionen und der Einstellung der Menschen verwurzelt. Das spiegelt sich in den franquistischen Gesetzen wider, die bis in die Zeit der *Transición* hinein und z. T. darüber hinaus ihre Gültigkeit behalten. Die Folgen dessen sind, obwohl die Franco-Diktatur beendet ist, dass Frauen weiterhin gesellschaftlich und rechtlich benachteiligt und Männern untergeordnet sind (Benería 1977: 56). L. Benería sieht das Beziehungsmodell von Dominierung und Unterordnung, das es auf allen Ebenen der Gesellschaft gibt, als grundlegendes Problem im Privatleben der Spanierinnen und Spanier. Aus diesem Grund fordert sie die Gleichberechtigung zwischen den Geschlechtern auf der privaten Ebene, der persönlichen Ebene und der Familie ein (a.a.O.: 39).

Die während der Franco-Diktatur erlassenen Gesetze, die die Gleichstellung von Männern und Frauen garantieren sollten, stehen im deutlichen Widerspruch zur Realität: die Diskriminierung der Frauen im privaten und familiären Bereich, die Geschlechtertrennung nach Berufen sowie ihre Anstellung in schlecht bezahlten Branchen mit oder ohne erforderlicher Qualifizierung, ihre Anstellung in Teilzeitjobs. Bei prestigeträchtigen gesellschaftlichen Aufgaben oder Berufen sind Frauen absolut unterrepräsentiert (a.a.O.: 65), auch wenn ihre seit den 1960er Jahren verbesserte Bildungssituation, ihre verstärkte Eingliederung in den Arbeitsmarkt und das öffentliche Leben Anzeichen dafür sind, dass sich ihre gesellschaftliche Rolle zu verändern beginnt. Vor diesem politischen und sozialen Hintergrund kam die Frauenbewegung in Spanien später an als in anderen Ländern und stand vor noch größeren Herausforderungen (Benería 1977: 69).

4.3 Die Frauen- und Familienpolitik in der Demokratie

Für die Erarbeitung dieses Kapitels dient zum einen ein Sammelband von Aufsätzen verschiedener, zum größten Teil spanischer Autorinnen, der auf der Grundlage einer Konferenz und eines Symposiums zu den Themen „Gender and Interculturality" und „Frauen in der Wissensgesellschaft" erschienen ist. Initiiert wurden diese in den Jahren 2000 bzw. 2002 durch die universitäre Partnerschaft der Universität Koblenz-Landau mit der Universtität der Balearen bzw. durch die Zusammenarbeit ersterer mit der Universität Málaga.

Zum anderen liegen diesem Kapitel zwei vom Spanischen Arbeits- und Sozialministerium veröffentlichte Berichte, die in Zusammenarbeit mit der *Secretaría General de Políticas de Igualdad* (Generalsekretariat für Gleichstellungspolitik) und dem *Instituto de la Mujer* entstanden sind, zugrunde. Es handelt sich zum einen um „*Mujeres y Hombres en España 2007*" und eine Studie zur Rolle der Großmütter in der Familie, die den folgenden Titel trägt: „*Las Abuelas como Recurso en la Conciliación entre la Vida Familiar y Laboral. Presente y Futuro.*" Des Weiteren werden vom *Instituto de la Mujer* bereitgestellte statistische Informationen verwendet.

Das Hauptaugenmerk dieses Kapitels liegt auf der Situation der spanischen Frauen in den Bereichen Familie, Abtreibung, Bildung, Beschäftigung in Bezug auf bezahlte und unbezahlte Arbeit, Elternschaft, soziale Absicherung, Gesundheit und geschlechterspezifische Gewalt sowie Macht und Entscheidungsgewalt. Bestimmte Gesetze wie das alte und neue Abtreibungsgesetz (*Ley Orgánica 9 de 5 de Julio 1985* und *Ley Orgánica 2/2010, de 3 de Marzo*) und das spanische Gesetz zur Gleichbehandlung von Männern und Frauen *Ley Orgánica 3/2007, de 22 de Marzo* werden hier in diesem Zusammenhang erneut aufgegriffen. Zur Untermauerung der Fakten im europäischen Vergleich dienen die von *Eurostat* (statistischer Informationsdienst der EU) erhobenen Daten.

Spanien ist innerhalb der EU der 25 (2005 mit durchschnittlich 1,52 Kindern pro Frau) eines der Länder mit den niedrigsten Geburtenraten, obwohl nach dem Tiefststand von 1999 mit 1,07 Kindern pro Frau im gebärfähigen Alter wieder ein leichter Anstieg zu verzeichnen ist (2006: 1,34 Kinder; vgl. Astelarra 2005: 55 und „*Mujeres y Hombres en España 2007*“, 2007: 13). Die Anzahl der Kinder pro Frau steht in engem Zusammenhang mit ihrem Bildungsgrad: Bei Frauen mit Hochschulabschluss liegt die Geburtenrate 1999 bei nur 0,33 Kindern, während Frauen ohne Studium im Durchschnitt 1,57 Kinder zur Welt bringen (vgl. Astelarra 2005: 55). Das Durchschnittsalter der Erstgebärenden hat sich in den vergangenen dreißig Jahren um zwei Jahre auf 30,9 im Jahr 2004 erhöht (zum Vergleich: 28,8 im Jahr 1975; vgl. „*Mujeres y Hombres en España 2007*“, 2007: 13). Die Zahl der Geburten außerhalb einer Ehe ist seitdem stark angestiegen, und zwar von knapp 2% im Jahr 1975 auf 27% in 2005 (ebd.). Diese Entwicklung ist nicht zuletzt der seit Ende der Diktatur stetig sinkenden Zahl der Eheschließungen pro 1000 EinwohnerInnen geschuldet: Waren es 1975 noch 7,6, so sind es 2005 nur 4,82 Eheschließungen. Die Anzahl der Scheidungen ist seit 1994 (von damals 27000) angestiegen. Bedingt durch ein im Jahre 2004 verabschiedetes Gesetz, das Ehescheidungen erleichtert, hat sich diese Zahl bis 2005 sogar mehr als verdreifacht (93000; ebd.).

Die Zahl der freiwilligen Schwangerschaftsabbrüche (*Interrupción Voluntaria del Embarazo – IVE*) bei Frauen zwischen 15 und 44 Jahren hat sich im Zeitraum zwischen 1995 und 2005 fast verdoppelt: Von 5,53 auf 9,60 von 1000 Schwangerschaften (ebd. und http://www.msc.es/profesionales/saludPublica/prevPromocion/embarazo/tablas_figuras.htm#Tabla%201), wobei Angaben des spanischen Gesundheitsministeriums zufolge mittlerweile 40–50% der Abtreibungen bei in Spanien lebendenden Einwanderinnen vorgenommen werden (vgl. http://www.elmundo.es/elmundosalud/2006/07/27/mujer/1154004159.html). Einer Abtreibung in Spanien liegt bis Ende Juni 2010 das geltende Organgesetz vom Juli 1985 zugrunde (*Ley Orgánica 9 de 5 de Julio 1985*), das einen solchen Eingriff unter Vorliegen einer der drei folgenden Indikationen legitimiert – die Einwilligung der Schwangeren vorausgesetzt: erstens, wenn die physische oder psychische Gesundheit der Mutter in Gefahr ist; zweitens, innerhalb der ersten zwölf Schwangerschaftswochen, wenn die Schwangerschaft die Folge einer Vergewaltigung ist und diese angezeigt wurde; und drittens, innerhalb der 22 ersten Schwangerschaftswochen, wenn beim Fötus schwere körperliche oder geistige Schäden zu erwarten sind (vgl. http://www.msc.es/profesionales/saludPublica/prevPromocion/embarazo/ley_organica_5julio1985.htm). Seit Juli 2010 ist ein neues Abtreibungsgesetz in Kraft (*Ley Orgánica 2/2010, de 3 de*

Marzo), welches in Kapitel *3.2.2 La Constitución Española* behandelt wird, nach welchem die Indikation der Vergewaltigung nicht mehr vorliegen muss.

Im überwiegenden Teil der Schwangerschaftsabbrüche (96,68%) wird 2005 – ebenso wie in den Vorjahren – die Gesundheit der Frau als Grund angegeben (http://www.msc.es/profesionales/saludPublica/prevPromocion/embarazo/tablas_figuras.htm#Tabla%201).

Im Bereich der Bildung sind seit dem Ende der Diktatur viele positive Entwicklungen zu verzeichnen. Die Einschulungsquote liegt praktisch bei 100%. Damit einher geht eine sinkende Analphabetenquote sowohl bei Männern (1996: 2%; 2005: 1,3%) als auch bei Frauen (4,4% bzw. 2,9%), obwohl die der Frauen immer noch doppelt so hoch wie die der Männer ist („*Mujeres y Hombres en España 2007*", 2007: 19). Die beiden Erziehungswissenschaftlerinnen Francesca Salvà Mut und M. Dolors Forteza Forteza schreiben in ihrem Essay zum Bildungsniveau:

> „The evolution of the Spanish population displays an important rise in educational level that is unequal in terms of gender and is more intense in women. A comparison of the educational level of the adult population between those ages 25–64 and 25–35 reflects the generalised rise in educational level and a transformation from a situation in which women had inferior educational levels into a situation in which women's educational levels are higher than men's" (Salvà Mut/Forteza Forteza 2005: 359).

Die Anzahl der Frauen unter 50 Jahren mit Universitätsabschluss übersteigt im Jahre 2005 die der Männer. 54,7% der spanischen Bevölkerung mit einem solchen Abschluss sind Frauen. Zwar ist auch ein annähernd so großer Anteil der an spanischen Universitäten eingeschriebenen Studierenden weiblich, insgesamt jedoch liegt das Bildungsniveau der Frauen noch leicht unter dem der Männer (Rita Radl Philipp 2005: 418, Sozialpädagogin, Philosophin und Erziehungswissenschaftlerin; vgl. auch „*Mujeres y Hombres en España 2007*" 2007: 20). Mit 0,3% der weiblichen Bevölkerung besitzen 2005 prozentual gesehen nur halb so viele Spanierinnen einen Doktortitel wie Männer, obwohl sich ihre Anzahl innerhalb von zehn Jahren prozentual mehr als verdoppelt hat (1996: 0,1%; ebd.).

Bei der Wahl der Studiengänge entscheiden sich 56,6% der studierenden Frauen für Geistes- und Sozialwissenschaften; für technische Studiengänge hingegen ist das Interesse mit 3,4% sehr gering („*Mujeres y Hombres en España 2007*“ 2007: 20).

Die Zahl der in der Lehre tätigen Frauen liegt über der der Männer, wobei es hier jedoch große Unterschiede zwischen den einzelnen Bereichen gibt. Frauen sind mit gut 70% in der Vorschul- und Grundschulbildung überrepräsentiert. Mit steigendem Bildungsgrad sinkt der Frauenanteil. So sind Frauen in der Hochschullehre mit 35,9% in der Minderheit („*Mujeres y Hombres en España 2007*“ 2007: 21ff). Trotz allem hat Spanien im europäischen Vergleich den höchsten Anteil an Wissenschaftlerinnen und Forscherinnen (Radl Philipp 2005: 426).

Im Bereich der Beschäftigung hat es seit Ende der Diktatur grundlegende Veränderungen gegeben. Im demokratischen Spanien sind Frauen zunehmend in den Arbeitsmarkt integriert worden, auch wenn dies in den 1980er und 1990er Jahren, vor allem auch bedingt durch eine Reihe wirtschaftlicher Probleme, EU-weit in einer überdurchschnittlich hohen (weiblichen) Arbeitslosenrate resultiert (vgl. Eamonn Rodgers 1999: 529). Die weibliche Arbeitslosenquote erreicht nach Angaben von *Eurostat* mit 24,6% den höchsten Wert im Jahr 1995 (Spanien insgesamt 18,4%). In den 15 EU-Mitgliedsstaaten liegt die weibliche Rate durchschnittlich bei 11,9% (EU-15 insgesamt 10,0%; vgl. „Arbeitslosenquote – weibliche Bevölkerung“; „Arbeitslosenquote insgesamt“). Obwohl in Spanien neben der allgemeinen Arbeitslosenquote (2006: 8,5%) auch die Frauenarbeitslosigkeitsquote bis 2006 auf 11,6% drastisch gesunken ist (EU-15: 7,4%; Männer: von 14,8% 1995 auf 6,3% 2006; ebd. und „Arbeitslosenquote – männliche Bevölkerung“), existiert der Geschlechterunterschied bis heute und betrifft auch alle Altersgruppen („*Mujeres y Hombres en España 2007*“ 2007: 30). Die Volkswirtschaftlerin Cristina Carrasco spricht hinsichtlich der schnellen Veränderungen bei Frauen in Arbeitswelt und Gesellschaft von „two overlapping generations of women with totally different cultural and behavioral patterns. The turning point can be situated in those women who today are around 50 years old“ (Carrasco 2005: 309). Die Frauenarbeitslosigkeitsquote in Spanien ist immer noch eine der höchsten in Europa (ebd.).

Im europaweiten Vergleich liegt die weibliche Aktivitätsrate mit 33,4% (2001) unter dem Durchschnitt von 43% (vgl. Folguera 2005: 100). Als Gründe dafür geben 46,7% ihre (unbezahlte) Tätigkeit als Hausfrau an, während über 60% der auf dem Arbeitsmarkt inaktiven Männer ihren Status als Rentner nannten. Nur 16,4% der nicht arbeitenden Frauen sind Rentnerinnen, was auf ihre mangelnde Integration der Frauen auf dem Arbeitsmarkt in der Vergangenheit zurückzuführen ist. Eine Rente erhalten sie somit nicht (*„Mujeres y Hombres en España 2007“* 2007: 31).

Obwohl Frauen im Gegensatz zu früheren Zeiten zunehmend in Positionen angestellt sind, die eine höhere Qualifizierung voraussetzen (vgl. Salvà Mut/Forteza Forteza 2005: 362), ist eine „Tertiärisierung“ der weiblichen (bezahlten) Arbeit, wie es in dem Bericht des spanischen Arbeits- und Sozialministeriums benannt wird, zu beobachten. Demnach sind mehr als 80% der Beschäftigten im Dienstleistungssektor Frauen. Typisch für die weibliche Beschäftigung ist auch Teilzeitarbeit, die 2006 fast ein Viertel der Beschäftigten betrifft. Sie liegt damit nahezu fünfmal höher als die Zahl der männlichen Teilzeitbeschäftigten. Mehr als die Hälfte der in Teilzeit beschäftigten Spanierinnen gibt aber an, auf der Suche nach einer Vollzeitstelle zu sein (*„Mujeres y Hombres en España 2007“* 2007: 32), denn, so formuliert es die Soziologin Constanza Tobío,

> „there is a certain distrust towards part-time work as it is perceived to be more insecure, with worse work conditions and less salary, in spite of improvements made in the last years. In short, part-time has a bad image. […] from a gender perspective, part-time work for women means keeping the traditional gender roles as it normally means that they continue doing most domestic tasks “ (Tobío 2005: 321).

Zu diesen Unterschieden in der weiblichen Beschäftigung und auch Bezahlung schreibt P. Folguera:

> „the remuneration differences based on sex have not changed significantly. At present, the average difference between male and female earnings is about 17%, although there are great differences in terms of professional qualifications. In manual and low skilled occupations, differences may reach up to 30% and there are also significant differences in the private sector, where there can be a gender gap of up to 40%. Nevertheless, it is noteworthy saying that salaries in the public sector are

> closer to equality. This way, work segregation in the labor market as well as women's overrepresentation in low-paid work constitute two major factors contributing to the establishment of gender remuneration differences in Spain" (Folguera 2005: 100f).

Dem Bericht des Ministeriums zufolge erhalten Frauen einen durchschnittlichen Bruttostundenlohn von knapp 87% von dem der Männer – immer in Abhängigkeit von Ausbildung, Alter, Branche, Art und Dauer des Arbeitsvertrages. Grundsätzlich ist die Entlohnung für Frauen immer niedriger als für Männer. Immerhin haben sich die Differenzen beim Lohn im Zeitraum von 1994 bis 2004 aber um sieben Prozentpunkte angenähert (2007: 38f).

Nur rund 16% der teilzeitbeschäftigten Spanierinnen geben die Pflege Familienangehöriger als Grund für die verringerte Beschäftigung an. Demgegenüber stehen jedoch die 46,7% der Frauen, die als erwerbslos gelten und somit in keine Arbeitslosenstatistik eingehen. C. Carrasco sieht den Grund hierfür in „the pressure of social norms which assign them to domestic family work, or simply because it is very difficult to reconcile work and family life" (Carrasco 2005: 310).

Die Vereinbarkeit von Beruf und Familie ist tatsächlich ein sehr komplexes Thema, bei dem geschlechtertypisches Rollenverständnis und (mangelnde) Betreuungseinrichtungen für Kinder und SeniorInnen von großer Bedeutung sind und der Handlungsbedarf seitens des Staates nur teilweise erkannt wird.

Die traditionellen Rollenverteilungen, nach denen der Mann das Geld verdient und die Frau für Kinder und Haushalt zuständig ist, finden im Besonderen unter der jüngeren Bevölkerung Spaniens (18–34 Jahre) Umfragen zufolge keine Zustimmung mehr, während das bei den über 55-Jährigen noch der Fall ist (Astelarra 2005: 57). Dieser Ansicht werden die Männer bei der unbezahlten Hausarbeit jedoch nur bedingt gerecht. Zwar erhöhte sich ihr Engagement bei der Hausarbeit in den vergangenen Jahren (Carrasco 2005: 312), aber mit 8,7 Stunden pro Woche liegt ihr Anteil deutlich unter dem der Frau mit 28,9 Stunden (María-Ángeles Durán 2005: 346, Soziologin). Interessant ist bei den von J. Astelarra angeführten Studien, dass ein höherer Prozentsatz an Männern angibt, Hausarbeit zu verrichten, als Frauen es ihnen in ihren Aussagen zugestehen (2005: 57). Die Arbeitsteilung im Haushalt bleibt nahezu unverändert: Frauen sind zuständig für Essen, Wäsche und die Pflege Familienangehöriger, Männer für kleine Reparaturen (2005: 56). Lediglich die Bevölkerung unter 25 Jahren gibt an, bei allen Arten von Hausarbeit beteiligt zu sein. Diese Einstellung ändert sich mit diesem Alter, das oft mit der Änderung des Familienstandes in Verbindung steht. Nach der Heirat steigt die Beteiligung der Frau deutlich, die des Mannes nur langsam an (Durán 2005: 343). Die zunehmende Integration der Frauen am Arbeitsmarkt und nur geringe Veränderungen beim Ausführen der Hausarbeiten nach Geschlecht hat zur Folge, dass Frauen 59% der gesamten Arbeitsstunden, sowohl bezahlt als auch unbezahlt, leisten, und davon ein Drittel unbezahlte Hausarbeit ist (Durán 2005: 348).

Eines der beiden gravierendsten Probleme bei der Vereinbarkeit von Beruf und Familie ist der Mangel an Altenpflegeheimen (Carrasco 2005: 313), so dass ältere oder auch kranke sowie behinderte Familienmitglieder, zumeist die Frauen, von ihren Angehörigen im Haus der Familie oder dem eigenen gepflegt werden müssen. M.-A. Durán spricht dabei vom „unpaid work transfer" (Durán 2005: 350). Noch schwieriger stellt sich die Situation bei den Kinderbetreuungseinrichtungen dar. Bei C. Tobío heißt es dazu:

> „The (…) data for the academic year 2000–01 show that 100% of the children aged more than three go to school and that 87% of those aged three attend crèches or pre-school centers (…). The real problem are the first three years (0–2) for which all indicators show that the demand clearly exceeds supply. According to the law (Law 1/1990 of Oct 3 Orgánica General del Sistema Educativo), the Public Administration is supposed to guarantee that all the demand for these ages is met. The diversity of child care centers for these ages according to their institutional dependence is wide (…) and the private sector is more important than in any other educational level" (Tobío 2005: 319).

Hinzu kommt, dass ab einem Alter von vier Jahren die Betreuungszeit nur bei ca. fünf Stunden liegt. Die Ferien umfassen, natürlich auch bei den älteren Kindern, drei Monate. Auch nach der Schule gibt es für die Sechs- bis Zehnjährigen keine Betreuung (Carrasco 2005: 312). Das führt dazu, dass Frauen ihre Arbeitsaktivitäten den Bedürfnissen ihrer Familienmitglieder anpassen und eher bereit sind, zumindest vorübergehend ihre bezahlte Arbeitszeit zu reduzieren (ebd.). Studien zufolge tendieren Frauen mit einem niedrigeren sozialen Hintergrund in größerem Maße dazu, ihre Arbeit außerhalb des Haushaltes aufzugeben (vgl. Salvà Mut/Forteza Forteza 2005: 365).

Um diese beruflichen und privaten Herausforderungen meistern zu können, wird die spanische Familie als „national insurance" (Carrasco 2005: 314) immer wichtiger. Die Großeltern, insbesondere die Großmütter, übernehmen familiäre Pflichten und kümmern sich um die Enkelkinder: nachmittags, abends, am Wochenende, in den Ferien, im Krankheitsfall, auf dem Weg zur Schule und zurück (Tobío 2005: 324). Ihr Beitrag zum Familienleben ist so wichtig, dass das spanische Arbeits- und Sozialministerium in Zusammenarbeit mit der *Secretaría General de Políticas de Igualdad* und dem *Instituto de la Mujer* im Zeitraum 2005/2006 eine Studie mit dem Titel „*Las Abuelas como Recurso de la Conciliación de la Vida Familiar y Laboral – Presente y Futuro*" (Großmütter als Unterstützung bei der Vereinbarkeit von Beruf und Familie – Gegenwart und Zukunft) durchführte (http://www.mtas.es/mujer/mujeres/estud_inves/Estudio_Abuelas.pdf). Auch in dieser Studie wird der Mangel an Kinderbetreuungseinrichtungen anerkannt, ebenso ein Mangel an Akzeptanz derselben durch die Väter (*Las Abuelas como Recurso* 2006: 118). Neben der Berufstätigkeit beider Elternteile werden aber beispielsweise auch die steigende Anzahl von allein erziehenden Müttern bzw. Vätern als Grund für das Einbeziehen der Großeltern in die Kinderbetreuung als Gründe genannt (a.a.O.: 5).

Dass es sich größtenteils um die Großmütter (65 Jahre und älter) handelt, die diese Aufgabe wahrnehmen, hat mit ihrem noch traditionellen Rollenverständnis zu tun. Sie (und auch die gesellschaftliche Tradition) betrachten dies als ihre Pflicht und stellen dafür ihre persönlichen Freizeit- und Bildungsaktivitäten, deren Umfang laut Bericht eher gering ist, zurück (*Las Abuelas como Recurso* 2006: 10f). Die Großväter treffen ihre Entscheidung, sich um die Enkelkinder zu kümmern, eher aus persönlichen Gründen (a.a.O.: 43); sie geben aber auch an, Schwierigkeiten bei der Ausübung dieser Rolle zu haben, die wahrscheinlich aus dem traditionellen Rollenverständnis resultieren (a.a.O.: 45). Zwar heißt es in der Studie, dass die Geschlechterunterschiede zwischen Großmüttern und Großvätern im Allgemeinen nicht mehr so groß sind wie die zwischen Müttern und Vätern. Im täglichen Umgang mit den Enkelkindern werden sie jedoch wieder offensichtlicher (*Las Abuelas como Recurso* 2006: 45). In dem Bericht wird allerdings nicht eindeutig klargestellt, warum nur Großmütter für die Untersuchung herangezogen wurden.

84,2% der befragten Großmütter kümmern sich um die Enkelinnen und Enkel, weil es die festgelegten Arbeitszeiten ihrer Eltern erfordern (*Las Abuelas Como Recurso* 2006: 74). Beide Großelternteile empfinden das Zusammensein mit ihnen als wichtigste Quelle der Befriedigung, die ihnen Selbstvertrauen und Bestätigung gibt (a.a.O.: 37, 28). Umgekehrt ist diese enge Beziehung zu den Großeltern für die Kinder auch ein Sicherheitsnetzwerk (2006: 29), das angesichts der zunehmenden Instabilität von Paarbeziehungen ein wichtiger Kontinuitätsfaktor für die Kinder ist (vgl. a.a.O.: 20). Trotz der stärkeren Individualisierung der Gesellschaft und der unterschiedlichen Familienverständnisse, in der die „traditionelle Familie", die Kernfamilie, nicht mehr das einzige Familienmodell ist, manifestiert sich hier nach wie vor eine sehr große Hilfsbereitschaft zwischen den Generationen (a.a.O.: 17ff). In dem Bericht ist daher die Rede von der „vielfältigen und individualistischen und trotzdem solidarischen Familie" (a.a.O.: 20).

In Familien, die nicht von der Hilfe der Großeltern profitieren und wo es die finanziellen Möglichkeiten erlauben, werden Kinderbetreuung und Hausarbeiten zunehmend privat angestellten Frauen, zumeist schlecht bezahlten Immigrantinnen, übertragen (a.a.O.: 12; vgl. auch Carrasco 2005: 323). In der von C. Carrasco angeführten Studie gibt auch ein Drittel der befragten Frauen an, dass sie ihr Kind schon manchmal mit auf Arbeit nehmen mussten, weil sie keinen anderen Ausweg sahen (ebd.). Die Betreuung eines kranken Kindes ist außerordentlich schwierig, auch wenn das Gesetz von 1999 zur Vereinbarkeit des Berufs- und Familienlebens (*Ley 39/1999*) den Eltern jeweils zwei freie Tage im Falle von schwerer Krankheit, eines Unfalles oder eines Krankenhausaufenthaltes von Kindern oder nahen Verwandten zusichert (Tobío 2005: 320).

Das im Mai 2006 verabschiedete Organgesetz zur Bildung (*Ley Orgánica 2/2006*: http://www.mec.es/mecd/gabipren/documentos/A17158-17207.pdf) soll Abhilfe beim Problem der Kinderbetreuung schaffen, denn in Art. 15.1 ist ein Ausbau der Krippenplätze vorgesehen. Art. 15.2 legt die von nun an kostenfreie Kinderbetreuung in Kindergärten fest; auch hier sollen ausreichend Plätze in öffentlichen und – bei Bedarf – in privaten Einrichtungen zur Verfügung stehen. Zu den Öffnungszeiten der Betreuungseinrichtungen finden sich in dem Gesetz keine Regelungen.

Das bereits in Kapitel *3.1.2 Constitución Española* behandelte Organgesetz *Ley Orgánica 3/2007, de 22 de Marzo* ermöglicht Beschäftigten durch Veränderungen im Betriebsverfassungsgesetz (*Ley del Estatuto de los Trabajadores*) eine maximal drei Jahre dauernde Beurlaubung für die Kinderbetreuung, maximal zwei Jahre für die Betreuung eines Angehörigen bis zum zweiten Grad, der/die aus Gründen des Alters, eines Unfalls, von Krankheit oder Behinderung keine bezahlte Tätigkeit aufnehmen kann. Die Beurlaubung kann in beiden Fällen in mehrere Zeiträume unterteilt sein (*Disposición Adicional Décimo Primera. Nueve*; http://www.isciii.es/htdocs/pdf/Ley_de_igualdad.pdf).

Eine weitere Änderung ermöglicht den Vätern bzw. dem zweiten Elternteil, einen bestimmten Teil der insgesamt 16 Wochen Elternzeit zu nehmen, die aber auch die obligatorischen sechs Wochen Mutterschutz nach der Geburt (*Disposición Adicional Décimo Primera. Diez*) einschließen. Dies kann entweder gleichzeitig mit der Mutter bzw. dem ersten Elternteil oder nacheinander geschehen. Auch in diesem Fall kann die Beurlaubung in Abstimmung mit der Betriebsleitung auf Vollzeit- oder Teilzeitbasis erfolgen (ebd.). Unabhängig von dieser Regelung wiederum sind in der *Disposición Adicional Décimo Primera. Once* ausschließlich dem zweiten Elternteil 13 Tage Elternzeit zusätzlich garantiert – gleichfalls als Voll- oder Teilzeitbeurlaubung.

Außerdem wird im Rahmen dieses Organgesetzes beispielsweise auch Art. 37 des Betriebsverfassungsgesetzes dahingehend modifiziert, dass sowohl Frauen als auch Männer während der Stillzeit ihres unter neun Monaten alten Kindes das Recht haben, ihre Arbeitszeit um eine Stunde, teilbar auch in zwei Einheiten, oder summiert in Form eines ganzen Arbeitstages, in Übereinstimmung mit den Tarifbestimmungen bzw. dem Unternehmen zu kürzen (*Disposición Adicional Décimo Primera. Cinco. 4*; http://www.isciii.es/htdocs/pdf/Ley_de_igualdad.pdf). Für das Großziehen von Kindern unter acht Jahren und für die Betreuung von körperlich, geistig oder sensorisch Behinderten haben die berufstätigen Erziehungs- bzw. Betreuungsberechtigten das Recht, ihre Arbeitszeit in bestimmtem Umfang (zwischen einem Achtel bis maximal zur Hälfte) zu reduzieren, womit auch die entsprechende Kürzung ihres Lohnes einhergeht (*Disposición Adicional Décimo Primera. Cinco. 5)*. In all diesen Fällen, ebenso bei Opfern geschlechterspezifischer Gewalt, ist eine solche Regelung möglich. Der entsprechende Verdienstausfall wird innerhalb der gewährten Ausfallzeiten in gleicher Höhe ersetzt (*Disposición Adicional Décimo Primera. Veintiuno*).

Das Sozialversicherungsgesetz, *Ley General de la Seguridad Social*, wird aufgrund des *Ley Orgánica 3/2007, de 22 de Marzo* ebenfalls verändert: Die

Elternzeit von 16 Wochen wird als Beitragszeitraum für die Sozialabgaben, die sich wiederum u. a. auf die Alters- und Bewerbsunfähigkeitsrente sowie die Krankenversicherung auswirken, angerechnet. Diese Regelung gilt auch bei Ablauf des Arbeitsvertrages im gleichen Zeitraum oder im Falle von Arbeitslosigkeit. Der sich in Mutter- bzw. Vaterschaft befindliche Elternteil, der nicht selbständig beschäftigt ist[30], erhält in Abhängigkeit seines Alters und – damit einhergehend, der bisherigen Einzahlungsdauer bei den Sozialabgaben – im Regelfall ein Mutter- bzw. Vaterschaftsgeld. Die Höhe dessen wird auf Grundlage der selbst geleisteten Sozialabgaben nach einem komplexen System individuell berechnet (*Disposición Adicional Decimoctava. Cuatro 6, Cinco* und *Seis 3* und *Siete*). Personen, die noch nicht lange genug Sozialabgaben geleistet haben, bekommen im betreffenden Zeitraum durch den *Indicador Pública de Renta a Efectos Múltiples* (*IPREM*), der seit dem 01.01.2007 bei einer Höhe von 16,64 € täglich liegt, eine Art finanzielle Grundsicherung (http://www.seg-social.es/inicio/?MIval=cw_usr_view_Folder&LANG=1&ID=730#47860).

Auch bei den Steuern gibt es geschlechtergerechtere Regelungen. Seit 1989 gibt es neben der vorher einzigen möglichen Einkommensbesteuerung nach dem Prinzip der Ehegatten, in Deutschland vergleichbar mit dem Ehegattensplitting, auch eine individuelle Form der Besteuerung, die für Frauen gerechter ist als die gemeinsame Besteuerung der Löhne beider Ehegatten. Letztere begünstigt zwar die traditionelle Familie, benachteiligt hingegen die Frau als Zweitverdienerin gegenüber dem Ehemann und bringt diese unter Umständen auch in eine finanzielle Abhängigkeit, weil sich eine Vollzeitstelle oder eine Beschäftigung als Zweitverdienerin der Familie finanziell nicht mehr auszahlt (Paloma de Villota 2005: 332ff, Politik-, Wirtschafts- und Handelswissenschaftlerin, Historikerin). Besonders benachteiligt in dem nur ungenügend individualisierten sozialen Sicherungssystem Spaniens sind allein erziehende Mütter (Folguera 2005: 103).

Bei den Altersrenten wird ebenfalls ein Gefälle zwischen den Geschlechtern sichtbar. Die Höhe der Renten der Spanierinnen beträgt nur 66% der ihrer männlichen Landsleute, vor allem bedingt durch ihre geringeren Qualifikationen („*Mujeres y Hombres en España 2007*" 2007: 39). Lediglich die Einkünfte

30 Für Selbständige, beim Militär oder der *Guardia Civil* dienende Frauen sowie in Sonderfällen (z. B. Früh- oder Mehrlingsgeburten) gelten gesonderte Regelungen, die an dieser Stelle außer Acht gelassen werden.

durch Witwenrente sind bei Frauen höher als bei Männern. Insgesamt liegt Höhe der Witwenrente aber unter dem Niveau der normalen Rente (ebd.). In vielen Fällen sind es Frauen, die Witwenrente beziehen, weil sie oft jünger sind als ihr Ehepartner und Frauen zudem eine höhere Lebenserwartung als Männer haben. Mit einer Lebenserwartung von 75,3 Jahren zählen die Spanier und mit 82,2 Jahren vor allem die Spanierinnen 2004 zur Weltspitze (a.a.O.: 40). Allein lebende alte Frauen sind aber auch am stärksten dem Armutsrisiko ausgesetzt. Insgesamt leben, mit Ausnahme der unter 16-Jährigen, mehr Frauen in allen Altersgruppen unter der Armutsgrenze als Männer (ebd.). In diesem Zusammenhang sprechen die beiden Politikwissenschaftler und Historiker Dieter Nohlen und Andreas Hildenbrand von einer steigenden Tendenz der „Feminisierung“ der von Armut betroffenen Personengruppen (a.a.O.: 176).

Im Bereich der Gesundheit gibt es zwischen beiden Geschlechtern keine für diese Arbeit relevanten Unterschiede, deswegen wird auf dieses Thema nicht näher eingegangen.

Aufgrund seiner besonderen Brisanz wird das Thema der „geschlechterspezifischen Gewalt“ (*Violencia de Género*) betrachtet, dem seit Bekanntwerden des Falles der Ana Orantes 1997 große mediale Aufmerksamkeit zukommt. Nachdem die von ihrem Ex-Mann misshandelte Frau ihre Geschichte im Fernsehen preisgab, wird sie von ihm verbrannt, was wiederum Anlass für die Regierung ist, den *Código Penal* in Bezug auf „häusliche Gewalt“ (*Violencia Doméstica*) zu reformieren (Sonia Aparicio 2004, Journalistin).

Dem Bericht *„Mujeres y Hombres en España 2007”* zufolge sind vorwiegend Frauen die Opfer geschlechterspezifischer Gewalt: 2005 waren in 88,8% der Delikte gegen die Freiheit und die sexuelle Unversehrtheit (*Delitos contra Libertad e Indemnidad Sexual*) Frauen die Opfer. Mit 88,2% wird 2005 ein fast ebenso hoher Prozentsatz an Frauen Opfer von „gewohnheitsmäßigen Misshandlungen im familiären Umfeld“ (*Malos Tratos Habituales en el Ámbito Familiar*; vgl. *„Mujeres y Hombres en España 2007“* 2007: 59). Von „Misshandlungen im familiären Umfeld“ (*Malos Tratos en el Ámbito Familiar*) sind 76,75% der Frauen betroffen (a.a.O.: 58). In absoluten Zahlen handelt es sich 2005 bei den *Misshandlungen im familiären Umfeld* um knapp 80 000 Anzeigen durch Frauen, bei vom *(Ehe)Partner ausgeübten Misshandlungen* um knapp 60 000. Männer zeigen knapp 25 000 *Misshandlungen im familiären Umfeld* bzw. 11 000 durch die *(Ehe)Partnerin ausgeübte Misshandlungen* an (a.a.O.: 59).

Diese Art von Delikten, auf welche allgemein mit „geschlechterspezifische Gewalt" referiert wird, wurde vorher mit dem Konzept der „häuslichen Gewalt" (*Violencia Doméstica*) beschrieben. Letzteres Konzept lässt aber andere familiäre Beziehungen (Großväter, Onkel und andere Familienmitglieder) außer Acht und wird der Realität somit nur bedingt gerecht. Den weiteren Statistiken im Bericht zum Thema „Geschlechterspezifische Gewalt" liegen vorwiegend die Konzepte von *Misshandlungen im familiären Umfeld* und *vom (Ehe)Partner oder von der (Ehe)Partnerin ausgeübte Misshandlungen* (*Malos Tratos a Manos de Su Cónyuge o Pareja*) zugrunde, wobei seit 2002 auch Geschiedene, Getrennte, Lebensgefährte/Lebensgefährtin sowie Ex-Partner/Ex-Partnerin in die Kategorie der (Ehe)Partner/(Ehe)Partnerin fallen (ebd.).

Es gibt in diesem Zusammenhang eine Vielzahl von Begrifflichkeiten und Definitionen; es ist jedoch auffällig, dass hauptsächlich Frauen von dieser Art der Diskriminierung betroffen sind. Das *Instituto de la Mujer* erarbeitet deswegen unter der Definition „Geschlechterspezifische Gewalt – ausgeübt von PartnerIn oder Ex-PartnerIn" (*Violencia de Género a Manos de sus Parejas o Exparejas*) Statistiken zum Thema mit eigenen Kriterien, die sonst i. d. R. als Referenzquellen bei Studien zur Gewalt gegen Frauen herangezogen werden (*„Mujeres y Hombres en España 2007"* 2007: 60). Die Todesfälle unter Frauen, die das Institut unter dieser Definition in den Jahren von 1999 bis 2006 registriert hat, liegen zwischen 50 (2001) und 72 toten Frauen (2004); 2006 beläuft sich ihre Zahl auf 68 (a.a.O.: 62).

Die Ursachen für diese Art der Gewalt liegen, so ist in einer weiteren Abhandlung zu lesen, vorwiegend in dem traditionell gewachsenen Rollenverständnis der Geschlechter, welches sich innerhalb von drei Jahrzehnten Demokratie rapide gewandelt hat. In der Phase der Diktatur hingegen sind Frauen nicht nur in finanzieller Hinsicht abhängig von ihren Ehemännern, sondern, so die Psychologinnen Esperanza Bosch Fiol und Victoria A. Ferrer Pérez in ihrer Darlegung,

> „The traditional family represented a clear patriarchical structure where masculine domination was not questioned and traditional gender roles

> were taken for granted and ‚natural': a woman's destiny was family and children and a man's destiny was paid work and running life in the public arena. Obedience was an integral part of marriage" (Bosch Fiol/Ferrer Pérez 2005: 200).

Problematisch ist auch die „Wiederholung erlernter Rollen", denn Untersuchungen belegen, dass die TäterInnen solcher Delikte in vielen Fällen in ihrer Kindheit selbst Opfer oder Zeuge/Zeugin dieser Straftaten waren (Sonia Aparicio 2004).

Statistiken belegen – auch ungeachtet der methodischen Veränderung in der Erfassung der Daten von 2002 – eine steigende Anzahl von Anzeigen wegen geschlechterspezifischer Gewalt gegen Frauen (Bosch Fiol/Ferrer Pérez 2005: 201). Die Ursache hierfür ist nicht ganz geklärt: Auf der einen Seite sind dafür wohl die stärkere Sensibilisierung der Öffentlichkeit sowie größere finanzielle Ressourcen für den Schutz von Frauen (z. B. Frauenhäuser) verantwortlich. Auf der anderen Seite mag dem ein tatsächlicher Anstieg der Delikte gegenüberstehen, der Ausdruck für die Anpassungsschwierigkeiten der Männer an ihre eigene Rolle und die der Frauen sein mag (ebd.). Für betroffene Frauen bieten der Staat und die Autonomen Regionen zwei verschiedene Arten von Frauenhäusern sowie betreute Wohnungen an. Zum einen gibt es die rund um die Uhr geöffneten Notfallzentren (2001 sind es landesweit 39) für Frauen und Kinder mit geringer zulässiger Aufenthaltsdauer, die auch Rechtsbeistand anbieten. Zum anderen gibt es eine vergleichsweise höhere Anzahl an Frauenhäusern (84 Stück im Jahr 2001), die den Frauen und Kindern nicht nur Rechtsbeistand bieten, sondern auch Hilfe auf psychologischer Ebene und hinsichtlich ihrer Arbeit. In den für Frauen bereit gestellten Wohnungen bekommen sie ebenfalls psychologische Betreuung (a.a.O.: 203).

Im Bereich „Macht und Entscheidungsgewalt", welches das letzte Kapitel in dem vom spanischen Arbeits- und Sozialministerium veröffentlichten Bericht ist, wird die Repräsentanz von Frauen in politischen Gremien und Teilen des öffentlichen Dienstes untersucht.

Die allgemeine Tendenz ist ein seit Anfang der 1980er Jahre teilweise stark gestiegener Frauenanteil in den meisten Bereichen. Das gilt z. B. bei Bürgermeisterinnen, deren Anteil in ganz Spanien von 2% (1983) auf gut 12% (2003) stieg; bei Stadträtinnen stieg die Zahl von 16,45% (1995) auf 25,53 (2003; „*Mu-*

jeres y Hombres en España 2007" 2007: 65). In den Parlamenten der Autonomen Regionen sind Frauen 2006 durchschnittlich mit 37,77% gegenüber 29,47% im Jahr 1999 vertreten. In der Legislaturperiode von 2004 bis 2008 des *Congreso de los Diputados*, des spanischen Abgeordnetenhauses, ist der Frauenanteil nach einem stetigen Anstieg seit 1982 mit 36% ähnlich hoch. Im *Senado*, der zweiten parlamentarischen Kammer, liegt dieser zwischen 2004 und 2007 bei gleicher Tendenz nur bei gut einem Viertel (a.a.O.: 66f). Beträchtliche Unterschiede gibt es im *Congreso de los Diputados* außerdem je nach Fraktion: Die *Grupo Mixto* und *Grupo Socialista* stellen mit 60% bzw. 46,3% die meisten Frauen. In der Fraktion *Convergencia i Unió*, ein Zusammenschluss zweier nationalistischer Parteien Kataloniens, machen Frauen nur einen Anteil von 10% aus („*Mujeres y Hombres en España 2007*" 2007: 67).

Dass Frauen aber im gleichen Maße vertreten sind wie Männer, ist nur in Ausnahmefällen zu verzeichnen, wie in den Autonomen Parlamenten von *Castilla-La Mancha* und des Baskenlandes (2006: 53,19% bzw. 52%; („*Mujeres y Hombres en España 2007*" 2007: 66) oder als Richterinnen im Justizwesen, wo sie 64,13% der Bediensteten in dem Bereich stellen (a.a.O: 69).

Insbesondere beim Militär (im Jahr 2005) und als Botschafterinnen (im Jahr 2006) sind Frauen aber extrem unterrepräsentiert: Hier machen sie jeweils kaum ein Zehntel der Bediensteten aus (ebd.).

Insgesamt haben sich die Lebensverhältnisse von Frauen in den Jahren seit dem Ende der Diktatur im Übergang zur Demokratie deutlich verbessert. Auch die Entwicklungen der vergangenen Jahre zeigen positive Ergebnisse, von denen insbesondere die jüngere Generation der Frauen profitiert. Das gilt im Besonderen im Bereich der Bildung, wo sich das Niveau der Spanierinnen und Spanier am stärksten angenähert hat. Es gibt aber immer noch sehr viele Bereiche, in denen die Situation zwischen den Geschlechtern nicht ausgeglichen ist: bei der Arbeitslosigkeit, bei der Stabilität der Arbeitsverhältnisse, Teilzeit- und Vollzeitbeschäftigung, Bezahlung. Bei der Vereinbarkeit von Beruf, Familie und Hausarbeit sind es die Frauen, die als „adjustment variable" (Carrasco 2005: 315) fungieren und diesbezügliche Entscheidungen nicht unbedingt freiwillig treffen, denn die sozialen Normen, die Kultur und Traditionen beeinflussen die Frauen stärker als ihre individuellen Präferenzen. Die Entscheidungen von Männern werden in wesentlich geringerem Maße von solchen Faktoren oder einem wie der Verfügbarkeit von Kinderbetreuungseinrichtungen beeinflusst.

Eine Teilzeitbeschäftigung bedeutet außerdem für die Frauen, die traditionellen Rollenverteilungen fortzuführen, weil sie damit auch die häuslichen Verpflichtungen auf sich nehmen. Zwar läuft das Modell der Vollzeithausfrau zunehmend aus, aber es hat sich seit dem Ende der Diktatur auch nicht in ausreichendem Maße weiterentwickelt (vgl. Salvà Mut/Forteza Forteza 2005: 366). Viele Gesetze tragen seitdem zur Verbesserung der Situation der Frauen bei, insbesondere das Organgesetz *Ley Orgánica 2/2006, de 3 de Mayo,* auf dessen Basis mehr Kinderbetreuungsplätze entstehen sollen (http://www.mec.es/mecd/gabipren/documentos/A17158-17207.pdf). Eine darin fehlende Regelung zu deren Öffnungszeiten verkennt aber noch einen wesentlichen Teil des Handlungsbedarfs, um Frauen, auch die Großmütter, zu entlasten und tatsächliche Gleichberechtigung zu schaffen.

Obwohl im Steuersystem und sozialen Sicherungssystem Spaniens geschlechtergerechtere Neuregelungen eingeführt wurden, sind Frauen gegenüber Männern immer noch benachteiligt, denn geringere Arbeitszeiten bei bezahlter Arbeit – seien es Teilzeitjobs oder befristete Arbeitsverträge – und eine nur minimale Anerkennung der unbezahlten Arbeit wirken sich nicht nur auf ihr individuelles Einkommen, sondern auch auf Rente und andere Sozialleistungen aus.

Einer der Bereiche, in dem Frauen nach wie vor in sehr hohem Maße diskriminiert werden, ist die geschlechterspezifische Gewalt. Auch hier hat die Gesetzgebung im Sinne der Frau positive Maßnahmen ergriffen.

4.4 Die Rolle der katholischen Kirche

Für einen umfassenden Einblick in die Kultur und Traditionen Spaniens ist die Betrachtung der Rolle der katholischen Kirche unerlässlich. Sie hat von jeher das Leben der Spanierinnen und Spanier geprägt. Ihr weitreichender Einfluss in allen Lebensbereichen ist bis heute sichtbar – nicht nur in den oben behandelten Gesetzen wie zum Schwangerschaftsabbruch oder zur Ehescheidung.

Zunächst wird ein kurzer geschichtlicher Abriss zum Wirken der katholischen Kirche in Spanien einen Eindruck von ihrer Position vermitteln.

Ein einschneidender historischer Wendepunkt für die katholische Kirche ist die Ausrufung der Zweiten Republik im Jahr 1931. Ihre Verfassung aus demselben Jahr trennt, so schreibt der Historiker, Germanist und Hispanist Walther L. Bernecker in seinem Buch „Religion in Spanien", „zum ersten Mal in der Geschichte Spaniens Staat und Kirche" (Bernecker 1995: 90). Mit Einführung des Laizismus sollen z. B. das Erziehungswesen entkonfessionalisiert, Zivilehe und Ehescheidung eingeführt, Friedhöfe säkularisiert, Güter enteignet, Orden verboten werden. Von der ursprünglich geplanten Aufhebung der Orden musste aber abgesehen werden, denn, so heißt es bei W. Bernecker weiter,

> „im Bereich der Altersversorgung, der Krankenpflege und des Unterrichts war das öffentliche Leben ohne die Tätigkeit der Orden nur schwer vorstellbar" (Bernecker 1995: 90).

Diese Kirchengesetzgebung bewegte 1933 deren große Gegnerschaft zum Zusammenschluss zur *Confederación Española de Derechas Autónomas, CEDA* (Spanischer Bund Autonomer Rechtsparteien) als Partei des politischen Katholizismus (Bernecker 1995: 90). Die Spannungen zwischen dem Antiklerikalismus in verschiedenen Schichten der Bevölkerung und den konservativen Kräften sowie der Kirche selbst gipfeln in dem 1936 beginnenden Bürgerkrieg. Einige der Kirchenreformen werden umgesetzt, Kirchen aber auch zerstört und besetzt (Bernecker 1995: 85, 91). Die antiklerikale Bewegung richtete sich laut W. Berneckers Ausführungen aber „nicht gegen die Kirche als Glaubensgemeinschaft, sondern als Verbündete der traditionell Herrschenden. Die Kirche hat sich aber in ihrer Existenz bedroht gefühlt und mehrheitlich gegen die Republik ausgesprochen" (a.a.O.: 92). Eine Einteilung der sich gegenüber stehenden Kriegsparteien in Franquismus/Katholizismus und Republik/Antiklerikalismus greift aber zu kurz (vgl. a.a.O.: 93).

Nach Kriegsende wird in den Jahren 1938/39 die republikanische Kirchengesetzgebung wieder außer Kraft gesetzt; die spanischen Bischöfe und die katholische Presse lobten, so heißt es weiter,

> „Franco (…) als Retter der Nation und Vorkämpfer religiöser und kirchlicher Rechte (…), der das Reich Gottes in Spanien wiederherstellte. (…) Die aus dem Bürgerkrieg resultierende ideologische Mischform

zeichnete sich durch die Verschmelzung von Nationalismus und Katholizismus aus“ (Bernecker 1995: 96).

Religiöse Aspekte bestimmen von da an fast alle Lebensbereiche. Dazu schreibt der Historiker:

> „So wurden in der franquistischen Zone sehr bald die Bibliotheken von all dem gesäubert, was Mangel an Respekt vor der Würde unseres glorreichen Militärs darstellt, einen Anschlag auf die Einheit des Vaterlandes, die Geringschätzung der katholischen Religion und all dessen, was sich dem Sinn und Zweck unseres großen nationalen Kreuzzugs entgegenstellt. Die Grundvorstellung der franquistischen Erziehungspolitik lässt sich als ‚christliche Zivilisation‘ beschreiben, die eine Verherrlichung des Glaubens, der Hierarchie und der Ordnung zum Inhalt hatte“ (Bernecker 1995: 100).

1945 wird die katholische Kirche mit Verabschiedung des Grundrechtskatalogs zur Staatskirche erhoben: Sie erhält alle ihre Vorrechte zurück und mit der nun existierenden Einheit von Staat und Kirche ist die Religionsfreiheit nicht mehr gegeben (ebd.). Die gegenseitige Abhängigkeit manifestiert sich einerseits in der staatlichen Subventionierung der Kirche, der Einrichtung eigener kirchlicher Gerichte und fast der gesamten Kontrolle des Bildungswesens durch die Kirche. Andererseits werden viele die Kirche betreffenden Entscheidungen von Franco selbst getroffen, Volksabstimmungen von der Kirche unterstützt und kirchliche Repräsentanten und Organe, im Besonderen die katholische Presse, tun ihr Übriges bei der öffentlichen Meinungsbildung (vgl. Bernecker 1995: 102). Das kirchliche Leben der 1960er Jahre erlebt eine derartige Blüte, dass beispielsweise die Anzahl der Klöster im Vergleich zu Zeiten vor der Zweiten Republik um ein Vielfaches überschritten wird. Ähnliches gilt für Kirchen und sakrale Bauten (ebd.). Die Arbeit der kirchlichen Einrichtungen liegt in hauptsächlich vier Bereichen: dem Erziehungs- und Bildungswesen; im Kranken- und Heimpflegewesen; in der Seelsorge, Sozial- und Jugendarbeit und im Bereich kirchlicher Medien und Öffentlichkeitsarbeit (Bernecker 1995: 102). Zum Umfang der Presse- und Öffentlichkeitsarbeit schreibt W. Bernecker Folgendes:

> „Die Kirche verfügte (noch zu Beginn der 60er Jahre) über 45 Tages-, 93 Wochenzeitungen und 693 Monatsblätter; hinzu kamen zahlreiche Zeitschriften und Mitteilungsblätter, kircheneigene Rundfunk- und Fernsehstationen. Insgesamt erreichte die Re-Sakralisierung des gesellschaftlichen Lebens Ausmaße wie in keinem anderen westlichen Land im 20. Jahrhundert" (Bernecker 1995: 104).

Regimekritische Stimmen, auch aus den Reihen der Kirche, werden damals nicht publik. Stattdessen werden zur Festigung der Machtposition katholische Basis- und Laienorganisationen gegründet, die bedeutendste unter ihnen die *Asociación Católica Nacional de Propagandistas ACNP* (Nationale Katholische Propagandistenvereinigung) mit Zugang zur politischen Elite. Außerdem dient die Kirche als Legitimationsansatz des neuen Regimes und somit sind laut W. Bernecker „Religion, Katholizismus und Kirche allgegenwärtig" (a.a.O.: 106).

Im Schul- und Erziehungswesen stehen Indoktrinierung und Ideologisierung auf der Tagesordnung. Religionsunterricht ist an allen Lehranstalten obligatorisch. Die Zensur liegt in den Händen der Kirche, und der Staat stellt die geeignete Plattform zur entsprechenden Publizierung und Meinungsbildung zur Verfügung (vgl. a.a.O.: 108). Das 1953 geschlossene Konkordat mit dem Vatikan erkennt sowohl die bisher gewährten Privilegien staatlicherseits als auch den Katholizismus als Staatsreligion an. Nicht nur als staatliches Hilfsorgan zur Beschaffung von Legitimität, sondern auch als Bestandteil der politischen Macht nutzt die Kirche, so ist in dem Buch weiter zu lesen,

> „mit ihren Einwirkungsmöglichkeiten auf das öffentliche Leben und das Bewusstsein der Bevölkerung ihre Lage, um das geistige Leben der Nation nahezu vollständig in die Hand zu bekommen. Eine ganze Generation von Spaniern erlebte das kirchliche Meinungsmonopol wie eine Selbstverständlichkeit" (Bernecker 1995: 110).

Nicht nur die politische, auch die moralische Zensur obliegt der katholischen Kirche, damit traditionelle Wertvorstellungen beibehalten und Neuerungen verhindert werden können. Es gibt strenge Kleiderordnungen für den Badebetrieb im ganzen Land, die erst mit der Zunahme des Tourismus ab den 1950er Jahren nach und nach gelockert, endgültig aber erst 1987 aus dem Strafbestand des *Código Penal* gestrichen werden (vgl. Rodgers 1999: 359). Seit 1941 stehen laut Gesetz Werbung und Vertrieb empfängnisverhütender Mittel unter Strafe (vgl. Bernecker 1995: 111). Auch für den ehelichen Körperkontakt in der Öffentlichkeit und das Sexualleben gibt es Vorschriften, und diese zielen auch auf die Repression der Frau ab (ebd.).

Soziale Unterdrückung erfährt auch die Arbeiterschaft. Sie darf außer von den Staatssyndikaten nur noch von zwei weiteren (katholischen) Vereinigungen vertreten werden, die auch über eigene, mehrere Verlage Arbeiterliteratur publizierten. Die soziale Ausrichtung dieser Vereine bewirkte schon gegen Ende der 1960er Jahre eine kritische Auseinandersetzung mit der Kirchenhierarchie und der bestehenden Diskrepanz zwischen staatlicher Sozialpolitik und der Soziallehre der Kirche (Bernecker 1995: 114ff).

Eine neue Dimension der Verflechtung zwischen Staat und Kirche ist mit der zunehmenden Bedeutung der katholischen Laienorganisation *„Praelatura Sanctae Crucis et Opus Dei“* (Prälatur vom Heiligen Kreuz und Opus Dei) als Gliederungseinheit der katholischen Kirche, kurz *„Opus Dei“*, nach der Wirtschaftskrise Ende der 1950er Jahre erreicht (a.a.O.: 117). Das, wie es W. Bernecker nennt, „zweifellos einflußreichste katholische Säkularinstitut“ stellt als neue politische Kraft die Weichen für einen Kurswechsel in der Wirtschaftspolitik (Bernecker 1995: 117). Vor allem intellektuelle Eliten sollen nach der Ausbildung in organisationseigenen Bildungsanstalten in Führungspositionen in der Wirtschaft gelangen (vgl. Bernecker 1995: 118). Das Oxford-Lexikon der Weltreligionen charakterisiert das Leben der Mitglieder folgendermaßen:

> „Die spirituelle Bildung seiner Mitglieder beruht auf den Reden und Schriften seines Gründers, vor allem seiner Sammlung von 999 Maximen, *Der Weg*. (…) Ihre [der meisten Mitglieder] Hauptaufgabe besteht darin, ein Dasein von Gebet, Opfer, Demut und Askese *in medio mundo*, ‚inmitten der Welt‘, zu fördern und der Welt eine christliche (d. h. römisch-katholische) Perspektive zu vermitteln. Sein autoritärer Stil und seine Kontrolle haben Kritik hervorgerufen“ (John Bowker 1999: 742f).

Trotz seiner rein religiös definierten Ziele arbeitet das *Opus Dei* eng mit dem franquistischen Regime zusammen; zum Zwecke seiner Finanzierung außerdem mit dem spanischen Bankensystem (Bernecker 1995: 118). Zu seiner Bedeutung für die spanische Wirtschaft schreibt W. Bernecker:

> „Durch starke Betonung des Arbeits- und Pflichtethos erlangte die Opusdoktrin große Bedeutung für die Überlagerung vorkapitalistischer Einstellungen durch eine kapitalistische Wirtschaftsgesinnung. (…) Ziel der neuen Wirtschaftspolitik war eine Verbesserung der Wettbewerbsfähigkeit der spanischen Wirtschaft im Rahmen der franquistischen Gesellschaftsordnung" (Bernecker 1995: 120).

Tatsächlich gelang es der Organisation, von der Franco einige Mitglieder für seine Regierung rekrutierte, das Land aus der tiefen Wirtschaftskrise zu führen und einen Liberalisierungs- und Modernisierungsprozess einzuleiten, ohne die traditionell-konservative Gesellschaftsstruktur anzutasten (Bernecker 1995: 120).

Mit Erlass des Gesetzes über die Religionsfreiheit 1967, das in erster Linie auf Druck des demokratischen Auslands und nur unter dem monatelangem Widerstand der Regierung und Kirche entsteht, können die Moslems, Juden und Protestanten nun zwar ihre Religion ausüben, werden aber weiterhin diskriminiert (a.a.O.: 122). Das Zweite Vatikanische Konzil leistet zur Entstehung des sog. „Protestantenstatuts" ebenso einen Beitrag wie, so der Historiker W. Bernecker, „zum Bruch mit vielen ihrer bisherigen Einsichten und ihrer gesellschaftlich-politischen Verwurzelung (…) und bestimmte das neu entstehende Glaubensbewusstsein der Spanier" (a.a.O.: 123). Nicht nur Repräsentanten einiger katholischer Vereinigungen oder der Arbeiterbewegung distanzieren sich vom Franco-Regime, sondern auch einige Vertreter der Kirche üben neben der Verteidigung religiöser Interessen Kritik in politischer und sozialer Hinsicht (ebd.). Insbesondere kirchliche Vertreter aus den Regionen des Baskenlandes und Katalonien kritisieren im Zuge ihres sich verstärkenden Regionalbewusstseins das enge Bündnis von Staat und Kirche. In den ersten großen Streiks der Franco-Ära 1956 und 1962 solidarisieren sich Geistliche mit Arbeitern, Priester werden verfolgt, Konflikte mehren sich, bis schließlich auch der Vatikan die Distanzierung der Kirche vom Regime stützt. Anfang der 1970er Jahre stellen Bischöfe und Priester einen Forderungskatalog mit Rechten wie der Meinungsfreiheit an die Regierung. Gesetze des Staates wurden nicht mehr unbedingt von der Kirche unterstützt und mitgetragen (Bernecker 1995: 124ff). Schon seit den 1960er Jahren verzichten immer mehr Priester auf ihr Amt. Trotzdem verfügt die spanische Kirche im darauf folgenden Jahrzehnt noch über ein eigenes Rundfunknetzwerk mit etwa 50 Sendern und mehr als

700 Zeitungen und Zeitschriften, deren Anzahl aber seitdem zurückgegangen ist (Bernecker 1995: 128f). Noch heute ist die spanische Kirche nicht nur reich an teilweise sehr kostenintensiv instand zu haltenden Kirchen und Klöstern, sondern auch an Immobilien, Bibliotheken und Gemeindearchiven (ebd.).

Beim Regimewechsel nach 1975 setzt sich die Kirche – anders als 1931 – für die Einführung der Demokratie in Spanien ein, und so war dieser Zeitraum von wesentlich weniger Spannungen bestimmt als die letzten Jahre unter Franco (a.a.O.: 129f). Der Historiker und Hispanist Stanley G. Payne charakterisiert die damalige Rolle der Kirche folgendermaßen:

> „So war in den letzten Jahren des Francoregimes die Lage des spanischen Katholizismus äußerst widersprüchlich geworden. Die äußere Struktur des religiösen Systems blieb intakt, aber seine kulturellen und geistlichen Grundlagen befanden sich in einem tiefgreifenden Umwandlungsprozeß" (Payne 1991:111).

Nach dem Prinzip „einer freien Kirche in einem freien Staat" (Payne 1991: 116) wird in der aktuellen Verfassung allen Spanierinnen und Spaniern die Religionsfreiheit garantiert; nach Art. 16.3 *CE* gibt es keine Staatsreligion. Jedoch, so heißt es darin weiter,

> „berücksichtigt die öffentliche Gewalt die religiösen Anschauungen der spanischen Gesellschaft und unterhält die entsprechenden kooperativen Beziehungen zur Katholischen Kirche und den sonstigen Konfessionen" („Die spanische Verfassung").

Damit ist zwar die Trennung von Staat und Kirche vollzogen, welche zudem vom 1980 erlassenen Organgesetz zur Religionsfreiheit gestützt wird. Darin heißt es in Art. 1.3, dass „keine Konfession Staatscharakter besitzt" (*Ley Orgánica 7/1980, de 5 de Julio*). Aber die katholische Kirche, der aufgrund der Taufe Ende der 1990er Jahre noch über 93,6% der Spanier angehören (Nohlen/Hildenbrand 2005: 217), wird immer noch privilegiert (Bernecker 1995: 130). Seither schlossen Spanien und der Vatikan mehrere Abkommen, die die Beziehungen zwischen Staat und Kirche von nun an regeln, wie beispielsweise finanzielle oder Unterrichtsfragen (ebd.).

Bei der demokratischen Gesetzgebung der Dritten Republik übt die Kirche anfangs teilweise maßgeblichen Einfluss aus und mobilisiert gegen verschiedene geplante Gesetze, darunter u. a. das Gesetz zur Ehescheidung 1981 und das ursprünglich für 1984 geplante Abtreibungsgesetz. Beide Gesetze werden schließlich verabschiedet; das Gesetz zum freiwilligen Schwangerschaftsabbruch allerdings erst 1985 in einer restriktiveren Version (Nohlen/Hildenbrand 2005: 217). Eine Modifizierung des Gesetzes unter Einbeziehung einer sozialen Indikation mit einer Fristenregelung ist seit den 1990er Jahren immer wieder Bestandteil der öffentlichen Debatte, aufgrund des Widerstandes in der Bevölkerung und der Kirche (ebd.) aber erst mit dem *Ley Orgánica 2/2010* (wie bereits unter *3.2.2 La Constitución Española* behandelt) umgesetzt worden. Unter Protest der Kirche wird Anfang 2001 die „Pille danach" vom Gesundheitsministerium für den Verkauf in spanischen Apotheken freigegeben (Nohlen/Hildenbrand 2005: 223).

Reichlich Konfliktpotential bergen auch Gesetzesvorhaben, die die Rolle der Kirche im Erziehungs- und Bildungswesen sowie dessen Finanzierung betreffen, da die Kirche über 20% des Schulwesens und vier Universitäten verfügt (Bernecker 1995: 132f). Kirchliche Schulen werden demzufolge weiterhin unter bestimmten Voraussetzungen staatlich gefördert (ebd.). Der Zulauf zu den von der Kirche unterhaltenen Schulen ist ungebrochen und steigt seit Ende der 1990er Jahre sogar wieder an (Nohlen/Hildenbrand 2005: 219).

Uneinigkeit seitens der Gesetzgebung besteht über Jahre hinweg beim Religionsunterricht. Gerade dieses Beispiel verdeutlicht wie kein anderes die Beziehungen zwischen der Regierung und der katholischen Kirche. Wurde es 1990 per Gesetz – unter Protest der Kirche – von der sozialistischen Regierung vom obligatorischen zum optionalen Schulfach, das Schülern und Schülerinnen alternativ eine zusätzliche Stunde Freizeit bot, degradiert (Bernecker 2005: 411), ist es seit 2002 wieder ein Pflichtfach. Die konservative und tendenziell kirchenfreundlichere Regierung unter der *Partido Popular* (*PP*) verpflichtet damit die Schülerinnen und Schüler alternativ zum Besuch eines ethischen oder kultur- bzw. religionshistorischen Fachs (Nohlen/Hildenbrand 2005: 223).

Nach dem Amtsantritt der sozialistischen Regierung 2004 tritt mit dem Organgesetz zur Bildung aus dem Jahr 2006 (*Ley Orgánica 2/2006*) wiederum eine Änderung in Kraft. Gemäß Art. 25 wird *Educación Ético-Cívica*, vergleichbar mit dem Fach Ethik, zum Pflichtfach in der vierten Klasse der Sekundarstufe I, was in Deutschland der zehnten Klasse entspricht. Katholischer Religionsunterricht wird zwar der Zusatzbestimmung *Disposición Adicional Segunda 1.* zufolge in den Bildungseinrichtungen angeboten, ist für SchülerInnen jedoch wieder ein fakultatives Fach. Näheres ist in einem *Abkommen zum Unterricht und Bildungsangelegenheiten* (*Acuerdo sobre Enseñanza y Asuntos Culturales*) zwischen dem Heiligen Stuhl und dem spanischen Staat geregelt (*Ley Orgánica 2/2006*).

Tendenziell besteht zwar ein Zusammenhang in den Beziehungen zwischen der katholischen Kirche und der Regierung hinsichtlich ihrer politischen Ausrichtung. Immerhin zählen viele KatholikInnen zur Wählerschaft der *PP* (Nohlen/Hildenbrand 2005: 217); außerdem finden sich auch Mitglieder des *Opus Dei* unter den Mitgliedern der *PP*. Dieser Zusammenhang in den Beziehungen zwischen Regierungspartei und Kirche kann aber nicht verallgemeinert werden (vgl. a.a.O.: 223).

Einen wesentlichen Streitpunkt zwischen Staat und Kirche stellt auch die Finanzierung derselben dar. In den 1980er Jahren verpflichtet sich der Staat, die Kirche finanziell zu unterstützen, bis sie sich selbst tragen kann. Trotz einer 1987 eingeführten Kirchensteuer, für die alle SpanierInnen 0,52% ihres Steueraufkommens der Kirche oder einer anderen nichtreligiösen sozialen Institution abgeben müssen, ist das nicht der Fall: In den 1990er Jahren bekommt die katholische Kirche etwa 40% dieser Quote (Nohlen/Hildenbrand 2005: 219). Im Gegenteil: Sie genießt weiterhin Privilegien wie Steuerfreiheit auf Kircheneigentum, auf Priestergehälter und sonstige Einnahmen (Bernecker 2006: 407f). So erhält sie im Jahre 2001 insgesamt mehr als 3,5 Milliarden € an staatlichen Zuweisungen, die sie u. a. für ihre umfangreiche Tätigkeit im Bildungs- und Sozialwesen sowie zur Erhaltung und Restaurierung ihrer Bauwerke und Kunstschätze nutzt (Nohlen/Hildenbrand 2005: 219).

Seit 1992 regelt ein Gesetz die Zusammenarbeit mit den anderen Religionsgemeinschaften Spaniens, von denen die evangelische, die jüdische und die islamische zu den größten gehören (Bernecker 1995: 134). Es soll der Gleichheit der Religionen „unter Beachtung der logischen Unterschiede zur Katholischen Kirche“ Rechnung tragen; und so wird für die Finanzierung nichtkatholischer Glaubensgemeinschaften über die staatliche Stiftung *Pluralismo y Convivencia* ein Jahresbudget von drei Millionen € bereitgestellt (Bernecker 2006:

408). Im Vergleich zu den staatlichen Subventionen von mehr als 100 Millionen € jährlich (2006 sind es sogar 157,7 Millionen €; ebd.), die die katholische Kirche erhält, sind die drei Millionen € ein verschwindend geringer Anteil. In diesem Sinne beginnen im Jahr 2006 Verhandlungen zwischen Staat und katholischer Kirche bezüglich einer Änderung des Finanzierungsmodus (ebd.).

Die Presse- und Öffentlichkeitsarbeit der katholischen Kirche über ihre eigenen Medien verliert an Bedeutung. Im Allgemeinen müssen die Zeitungen und Zeitschriften um ihre Leserschaft kämpfen; 1997 wird die Zeitung *Ya* eingestellt. D. Nohlen und A. Hildenbrand zufolge finden kirchliche Positionen hauptsächlich in der konservativen Tageszeitung *Abc* Verbreitung (vgl. Nohlen/Hildenbrand 2005: 220). Lediglich der Radiosender *COPE (Cadena de Ondas Populares)* erreicht wegen seines populären Programms noch eine breite Hörerschaft. Außerdem senden private Radiostationen sowie Fernsehsender katholische Sendungen, ebenso unterhält die katholische Kirche eine Homepage im Internet, um den Anforderungen der Informationsgesellschaft gerecht zu werden (Nohlen/Hildenbrand 2005: 220).

Was die Beziehung der katholischen Kirche zu ihren Mitgliedern angeht, besinnt sie sich in den 1980er Jahren, vor allem nach den wichtigsten politischen Entscheidungen seit Einführung der Demokratie, auf den Kampf gegen die Säkularisierung; und sie beteiligt sich stärker an der öffentlichen Meinungsbildung vor allem in moralischen Fragen (Carlos Collado Seidel 1998: 338, Historiker und Politikwissenschaftler). Auch wenn die Kirche als Institution eine breite Akzeptanz und größere Glaubwürdigkeit als beispielsweise Gewerkschaften, Parteien oder Regierung in der spanischen Bevölkerung genießt, stößt sie mit dieser Strategie auf Ablehnung. Die Mehrheit der SpanierInnen befürwortet die Trennung von Staat und Kirche und lehnt die Einmischung der Kirche in politischen und moralischen Fragen ab (Collado Seidel 1998: 327f). Dass die Strategie der Kirche nicht aufgeht, belegen die folgenden Umfragen zur Glaubenspraxis, wobei die Ausübung des Glaubens nach Wegfall des früheren sozialen Drucks stark nachgelassen hat.

W. Bernecker zufolge ergeben Umfragewerte Ende der 1980er Jahre, dass sich ein Drittel der Bevölkerung als gläubig; ein Drittel als gläubig, aber nicht praktizierend und ein Drittel als indifferent oder atheistisch beschreibt. 83% der Kinder werden noch getauft (vgl. Bernecker 1995: 135). Ein ähnliches Bild ergeben Umfragen aus dem Jahr 1990, derer zufolge 10% der SpanierInnen aktive Kirchenmitglieder, 33% unregelmäßig am Kirchenleben teilnehmende und 28% passive Mitglieder sind. Die restlichen 29% sind nicht in der Kirche involviert (Collado Seidel 1998: 324).

Jedoch haben sich Wertvorstellungen und Verhalten der spanischen Bevölkerung sehr stark geändert und der Glaube nimmt für sie einen wesentlich geringeren Stellenwert ein (ebd.). S. Payne spricht sogar von einer „äußerst säkularisierten Gesellschaft" und verweist darauf, dass

> „die Kirche nicht mehr den gleichen Einfluß auszuüben vermag wie in früheren Zeiten, aber dieser Einfluß ist ohnehin oft übertrieben dargestellt worden" (Payne 1991: 120).

Im Jahr 2006 bezeichnet sich nur knapp die Hälfte der 15- bis 24-Jährigen als katholisch; 46% bezeichnen sich als Agnostiker, Atheisten oder Indifferente. Als Ursache für die sinkende Popularität der katholischen Kirche nennen die Jugendlichen die Haltung der Kirche in Bezug auf Moral (Unauflöslichkeit der Ehe, eheloses Zusammenleben, vorehelicher Geschlechtsverkehr, Empfängnisverhütung, künstliche Befruchtung, Sterbehilfe) sowie die laizistische Ausrichtung des gesellschaftlichen Lebens (vgl. Bernecker 2006: 410).

Gleichzeitig nähert sich Spanien mit dem verringerten Stellenwert des Glaubens der allgemeinen westeuropäischen Situation an. Die Prozesse der Säkularisierung und der „Privatisierung" religiöser Auffassungen vollziehen sich damit in Spanien später als andernorts in Europa, aber eben auch in einem kürzeren Zeitraum. Ebenso werden die Auffassungen von Toleranz und Pluralismus übernommen (Bernecker 1990: 245).

Die Interpretation der Umfrageergebnisse ist allerdings von ebenso großer Bedeutung. Trotz der Distanzierung der Bevölkerung von der Amtskirche und der ihr vertretenen Dogmen und Moralvorstellungen erfreuen sich religiöse (Familien)Feste wie Taufe, Kommunion und Trauung weiterhin großer Beliebtheit. Die Religiosität der spanischen Bevölkerung spiegelt sich weniger in ihrer Identifikation mit der Amtskirche, mit ihrer Glaubenspraxis oder in regelmäßigen Kirchenbesuchen wider als in einer sog. „Volksreligiosität" (Nohlen/Hildebrand 2005: 218). Diese neue Ausdrucksform von Religiosität, die W. Bernecker als „eine mit folkloristischen Elementen durchzogene Volksreligiosität" bezeichnet (Bernecker 2006: 411), spielt auch in regionalen kirchlichen Gruppierungen, wie z. B. Basisgemeinden, eine große Rolle. C. Collado Seidel referiert ebenfalls auf sie und beschreibt sie als eine „Vermischung christlicher Tradition und katholischer Praktiken mit Mythen und volkstümlichen Überlieferungen in künstlerischem und folkloristischem Rahmen" (Collado Seidel 1998: 331). Als anschaulichstes Beispiel für die zahlreichen Feierlichkeiten und Feste, an denen christliche Gestalten (Christus, Maria, die Apostel und Heiligen) und Symbole (die heilige Hostie, das Kreuz und die Reliquien) auf emotionale und teils enthusiastische Art und Weise verehrt werden, sind die alljährlich in Spanien stattfindenden Osterprozessionen in der Karwoche, der *Semana Santa*. C. Collado Seidel spricht bei der Volksreligiosität gar von „einer Gegenwelt zur offiziell vertretenen katholischen Religiosität", bei der Dogmen nur eine untergeordnete Rolle spielen und die aus dem „unterentwickelten religiösen Bewußtsein" resultiert (a.a.O.: 337). Er sieht darin für das Volk aber eine eigene Art und Weise, mit „Form, Struktur und Farbe in den Bildnissen und Abbildern" ihre Religiosität auszudrücken (Collado Seidel 1998: 337).

Wie tolerant das heutige Spanien ist, zeigt die Verabschiedung des Gesetzes im April 2005, das die Eheschließung homosexueller Paare ermöglicht und diesen dieselben Rechte zuerkennt wie heterosexuellen. Zwar gibt es im Zuge dessen kontroverse öffentliche Diskussionen und Demonstrationen und auch die Kirche übt Widerstand. Ungeachtet dessen geht Spanien aber – nach Kanada, Belgien und den Niederlanden – als viertes Land weltweit diesen Weg (Bernecker 2006: 412f). Bereits 2004 hatten sich Umfragen zufolge mehr als 70% der SpanierInnen für die „Homo-Ehe" ausgesprochen; besonders regen Zuspruch findet sie in der jungen Bevölkerung (ebd.).

Abschließend kann konstatiert werden, dass die spanische Gesellschaft hinsichtlich der Religiosität einem langen Wandlungsprozess unterworfen war und es weiterhin ist. Die katholische Kirche ist zwar nach Anzahl ihrer Mitglieder eine der größten Institutionen Spaniens (vgl. Collado Seidel 1998: 350) und genießt nach wie vor einige Privilegien – nicht nur finanzieller Art – des Staates, aber sie tut sich schwer, in der pluralen und säkularisierten Gesellschaft ihren Platz zu finden.

Für die Bevölkerung nimmt der katholische Glaube, nicht jedoch die Volksreligiosität, einen immer geringeren Stellenwert ein. Diese Volksreligiosität kann sogar als Gegenströmung zu den jahrzehntelangen Zwängen von staatlich-kirchlicher Seite betrachtet werden.

Eine Positionierung der Kirche zu tagesaktuellen Themen, die sich damit zu profilieren versucht, wird oft negativ aufgenommen. Gründe hierfür sind der Wertewandel der vergangenen 30 Jahre hin zu einer toleranten Gesellschaft. Durch diesen Wertewandel wird die Bevölkerung zum einen zu mehr Offenheit bewegt; zum anderen will sie ihre Freiheit und Mündigkeit den oft konservativen Vorstellungen der Kirche nicht unterwerfen. Dass die Kirche ihrerseits auf ihren Grundsätzen beharrt, zeigt sich z. B. in dem jahrelangen erfolgreichen Widerstand gegen ein reformiertes, weniger restriktives Abtreibungsgesetz, welches das von 1985 modifizieren soll (Bernecker 2006: 412) und welches schließlich erst 2010 verabschiedet wird.

Bemerkenswert ist auch hier wieder, dass sich die Bevölkerung beim Thema Glauben je nach Alter in zwei unterschiedliche Gruppen teilen lässt. Für die Jüngeren ist dessen Bedeutung wesentlich geringer als für den älteren Teil, der unter Franco sozialisiert wurde, als die katholische Religion fester Bestandteil der (Alltags)Kultur war.

Es kann also davon ausgegangen werden, dass die Kirche mit zunehmender zeitlicher Distanz zum Franco-Regime und dem Voranschreiten des sozialen und kulturellen Wandels einen geringeren, wenn auch nicht unbeträchtlichen Einfluss auf die öffentliche Meinungsbildung ausübt. Abhängig ist dies auch von der staatlichen direkten oder indirekten Subventionierung der Kirche im Bereich ihres Personals, der Immobilien oder im Bildungswesen. Im öffentlichen Leben bleibt sie jedoch nach wie vor mit ihren landesweit mehr als 6500 Lehr- und Bildungsanstalten (Collado Seidel 1998: 347) und vier konfessionellen Universitäten eine feste Größe. Sie verfügt auch weiterhin über Zeitungen und Radiosender, muss sich aber auch hier zunehmend um Publikum bemühen (Manfred Tietz 1990: 245, Historiker).

5 Empirische Untersuchung von Zeitungsartikeln aus der spanischen Tagespresse

5.1 Zur Methodik der Untersuchung

5.1.1 Die Auswahl der Quellen

Für den empirischen Teil dieser Arbeit werden Artikel mit einem Gesamtumfang von 300 Standardseiten[31] aus insgesamt fünf spanischen Tageszeitungen untersucht, welche von in Spanien lebenden Frauen berichten. Es geht deshalb um in Spanien lebende Frauen, weil auf spanischem Territorium für sie die gleichen Rechte gelten und weil sie i. d. R. einen gemeinsamen kulturellen und historischen Hintergrund haben. In einigen Zeitungsartikeln geht es um in Spanien lebende Ausländerinnen, die aufgrund gleicher rechtlicher Voraussetzungen ebenso berücksichtigt werden.

Das Hauptkriterium für die Auswahl der Artikel war somit zunächst ihr inhaltlicher Aspekt – nach der Auswahl geeigneter Tageszeitungen. Erst nachdem die Artikel auf ihren für diese Untersuchung geeigneten Inhalt überprüft waren, wurden diese nach Textsorten differenziert. Dass der Inhalt der Texte bei ihrer Auswahl Vorrang vor der Textsorte hat, ist Lothar Hoffmann zufolge zwar schwieriger und daher eher untypisch (vgl. Hoffmann 1998: 259). Letztendlich bestätigte diese Vorgehensweise auch die Annahme, dass die in dieser Arbeit analysierten Textsorten Nachricht/Kurznachricht, Bericht/Hintergrundbericht sowie Porträt/Nachruf aufgrund ihrer möglichst hohen Objektivität zu den wenigen dafür geeigneten Textsorten gehören. Darauf wird jedoch explizit unter *5.1.3. Journalistische Darstellungsformen* eingegangen.

Die fünf ausgewählten Tageszeitungen sind allesamt morgendlich erscheinende Tageszeitungen mit allgemeiner Berichterstattung, wobei zwei noch aus der Zeit der Franco-Diktatur stammen und heutzutage nicht mehr existieren (*Arriba*, *Ya*). Mit *El País* und *El Mundo* werden Tageszeitungen ausgewählt, die erst nach Ende der Diktatur gegründet worden sind. Schließlich ist die Tages-

31 Eine Standardseite umfasst 30 Zeilen zu je 55 Zeichen.

zeitung *Abc* diejenige mit der längsten Geschichte, da sie seit 1905 bis in die Gegenwart als Tageszeitung erscheint und ebenso wie die vier bereits genannten zu den auflagenstärksten Tageszeitungen in Spanien gehört (vgl. O'Donnell 2002: 1). Aus der *Abc* werden sowohl Artikel aus der Franco-Zeit als auch aus der Gegenwart ausgewählt, so dass je drei verschiedene Druckerzeugnisse für eine politische Ära stehen (*Abc, Arriba, Ya* bzw. El *País, El Mundo, Abc*) und auf jede Ära jeweils 150 Standardseiten für die Analyse des Sprachgebrauches entfallen.

Für die Untersuchung wurden Tageszeitungen herangezogen, weil sie Umfragen aus dem Jahr 2003 zufolge hinter Fernsehen, Radio und Zeitschriften mit 39,7% an vierter Stelle bezüglich ihrer Nutzung durch die spanische Bevölkerung, die über 14 Jahre alt ist, rangieren (vgl. Nohlen/Hildenbrand 2005: 234). Diese Artikel erscheinen täglich und somit in gleichmäßigeren Zyklen als Zeitschriften und sprechen i. d. R. ein heterogenes Publikum an. Das heißt, das Publikum der Tageszeitungen beschränkt sich im Gegensatz zu jenem der Zeitschriften nicht nur auf eine bestimmte Zielgruppe je nach Alter, Geschlecht, Interessen oder Hobbys. Für den Untersuchungszeitraum der Franco-Diktatur erweist sich das Medium Tageszeitung insofern von Vorteil, da es bereits damals – im Gegensatz zu anderen Medien – einem größeren Teil der Bevölkerung zugänglich war, wenn auch die rechtlichen Rahmenbedingungen für die Pressearbeit zur Zeit des autoritären Regimes völlig andere waren als im demokratischen bürgerlichen Spanien.

Mit dem Pressegesetz vom April 1938 räumt sich der Staat nicht nur die Rechte auf Überwachung und Vorzensur der Presse ein, sondern er behält sich auch Maßnahmen wie Geldbußen oder Beschlagnahmung der Zeitung vor (Art. 1 und 4; vgl. *Legislación de Prensa* in: Lorenzen 1978: 250). Die willkürliche Auslegung des Gesetzes trägt zusätzlich zur staatlichen Steuerung der Presse- und Informationspolitik sowie zur wirtschaftlichen Abhängigkeit der Unternehmen vom Staat bei (vgl. Lorenzen 1978: 254–255).

Zusätzlich verursachen in der Anfangszeit der Diktatur vor allem die wirtschaftliche Blockade durch das Ausland und der Mangel an Zeitungspapier für das Pressewesen zahlreiche Probleme, die sich negativ auf die Anzahl der veröffentlichten Periodika, ihren Umfang sowie Qualität der Berichterstattung und die Aufmachung auswirkten (Lorenzen 1978: 170–171). Diese Situation ändert sich erst mit der Lockerung der Wirtschaftsblockade gegenüber Spanien in den 1950er Jahren (Lorenzen 1978: 172). Zwar soll das im Jahr 1966 erlassene Pressegesetz *Ley 14/1966, de 18 de Marzo, de Prensa e Imprenta* die Pressefreiheit garantieren, aber nur insoweit, dass sie, wie Lorenzen schreibt, „nicht gegen das politische Konzept verstößt“ (Lorenzen 1978: 265). Erst ab 1974 kommt es unter dem neuen, von Franco ernannten Regierungschef Carlos Arias Navarro (und dem neuen Informationsminister Pío Cabanillas) zu einer Öffnung der Presse, die, so schreibt der Historiker Juan Pablo Fusi, „umfassend und wahrheitsgemäß über Streiks, Politik und Terrorismus informiert“ und die, so heißt es weiter, „einen entscheidenden Beitrag zur Wiedererstehung des politischen (und demokratischen) Bewusstseins im Lande leistete“ (Fusi 1992: 219, 221f).

Die Tageszeitung *Abc* rangiert während der Franco-Diktatur nach Auflagenhöhe an erster Stelle der spanischen Tageszeitungen: Sie variiert von 1964–1970 zwischen 192 000 und 221 000 Exemplaren (vgl. Lorenzen 1978: 333). Die Tageszeitung *Ya* verzeichnet die zweithöchste Auflage mit Angaben zwischen 125 000–149 000 Stück für den gleichen Zeitraum. *Arriba* hat mit einer Auflage von zwischen 40 000 und 50 000 Exemplaren eine nicht ganz so große Leserschaft; wichtiger für ihre Auswahl zur Untersuchung sind die Kriterien einer morgendlich erscheinenden Tageszeitung und eines sich von den anderen Zeitungen unterscheidenden politischen Hintergrundes. Diese drei Tageszeitungen sollen im Folgenden näher betrachtet werden.

5.1.1.1 Die Tageszeitung *Arriba* (unter autoritären Verhältnissen)

Das Morgenblatt *Arriba* ist das wichtigste Presseorgan der Einheitspartei *Falange* bzw. nach deren Umbenennung des *Movimiento Nacional* (vgl. Lorenzen 1978: 130). Erstmals 1935 herausgegeben, erscheint es ab 1939 als Tageszeitung, anfangs mit einer Auflage von 100 000 Exemplaren (vgl. Lorenzen 1978: 130f). Die regierungskonforme *Arriba* ist finanziell und materiell von der Einheitspartei und dem Informationsministerium abhängig (a.a.O: 132). Sie verliert nach und nach einen beträchtlichen Anteil ihrer Leserinnen und Leser, weil es vor allem in den 1960er Jahren immer schwieriger wird, eine Tageszeitung mit dieser extrem konservativen Ideologie zu verkaufen (vgl. Lorenzen 1978: 131 und 133).

5.1.1.2 Die Tageszeitung *Ya* (unter autoritären Verhältnissen)

Die nach dem Ende des spanischen Bürgerkrieges als Morgenblatt erscheinende Tageszeitung *Ya* ist während der Franco-Diktatur das wichtigste Organ der katholischen Kirche und nach *La Vanguardia* und *Abc* die drittgrößte spanische Tageszeitung mit 135 000 Exemplaren. Sie ist ebenso wie *Abc* regierungsunabhängig und gegenüber dem Franco-Regime loyal (Lorenzen 1978: 46–51). Ihre Leserschaft ist zumeist konservativ: die obere Mittelschicht und KatholikInnen (a.a.O.: 49–50).

5.1.1.3 Die Tageszeitung *Abc* (unter autoritären und demokratischen Verhältnissen)

Die mit ca. 200 000 Exemplaren (Lorenzen 1978: 333) auflagenstärkste spanische Tageszeitung *Abc* gehört während der Franco-Diktatur in politischer und finanzieller Hinsicht zur unabhängigen Presse (Lorenzen 1978: 148 und 152). Bereits seit ihrer Gründung im Jahr 1903 – damals als Wochenzeitung – liegt der Schwerpunkt ihrer Arbeit auf der politischen Berichterstattung. Wegen ihrer Seriosität und ihres hohen Ansehens genießt sie sogar bestimmte Vorrechte unter dem Franco-Regime (a.a.O.: 153 und 156). Die Leserschaft der monarchiefreundlichen *Abc* setzt sich sowohl vor als auch während der Franco-Ära vorwiegend aus konservativen Kreisen der gesellschaftlichen Mittel- und Oberschicht zusammen (a.a.O.: 153 und 157). *Abc* ist das einzige Blatt, das seit seiner Gründung kontinuierlich erscheint, und hat dabei Monarchie, Primo de Riveras Diktatur, die Republik (und schließlich auch Francos Diktatur) überdauert und sich seine Leserschaft weitgehend erhalten (a.a.O.: 151). In den Jahren des demokratischen Übergangs zählt sie nicht zu den BefürworterInnen des Demokratisierungsprozesses, woraufhin sie einen starken Auflagenverlust zu verzeichnen hat (Bischoff 1991: 456, 459 und Scotti-Rosin 1990: 11). In den 1980er Jahren gewinnt sie jedoch ihre Bedeutung zurück und besitzt als derzeit drittgrößte spanische Tageszeitung eine ziemlich stabile Leseklientel (Scotti-Rosin 1990: 11), die sich vorwiegend aus älteren, konservativ orientierten Personen zusammensetzt (O'Donnell 2002: 1).

Im demokratischen Spanien liegt der Pressearbeit der Art. 20 der Verfassung zugrunde, in dem sowohl „das Recht auf freie Äußerung und Verbreitung von Gedanken und Meinungen in Wort, Schrift oder jedwedem anderen Medium" sowie „das Recht auf freie und wahre Berichterstattung" verankert sind (vgl. „Die spanische Verfassung").

Die beiden auflagenstärksten und am meisten gelesenen Zeitungen mit allgemeiner Berichterstattung noch vor *Abc* sind Angaben aus dem Jahr 2003 zufolge *El País* und *El Mundo* (Nohlen/Hildenbrand 2005: 234–235). Alle drei verfügen auch über digitale Ausgaben im Internet (a.a.O.: 233). Wegen ihrer Bedeutung und ihres überregionalen Charakters sowie ihrer unterschiedlichen politischen Orientierung werden diese drei Tageszeitungen für die Analyse ausgewählt. Während *Abc* die konservativste der drei Zeitungen ist, gilt *El País* unter den drei ausgewählten als die liberalste.

5.1.1.4 Die Tageszeitung *El País* (unter demokratischen Verhältnissen)

Die heutzutage wichtigste spanische Tageszeitung, *El País*, die auch international zu den zwanzig größten Tageszeitungen gehört, erscheint seit Mai 1976 (Bischoff 1991: 455). *El País* wird zum Symbol des Übergangs von der Diktatur zur Demokratie, denn die Presse hat damals einen wesentlichen Einfluss auf die Akzeptanz (oder Nichtakzeptanz) einer neuen Regierung. Auf Druck der Presse und auf Wunsch des Königs muss die postfranquistische Regierung im Juli 1976 zurücktreten (vgl. Bischoff 1991: 458).

Aufgrund ihres journalistischen Selbstverständnisses – eine liberale Presse und die Verteidigung der pluralistischen Demokratie – und ihrer neuen Art der Berichterstattung – der erstmals klaren Trennung von Berichten und Meinungen in der Tagespresse – findet sie allgemein mehr Beachtung als die Gesamtheit der Tageszeitungen (ebd.). Zu ihren Markenzeichen gehören, wie Dieter Nohlen und Andreas Hildenbrand schreiben, „ihre Seriosität und Ausführlichkeit bei der Berichterstattung über nationale und internationale Themen sowie ein hohes Maß an journalistischer Professionalität und an relativer ideologischer Unvoreingenommenheit“ (Nohlen/Hildenbrand 2005: 235). *El País* gehört bis heute zu ihrer Gründungsgesellschaft *PRISA (Promotora de Informaciones, Sociedad Anónima)*, in der sich mehrere hundert Kleinaktionäre unterschiedlicher politischer Herkunft zusammengeschlossen haben (Scotti-Rosin 1990: 319).

5.1.1.5 Die Tageszeitung *El Mundo* (unter demokratischen Verhältnissen)

Obwohl die Tageszeitung *El Mundo* erst im Oktober 1989 gegründet wird und somit zu den jüngsten nationalen Tageszeitungen Spaniens gehört, ist sie nach *El País* die zweitbedeutendste Tageszeitung, sowohl was ihre Auflagenstärke als auch die Anzahl der LeserInnen betrifft (Nohlen/Hildenbrand 2005: 235). Sie gehört hauptsächlich zur Mediengruppe *Unidad Editorial*. Zwar präsentiert sich *El Mundo* als unabhängig, fortschrittlich und modern, wird aber von ihren Gegnern als konservativ, politisch und wirtschaftlich eher rechts situiert (Castellani 1998: 576). Sie etabliert sich vor allem Anfang der 1990er Jahre durch Aufklärungsarbeit in Korruptionsfällen in Politik, Finanzwelt und Justiz (Nohlen/Hildenbrand 2005: 235). Danach geht sie zum investigativen Journalismus in einem weniger sensationalistischen Stil über, zeigt aber nach wie vor eine deutliche Orientierung zu umstrittenen Fragen. Gelegentlich scheint ihre Berichterstattung überhastet zu sein (Hugh O'Donnell 2002: 352). Sie wird vor allem von jungen Menschen, höheren Angestellten und den in der Wirtschaft Tätigen gelesen (Nohlen/Hildenbrand 2005: 235).

5.1.2 Die Auswahl des Wortschatzes und dessen Kategorisierung

Die für die Untersuchung herangezogenen Zeitungsartikel aus dem Zeitraum der Franco-Diktatur sind den z. T. digitalisierten Ausgaben der Zeitungen und den auf Mikrofilm gespeicherten Ausgaben der Zeitungen aus der Spanischen Nationalbibliothek in Madrid entnommen. Die Zeitungsartikel für den aktuellen Untersuchungszeitraum stammen sowohl aus den Druck- als auch den Onlineversionen, da alle drei Tageszeitungen regelmäßig im Internet verfügbar sind und diesem bei der Verbreitung tagesaktueller Nachrichten eine immer größere Bedeutung zukommt.

Dem Linguisten Burkhard Schaeder zufolge handelt es sich bei den Zeitungsartikeln um eine spezielle Datensammlung, denn sie dient diesem einen, so definiert er es, „speziellen Forschungszweck und kann prinzipiell nur für diesen Forschungszweck als Datenbasis genutzt werden" (Schaeder 1998: 232). Die untersuchten Artikel, in denen es um Frauen in Spanien geht, können in folgende drei Themenkomplexe eingeordnet werden: *Frauen in ihrer traditionellen Rolle als Hausfrau und Mutter; Frauen als Opfer geschlechterspezifischer Gewalt; Frauen in traditionell typischen Männerdomänen.* In anderen Zusammenhängen spielen Frauen in spanischen Tageszeitungen in wesentlich geringerem Maße eine Rolle, so dass sich die Untersuchung auf diese drei genannten Themenbereiche beschränkt.

Das zweite Thema, *Frauen als Opfer geschlechterspezifische Gewalt,* wird mit dem Konzept der *geschlechterspezifischen Gewalt* bewusst ausgewählt und gegenüber ähnlichen Konzepten wie *häuslicher Gewalt* oder *Misshandlungen im familiären Umfeld* präferiert, weil im Rahmen dieser Arbeit weniger die Beziehung zwischen Täter und Opfer, sondern viel mehr das Geschlecht des

Opfers im Vordergrund steht. Zudem sind die Zeitungsartikel aus der Franco-Zeit diesen beiden Konzepten nur schwer zuzuordnen, denn *häusliche Gewalt* bzw. *Misshandlungen im familiären Umfeld* werden zu jener Zeit nicht thematisiert bzw. nicht so benannt. Nicht zuletzt waren die Frauen damals vor allem in der Ehe nicht gleichberechtigt und waren ihrem Mann, dem Familienoberhaupt, untergeordnet. Hingegen wird in den Tageszeitungen aus dem Zeitraum von vermeintlichen „Unfällen" berichtet, deren (Todes)Opfer auffällig oft Frauen sind, so dass diese Artikel für die Untersuchung unter dem Thema der geschlechterspezifischen Gewalt verwendet werden. Auch wenn die meisten Misshandlungen von Familienmitgliedern oder (Ehe)Partnern oder Ex-(Ehe)-Partnern ausgehen, so ist das Konzept der *geschlechterspezifischen Gewalt* doch das allgemeinste und erscheint somit für die Untersuchung am geeignetsten.

Die sprachstatistischen Elemente, die im Rahmen der Analyse untersucht werden, sind Wörter, Wortverbindungen und Wortgruppen, d. h. *lexikalisch-stilistische* Mittel aus den Zeitungsartikeln, mit denen Frauen, aber auch Männer und Kinder, beschrieben werden bzw. wie auf sie referiert wird. Dabei wird von der These ausgegangen, dass sich der politisch-ideologische Hintergrund einer Gesellschaft sprachlich widerspiegelt. Das heißt, je konservativer und undemokratischer eine Gesellschaft ist, umso stärker werden Frauen durch unterschiedliche Mechanismen, die es im Weiteren genauer zu untersuchen gilt, unterdrückt, unsichtbar gemacht oder gar nicht erst genannt. Erst im Zuge der Demokratisierung der Gesellschaft und der rechtlichen und sozialen Gleichstellung der Frauen soll durch die regressive Deduktion (Joseph Maria Bocheński 1969: 82) nachgewiesen werden, dass auch in zunehmendem Maße eine geschlechtergerechtere Sprache gebraucht wird. Zwar werden dabei nach F. de Saussure mit der Epoche der Franco-Diktatur und der bürgerlichen Demokratie nach Franco zwei diachronisch aufeinander folgende Zeiträume in sprachlicher Hinsicht *intralingual* und *kontrastiv* untersucht, jedoch ist ein Zeitraum von jeweils annähernd 40 Jahren nicht als jeweiliger Gegenstand der Gleichzeitigkeit – nach F. de Saussure der Synchronie – aufzufassen, weil es sich um Zeit*räume* handelt, mit denen nicht zuletzt auch eine sprachliche Entwicklung einhergeht (de Saussure in: Bartschat 1996: 59). Dabei umfasst der *intralingual-kontrastive* Vergleich der *lexikalisch-stilistischen* Mittel sowohl deren Quantität (*absolute* und *relative Häufigkeit*) als auch deren Qualität (*Semantik*) in beiden Zeiträumen und setzt sie zueinander ins Verhältnis. Dieser *intralinguale* Vergleich wird nicht allein über beide Zeiträume vorgenommen, sondern beinhaltet auch den Vergleich zwischen den einzelnen Textsorten (nach Hoffmann 1998: 262) und wiederum den einzelnen Tageszeitungen. Eine weitere Differenzierung des *intralingualen* (und auch des hier irrelevanten interlingualen) Fachtextsortenvergleiches innerhalb der Fachsprachenlinguistik nimmt L. Hoffmann auf einer weiteren, untergeordneten Ebene vor: dem Vergleich der a) Fachwortschätze, b) Syntax und c) Fachtexte und Fachtextsorten mit detaillierten Parametern. Für diese Arbeit ist jedoch lediglich die Ebene der *Fachwortschätze* relevant, die u. a. die hier betrachteten Aspekte wie die *Häufigkeit, die Semantik und die Wortbildung* umfasst (vgl. Hoffmann 1998: 262).

Bei der Methodik in dieser Arbeit spielt F. de Saussures Dichotomie des inneren und äußeren Bezirks der Sprache eine zentrale Rolle, d. h. welchen Einfluss der äußere Bezirk der Sprache, die kulturellen, rechtlichen und sozialen Gegebenheiten, auf den inneren Bezirk der Sprache, das Sprachsystem, ausüben (Bartschat 1996: 60f), wobei der Sprachgebrauch in die Analyse einbezogen wird. F. de Saussure unterteilt das Sprachsystem in paradigmatische (assoziative) und syntagmatische (Anreihungs)Beziehungen ein, wobei letztere z. T. auch der *parole*, dem Sprechen oder Sprachgebrauch zugewiesen werden (a.a.O.: 61f). Um die paradigmatischen Beziehungen, d. h. das Verhältnis der sprachlichen Elemente zueinander innerhalb des Sprachsystems untersuchen zu können, werden die Elemente in unterschiedlichen Kategorien, die noch genauer ausgeführt werden, eingeteilt (a.a.O.: 69). Von besonderem Interesse ist dabei, welchen Veränderungen die sprachlichen Zeichen unterliegen. Diese können einerseits Bezeichnungen bzw. Ausdrücke (nach F. de Saussure *signifiant*) betreffen, wobei zu klären ist, ob diese in ihrer Form erhalten bleiben oder ob sie sich ändern, z. B. durch die Bildung eines entsprechenden Maskulinums oder Femininums. Andererseits kann auch der Inhalt, das Bezeichnete (nach F. de Saussure *signifié*) beibehalten werden oder sich ändern, z. B. durch den Bezug auf eine männliche oder weibliche Person, wie es vor allem in der Vergangenheit häufiger der Fall war (*jueza – mujer del juez*) (Bartschat 1996: 62f).

Die *lexikalisch-stilistischen* Mittel, mit denen Frauen, Mädchen, Kinder, Jungen und Männer beschrieben werden, sind in eben diese oben bereits erwähnten Kategorien unterteilt. Über deren Bezeichnungen und entsprechende Synonyme hinaus werden Bezeichnungen für Personen im Allgemeinen und Personengruppen (generische Maskulina bzw. Alternativen zu generischen

Maskulina) untersucht und zudem, mit welchen Epitheta und Wortverbindungen sowie Metaphern und sprachlichen Bildern die Frauen und Männer beschrieben werden. In vielen Fällen werden die Personen in ihren gesellschaftlich gewachsenen oder auch neu entstandenen Rollenbildern gezeigt. Wichtig ist hierbei zu betrachten, ob geschlechtergerechte Bezeichnungen existieren und benutzt werden, d. h., ob es z. B. explizit männliche und explizit weibliche Bezeichnungen gibt.

Dieser *qualitative* Aspekt der Sprachbeschreibung wird ergänzt durch die Angaben zur Häufigkeit der in dieser Arbeit beschriebenen sprachlichen Erscheinungen in lexikalisch-semantischer Hinsicht, Lothar Hoffmann zufolge den „*quantitativen* Aspekten des Sprachgebrauchs und des Sprachsystems“ (Hoffmann 1998: 241). Denn da die Sprache gesellschaftliche Gegebenheiten definiert und widerspiegelt, und darüber hinaus auch die Fähigkeit besitzt, gesellschaftliche und sprachliche Veränderungen aufzuzeigen, beschäftigt sich diese Untersuchung ganz maßgeblich mit der Häufigkeit der Widergabe entsprechender Rollenbilder des jeweiligen Geschlechtes. Diese *relativen* Häufigkeiten werden nach sprachstatistischer Methodik (nach Hoffmann 1998: 244) mit der Gesamtzahl der Nennungen (der *absoluten* Häufigkeit) in der jeweiligen Kategorie (z. B. „Bezeichnungen der Frauen“ in *El País*) ins Verhältnis gesetzt und somit die Anzahl der reproduzierten Rollenbilder verglichen. Somit werden in der Untersuchung L. Hoffmanns Ausführungen entsprechend zwei „Problemkreise“ der Sprachstatistik bearbeitet: zum einen die *Häufigkeit* (der *quantitative* Aspekt) und zum anderen die *Semantik* (der *qualitative* Aspekt) der Wörter und Wortgruppen (vgl. Hoffmann 1998: 241).

Die nach den Kategorien eingeordnete Lexik wird innerhalb jeder Kategorie in die unterschiedlichen Rollenbilder sowie z. B. in wertungsneutrale Bezeichnungen, abwertende Bezeichnungen oder auch Adelstitel/förmliche Bezeichnungen eingeteilt und gezählt. In den Tabellen sind die Klassifizierungen der Bezeichnungen sowie deren jeweilige Anzahl in derselben Zelle verschiedenfarbig dargestellt. Sofern es sich bei der Kategorie um die generischen Maskulina, deren Alternativen oder die in den Artikeln behandelten (Unter-) Themen handelt, wird dort auch der jeweilige Wortschatz aus sprachwissenschaftlicher oder semantischer Sicht klassifiziert und entsprechend farbig dargestellt.

Bei den Klassifizierungen ist zwar hauptsächlich die jeweilige relative Anzahl im Vergleich von Bedeutung. Allerdings werden auch absolute Zahlen einbezogen, wenn wenige Angaben oder wenige Vergleichsmöglichkeiten in der jeweiligen Kategorie vorliegen oder wenn sich die absoluten Zahlen (die Anzahl der Gesamtnennungen) innerhalb einer Kategorie stark unterscheiden. Sie sind auch überaus bedeutsam, wenn Männer in Artikeln, in denen es hauptsächlich um Frauen geht, öfter als Frauen thematisiert werden.

Bei den Rollenbildern handelt es sich meist um das traditionelle Bild der Frauen als erwerbslose Hausfrauen und Mütter, die für die Erziehung der Kinder verantwortlich sind. Analog dazu steht das traditionelle Rollenverständnis der Männer als erwerbstätiges Familienoberhaupt und „Versorger" der Familie. Ein modernes, gleichberechtigtes Rollenverständnis sieht beide Geschlechter in der Verantwortung bei der Vereinbarkeit von Beruf und Familie.

Rollenbilder und Rollenverhalten spiegeln sich aber nicht nur in Personenbezeichnungen und/oder den dazugehörigen Epitheta und/oder Metaphern wider, sondern sie zeigen sich auch in der Aufnahme bestimmter (Unter-) Themen in den Zeitungsartikeln. Auch hier geht es nicht nur um die Häufigkeit (*Quantität*), mit der diese Themen aufgegriffen werden, sondern auch darum, mit welcher Wertung (*Qualität*) ein solches (Unter-)Thema belegt ist: ob traditionelle bzw. konservative oder moderne, nämlich gleichberechtigte Rollenbilder und Verhaltensmuster positiv oder negativ beschrieben werden. Einige wenige Fälle, in denen eine solche Klassifizierung des Wortschatzes zwar möglich ist, aber eine differenzierte Betrachtung des Sachverhaltes gegeben ist, werden in der Auswertung explizit angeführt.

Das Vokabular, das keinem Rollenbild zuzuordnen ist oder keine Wertung vornimmt, wird als (wertungs)neutrales Vokabular eingestuft. Dazu gehören u. a. Personalpronomen und Bezeichnungen, die Verwandtschaftsbeziehungen (außer Mütter, Väter (Ex-)PartnerIn im weitesten Sinn) oder Nationalitäten anzeigen.

Aus sprachlicher Sicht erscheint ein weiterer Aspekt der Untersuchung interessant, der sich darauf konzentriert, wie oft generische Maskulina und mögliche Alternativen zu diesen verwendet werden. Die Auszählung generischer Maskulina im Spanischen gestaltet sich insofern schwierig, als dass in dieser Sprache – im Unterschied zum Deutschen – für die Pluralformen der Substantive in den meisten Fällen der männliche Artikel *los* steht, auch wenn das Substantiv (je nach Kontext), wie z. B. *los habitantes*, den weiblichen Artikel *las* zugelassen hätte, da es sich um ein Substantiv im Genus Commune handelt.

Das Substantiv *habitantes*, das ohne Artikel beide Geschlechter meinen kann und somit stellvertretend für eine Reihe anderer Personenbezeichnungen im Spanischen steht, wird durch die Verwendung des männlichen Artikels zu einem generischen Maskulinum, wenn aus dem Kontext nicht hervorgeht, ob es sich dabei um Männer und Frauen oder nur um Männer handelt: Es ist mehrdeutig (vgl. Iris G. Gonzáles 1985: 52, Sprach- und Kommunikationswissenschaftlerin).

Gleiches gilt für Adjektive oder substantivisch gebrauchte Adjektive ohne die typischen Suffixe *-o* (für Männer) und *-a* (für Frauen) wie *las jóvenes* oder *los jóvenes*. Ohne Artikel kann es beide Geschlechter bezeichnen, ohne eines davon zu diskriminieren. Aus diesem Grund erscheint es bei der Kategorisierung in generische Maskulina bzw. deren Alternativen wesentlich sinnvoller, die Artikel außer Acht zu lassen und das Hauptaugenmerk auf die Substantive an sich zu legen.

Unter den generischen Maskulina sind somit nur die Substantive zusammengefasst, deren maskuline Form, sei es im Singular oder Plural, für männliche und weibliche Personen steht oder wo aus dem Kontext heraus nicht erkennbar ist, um welches Geschlecht es sich tatsächlich handelt. Wenn es sich bei den maskulinen Bezeichnungen, sei es im Singular oder Plural, eindeutig nur um Männer handelt, wird diese Bezeichnung folglich auch den Männern zugeordnet.

Unter die Alternativen zu den generischen Maskulina fallen a) Substantive wie das oben genannte Beispiel *habitantes*, das im Genus Commune steht und bei dem die Verwendung des femininen oder maskulinen Artikels den entsprechenden Sexus der Person angibt und b) Substantive, die unabhängig von ihrem grammatischen Geschlecht nichts über das biologische Geschlecht der Person aussagen, wie z. B. *la persona*. Sie stehen für die Strategie der Neutralisierung (Hellinger 1985: 5). Eine Beidnennung der geschlechterspezifischen Bezeichnungen (*ese niño o niña*) als Strategie der Feminisierung zählt ebenso zu den Alternativen wie die Strategie der Geschlechtsabstraktion (ebd.), nämlich Oberbegriffe für mehrere Personen einzusetzen (*fuentes, la gente*). Es gibt aber auch Substantive wie z. B. *familia*, die manchmal als Alternative zu den generischen Maskulina kategorisiert werden und manchmal beim Thema „Familie". Das liegt daran, dass damit teilweise auf die Personen/Familienmitglieder (Kategorisierung als Alternative), teilweise aber auch auf die Institution Familie (Kategorisierung unter dem Thema „Familie") referiert wird.

Unter den Alternativen zu den generischen Maskulina mit Epitheta sind teilweise auch Epitheta mit den Suffixen *-o* oder *-os* zu finden. Sie lassen eigentlich auf einen generischen Gebrauch schließen, aber da die Einordnung der Begriffe in die Kategorien nach dem Substantiv erfolgt, ist eine solche Berücksichtigung schwierig bzw. für den Rahmen dieser Arbeit zu umfangreich.

Kinder werden in einer gesonderten Kategorie gezählt. Sie werden meist mit generischen Maskulina bezeichnet; trotzdem wird innerhalb dieser Kategorie auch die Verwendung möglicher Alternativen betrachtet.

Die Zahlen in Klammern in den Tabellen zeigen an, wie oft eine Bezeichnung, ein Epitheton, eine Metapher oder eine Wortgruppe gebraucht wird, wenn dies häufiger als einmal der Fall ist. Bezeichnungen, Epitheta oder Wortgruppen, welche durch die Konjunktionen *y* oder *o* verbunden sind, werden jeweils als eigenständig stehende gewertet.

Die Kategorisierung des Wortschatzes sowie dessen Einordnung in Unterthemen gestaltet sich mitunter schwierig – je nach Bedeutungsvarianten der Wörter und entsprechend des Kontextes. Diese Variablen werden in der Auswertung ebenfalls berücksichtigt. Ein solcher Fall ist beispielsweise *mujer*, was ähnlich wie im Deutschen für *Frau* oder *Ehefrau* stehen kann. Im Gegensatz zu den anderen mehrdeutigen Fällen wird bei *mujer* dieser Bedeutungsunterschied nicht berücksichtigt und von der Grundbedeutung *Frau* ausgegangen.

Je nach Themenkomplex 1, 2 oder 3 bei den Zeitungsartikeln können die Rollenbilder, in welche der Wortschatz aus den Kategorien klassifiziert wird, variieren. Gerade im Themenkomplex 2 *Frauen als Opfer geschlechterspezifischer Gewalt* erscheint eine Klassifizierung des Vokabulars in Opfer, (Ex-)Partnerinnen/Mütter, neutrale und Berufsbezeichnungen angebrachter als eine Untergliederung in traditionelles und modernes Rollenverständnis. In den Tabellen sind diese Klassifizierungen des Vokabulars mit verschiedenen Farben unterlegt, damit eindeutig erkennbar ist, welche Wörter welchem Bild zugeordnet werden. In der Auswertung im Text werden zu jedem Rollenbild in jeder Kategorie ein bis drei Beispiele angegeben; besondere Fälle dabei näher erläutert.

Welche Rollenbilder nun im Speziellen für die Analyse der Themen ausgewählt wurden, wird zum jeweiligen Themenbereich erklärt.

5.1.2.1 Die Darstellung der Frauen in ihrer traditionellen Rolle

In diesem ersten Themenbereich werden die Bezeichnungen, Epitheta und Metaphern in Bezug auf Frauen und Mädchen in das traditionelle und das moderne Rollenbild sowie wertungsneutrale Bezeichnungen und Adelstitel bzw. förmliche Bezeichnungen unterteilt. „Modernes" Rollenbild bedeutet dabei immer, dass es einem gleichberechtigten Bild von beiden Geschlechtern zuträglich ist und althergebrachte, den Geschlechtern von der Gesellschaft zugewiesene Rollen hinter sich lässt. „Modern" steht bei den Frauenbezeichnungen oft, aber nicht nur stellvertretend für Berufsbezeichnungen. Es bedeutet in diesem Zusammenhang auch, dass niemand durch herabwürdigende Bezeichnungen diffamiert oder diskriminiert wird. Solche abwertenden Bezeichnungen für Frauen werden daher in die traditionellen Rollenbilder eingeordnet, in der Auswertung aber auch noch einmal benannt.

Die Adelstitel und förmlichen Bezeichnungen werden aufgrund ihrer hohen Anzahl gesondert gezählt. Die Artikel handeln oft von der Königsfamilie und ihrem Nachwuchs und somit der Absicherung der spanischen Monarchie. Letztendlich spiegeln sich auch darin traditionelle Rollenbilder wider, aber eben nicht auf so eindeutige Art und Weise wie in anderen gebrauchten Begriffen.

Ebenso wie bei den Frauen werden die Bezeichnungen, Epitheta und Metaphern in Bezug auf Männer und Jungen in traditionelle und moderne Rollenbilder sowie in neutrale Bezeichnungen und Adelstitel unterteilt. Ein „modernes" bzw. gleichgestelltes männliches Rollenbild zeigt Männer in ihrer Rolle als Väter. Abwertende Bezeichnungen werden, sofern sie überhaupt vorkommen, extra gewertet, weil sie in keine andere Gruppe eingeordnet werden können.

Entgegen der Annahme, Mädchen und Jungen werden noch keine gesellschaftlichen Rollenbilder zugeordnet, geschieht dies in den Artikeln doch an einigen Stellen, deswegen wird auch auf sie die Unterteilung des Vokabulars angewendet.

Neben allen Bezeichnungen für Personen und generische Maskulina sowie deren Alternativen werden in diesem ersten Themenbereich die (Unter-) Themen Familie, Schwangerschaft, Vaterschaft, Erbfolge und konstitutionelle Reform und Gesetzgebung hinsichtlich der Gleichstellung der Geschlechter analysiert, weil diese Themen die relevantesten in diesem Komplex sind. Die Themen Schwangerschaft und Vaterschaft werden auf ihre positive oder negative Darstellung hin untersucht. Bei den letzten beiden Themen wird betrachtet, in welches Licht das Thema Gleichberechtigung gerückt wird.

5.1.2.2 Die Darstellung der Frauen als Opfer geschlechterspezifischer Gewalt

Im zweiten der in dieser Arbeit betrachteten Themengebiete werden die Bezeichnungen, Epitheta und Metaphern in Bezug auf Frauen in Opfer, (Ex-)Partnerinnen oder Mütter, neutrale sowie Berufsbezeichnungen eingeteilt. Die (Ex-)Partnerinnen, die als Oberbegriff für (Ex-)Freundin, (Ex-)Verlobte, (Ex-)-Frau oder (ehemalige) Lebensgefährtin gebraucht werden, stehen ebenso wie die Mütter für die engsten und somit die von der Gewalt direkt betroffenen Familienmitglieder und sind letztlich eine alternative Bezeichnung für die Opfer. Die Anzahl der genannten Berufsbezeichnungen zeigt, inwiefern in diesen Artikeln auch ein modernes Frauenbild widergespiegelt wird.

Da Mädchen in einigen Artikeln ebenfalls Opfer geschlechterspezifischer Gewalt sind, wird diese Unterteilung ihrer Benennungen ebenfalls, wenn auch nur teilweise, vorgenommen.

Die Bezeichnungen für Männer und die entsprechenden Epitheta und Metaphern werden unter folgende Begriffe eingeordnet: Täter bzw. Verdächtige, (Ex-)Partner bzw. Väter, neutrale sowie Berufsbezeichnungen und auch Kranke bzw. Opfer. Die (Ex-)Partner, die wie die (Ex-)Partnerinnen bei den weiblichen Bezeichnungen für jede Form einer (ehemaligen) Liebesbeziehung stehen, werden – wiederum gemeinsam mit den Vätern – als engste Familienmitglieder im Sinne einer alternativen Täter- oder Verdächtigenbezeichnung gewertet. In den Kategorien der Epitheta und Metaphern sind die Wortgruppen bezüglich der Kranken bzw. der Opfer ebenfalls Synonyme für die Täter bzw. Tatverdächtigen.

Bei der geschlechterspezifischen Gewalt werden nur drei Themen untersucht: Familie und Trennung, um einen Einblick in die Familiensituation zu erhalten, sofern diese gezeigt wird, die Gewalttaten gegen Frauen und wie diese entsprechend dem Tathergang beschrieben werden; und schließlich die Straftaten mit einer eher sachlichen Benennung durch Substantive.

5.1.2.3 Die Darstellung der Frauen in traditionell typischen Männerdomänen

In diesem Themengebiet werden die Bezeichnungen für Frauen eingeteilt in neutrale, in moderne bzw. gleichberechtigte sowie in traditionelle Bilder und herabwürdigende Bezeichnungen. Die dem modernen weiblichen Rollenverständnis entsprechenden Bezeichnungen sind zumeist Berufsbezeichnungen, z. T. für Frauen auch recht ungewöhnliche. Es sind aber gerade diese traditionellen Verhaltensmuster, über die sich die Frauen, die in diesen Zeitungsartikeln thematisiert werden, hinwegsetzen, ihren eigenen Weg gehen und dabei üblicherweise nur Männern vorbehaltene Positionen einnehmen.

Bei den Epitheta und Wortverbindungen wird untersucht, inwiefern ein gleichberechtigtes weibliches Rollenverständnis auf positive oder negative Art und Weise beleuchtet wird oder ob es neutral ist.

Für Mädchen und Jungen ist eine Zuweisung von Rollenbildern nicht nachzuweisen, deswegen erübrigt sich eine Einordnung ihrer Bezeichnungen.

Bei den Bezeichnungen der Männer erfolgt ebenfalls eine Einteilung in die traditionell männliche Rolle, meist Berufsbezeichnungen, in die moderne Rolle als Väter, in neutrale oder – sofern sie vorkommen – in abwertende Begriffe. Die Epitheta und Metaphern bezüglich männlicher Personen sind nicht ganz so leicht zu klassifizieren: Sie sind entweder neutral oder entsprechen der traditionellen männlichen Rolle. In den wenigen Fällen, in denen das nicht so ist, wird entweder die moderne Rolle widergespiegelt oder von Seiten der Männer positiv auf eine Frau referiert. Eine Wertung der männlichen Rollenbilder wie bei den weiblichen ist tatsächlich die Ausnahme (*El País*).

Die wenigen Themen, die in mehreren Artikeln auftreten und somit Gegenstand der Untersuchung werden, sind die Gleichstellung der Geschlechter und die Familie. Das Thema Schwangerschaft wird nur aufgegriffen, weil es als „typisch weibliches" Thema in einem anderen Zusammenhang die weibliche Zielgruppe ansprechen soll.

5.1.3 Journalistische Darstellungsformen

Die für diese Arbeit ausgewählten journalistischen Darstellungsformen Nachricht und Kurznachricht, Bericht und Hintergrundbericht sowie Porträt und Nachruf gehören neben dem Kommentar, Interview, der Reportage, dem Feature und der Glosse zu den wichtigsten Mediengattungen im engeren Sinn. Sie sind, so formuliert es der Journalistikprofessor Hannes Haas im *Handbuch Journalismus und Medien*,

> „historisch gewachsene, stark konventionalisierte Formen mit unterschiedlicher Funktion (Information, Bewertung, Unterhaltung), sowie gemeinsamen formalen, strukturellen und/oder inhaltlichen Merkmalen" (Haas in: Siegfried Weischenberg, *Handbuch Journalismus und Medien* 2005: 225f).

Einem weiter gefassten Verständnis der Mediengattungen entsprechend umfassen diese nach Siegfried. J. Schmidt und S. Weischenberg nicht nur die Darstellungsformen, sondern auch die Berichterstattungsmuster, welche die Gestaltung der Medienaussagen bestimmen (Schmidt/Weischenberg 1994: 232ff, beide Kommunikationswissenschaftler).

Diese unterschiedlichen Darstellungsformen haben sich, so steht weiter zu lesen,

> „als Konvention der Präsentation von Medienaussagen etabliert, Text- bzw. Sendungsgattungen, standardisierte Formate und Genres der Mitteilung, die durch die Wiederkehr der erwarteten und bekannten Formen Sicherheit geben und die Konzentration auf die neuen Inhalte ermöglichen" (a.a.O.: 227).

Den drei gewählten journalistischen Darstellungsformen ist somit gemein, dass sie über einen sachlichen und informierenden Charakter verfügen (im Gegensatz zum meinungsäußernden Charakter), wobei die Klassifizierungen von WissenschaftlerIn zu WissenschaftlerIn im modernen Journalismus leicht differieren (vgl. Mayer, Walther von La Roche). So unterscheidet das Fischer-Lexikon (1994) tatsachenbetonte, meinungsbetonte und phantasiebetonte Darstellungsformen, wonach Nachricht und Bericht unter die erste, das Porträt unter die zweite Darstellungsform fällt. Vor allem entscheidet jedoch auch die Absicht des Autors/der Autorin über die Darstellungsform. Die Klassifizierung nach S. Weischenberg ist ähnlich gegliedert in Nachrichten-, Meinungs- und Unterhaltungsdarstellungsform, während der Medienwissenschaftler Michael Haller (1990) lediglich objektive und subjektive Darstellungsformen unterscheidet.

Im Folgenden sollen die einzelnen journalistischen Darstellungsformen näher beschrieben werden.

5.1.3.1 Die Nachricht

Die Begriffsklärung zur Nachricht fällt in verschiedenen Nachschlagewerken unterschiedlich präzise aus. S. Weischenberg spricht im Handbuch Journalismus und Medien sehr allgemein von einer „Mitteilung, die für die Öffentlichkeit von Interesse ist“ (Weischenberg, Handbuch Journalismus und Medien 2005: 306f). Der Journalist W. von La Roche definiert die Nachricht als eine „um Objektivität bemühte Mitteilung eines allgemein interessierenden, aktuellen Sachverhalts in einem bestimmten formalen Aufbau“ (La Roche 2008: 78). Dabei werden die wichtigsten Tatsachen der Neuigkeiten immer an den Anfang der Nachricht gestellt, die weiteren Details einer Nachricht folgen im Textverlauf, weswegen beim formalen Aufbau dieser Darstellungsform oft u. a. von der „Inverted-Pyramid-Form“ die Rede ist (vgl. Fritz Csoklich, Journalist, in: Heinz Pürer 1991: 46 und 51). Die LeserInnen, die i. d. R. wenig Zeit haben, sollen dadurch in den ersten Zeilen erfahren, worum es in der Mitteilung geht (a.a.O.: 52). Der Vorspann, der Lead, muss bereits einen hohen Informationswert besitzen: Er hat die sechs „W“-Fragen nach dem Wer, Was, Wo, Wann, Wie und Warum zu beantworten (a.a.O.: 52f).

Nach S. Weischenbergs Definition einer „längeren Nachricht“, die er einem Bericht gleichsetzt, haben nur diese, so heißt es dort,

> „einen – auch formal – abgegrenzten *Vorspann* (lead), der maximal drei bis vier Sätze lang ist. Er soll […] Leseanreiz sein, eine erste Orientierung über ein Ereignis oder einen Sachverhalt anbieten und die wesentlichen Informationen prägnant, klar und übersichtlich zusammenfassen“ (Weischenberg 2005: 309).

Den Ausführungen des Journalisten Fritz Csoklichs zufolge soll die Nachricht auch in ihrem Gesamtaufbau kurz, prägnant und sachlich sein (F. Csoklich in: H. Pürer 1991: 52f und 74).

S. Weischenberg stellt außerdem die siebte „W“-Frage, dem Woher, nämlich nach der Quelle der Nachricht (S. Weischenberg 2005: 308). Als zentrales Merkmal der Nachricht nennt er die Objektivität (a.a.O.: 307).

Die Nachrichten, die aus den Zeitungen der Franco-Zeit stammen, sind oftmals besonders kurz gehalten und beinhalten nur wenige Sätze. In dieser Besonderheit spiegeln sich die Gegebenheiten jener Zeit wider, so dass diese „Kurznachrichten“ in die Untersuchung ebenso einbezogen werden. Für eine bessere Lesbarkeit wird im Text jedoch nur der Terminus Nachricht gebraucht.

5.1.3.2 Der Bericht

Auf den Bericht wird häufig als den wesentlich „größeren Bruder“ der Nachricht referiert. Es handelt sich dabei, wie F. Csoklich schreibt, um

> „ein ganzes Bündel von Nachrichten im Zusammenhang mit einem komplexen Vorgang oder Thema, […] alle diese Fakten und Informationen [werden] zu einem Bericht verarbeitet. […] Man kann den Bericht auch als ausführlichere, gründlichere Variante der Nachricht bezeichnen“ (Csoklich in: Pürer 1991: 74).

Während S. Weischenberg den Bericht von der Nachricht relativ ungenau abgrenzt (beide Darstellungsformen sind in einem Artikel zusammengefasst), charakterisiert die Journalistin Verena Hruska den Bericht umso präziser: Ihr zufolge handelt es sich um „informierende Artikel, die in das straffe Korsett der Nachricht nicht mehr hineinpassen“ (V. Hruska 1999: 135), weil sie sowohl inhaltlich als auch formal andere Merkmale aufweisen. Ein Bericht kann beispielsweise in enger zeitlicher Verbindung mit einer Nachricht stehen; ein aktueller Anlass muss aber nicht vorliegen. Ebenso wie F. Csoklich sieht auch sie in einem Bericht eine mit weiteren (Hintergrund)Informationen, Erläuterungen, Zusammenhängen, auch „unwesentlichen Details“ angereicherte Nachricht, welche die Informationen aber auch interpretieren oder neu gewichten kann (Hruska 1999: 135ff). In formaler Hinsicht erwähnt V. Hruska u. a. die größere Textlänge des Berichtes, die oft chronologische Abfolge der Ereignisse (im Gegensatz zur „umgekehrten Pyramide bei der Nachricht), ein möglicherweise höheres Maß an Zitaten und einen weniger sachlichen Sprachstil, der z. B. wertend oder analysierend sein kann“ (ebd.).

Im Gegensatz zu V. Hruska gliedert sich laut F. Csoklich der Bericht ähnlich wie die Nachricht: Am Anfang steht ein – etwas längerer – Einstieg oder Vorspann, danach folgen die Einzelheiten den wichtigen Tatsachen nach dem Prinzip der umgekehrten Pyramide. S. Weischenberg, der den Bericht in den

Tatsachen-, Handlungs- und Zitatenbericht unterteilt, bevorzugt beim inhaltlichen Aufbau ebenfalls das Vorgehen vom Wichtigen zum Detail (Weischenberg 2005: 307). Größere Übereinstimmung zwischen V. Hruska und F. Csoklich herrscht bei der Objektivität des Berichtes:

> „… er bemüht sich, wie die Nachricht, um eine sachliche Darstellung […] und verleugnet die persönliche Handschrift seines Autors auch nicht ganz. […] Das Geschehen selbst muss im Bericht das unbestreitbar Wichtigste bleiben“ (Csoklich in: Pürer 1991: 74).

Der Bericht steht daher nach F. Csoklichs Auffassung zwischen der Nachricht, die eine „kurze, präzise und sachliche Darstellung einer Neuigkeit“ ist, und der Reportage sowie auch dem Feature, welche eine „möglichst subjektive Sicht des Schreibers“ abbilden (ebd.).

Auch in Bezug auf diese Textsorte ist für die Franco-Ära auffällig, dass teilweise besonders lange Berichte in den Tageszeitungen zu finden sind, die weniger vom Informationsgehalt als vom Textumfang her über die eines Berichts hinausgehen. Folglich werden diese „Hintergrundberichte“ mit in die Textsorte Berichte einbezogen; im Text jedoch nur mit dem Terminus „Berichte“ auf sie referiert.

5.1.3.3 Das Porträt

Das journalistische Porträt, das über eine Person und ihre Leistungen und Verdienste in positiver und negativer Hinsicht berichtet, vereint Pürer zufolge verschiedene Elemente journalistischer Darstellungsformen (vgl. Pürer 1991: 230f). Das Schreiben eines Porträts setzt eine gründliche Recherche und Vorarbeit voraus, weil es hauptsächlich informierenden Charakter hat. Das Porträt beinhaltet aber auch urteilende und verallgemeinernde Formen des Journalismus (vgl. ebd.). Besonders in Nachrufen, welche oft in Form von Porträts gestaltet sind, werden Stationen einer Biographie gedeutet, Leistungen und Erfolge abgewägt und gewichtet (ebd.). Das Porträt ist somit im Vergleich zu Nachricht und Bericht subjektiver als die beiden anderen Textsorten.

In die Untersuchung werden für die Textsorte „Porträt“ aus dem oben genannten Grund ebenso Nachrufe mit einbezogen.

Zusammenfassend werden die Artikel auf die kulturrelevanten Termini sowohl in *quantitativer* als auch *qualitativer (semantischer)* Hinsicht kontrastiv untersucht, wobei ein Vergleich zwischen den drei Themen, nach denen die Artikel unterteilt sind (*Frauen in der traditionellen Rolle, Frauen als Opfer geschlechterspezifischer Gewalt, Frauen in traditionell typischen Männerdömanen*) als nicht sinnvoll erscheint. Gegenübergestellt werden jedoch innerhalb dieser Themen:

- die Textsorten *Nachricht/Kurznachricht, Bericht/Hintergrundbericht, Porträt/Nachruf,*
- darunter aufgeteilt in die jeweils herrschenden politischen Rahmenbedingungen, entweder die *Franco-Diktatur* oder das *demokratische Spanien*
- darunter wiederum unterschieden nach den jeweils ausgewählten Tageszeitungen: *Abc, Arriba* und *Ya* bzw. *El País, El Mundo* und *Abc.*

5.2 Die Widerspiegelung der Stellung der Frau in Zeitungsartikeln

5.2.1 Die Darstellung der Frauen in ihrer traditionellen Rolle in den Tageszeitungen unter politisch autoritären und demokratischen Verhältnissen im Vergleich

5.2.1.1 Die Nachricht

Die Nachricht in* Abc, Arriba *und* Ya *unter politisch autoritären Verhältnissen

In den ausgewählten Artikeln werden Frauen mit 73 Nennungen bei *Abc*, 58 bei *Arriba* und 66 Nennungen bei *Ya* thematisiert. Ungefähr die Hälfte der Nennungen (53% bei *Abc*, 43% bei *Arriba*, 45% bei *Ya*) entfällt jeweils auf wertungsneutrale Bezeichnungen, wie z. B. den *vollständigen Namen* (*NC* für *Nombre Completo; mujeres; tía*). Eine neutrale Bezeichnung aus *Arriba*, nämlich *hermana NP* (für *Nombre de Pila – Vorname*), hat gleichzeitig abwertenden Charakter und ist entsprechend gekennzeichnet, weil es gemäß A. García Meseguers Sprachkritik unangemessen ist, Frauen in der Öffentlichkeit bei ihrem Vornamen zu nennen, was im Gegensatz dazu bei Männern unüblich ist (García Meseguer 1988: 131). Weitere abwertende Bezeichnungen sind die Nennung des Vornamens *(NP), señorita NP* bzw. *señorita A (Apellido – Familienname)*, *niñas* sowie insbesondere *las provincias* bei *Arriba*, wobei es sich um eine komplette Unsichtbarmachung der Frauen handelt, denn damit gemeint sind die *equipos femeninos de las provincias.* Mit je 3 abwertenden Frauenbezeichnungen liegen die Zeitungen gleichauf. Die Zahl der traditionell weiblichen Rollenbilder ist bei *Abc* mit 5% ebenfalls gering, bei *Ya* mit 18% und *Arriba* mit 19% der Nennungen etwas höher: *madre, religiosas, delegada nacional.* Hinter letztgenanntem Beispiel lässt sich eigentlich ein modernes Rollenbild vermuten. Allerdings sind damit Funktionärinnen der franquistischen Frauenorganisation *Sección Femenina* gemeint, durch die die Gesellschafts- und Rollenbilder nicht nur aufrechterhalten, sondern auch reproduziert und nicht zuletzt legitimiert werden sollen. Mitglieder der *Sección Femenina* wie *afiliadas, camaradas, cursillistas* sind unter neutralem Vokabular zusammengefasst, da die Mitgliedschaft für Frauen eines bestimmten Alters unter Androhung von Sanktionen verpflichtend war.

Moderne weibliche Rollenbilder werden seltener als das traditionelle Bild gezeigt: bei *Abc* gar nicht, bei *Ya* sind es 3%, bei *Arriba* 14%: *cantante, empleadas.* Dagegen ist die Zahl der Adelstitel und förmlichen Bezeichnungen vor allem mit 37% bei *Abc* und 29% bei *Ya* recht hoch und mit 19% bei *Arriba* auf ähnlich hohem Niveau wie das moderne und traditionelle Frauenbild. Zu den förmlichen Bezeichnungen zählen z. B. *doña NC, dama, reina, la marquesa de Villaverde* sowie viele Familiennamen mit Herkunftsbezeichnungen wie *la señora de Sáinz de la Maza*, die besonders bei *Abc* zu finden sind. Für die Kategorisierung der Bezeichnung *dama* spricht ihre erste Bedeutung im *Diccionario de la Real Academia Española (DRAE)*, die folgendermaßen definiert wird:

> „mujer noble o distinguida" (http://lema.rae.es/drae/?val=dama).

Dama wird folglich als Titel für eine Frau in Hof- und Adelskreisen verwendet.

Die Anzahl der Epitheta und Wortverbindungen in Bezug auf Frauen ist bei den drei Zeitungen ähnlich hoch: 41 je bei *Abc* und *Ya*, 43 bei *Arriba.* Der Anteil der Adelstitel und förmlichen Bezeichnungen ist mit 3 (*Abc und Arriba*) bzw. 7 Nennungen (*Ya*) sehr niedrig, z. B. *la excelentísima señora doña NC, una noble señora. Señora de grado*, das auch zu dieser Kategorie gehört, ist ein Wortspiel, das zum einen *Dame aus Grado* (Gemeinde in Asturien) und zum anderen *Dame von Rang* bedeutet. Abwertende Bezeichnungen wie *la señorita NC de xx años de edad* sind eher die Ausnahme (2 bei *Arriba*, 1 bei *Ya*). Bei

Abc sind weder abwertende Bezeichnungen noch moderne weibliche Rollenbilder bzw. Berufe zu finden. *Ya* zeigt mit *la gran artista* ein modernes Frauenbild, *Arriba* bildet z. B. mit *maniquí de España* immerhin sechs moderne Frauen ab. Entsprechend zeigen *Arriba* mit 22 und *Ya* mit 17 an der Zahl gegenüber *Abc* mit 26 Nennungen etwas weniger traditionelle weibliche Rollenbilder (*la esposa de nuestro entrañable compañero en Abc, madre del Ministro de Industria*). Nach den traditionell weiblichen Rollenbildern sind die neutralen Bezeichnungen anteilig am stärksten vertreten: 12 bei *Abc*, 10 bei *Arriba* und 15 bei *Ya*, wie z. B. *de soltera, su esposa*, wobei *esposa* allein stehend eben als neutral gewertet wird, im Gegensatz zu einer Definition über den Ehemann wie in *esposa del Ministro de Trabajo*, was als traditionell weibliches Rollenbild gewertet wird.

Arriba und *Ya*, die die Frauen seltener als Ehefrau und Mutter mit entsprechenden Epitheta abbilden als *Abc*, tun dies dafür mit Hilfe entsprechender Metaphern: *Arriba* mit drei, *Ya* mit einer Metapher: *el matrimonio la apartó de su carrera*. In *Abc* sind keine Metaphern in Bezug auf weibliche Personen vorhanden.

Mädchen und Jungen werden in den Artikeln mit stark variierender Häufigkeit genannt. Während Mädchen in *Abc* 24-mal genannt werden, darunter mit 3 abwertenden Bezeichnungen (*NP*), sind es bei *Arriba* und *Ya* nur 3 bzw. 1 Nennung, die allesamt wertungsneutral sind, ebenso wie die übrigen Nennungen bei *Abc*, z. B. *hija, la recién nacida*. Jungen sind bei *Abc* – ebenso wie die Mädchen – mit 24 Nennungen vertreten; und darunter finden sich sogar 6 abwertende Bezeichnungen. Darauf folgt *Ya* mit 15 Nennungen (davon 3 abwertende) und *Abc* zeigt Jungen 6-mal, davon einmal mit abwertender Bezeichnung (*NP*). Damit ist der Anteil abwertender Bezeichnungen sowohl bei den Jungen als auch bei den Mädchen mit absoluter und relativer Häufigkeit am höchsten. Alle übrigen Nennungen sind neutral, z. B. *segundo, la criatura*. Keinem der Mädchen- oder Jungenbezeichnungen wird ein bestimmtes Rollenbild zugeschrieben.

Kinder werden in *Abc* mit 18 Bezeichnungen am häufigsten dargestellt; in *Ya* mit 9 und in *Arriba* mit nur 3 Bezeichnungen, wie z. B. *hijos, nietos*. Bis auf die eine geschlechtsneutrale Bezeichnung *retoño* bei *Ya* stehen alle Begriffe im generischen Maskulinum. In keinem Fall werden beide Geschlechter explizit genannt.

Die Anzahl der dargestellten Männer variiert zwischen 35 bei *Arriba*, 46 bei *Ya* und 60 bei *Abc*. Mit 17 (28%) traditionell männlichen Rollenbildern und Berufen bei *Abc*, 13 (37%) bei *Arriba* und 23 (50%) bei *Ya* liegt deren Anzahl bei zwischen ungefähr einem Viertel und der Hälfte der Gesamtnennungen. Dazu zählen z. B. *embajador, director, el doctor A* (*A = apellido* – Familienname) und *NA* (*nombre artístico* – Künstlername). *El doctor don NC (nombre completo* – vollständiger Name) ist durch den Zusatz *don* besonders förmlich und entsprechend gekennzeichnet. *Ya* liegt nicht nur bei der Zahl der genannten traditionell männlichen Rollenbilder vorn, sondern auch bei den neutralen Bezeichnungen. Hier stehen *vecino, camarada, A de Toledo* stellvertretend für insgesamt 40% (17) der dargestellten Männer; bei *Arriba* sind es 31% (11) und bei *Abc* 27% (16). Entsprechend niedrig ist bei *Ya* die jeweilige Anzahl anderer Bezeichnungen. Abwertende sowie moderne männliche Rollenbilder sind gar nicht vorhanden; der Anteil der Adelstitel mit 10% (6) nur gering. Dieser liegt bei *Arriba* mit 37% (13) und bei der monarchistischen *Abc* mit 40% beträchtlich höher. Beispiele sind *conde de Vallellano, Su Santidad* oder auch *don Juan Carlos*, womit der damalige Thronfolger bzw. zukünftiges Staatsoberhaupt und späterer König gemeint ist. Die Nennung des Vornamens ist in diesem Kontext traditionell üblich, trotz allem sollte dasselbe Kriterium wie für Frauen gelten, wonach die Anrede mit dem Vornamen prinzipiell als wenig respektvoll betrachtet wird, weswegen der Vorname selbst auch als abwertend gekennzeichnet ist. *Arriba* verfügt ebenso wenig wie *Ya* über abwertende Männerbezeichnungen, und auch bei *Abc* ist nur eine zu finden, der Diminutiv „*Gallito*“, ein Künstlername. Moderne Männer werden bei *Abc* nur 2 und bei *Arriba* nur 3 benannt: *padre* und *abuelo.*

Auch bei den Epitheta und Wortverbindungen in Bezug auf männliche Personen hält sich die Zahl der dargestellten modernen Männer in Grenzen: Je 2 (6%) werden bei *Abc* (von 30) und bei *Arriba* (von 18; 11%) gezeigt, bei *Ya* wiederum keiner. Es gibt in keiner der Zeitungen abwertende Epitheta in Bezug auf Männer und auch keine Adeltstitel bzw. förmlichen Bezeichnungen. Mit ungefähr der Hälfte aller Nennungen liegen die traditionell männlichen Rollenbilder und Berufe bei allen drei Zeitungen weit oben, *Ya* mit 57% an der Spitze. Deren Anzahl ist bei *Abc* mit 47% und *Arriba* mit 44% geringfügig niedriger und liegt jeweils mit der Anzahl der wertungsneutralen Nennungen gleichauf. Bei diesen ergibt sich ein recht homogenes Ergebnis, denn *Ya* verzeichnet mit 43% eine ähnlich hohe Zahl. Zu den traditionellen Bildern zählen

u. a. *el famoso matador de toros* sowie *el embajador conde de Navasqües,* welches mit *conde* den Adelstitel *Graf* enthält und was in der Tabelle wiederum entsprechend markiert ist. Als Beispiele für die neutralen Bezeichnungen stehen *el ilustre enfermo, querido compañero nuestro.*

Die Anzahl der generischen Maskulina wie z. B. *los agricultores, los bisnietos* ist mit 5, 9 und 7 (*Abc, Arriba, Ya*) sehr niedrig. Auch die Zahl der Alternativen dazu ist mit 7, 17 und 12 nicht besonders hoch. Während beide Geschlechter in keiner Zeitung explizit erwähnt werden, verteilen sich die Alternativen zu ähnlichen Teilen auf geschlechtsneutrale Bezeichnungen (*familiares, camaradas*) und Oberbegriffe (*el cuadro médico, pueblo*). So sind es bei *Abc* 3 Oberbegriffe und 4 geschlechtsneutrale Bezeichnungen, bei *Arriba* ist das Verhältnis 10:7 und bei *Ya* 8:4.

Lediglich ein Thema wird von allen drei Tageszeitungen in diesem Themenbereich aufgegriffen: die Schwangerschaft. Während sie in *Abc* mit 29 Nennungen ungewöhnlich häufig thematisiert wird, sind es bei *Arriba* nur 8 und bei *Ya* lediglich 4 Nennungen. Bei *Abc* wird mit 66% auch die meiste, mit diesem Thema positiv assoziierte Lexik verwendet, z. B. *dar a luz, encontrarse en perfecto estado de salud.* Bei *Arriba* und *Ya* sind es 63 bzw. 50%. Die anderen Nennungen haben neutralen Charakter.

Die Themen Familie sowie Straftaten spielen nur bei *Ya* mit 8 bzw. 2 Nennungen eine Rolle. In Bezug auf Familie ist ein Viertel davon positiv (*el matrimonio, la recristianización de la familia*), die anderen neutral assoziiert (*en su hogar, fallecer*). Bei den beiden Bezeichnungen für Straftaten handelt es sich um *matar,* weil ein Mutter ihren Sohn tötet. Hier wird keine Bewertung nach positiven oder negativen Assoziationen vorgenommen, sondern nur betrachtet, ob die Bezeichnung in der Zeitung angemessen gewählt wurde – wie es bei *matar* der Fall ist – oder ob es sich um einen Euphemismus handelt.

Die Nachricht in El País, El Mundo *und* Abc *unter demokratischen Verhältnissen*

Die Untersuchungsergebnisse für diese drei Tageszeitungen sind wesentlich umfangreicher und auch heterogener als die aus den Nachrichten der Franco-Zeit. Bereits die Gesamtzahl der Bezeichnungen für Frauen differiert beträchtlich zwischen den drei Zeitungen. Sind es in *El País* nur 37, so beläuft sich die Zahl bei *El Mundo* auf 50 und bei *Abc* sogar auf 68. Dabei ist die Zahl der modernen sowie der traditionellen weiblichen Rollenbilder jeweils recht ausgeglichen, jedoch auf sehr niedrigem Niveau. Erstere sind bei *El País* und *El*

Mundo mit je 8%, bei *Abc* mit 6% vertreten, wie z. B. *la periodista, la portavoz, la Jefa del Estado.* Auf das Wortpaar *jefe/jefa* wird im Kapitel *6.2 Bedeutungsveränderungen kulturrelevanter Termini* aus sprachwissenschaftlichen Gründen gesondert eingegangen.

Der Anteil traditionell weiblicher Rollenbilder reicht von 5% bei *El País* über 10% bei *Abc* bis hin zu 20% bei *El Mundo.* Dazu zählen u. a. *la gestante, la parturienta, la primeriza. El Mundo* verzeichnet mit 18% einen fast ebenso hohen Anteil an abwertenden Bezeichnungen, nämlich die Nennung der weiblichen Vornamen (*NP*). Dahinter liegt *Abc* mit 7% abwertenden Bezeichnungen; bei *El País* gibt es keine. Wesentlich größere Unterschiede lassen sich bei den neutralen Bezeichnungen und Adelstiteln/förmlichen Bezeichnungen feststellen. Während *El País* mit 19% die wenigsten neutralen Benennungen aufweist, ist die Zahl der Adelstitel und förmlichen Bezeichnungen mit 67% ungleich höher und macht damit den größten Anteil der Frauenbezeichnungen bei dieser Zeitung aus. Bei *Abc* stellt sich dieses Verhältnis umgekehrt dar; hier werden die meisten Frauen mit 63% der Nennungen wertungsneutral dargestellt. Die Adelstitel und förmlichen Bezeichnungen machen hingegen nur 13% aus, obwohl die Erwartungshaltung bei einer der monarchistisch-konservativen Zeitung eine andere ist. *El Mundo* hat dieselbe absolute Anzahl und damit einen ähnlichen niedrigen Prozentsatz von 18% bei den Adelstiteln und förmlichen Bezeichnungen. Die gehäufte Großschreibung vieler Adelstitel und förmlicher Bezeichnungen in dieser Kategorie ist dabei im aktuellen Untersuchungszeitraum auffällig, denn während *El País* mit 32% der Adelstitel und *El Mundo* und *Abc* je 89% davon groß schreiben, waren es zur Franco-Zeit nur 1% bei *Arriba,* 5% bei *Ya* und kein Adelstitel bei *Abc.*

Ebenso wie bei *Abc* sind bei *El Mundo* unter allen Bezeichnungen die mit neutralem Charakter am häufigsten vertreten (36%). Beispiele dafür sind *mujer, las rumanas, tía.* Für die förmlichen Bezeichnungen sollen *la Reina, la Infanta, la princesa NP* und *Doña NP* genannt werden, wobei die beiden letztgenannten Beispiele wegen der Nennung des Vornamens negativ konnotiert sind.

Im Vergleich zum Untersuchungszeitraum der Franco-Zeit sind kaum Unterschiede auszumachen: Es sind durchweg wenige moderne und abwertende sowie nicht allzu viele traditionelle Bezeichnungen vorhanden; die meisten Bezeichnungen sind neutral oder förmlich, wobei bei letzteren nicht etwa die monarchietreue *Abc,* sondern *El País* den höchsten Wert innehat.

Die Anzahl der Epitheta und Wortverbindungen in Bezug auf weibliche Personen ist je nach Zeitung unterschiedlich hoch: *El País* verfügt nur über 9, *El Mundo* über 16 und *Abc* über 42 Nennungen. Die Zahl der traditionell weiblichen Rollenbilder, wie z. B. *decidida de apoyarle [a él] en su carrera*, ist bei *Abc* mit 10% am geringsten, bei *El País* mit 22% etwas höher und erreicht bei *El Mundo* mit 38% einen wesentlich höheren Wert. Abwertende Bezeichnungen wie *la pequeña NP* sind mit 6% bei *El Mundo* und 23% bei *Abc* ebenso ungleich verteilt wie moderne weibliche Rollenbilder und Berufe (*educada; a ella se debe esta mejoría*), die in beiden Blättern je 12% ausmachen. Zudem verfügt nur *Abc* über eine ebenso geringe Anzahl an Adelstiteln und förmlichen Bezeichnungen (*tratamiento de Su Alteza Real*). Bei den Epitheta fällt auf, dass in den aktuellen Zeitungsartikeln die neutralen Bezeichnungen (*la vecina del quinto*) mit zwischen 38% bei *Abc* (71% bei *El Mundo*) und 77% bei *El País* überwiegen; in der Franco-Zeit betraf dies die traditionell weiblichen Rollenbilder, die mit rund der Hälfte der Nennungen die höchsten Werte hatten.

In den untersuchten Zeitungsartikeln sind nur sehr wenige Metaphern und sprachliche Bilder in Bezug auf weibliche Personen enthalten: bei *El Mundo* gar keine, bei *El País* nur eine, nämlich mit einem modernen weiblichen Rollenbild (*ha esgrimido las enmiendas*) und bei *Abc* immerhin 8, wobei dort 2 moderne Frauen gezeigt werden, jedoch auch 4 traditionelle Rollenbilder (*la mujer en la sombra que ciertos artistas gustan tener a su lado*) und eine abwertende Bezeichnung (*la muñeca luce en los escaparates*). Mit *Bisbal se prendó de sus encantos* wird schließlich noch eine neutrale Bezeichnung gebraucht. Trotz der schwierigen Vergleichbarkeit beider Untersuchungszeiträume aufgrund der geringen Metaphern sind doch für die Gegenwart immerhin 3 moderne Frauenbilder auszumachen, die sich mit den 4 traditionellen fast die Waage halten.

Mädchen werden in allen drei Zeitungen wesentlich häufiger abgebildet als Jungen, nämlich 20-, 18- und 30-mal die Mädchen in *El País, El Mundo* und *Abc* bzw. 5-, 9- und 14-mal die Jungen. Während – wie zur Franco-Zeit – die Jungen entweder mit neutralen oder abwertenden Bezeichnungen benannt werden, spielen bei den Mädchen Adelstitel bzw. förmliche Bezeichnungen sowie auch Berufe eine Rolle, was in den Nachrichten zu diesem Thema in der Franco-Zeit nicht der Fall war. So zeigen *El País* und *El Mundo* die Mädchen jeweils einmal mit *Jefa del Estado* in einer modernen weiblichen Rolle; und Adelstitel sind mit einer Anzahl von 6, 5 und 6 Nennungen (entsprechend

30%, 28% und 20%) fast gleich häufig vertreten. Dazu zählen z. B. *Reina, infante* (obwohl dies ein Maskulinum ist; bei *El País*), *Infanta NP, Princesa NP*, wobei die beiden letztgenannten wegen des Vornamens auch abwertenden Charakter besitzen und noch weitere Nennungen dieser Art in allen drei Zeitungen zu finden sind. Die Großschreibung der Titel spielt im gegenwärtigen Untersuchungszeitraum eine wesentliche Rolle: bei *El País* mit 17%, *El Mundo* mit 60% und *Abc* gar mit 100% der Adelstitel.

Bei *El País* sind keine abwertenden Bezeichnungen zu finden, bei *El Mundo* lediglich 2 (11%); dagegen ist die Anzahl abwertender Bezeichnungen bei *Abc* mit 50% ungleich höher (*NP, Leonor de muñeca*). Entsprechend seltener werden die Mädchen mit 30% mit neutralem Vokabular abgebildet, bei *El País* und *El Mundo* sind es 65 bzw. 56%: *la primogénita, la menor.*

Die Anzahl der Kinder variiert zwischen 9 (*Abc*) und 23 (*El Mundo*) Bezeichnungen. Alle 9 bzw. 12 (*El País*) sind generische Maskulina, wie z. B. *heredero, gemelos*. Einzig *El Mundo* verfügt neben den 19 generischen Maskulina über 3 geschlechtsneutrale Bezeichnungen (*bébé*) und eine explizite Nennung beider Geschlechter (*tanto de niño como de niña*).

Männer werden in allen drei Zeitungen etwa gleich oft in traditionell männlichen Rollenbildern gezeigt; der Prozentsatz liegt zwischen 28% bei *Abc* und 39% bei *El País (médico, portavoz)*. Bei *Abc* ist die Anzahl der Adelstitel und förmlichen Bezeichnungen mit 4% am geringsten; am höchsten ist sie bei *El País* mit 29% (*Don NP*, das wegen der Vornamennennung wiederum auch abwertenden Charakter besitzt). Dem entgegengesetzt proportional sind die neutralen Bezeichnungen (*amigo, hombres*), die bei *El País* knapp ein Drittel ausmachen und bei *Abc* fast zwei Drittel. Ausnahmen hingegen bilden moderne männliche Rollenbilder (je 1 bei *El Mundo* und *Abc: padres*) und abwertende Bezeichnungen (1 bei *Abc: chico*). Abgesehen von der Groß- und Kleinschreibung der Adelstitel und förmlichen Bezeichnungen gibt es kaum Unterschiede bei den Männerbezeichnungen im Vergleich zur Franco-Ära: Waren damals die Werte für Adelstitel und neutrale Nennungen und bei *Ya* für das traditionelle Rollenbild am höchsten, hat sich das Verhältnis weiter zugunsten der neutralen Bezeichnungen verschoben. Nur geringfügig überholt werden die neutralen Nennungen bei *El País* von den traditionellen Rollenbildern. Die Großschreibung der Adelstitel entspricht von der Häufigkeit her dem der Frauen: 22% bei *El País*, 50% bei *El Mundo* und 100% bei *Abc*. Im politisch autoritären Untersuchungszeitraum ist der Anteil der groß geschriebenen Titel bei den Männern mit 71% *(Abc)*, 75% *(Arriba)* und 33% *(Ya)* ungewöhnlich hoch, besonders auch im Vergleich zu den Frauen im gleichen Untersuchungszeitraum, wo die Großschreibung der Titel die Ausnahme ist.

Diese Tendenz hin zu mehr Wertungsneutralität bei der Lexik in Bezug auf männliche Personen setzt sich bei den Epitheta und Wortverbindungen fort. Unter den wenigen Gesamtnennungen (4, 6, 5) werden keine modernen Männer abgebildet; lediglich bei *Abc* sind 3 abwertende Bezeichnungen benutzt worden *(el pequeño NP)*. *El Mundo* verfügt als einzige über 2 Adelstitel (*condición de heredero*). Die Zahl der neutralen Nennungen (*un hombre recién divorciado*) ist recht ausgeglichen und nur in *El País* und *El Mundo* sind traditionell männliche Rollenbilder zu finden (1 bzw. 2; *el profesor de lógica, confiamos plenamente en él*).

Bei den Metaphern sind die neutralen und traditionell männlichen Bezeichnungen als einzige mit je einer Nennung in *Abc* vertreten (*lanzó el globo sonda; tener cierto acercamiento con Chenoa con el único objetivo de eclipsar el debut de Tablada en una campaña promocional*), während in der Franco-Zeit gar keine männlichen Personen mit Metaphern dargestellt wurden.

Insgesamt werden Männer in den Nachrichten aus dem demokratischen Untersuchungszeitraum fast nur mit neutralen Bezeichnungen und in traditionellen Rollen abgebildet.

Generische Maskulina werden bei *El Mundo* (24) und *El País* (38) am häufigsten verwendet, bei *Abc* mit 14 wesentlich seltener. Bei den Alternativen dazu stellt es sich ähnlich dar: 14 bzw. 13 bei den erstgenannten Zeitungen, 8 bei *Abc*. Dabei übersteigt die Zahl der geschlechtsneutralen Bezeichnungen wie *residentes* bei *El País* und *Abc* die der Oberbegriffe wie *las autoridades*; bei *Abc* ist es andersherum. Während die Zahl der generischen Maskulina die aus dem früheren Untersuchungszeitraum um ein Vielfaches übersteigt, ist das Niveau bei den Alternativen etwa gleich hoch. Oberbegriffe sind damals jedoch häufiger vertreten. Beidnennungen gibt es in beiden Untersuchungszeiträumen keine.

Das Thema Familie wird fast ausschließlich wertungsneutral aufgegriffen, z. B. *familia acogedora*. Lediglich in Einzelfällen wird z. B. mit *petición de mano* auf einen positiven Aspekt des Themas referiert. Negative Aspekte werden keine benannt. In der Franco-Zeit thematisierte nur *Abc* die Familie – mit den gleichen Assoziationen.

Während die Schwangerschaft in der Vergangenheit größtenteils positiv assoziiert wurde und überhaupt nicht negativ, ergibt sich für die Gegenwart ein ganz anderes Bild. Mit 65% *(El País)*, 79% *(El Mundo)* und 41% *(Abc)* liegen die neutralen Bezeichnungen vorn, wie z. B. *avanzado estado de gestación.* Lediglich zwischen 15% (*El Mundo, Abc*) und 23% (*El País*) liegen die positiv assoziierten Beschreibungen wie *un embarazo fácil.* Noch geringer ist der Anteil der negativ konnotierten Begriffe (*las molestias*). *Abc* thematisiert darüber hinaus als einzige den Schwangerschaftsabbruch mit 34%.

Vaterschaft spielt in den Zeitungsartikeln aus der Diktatur überhaupt keine Rolle; dies ändert sich in der Gegenwart: Mit *permiso de paternidad* schreibt *Abc* ausschließlich neutrale Bezeichnungen (4) fest, bei *El Mundo* sind es 4 neutrale sowie 1 positiv assoziierte Bezeichnung und bei *El País* je 4 neutrale und 4 positive (*los días del permiso disfrutados a tiempo parcial*) sowie mit *el nudo gordiano del debate* auch eine negative Assoziation.

Maßnahmen zur Gleichstellung hinsichtlich einer Verfassungsreform oder der Gesetzgebung sind in den Zeitungen während der Diktatur kein Thema – im Gegensatz zum aktuellen Untersuchungszeitraum: 8 in *El País*, 21 in *El Mundo*, 12 in *Abc.* Bei beiden letztgenannten ist in (mehr als) der Hälfte der Fälle das Thema so formuliert, dass Gleichberechtigung als machbares und positives Ziel dargestellt wird, wie z. B. in *reformar la sucesión a la Corona.* Bei *El País* referiert nur ein Viertel der Nennungen auf die Gleichberechtigung, der Großteil ist neutral, während die neutralen Bezeichnungen bei *El Mundo* und *Abc* nur rund ein Viertel erreichen, wie z. B. *ocupar el segundo lugar sucesorio.* Nur je rund 15% beziehen sich in allen 3 Zeitungen auf die traditionelle Situation, z. B. *dar prioridad del varón sobre la mujer.*

Beim Thema Gleichstellung in Bezug auf die Gesetzgebung halten sich neutrale und auf Gleichberechtigung referierende Bezeichnungen in allen 3 Zeitungen in etwa die Waage. Stellvertretend für auf Gleichberechtigung abzielende Benennungen wird *la obligatoriedad de negociar planes de igualdad* und für neutrale Bezeichnungen *la propuesta legislativa* genannt.

Die Themen Frauenorganisation und Straftaten werden im aktuellen Untersuchungszeitraum nicht aufgegriffen.

5.2.1.2 Der Bericht

Der Bericht in* Abc, Arriba *und* Ya *unter politisch autoritären Verhältnissen

Der Bericht bzw. Hintergrundbericht weist bei den Personenbezeichnungen und den entsprechenden Epitheta wesentlich heterogenere Ergebnisse zwischen den einzelnen Zeitungen auf als die Nachricht unter Francos Herrschaft im Themenkomplex Frauen in ihrer traditionellen Rolle. Die darin behandelten Themen spiegeln jedoch, wie auch die Nachricht zur Franco-Zeit, eher ein homogenes Gesellschaftsbild wider, was im Folgenden ausführlich erläutert wird.

Die kleinste Anzahl der Frauenbezeichnungen sind die abwertenden Bezeichnungen und die modernen weiblichen Rollenbilder bzw. Berufe, denn einzig und allein *Arriba* verfügt über je eine Nennung (*objeto; subdirectora*; je 2%). Mit 8 traditionellen Frauenbildern (16%) von insgesamt 49 Nennungen liegt *Arriba* auch im unteren Bereich, allerdings ist deren Anzahl bei *Abc* mit 16 von 59 (27%) und bei *Ya* mit 38 von 63 (60%) deutlich höher, wie z. B. *religiosas, ursulinas* (ein religiöser Orden), *las Blancas* (Opfer des Frauenhandels) sowie *delegadas, secretaria,* die wiederum stellvertretend für weitere Berufe bei der *Sección Femenina* stehen und die dazu dienen, Gesellschafts- und Rollenbilder aufrechtzuerhalten und zu propagieren. Den größten Teil der Frauenbezeichnungen machen bei *Arriba* die neutralen Nennungen (*colegialas, enfermas*) mit 63% aus; diese wiederum fallen bei *Abc* (27%) und *Ya* (37%) wesentlich geringer aus. Somit verbleiben bei *Ya* nur 3% für Adelstitel bzw. förmliche Bezeichnungen, bei *Arriba* 16% und bei *Abc* ist es mit 46% fast die Hälfte, wie z. B. *la marquesa de Villaverde, doña NC del Carmen*. Bei *Abc* beinhalten *Doña NP* als förmliche Bezeichnung und *madre NP* als traditionelles Rollenbild durch die Nennung des Vornamens noch eine abwertende Konnotation.

Diese heterogene Verteilung der Bezeichnungen auf die einzelnen Kategorien setzt sich bei den Epitheta und Wortverbindungen in Bezug auf Frauen fort. *Arriba* ist wieder die einzige Tageszeitung mit abwertenden Bezeichnungen (4 von 31; 13%: *la mujer como objeto del consumo, „la mujer objeto“*). Moderne Frauenbilder bzw. Berufe zeigen *Arriba* und *Abc* je einmal (von je 31-mal; je 3%), *Ya* immerhin mit 6 von 40 Nennungen (15%), wie z. B. *título de enfermera universitario; tienen que tomarnos en serio*. Die traditionellen Frauenbilder überwiegen hier wieder deutlich in allen drei Blättern, von der Quantität her sogar in derselben Reihenfolge wie bei den Frauenbezeichnungen: am meisten sind es bei *Ya* mit 60%, gefolgt von *Abc* mit 45% und *Arriba* mit 39% (*la esposa de Su Excelencia el Jefe del Estado; unas ochocientas amas de casa*). Ebenso wie bei den Frauenbezeichnungen ist bei den Epitheta *Arriba* die Zeitung mit den meisten neutralen Nennungen (*la mujer consumidora; muy descontentas*) mit 39% gegenüber *Ya* (25%) und *Abc* (26%). Mit derselben Prozentzahl wie die neutralen Bezeichnungen bei *Abc* sind dort auch die förmlichen Bezeichnungen bzw. Adelstitel vertreten: *la vizcondesa de Jorbalán, quien con la finura y delicadeza propias de su educación y elevada clase a la que pertenece.* Bei *Arriba* finden sich davon nur 6%, bei *Ya* keine.

Die insgesamt 6 auf Frauen referierenden Metaphern sind auf alle drei Zeitungen und Kategorien verteilt. *Abc* zeigt 2 traditionelle (*se convirtió su caridad en heroismo*) und 1 modernes Frauenbild *(puso a prueba su decisión y temple, su caridad inagotable y su grandeza de alma). Ya* gebraucht wertungsneutrales Vokabular mit zweimaliger Nennung von *ofrecer al país una nueva imagen de si mismas.* Schließlich ist *Arriba* zum dritten Mal die einzige Zeitung mit einer abwertenden Bezeichnung in Bezug auf Frauen: *la regeneración de mujeres caídas,* womit im franquistischen Spanien auf die „Wiedereingliederung" von Prostituierten in die Gesellschaft referiert wird.

Mädchen und Jungen werden nur jemals einmal, und zwar in *Abc*, thematisiert. Dabei handelt es sich um je eine neutrale Bezeichnung: *muchachas* und *una* (sic) *acampado.* Kinder sind selten Thema in den Berichten und Hintergrundberichten während der Franco-Zeit: *Abc* nennt 8 Bezeichnungen in generischer Verwendung (*ciegos, los acampados*) sowie 2 geschlechtsneutrale Benennungen mit *videntes.* Über 3 weitere generische Bezeichnungen verfügt *Ya (hijos).* Beide Geschlechter werden jedoch nirgendwo explizit genannt.

Bei den Männerbezeichnungen variiert bereits die Zahl der Gesamtnennungen beträchtlich. Während es in *Abc* 36 und *Arriba* 42 sind, finden sich bei *Ya* lediglich 8. Davon entfällt bei *Ya* ein Viertel auf traditionell männliche Rollenbilder und Berufe, bei *Arriba* ist der Anteil mit 69% fast ebenso hoch. Bei *Abc* liegt er jedoch nur bei 39%, wie z. B. *el doctor A, arzobispo.* Ebenso hoch ist bei *Abc* der Anteil förmlicher Bezeichnungen und Adelstitel wie *don A de Borbón, el Papa.* Mit 29% liegt er bei *Arriba* etwas darunter; *Ya* verwendet keinerlei Adelstitel. Umgekehrt verhält es sich mit den neutralen Bezeichnungen: Während *Ya* mit einem Viertel den höchsten Anteil verzeichnet, sind es bei *Abc* 22% und bei *Arriba* lediglich 2% *(hombres, él). Arriba* benutzt für Männer – im Gegensatz zu Frauen, wo das im Vergleich zu den anderen Zeitungen auffällig ausgeprägt ist – keine abwertenden Bezeichnungen. Dies trifft ebenso für die *Abc* und *Ya* zu. Moderne Männerbilder werden ebenso wenig dargestellt. Die Zahl der neutralen Nennungen (*hombres, él*) ist mit zwischen 2% bei *Arriba* und 25% bei *Ya* relativ ausgeglichen.

Fast alle Epitheta und Wortverbindungen, die sich auf männliche Personen beziehen, sind traditionell männliche Rollenbilder. Bei *Arriba* sind es 95% (20 von 21), bei *Ya* 86% (6 von 7) und bei *Abc* 70% (7 von 10), z. B. *el ministro de Trabajo, el Ministro de Justicia*. Die verbleibenden Nennungen entfallen jeweils auf neutrale Bezeichnungen (*hombres maduros, el nieto del Caudillo don NC*).

Metaphern und sprachliche Bilder in Bezug auf männliche Personen sind keine vorhanden.

Generische Maskulina wie *Gobernadores, oradores* werden nur äußerst selten gebraucht: bei *Abc* sind es 9, bei *Arriba* 6 und bei *Ya* gar keine.

Ungewöhnlich viele Alternativen zu den generischen Maskulina verwendet hingegen *Arriba* mit 44 Nennungen, wovon zwei Drittel Oberbegriffe (*grupo, tropas*) sind und das verbleibende Drittel geschlechtsneutrale Bezeichnungen *(oficiales, los presentes). Abc* und *Ya* können mit 20 bzw. 8 Gesamtnennungen nicht halb so viele Alternativen aufweisen, jedoch ist das Mengenverhältnis zwischen Oberbegriffen und geschlechtsneutralen Bezeichnungen ähnlich wie bei *Arriba*: Bei *Abc* sind 15 der 20 Nennungen Oberbegriffe, bei *Ya* sind es 6 von 8. Die jeweils übrigen sind geschlechtsneutrale Bezeichnungen. Beide Geschlechter werden in keiner Zeitung explizit genannt.

Das Thema Familie wird in *Abc* nicht aufgegriffen, in *Arriba* nur einmal mit einer neutralen Nennung (*hogar del Caudillo*) und bei *Ya* 5-mal, davon 4 neutrale und eine negativ assoziierte Nennung.

In *Abc* werden auch die anderen beiden Themen *Maßnahmen zur Gleichstellung in der Gesetzgebung* sowie *Frauenorganisation* nicht aufgeführt. Beim erstgenannten Thema konzentriert sich die Mehrzahl der Nennungen sowohl bei *Arriba* (6 von 12) als auch bei *Ya* (8 von 21) auf Bezeichnungen, die sich auf die traditionelle Situation beziehen, wie z. B. *problemas laborales de la mujer, preservación y moralización de las costumbres*. Ungefähr ein Viertel bezieht sich auf gleichberechtigte Umstände (3 bei *Arriba*, 6 bei *Ya*). Dazu gehören u. a. *integrada plenamente en la Seguridad Social, el lugar de trabajo de la mujer está disociado del hogar y la familia y está regulado por la legislación laboral.* 3 *(Arriba)* bzw. 7 *(Ya)* Nennungen sind neutral: *represión de la Trata de*

Blancas; necesidad de crear servicios públicos, como guarderías, de ayuda al ama de casa y a la familia.

Beim Thema Frauenorganisation geht es ausschließlich um die *Sección Femenina*, die in *Arriba* 3-mal und in *Ya* 8-mal aufgenommen wird und dabei immer mit dem traditionellen Frauenbild verknüpft ist.

Der Bericht in* El País, El Mundo *und* Abc *unter demokratischen Verhältnissen

In diesen drei Zeitungen stellen sich die Ergebnisse in Bezug auf die Personenbezeichnungen für diesen Zeitraum – ebenso wie in der Vergangenheit – als recht heterogen dar; das betrifft im demokratischen Untersuchungszeitraum sogar die Behandlung und Bewertung der in den Artikeln behandelten Themen, wie im Folgenden gezeigt wird.

Bei den Frauenbezeichnungen sind die Ergebnisse zwischen den Zeitungen so verschieden, dass sich eine Auswertung nach Zeitung und nicht wie bisher – nach Kategorien – empfiehlt.

Von den insgesamt 69 Nennungen bei *El País* entfallen jeweils fast gleich viele auf traditionell weibliche sowie moderne weibliche Rollenbilder mit 16 bzw. 14 Nennungen (23% bzw. 20%), auf neutrale Bezeichnungen (19 Nennungen, 28%) und auf Adelstitel und förmliche Bezeichnungen (17 Nennungen, 25%). Die Ausnahme mit nur 4% bilden die 3 abwertenden Bezeichnungen, mit denen die 3 Vornamennennungen *NP* gemeint sind. 9 der 17 Adelstitel sind aufgrund der Vornamennennungen negativ konnotiert, wie z. B. *la princesa NP, doña NP.*

El País verfügt im Vergleich zu *El Mundo* und *Abc* über die meisten traditionellen und modernen Rollenbilder, wie z. B. *madre, progenitora* bzw. *la abogada, la juez, la jueza*. Auf das Wortpaar *juez/jueza* soll in Kapitel *6.2. Bedeutungsänderungen kulturrelevanter Termini* näher eingegangen werden.

El Mundo steht bei der Häufigkeit der traditionellen und modernen weiblichen Rollenbilder nach *El País* an zweiter Stelle. Sie machen 13% (6 von 45) bzw. 4% (2 von 45) aus. Einen wesentlich größeren Anteil – und den größten verglichen mit *El Pais* und *Abc* – haben die abwertenden Bezeichnungen durch verhältnismäßig viele Vornamennennungen (*NP*; 20%). Die neutralen Bezeichnungen machen bei *El Mundo* den größten Anteil an Frauenbezeichnungen aus; folglich ist dieser Anteil mit 47% größer als bei den anderen beiden Zeitungen. Entsprechend hat *El Mundo* mit 17% den kleinsten Anteil an

Adelstiteln und förmlichen Bezeichnungen, von denen 3 abwertend konnotiert sind.

Abc hat mit gut drei Vierteln (26 von 34) seiner Nennungen die meisten Adelstitel und förmlichen Bezeichnungen zu verzeichnen, wovon mit 17 Nennungen ungewöhnlich viele wiederum eine abwertende Komponente durch die Nennung der Vornamen haben, wie in *Infanta Doña NP, Doña NP*. Ein weiterer Aspekt fällt bei den Adelstiteln und förmlichen Bezeichnungen ins Auge: Die unterschiedliche Handhabung der Groß- und Kleinschreibung. Während in den Artikeln aus der Franco-Zeit einzig *Abc* 7% seiner Adelstitel in Großschreibung zeigt, betrifft dies im demokratischen Untersuchungszeitraum alle 3 Tageszeitungen, wo bei *El País* 29% der Titel großgeschrieben werden, bei *El Mundo* sind es 71% und bei *Abc* sogar alle 26 Adelstitel und förmlichen Bezeichnungen.

Bei den Epitheta und Wortverbindungen in Bezug auf Frauen variiert die Zahl der förmlichen Bezeichnungen nicht mehr so stark wie bei den Frauenbezeichnungen: Bei *El Mundo* beläuft sich deren Anzahl auf 24% (5 von 21), bei *Abc* auf 18% (1 von 6) und bei *El País* 2% (1 von 41), so z. B. *la condición de Heredera de la primogénita*. Am stärksten vertreten sind die neutralen Bezeichnungen wie *contenta, su hermana pequeña* mit jeweils ca. der Hälfte der Nennungen (*El País* 56%, *El Mundo* 52%, *Abc* 50%). Die traditionell weiblichen Rollenbilder sind nach den neutralen Nennungen bei *El País* mit 29% und *Abc* mit 33% am zweitstärksten vertreten (*madre de los tres hermanos fallecidos; madre adoptiva*). Ihr Anteil ist mit 5% bei *El Mundo* gering, dagegen die abwertenden Bezeichnungen wie *acentuar sus problemas psicológicos, la mujer que asegura ser la princesa Anastasia de Jerusalén* mit 15% etwas höher. Bei *El País* sind nur 5% der Nennungen abwertend; bei *Abc* gibt es keine. Das trifft ebenso auf die modernen weiblichen Rollenbilder zu, die mit 7% bei *El País* und 5% bei *El Mundo* nur sehr schwach vertreten sind. Dazu gehören z. B. *la titular del Juzgado de Primera Instancia; licenciada en Filología Inglesa.*

Damit gibt es im Vergleich zur Franco-Ära keine nennenswerten Unterschiede bei den abwertenden Bezeichnungen und den modernen Rollenbildern. Die Zahl der traditionell weiblichen Rollenbilder hat jedoch stark abgenommen; dagegen sind die förmlichen Bezeichnungen/Adelstitel in geringerer Zahl und die neutralen Bezeichnungen wesentlich öfter zu finden.

Als einzige der untersuchten Tageszeitungen führt *El País* Metaphern und sprachliche Bilder in Bezug auf weibliche Personen an. Von 4 Gesamtnennungen sind 3 moderne Rollenbilder: *rescatar a sus viudas de un mar de desconfianza; una de las viudas ha batallado […] en los tribunales*. Die übrige Nennung *NP dejó el frío de la calle donde su madre estuvo acampada para solicitar un piso* ist wegen Nennung des Vornamens abwertend.

Waren Mädchen und Jungen zur Franco-Zeit nur in 2 Ausnahmefällen in den Zeitungsberichten dargestellt, sind sie es im demokratischen Untersuchungszeitraum umso häufiger und besonders Mädchen auch mit förmlichen Bezeichnungen versehen. Die 23 Gesamtnennungen bei *El País* entfallen zu 22% (5) auf abwertende Bezeichnungen (*NP*) und zu 78% (18) auf neutrale Bezeichnungen (*bébé, la menor*). Folglich sind beide Werte im Vergleich mit *El Mundo* und *Abc* recht hoch, doch verzichtet *El País* dafür auf die Adelstitel und förmlichen Bezeichnungen. Sie erreichen mit 21% (9 von 42) bei *El Mundo* und 35% (17 von 48) bei *Abc* einen beträchtlichen Anteil: *la Infanta de España, la Infanta NP*, wobei eine bzw. 5 Nennungen abwertend konnotiert sind. Bei der Großschreibung der Titel macht *Abc* wiederum keine Ausnahme; bei *El Mundo* sind 67% aller förmlichen Bezeichnungen in Großschreibung. Den Großteil der Gesamtnennungen machen bei diesen beiden Blättern die neutralen Bezeichnungen aus (*El Mundo* 64% und *Abc* 52%).

Jungen werden bei *Abc* ausschließlich mit dem Vornamen, folglich abwertend, benannt (12-mal), bei *El Mundo* ausschließlich mit 1 neutralen Bezeichnung (*un hijo varón*) und bei El *País* mit einer abwertenden und 3 neutralen Bezeichnungen.

Kinder werden im Vergleich zum vergangenen Untersuchungszeitraum mit 18 (*El País*), 11 (*El Mundo*) und 22 Gesamtnennungen (*Abc*) oft thematisiert. Die Aufteilung in die unterschiedlichen Kategorien stellt sich dabei ähnlich dar: Ungefähr drei Viertel entfallen auf Bezeichnungen in generischer Verwendung wie *los nietos, hijo, primogénito*. Mit je 9% bei *El Mundo* und *Abc* und 20% bei *El País* sind geschlechtsneutrale Bezeichnungen wie *el descendiente, el menor, el bébé* vertreten. Zu einem kleinen, aber doch beachtlichen Teil werden beide Geschlechter explizit genannt: *ese niño o niña; tanto de niño como de niña (El País* 6%, *El Mundo* und *Abc* je 9%). Allerdings sind der Bericht aus dem demokratischen Untersuchungszeitraum sowie die Nachricht (mit einer expliziten Nennung beider Geschlechter in *El Mundo*) aus demselben Zeitraum die einzigen beiden Textsorten mit einer geringen Anzahl dieser expliziten Nennungen von Kinderbezeichnungen.

Die Bezeichnungen für Männer sind ähnlich heterogen wie die der Frauen und diesen zahlenmäßig in den Kategorien sogar ähnlich, weswegen auch hier ebenso nach Zeitung – und nicht nach Kategorie – ausgewertet werden soll. Den größten Teil der 25 Gesamtnennungen bei *El País* machen mit 44% die traditionell männlichen Rollenbilder und Berufe wie *pescadores, el capitán* aus. Mit 28% stehen die neutralen Nennungen wie z. B. *NC, los hermanos* an zweiter Stelle und mit 24% die Adelstitel und förmlichen Bezeichnungen an dritter; 2 davon mit abwertender Konnotation. Abwertende Bezeichnungen für Männer sind in keiner der 3 Zeitungen zu finden. Das moderne männliche Rollenbild des *padre* ist mit 4% bei *El País*, 10% bei *El Mundo* (5 von 53) und 9% bei *Abc* (3 von 35) selten. Den gleichen Wert erreichen bei *Abc* die traditionell männlichen Rollenbilder, was im Vergleich der Zeitungen der niedrigste ist (24% bei El *Mundo*). Die Zahl der neutralen Bezeichnungen ist bei *Abc* mit 20% verhältnismäßig gering; *El Mundo* hat mit 38% den höchsten Wert. Den größten Anteil machen bei *Abc* die Adelstitel und förmlichen Bezeichnungen mit 63% aus, die Hälfte davon mit abwertender Konnotation. Von den 28% der bei *El Mundo* genannten förmlichen Bezeichnungen und Adelstitel betrifft das ein Drittel. Bemerkenswert ist auch hier die Rolle der Großschreibung. In den aktuellen Berichten verwendet *Abc* ausschließlich die Großschreibung; in der Vergangenheit war dies zumindest bei 64% der Adelstitel und förmlichen Bezeichnungen der Fall; zu 66% bei *Arriba* und bei *Ya* gar nicht. Auch *El Mundo* schreibt 87% der in dieser Kategorie genannten Begriffe groß. Bei *El País* liegt dieser Wert bei einem Drittel. Somit liegen alle Werte für die Großschreibung ähnlich hoch wie bei den Frauenbezeichnungen.

Mit nur einer Nennung, nämlich dem Adelstitel *el propio Príncipe*, sind Epitheta in Bezug auf männliche Personen bei *Abc* zu finden, während bei *El País* und *El Mundo* keine Titel thematisieren. Die meisten Epitheta zeigen die Männer bei diesen beiden Zeitungen in der traditionellen Rolle: *el presidente del Gobierno, el ministro de Justicia* (67% bei *El País*, 46% bei *El Mundo*). Ein Drittel der Benennungen entfällt bei *El País* auf neutrale Bezeichnungen, bei *El Mundo* ist es knapp ein Viertel: *conocedor de todo el proceso; invadido por la tensión*. Mit den verbleibenden 31% seiner 12 Nennungen zeigt *El Mundo* moderne männliche Rollenbilder: *emocionado y con una permanente sonrisa dibujada en el rostro, el padre de la Princesa de Asturias*. Somit sind zumindest einige moderne männliche Rollenbilder vertreten, ansonsten machen den größten Teil sowohl für den vergangenen als auch den aktuellen Untersuchungszeitraum die traditionellen männlichen Rollenbilder aus.

Metaphern in Bezug auf männliche Personen werden in beiden Zeiträumen nicht benutzt.

Die Anzahl der generischen Maskulina *los médicos, los amigos* ist in allen 3 Tageszeitungen recht ausgeglichen: 11 bei *El País*, 12 bei *El Mundo*, 18 bei *Abc*; und somit ist sie ungefähr doppelt so hoch wie in den Artikeln zur Franco-Zeit. Die Alternativen zu den generischen Maskulina sind etwa genauso oft vertreten wie die generischen Maskulina, wobei Oberbegriffe wie z. B. *la Casa del Rey, las autoridades* den jeweils größten Teil ausmachen: 17 von 18 bei *El País*, 9 von 12 bei *El Mundo*, 6 von 10 bei *Abc*. Die verbleibenden Nennungen sind z. B. mit *los miembros, alguien* geschlechtsneutrale Bezeichnungen. Ebenso wenig wie zur Franco-Zeit wurden auch hier beide Geschlechter nicht explizit genannt. Folglich sind die Mengenverhältnisse bei den Alternativen in beiden Untersuchungszeiträumen ähnlich, wenn auch deren Gesamtzahl größere Unterschiede aufweist.

Das Thema Familie wird in der Gegenwart häufiger aufgegriffen als in der Vergangenheit, und das immerhin in allen 3 Zeitungen. *Abc*, wo Familie damals nicht thematisiert wurde, hat diese nun mit 2 neutralen Bezeichnungen *(la Familia Real)* aufgenommen. Sie überwiegen auch mit 63% (7 von 11) bzw. 57% (4 von 7) bei *El País* und *El Mundo*. Letztere besetzt das Thema Familie einmal positiv (*el compromiso de la pareja*), jedoch als einzige auch 2-mal negativ (*separación matrimonial que fue traumática*), während *El País* 4 positiv assoziierte Nennungen hat.

Die Schwangerschaft wird im Gegensatz zum Bericht der Franco-Zeit heute mit 22, 26 und 29 Nennungen umfassend thematisiert; gut mehr als die Hälfte sind neutral (*el parto, nacer*): 59% bei *El País*, 77% bzw. 76% bei *El Mundo* und *Abc*. *El País* zeigt mit 32% die meisten negativen Assoziationen, wie z. B. *las molestias, las náuseas*; bei *Abc* sind das nur 10% und bei *El Mundo* keine. Hingegen hat *El Mundo* mit 23% die meisten positiven Assoziationen zu verzeichnen, *El País* mit 10% und *Abc* mit 14% etwas weniger: *dar a luz, en perfecto estado de salud.*

Vaterschaft und Straftaten werden in beiden Untersuchungszeiträumen nicht thematisiert, die Frauenorganisationen in der Aktualität ebenso wenig wie die Maßnahmen zur Gleichstellung in der Gesetzgebung. Dagegen wird heute – im Unterschied zur Franco-Zeit – die aktuelle Thronfolgeregelung mit

Maßnahmen zur Gleichstellung in Bezug auf die Verfassungsreform umfassend besprochen, wobei die Mengenverhältnisse der Nennungen und ihre Bewertungen stark variieren. *El País* zeigt von insgesamt 4 Bezeichnungen 3 neutrale (*ocupar el segundo lugar en la línea de sucesión al trono*), die vierte referiert auf eine gleichberechtigte Rollenverteilung (*está prevista la reforma del artículo 57 de la Constitución, garantizando la igualdad entre sexos en el acceso a la Corona de España*). Auf die traditionelle Situation beziehen sich 15% der Nennungen bei *El Mundo* und 53% bei *Abc*, wie z. B. *no hay ninguna prisa para reformar la Carta Magna.* Unter dem Eindruck, dass *Abc* in der Vergangenheit Gesetzesprojekte zur Gleichstellung gar nicht thematisierte und jetzt hauptsächlich auf die traditionelle Situation referiert, erfüllt sie zumindest die Erwartungshaltung an eine monarchistisch-rechtskonservative Zeitung. Die auf Gleichberechtigung referierenden sowie die neutralen Nennungen liegen mit 26% bzw. 21% nahezu gleichauf. Neutrale Nennungen sind zu einem Viertel bei *El Mundo* vertreten. Hier machen die auf Gleichberechtigung abzielenden Nennungen den größten Teil mit 60% aus.

5.2.1.3 Das Porträt

Das Porträt in* Abc, Arriba *und* Ya *unter politisch autoritären Verhältnissen

Die Ergebnisse in dieser Textsorte fallen sowohl bezüglich der Personenbezeichnungen als auch der Bewertung der Themen ziemlich heterogen im Vergleich der Zeitungen aus, was nun im Einzelnen dargestellt wird.

Wie Frauen in den 3 Tageszeitungen abgebildet werden, variiert stark zwischen *Abc* und *Ya* auf der einen Seite und *Arriba* auf der anderen Seite. Am stärksten sind zwar in allen die neutralen Nennungen wie *viuda, la centenaria* mit 33% bei *Abc*, 63% bei *Arriba* und 30% bei *Ya* vertreten, doch zeigt sich bereits hier eine Abweichung bei *Arriba.* Bei ihr folgen an zweiter Stelle die Adelstitel und förmlichen Bezeichnungen (*señora, dama*) mit 20%; bei *Abc* und *Ya* ist deren Anteil etwas höher (23% bzw. 28%). Dagegen ist der Anteil moderner (*institutriz, comadrona*) und traditionell weiblicher Rollenbilder (*mamá*) bei *Arriba* mit je 6% (je 3 von 48 gesamt) sowie 4% abwertender Bezeichnungen (*Carmencita Franco Polo,* wegen des Diminutivs) gering. Abwertende Bezeichnungen und moderne Rollenbilder sind auch bei *Abc* mit 3% bzw. 9% und bei *Ya* mit 11% bzw. 2% relativ selten. Ein fast ebenso großer Unterschied in der Anzahl der neutralen Frauenbezeichnungen findet sich bei den traditionellen Rollenbildern, die bei *Abc* mit 32% und bei *Ya* mit 28% wesentlich stärker vertreten sind als bei *Arriba.* 2 der 19 neutralen Bezeichnungen bei *Abc (la tía NP)* sowie 7 bzw. 8 förmliche Bezeichnungen bei *Abc* bzw. *Ya* sind wegen der Vornamennennungen abwertend konnotiert.

Bei den Epitheta und Wortverbindungen in Bezug auf weibliche Personen entfällt der größte Anteil der Nennungen wiederum auf die neutralen mit 65% bei *Abc*, 57% bei *Arriba* und 63% bei *Ya*, wie z. B. *superconocida en toda su comarca.* Die traditionell weiblichen Rollenbilder wie *esta feliz retatarabuela* sind mit 16%, 24% bzw. 33% am zweitstärksten vertreten. *Abc* hat mit 16% genauso viele moderne weibliche Rollenbilder (*imponerla la Medalla al Mérito en el Trabajo, en su categoría de bronce*) aufgenommen wie traditionelle und darüber hinaus mit *extrañada la señorita* die einzige abwertende Bezeichnung in allen 3 Blättern. *Arriba* bildet mit 5% nur eine moderne Frau ab; *Ya* hingegen gar keine. Adelstitel und förmliche Bezeichnungen finden sich nur bei *Arriba* mit 14% und bei *Ya* mit 4%: *la distinguida dama doña NC de Caballero.*

Die wenigen Metaphern in Bezug auf weibliche Personen teilen sich auf alle Zeitungen und alle Kategorien auf: *Arriba* verfügt lediglich über eine neutrale Bezeichnung *(hizo gala durante su vida de un alto espíritu), Ya* über eine neutrale Bezeichnung und ein traditionelles Rollenbild (*ella ha sido para él el preciado tesoro de la estabilidad, una estabilidad asentada en el amor, la fidelidad y la familia*) und schließlich *Abc* über 2 neutrale, 1 traditionelle sowie 1 moderne Nennung *(se ha ganado la Medalla a pulso*).

Die Anzahl der Mädchenbezeichnungen unterscheidet sich stark: bei *Arriba* sind es 4 Nennungen, davon eine abwertende (*NP*) und 3 neutrale (*hija, nacidas*), bei *Ya* sind es 6 abwertende und 9 neutrale und bei *Abc* 7 abwertende und 32 neutrale Bezeichnungen. Die Gesamtzahl der Jungenbezeichnungen ist umgekehrt proportional: Während *Abc* nur über 1 (neutrale) Nennung *(hijo)* verfügt, sind es bei *Ya* 8 insgesamt (2 neutrale, 6 abwertende: *NP*) und bei *Arriba* 13 insgesamt (10 neutrale, 3 abwertende). Damit enthalten die Porträts bei *Ya* ganz deutlich die meisten abwertenden Jungen- und Mädchenbezeichnungen, *Abc* die wenigsten.

Kinder werden mit 5, 6 und 11 Nennungen ausschließlich mit generischen Maskulina dargestellt: *chozno, cuatrillizos.*

Die Männerbezeichnungen variieren stark nach Rollenbezeichnungen und Zeitungen. Die einzige Konstante sind die modernen Rollenbilder (*padre*) mit 5%, 3% und 6% auf sehr niedrigem Niveau. Mit 5% ebenso niedrig sind bei

Abc die abwertenden (*NP*) und neutralen Bezeichnungen (*aquello*). Die abwertenden Nennungen sind bei *Ya* mit 9% und bei *Arriba* mit 19% etwas höher; die neutralen sind wesentlich höher mit 29% (*Ya*) bzw. 35% (*Arriba*). Die Zahl der Adelstitel und förmlichen Bezeichnungen ist mit 29% bei *Ya* gleich hoch – fast die Hälfte davon wird herabwürdigend bewertet – und damit die höchste im Vergleich mit *Abc* (21%) und *Arriba* (13%). Dazu gehören z. B. *Caudillo, Su Excelencia el Generalísimo, Su Excelencia el Jefe del Estado,* die für Francisco Franco übliche Bezeichnungen sind, besonders mit dem Zusatz *Su Excelencia* und dem Augenmerk auf die Großschreibung gerichtet. Alle anderen Adelstitel und förmlichen Bezeichnungen sind wie bei den Frauenbezeichnungen klein geschrieben. *Jefe del Estado* wird ohne den genannten Zusatz zu den traditionellen Rollenbildern gezählt, weil es einen Beruf darstellt und nicht zwangsläufig auf Franco referiert. Bei *Ya* und *Arriba* ist die Zahl der traditionell männlichen Rollenbilder mit 26% bzw. 29% am niedrigsten und bei *Abc* mit 63% mit Abstand am höchsten, wovon eine Nennung mit *el señor delegado* förmlichen Charakter hat.

Von den Epitheta und Wortverbindungen in Bezug auf männliche Personen gibt es insgesamt verhältnismäßig wenige mit je 8 Gesamtnennungen bei *Abc* und *Ya* sowie 23 bei *Arriba.* Auch hier hat *Abc* mit drei Vierteln die meisten traditionellen Rollenbilder; ein Viertel sind neutrale Bezeichnungen (*un hijo de cinco años*). Zu den traditionellen Rollenbildern zählen u. a. *el padre, don NC, funcionario empresarial con destino en Málaga* und *el señor delegado de Trabajo en funciones*, die beide förmlichen Charakter besitzen, und der erstgenannte auch als Vater bezeichnet wird, wobei diese Funktion eine untergeordnete Rolle spielt, weil der Beruf im Vordergrund steht.

Die neutralen Bezeichnungen sind bei *Ya* mit 13% am niedrigsten und mit 61% bei *Arriba* am höchsten. Mit 26% (bei *Arriba*) und 37% (bei *Ya*) ist der Unterschied zu *Abc* bei den traditionell männlichen Rollenbildern/Berufen beträchtlich. Zudem führen *Arriba* und *Ya* z. B. mit *el padre del niño* moderne männliche Rollenbilder mit 13% bzw. 25% an, *Abc* keine. Einzig *Ya* führt mit der Vornamennennung *NP de xx años* 2 abwertende Bezeichnungen an. Förmliche Bezeichnungen und Adelstitel gibt es keine.

Die Anzahl der generischen Maskulina differiert zwischen 3 Nennungen bei *Arriba*, 17 bei *Abc* und 27 bei *Ya: los vecinos, tataranietos.* Ähnlich verhält es sich bei den Alternativen dazu: je 9 sind es bei *Abc* und *Ya*, 14 bei *Arriba*, wobei jeweils die geschlechtsneutralen Bezeichnungen und die Oberbegriffe zahlenmäßig ausgeglichen sind.

Die Themen Familie, Schwangerschaft und Straftaten werden in allen 3 Tageszeitungen aufgegriffen; ansonsten wird die Vaterschaft allein von *Arriba* thematisiert. Bei der Familie gibt es wieder große Unterschiede: Wird dieses Thema bei *Abc* nur mit 3 neutralen Nennungen insgesamt aufgenommen, sind es bei *Arriba* 11 und bei *Ya* 35 Nennungen, wovon die neutralen 36% (4 Nennungen) bzw. 14% (5) ausmachen, wie z. B. *separación amistosa, una familia modesta.* Mit 45% ist der größte Teil der Nennungen bei *Arriba* negativ mit dem Thema Familie assoziiert (*separación por disensiones, abandono de familia*), 18% sind positiv assoziiert (*unión conyugal, contrajo matrimonio*). Bei *Ya* machen die mit dem Thema Familie positiv assoziierten Nennungen mit 51% den größten Teil aus, die negativ assoziierten immerhin 34%.

Die Schwangerschaft wird mit 1 bzw. 4 Nennungen bei *Arriba* bzw. *Ya* ausschließlich neutral dargestellt; bei *Abc* sind 15 der 19 Gesamtnennungen (79%) neutral, wie z. B. *nacer, cesárea.* 16% sind positive Darstellungen (*ayudar en el hermoso trance de la nacencia*), 5% sind negativ (*venía muy mal*).

Die 9 Beschreibungen zur Vaterschaft bei *Arriba* sind allesamt negativ mit dem Thema assoziiert: *desatendiendo sus obligaciones familiares, abandonar a su mujer y a sus dos hijos.*

Straftaten werden ungewöhnlich häufig bei der Textsorte Porträt aufgenommen: bei *Abc* mit 7, bei *Arriba* mit 18 und bei *Ya* mit 4 Gesamtnennungen. Dabei fällt auf, dass diese Straftaten bei *Abc* in fast drei Vierteln, bei *Arriba* in fast der Hälfte und bei *Ya* immerhin in einem Viertel der Fälle mit Euphemismen bezeichnet und somit heruntergespielt werden. Dazu gehören beispielsweise *asunto, lo occurido, perder todo contacto con ella.* Alle übrigen Nennungen sind neutral, z. B. *la criatura cayó al suelo, apuñalar, la misteriosa desaparición de una niña,* wobei das Epitheton *misteriosa* der Straftat eine unsachliche und wenig ernstzunehmende Konnotation verleiht und folglich die Objektivität der Berichterstattung in Frage stellt.

Das Porträt in der Tagespresse unter demokratischen Verhältnissen

Trotz intensiver Recherche über lange Zeiträume hinweg wurde zum Thema *Frauen in ihrer traditionellen Rolle* kein Zeitungsartikel in der Textsorte Porträt gefunden.

5.2.1.4 Zusammenfassender Vergleich der Tageszeitungen für beide Zeiträume

In allen 3 Textsorten und beiden Untersuchungszeiträumen sind sowohl Frauen als auch Männer mit Werten um 10% selten in modernen Rollen dargestellt worden. Frauen werden in den Nachrichten zur Franco-Zeit mit Hilfe von Epitheta und Metaphern äußerst oft in der traditionellen Rolle gezeigt, was jedoch im demokratischen Zeitraum in den Nachrichten und Berichten nachlässt, wobei lediglich *El Mundo* bei den Epitheta in der Nachricht eine Ausnahme darstellt. Im Gegenzug werden Frauen heutzutage textsortenübergreifend wesentlich häufiger mit wertungsneutralem Vokabular, in den Berichten vermehrt auch mit Adelstiteln/förmlichen Bezeichnungen dargestellt.

Bei den Metaphern im Bericht gibt es im aktuellen Untersuchungszeitraum gar keine traditionell weiblichen Rollenbilder mehr, dafür mehr moderne. Letzteres trifft auch auf die Bezeichnungen für Frauen im Bericht zu. Bei den Epitheta in Nachricht und Bericht wird der geringere Anteil an traditionellen Frauenbildern häufiger durch neutrale und z. T. auch durch abwertende Nennungen (insbesondere *Abc* bei der Nachricht) kompensiert, bei den Frauenbezeichnungen im Bericht auch durch eine höhere Anzahl moderner Frauenbilder.

Bei *El Mundo* und *Abc* werden Frauen, Mädchen und Jungen besonders oft herabgewürdigt. Im aktuellen Untersuchungszeitraum ist die Zahl der abwertenden Bezeichnungen für Mädchen und Jungen in Nachricht und Bericht jedoch grundsätzlich höher als zur Franco-Zeit. Gegenwärtig werden in beiden Textsorten auch Adelstitel in Bezug auf Mädchen verwendet und bei den Nachrichten werden sie heutzutage auch in (modernen) Rollenbildern dargestellt, und das bereits als Kind. Im vergangenen Untersuchungszeitraum wurden Mädchen bzw. Kinder nicht mit Adelstiteln oder Rollenbildern in Verbindung gebracht.

Die Männer werden bei den Bezeichnungen und Epitheta (Metaphern für Männer sind insgesamt nur 2 vorhanden) mit mehr als der Hälfte der Nennungen in traditioneller Rolle abgebildet, vor allem bei *Ya*. Zwar gehen die traditionellen Männerbezeichnungen in der Aktualität zurück, aber mit einem Drittel sind sie immer noch hoch. Dagegen hat die Zahl der neutralen Männerbezeichnungen in Nachricht und Bericht zugenommen. Abwertende Männerbezeichnungen und Epitheta sind Ausnahmen in der Nachricht; bei den Berichten sind sie gar nicht vorhanden. Auch die Zahl moderner männlicher

Rollenbilder ist gering, insbesondere bei den Nachrichten. In den Berichten aus dem demokratischen Zeitraum ist deren Zahl aber zumindest höher als zur Franco-Zeit. Für die Adelstitel/förmlichen Bezeichnungen ist weder in Bezug auf Frauen noch auf Männer eine eindeutige Tendenz auszumachen.

Bei den Berichten sowohl im vergangenen als auch aktuellen Untersuchungszeitraum fällt *Abc* durch überdurchschnittlich viele Adelstitel bei Personenbezeichnungen auf. *Ya* bildet Frauen und Männer größtenteils in der traditionellen Rolle ab; für Männer gilt das auch für *Abc* und *Arriba.*

Bei den Adelstiteln/förmlichen Bezeichnungen fällt jedoch auf, dass deren Großschreibung sowohl in Bezug auf Frauen als auch Männer heutzutage üblicher ist als zur Franco-Zeit. In den Nachrichten war die Großschreibung männlicher Adelstitel/förmlicher Bezeichnungen auch zur damaligen Zeit schon die Regel. In den Berichten allerdings überwiegt deren Großschreibung im demokratischen Untersuchungszeitraum gegenüber der Franco-Zeit. Im Porträt wurden jegliche Adelstitel/förmliche Bezeichnungen klein geschrieben.

Bei den Themen, die nur von *Arriba* und *Ya (Maßnahmen zur Gleichstellung in der Gesetzgebung sowie Frauenorganisation)* aufgegriffen werden, referieren die meisten Nennungen auf die traditionelle Situation. In der Aktualität fällt *Abc* bei der Verfassungsreform durch seinen Hang zum Konservatismus auf, ganz im Gegensatz zu *El País* und *El Mundo.* Letztere profiliert sich dabei durch die vielen auf Gleichberechtigung abzielenden Nennungen. Darüber hinaus gibt es gegenwärtig bei Frauen, Mädchen und Jungen viele abwertende Bezeichnungen.

Insgesamt zeigen die Porträts bei *Ya* und *Abc* die Frauen am häufigsten in traditionellen Rollenbildern – im Gegensatz zu *Arriba*, obwohl deren Gesamtzahl bei den Epitheta unter der bei den Nachrichten und Berichten liegt. Untermauert werden die traditionellen Frauenbilder durch die traditionell männlichen Rollenbilder, die in allen dreien, jedoch insbesondere bei *Abc* stark vertreten sind. Den Erwartungen an eine kirchliche Zeitung entsprechend wird die Familie in *Ya* besonders häufig thematisiert, und das besonders in positiver Hinsicht. *Arriba* tut sich mit einer ausschließlich negativ assoziierten Vaterrolle hervor.

Die Themen Familie und Schwangerschaft werden in beiden Untersuchungszeiträumen in allen 3 Textsorten mit wertungsneutralem Vokabular beschrieben. Beim Thema Frauenorganisation, bei dem es zumeist um die *Sección Femenina* geht, wird ausschließlich auf die traditionelle Situation referiert, denn diese Organisation entstammt dem diktatorischen System und soll selbstverständlich zur Erhaltung desselben beitragen. Alle anderen Themen (*Vaterschaft, Verfassungsreform, Gesetzgebung, Straftaten*) werden so unterschiedlich oft wie mit unterschiedlichen Wertungen aufgegriffen, dass eine Tendenz nicht festzustellen ist.

5.2.2 Die Darstellung der Frauen als Opfer geschlechterspezifischer Gewalt in den Tageszeitungen unter politisch autoritären und demokratischen Verhältnissen im Vergleich

5.2.2.1 Die Nachricht

Die Nachricht in* Abc, Arriba *und* Ya *unter politisch autoritären Verhältnissen

Die Untersuchungsergebnisse sind bei diesem Themenkomplex zwischen den drei Tageszeitungen größtenteils so homogen in Bezug auf die Personenbezeichnungen im Allgemeinen, dass hauptsächlich auf die Abweichungen und Besonderheiten eingegangen werden soll.

Die meisten Frauenbezeichnungen von 83 Gesamtnennungen bei *Abc*, 71 bei *Arriba* und 90 bei *Ya* stellen die neutralen Bezeichnungen mit Beispielen wie *dueña, pasajera* zwischen 46% (*Ya*) und 61% (*Arriba*) der Nennungen. Danach folgen die Nennungen als (Ex-)Partnerinnen und Mütter mit zwischen 8% (*Ya*) und 17% *(Arriba): novia, madre*. Mit Werten um 10% und etwas darunter liegen die Berufs-, Opfer- und abwertenden Bezeichnungen in etwa gleich auf, wie z. B. *sirvienta, doctora* und *la lesionada, la perjudicada* sowie *muchacha, señorita* für erwachsene Frauen. Geringfügige Abweichungen gibt es bei den Adelstiteln und förmlichen Bezeichnungen, denn bei *Abc* und *Arriba* sind diese nur mit 4% vertreten, bei *Ya* mit 24% (*doña NC, señora*).

Die Gesamtzahl der Epitheta und Wortverbindungen in Bezug auf weibliche Personen differiert zwischen den Zeitungen stark: Es sind 88 bei *Abc*, 95 bei *Arriba* und 112 bei *Ya*. Die Zahl der Opfernennungen ist bei allen jeweils die höchste mit 43% bei *Ya*, 50% bei *Arriba* und 61% bei *Abc*, wobei in jeder Zeitung ein Teil der Opfernennungen auf (Ex-)Partnerinnen bzw. Mütter referiert und bei *Abc* eine abwertende Opferbezeichnung durch die Vornamennennung vorliegt. Die neutralen Nennungen sind die zweithäufigsten mit 26%, 33% und 42% (*Abc, Arriba* und *Ya*). Abwertende Bezeichnungen sind in keiner Zeitung zu finden; ebenso wenige Adelstitel bei *Abc*. Sie liegen bei den anderen beiden Zeitungen – ebenso wie die Berufsbezeichnungen und (Ex-) Partnerinnen und Mütter bei 10% und darunter. Als Beispiele sollen *doña NC de xx años; la periodista madrileña* sowie *la esposa de dicho señor* genannt werden.

Metaphern gibt es weder in Bezug auf weibliche noch auf männliche Personen.

Mädchen werden in den Artikeln mit recht unterschiedlicher Häufigkeit aufgegriffen: bei *Abc* 45-mal, bei *Arriba* 11-mal und bei *Ya* 12-mal. Mit 2 Nennungen sind bei *Abc* 4% Opferbezeichnungen darunter (*víctima, cadáver*), bei den anderen Zeitungen keine. Die Zahl der abwertenden (zwischen 7% und 9%) und neutralen Bezeichnungen (zwischen 89% und 92%) ist zwischen den Zeitungen relativ ausgeglichen. Dazu zählen z. B. *NP, hija NP* sowie *una joven, sobrina*.

Arriba thematisiert keine Jungen, *Ya* nur mit *niño* und mit einer neutralen Nennung, und *Abc* mit insgesamt 10 Bezeichnungen, wovon 8 neutral sind und 2 die Täter abbilden (*agresor, autor del hecho*). Im Gegensatz zu den Mädchen gibt es keine abwertenden Bezeichnungen.

Lediglich *Abc* und *Ya* stellen Kinder mit je 2 Nennungen dar; allesamt in generischer Verwendung: *gitanos, vecinos*.

Die Gesamtzahl der Männerbezeichnungen differiert geringfügig zwischen *Abc* (48), *Arriba* (64) und *Ya* (37), jedoch sind die Nennungen prozentual ähnlich verteilt. Wie bei den Frauen machen die neutralen Nennungen den größten Anteil mit mehr als der Hälfte der Gesamtzahl aus, z. B. *propietario, ciclista*. An zweiter Stelle stehen die Berufsbezeichnungen wie *el barbero, pintor, NA (Nombre Artístico)*, die bei den Männern (zwischen 13% und 22%) etwas öfter gezeigt werden als bei den Frauen. Etwas seltener als die Frauen werden die Männer in der Rolle des (Ex-)Partners/Vaters *(novio, el enamorado)* und mit abwertenden Bezeichnungen (*NP, niño*) gezeigt: Diese Werte liegen bei nur 5% und darunter. Die Zahl der Täter und Tatverdächtigen (*delincuente, culpable*) liegt ebenfalls in diesem Bereich, wobei *Arriba* mit 17% den höchsten Wert hat. Es zeigt sich auch vereinzelt in den Zeitungsartikeln, dass die Täter oder Tatverdächtigen als Kranke oder Opfer bezeichnet werden wie bei *Abc* mit 2%: *víctima*. Bei *Abc* finden sich keine Adelstitel und förmlichen Bezeichnungen, bei *Arriba* 2% und bei *Ya* 19%: *don NC, señor*.

Die Gesamtzahl der Epitheta und Wortverbindungen in Bezug auf männliche Personen unterscheidet sich stark je nach Zeitung: Während es bei *Abc* 41 und bei *Arriba* 55 Nennungen sind, sind es bei *Ya* nur 13 Gesamtnennungen. Die neutralen Bezeichnungen wie *conductor de la moto, domiciliado* sind mit

41%, 33% und 46% (*Abc, Arriba, Ya*) der Nennungen deutlich geringer als bei den Männerbezeichnungen. Entsprechend höher fällt mit 23% (*Ya*) bis 29% (*Arriba*) die Anzahl der Täter bzw. Verdächtigen und mit 15% (*Abc* und *Ya*) bis 18% (*Arriba*) die der Kranken bzw. Opfer aus. Beispiele für Erstgenannte sind *detenido; el agresor, creyendo que había causado la muerte de su novia*, wobei *novia* auf die Partnerbeziehung hinweist, was bei *Abc* 2-mal und bei *Arriba* 3-mal der Fall ist und in der Tabelle gekennzeichnet ist. Die Täter oder Tatverdächtigen werden mit Epitheta wie *decapitado; se disparaba también un tiro en la cabeza* mitunter als Kranke und Opfer dargestellt, wodurch ihre Taten relativiert werden oder zumindest in den Hintergrund rücken. Als (Ex-)Partner bzw. Väter sowie in Berufen werden bei *Ya* keine Männer abgebildet; bei *Abc* und *Arriba* entfallen auf erstere je 5% wie z. B. *enamorado de su sobrina; su mujer*. Beispiele für Berufsbezeichnungen sind *el Patriarca Obispo de Madrid-Alcalá; obrero español juzgado a cinco años de condena,* wobei *cinco años de condena* wie auch in einem weiteren Beispiel bei *Abc* gleichzeitig auf einen Täter referiert. *Ya* ist die einzige Zeitung mit Adelstiteln und förmlichen Bezeichnungen (*dicho señor*); sie sind mit 15% vertreten.

Mit 14, 7 und 11 Nennungen (*Abc, Arriba, Ya*) wie z. B. *los atropellados, ambos* sind recht wenige generische Maskulina in den Nachrichten zu finden. Die Gesamtnennungen der Alternativen zu den generischen Maskulina bewegen sich auch in dieser Größenordnung zwischen 9 und 21 Nennungen, wovon jeweils ca. die Hälfte auf geschlechtsneutrale Personenbezeichnungen wie *individuos, familiares* und auf Oberbegriffe wie *Policía, Guardia Civil* entfällt.

Die Familie wird mit 2, 6 und 3 Nennungen nicht oft thematisiert, jedoch werden sie fast ausschließlich mit dysfunktionalen Familien in Verbindung gebracht, z. B. *por desavenencias conyugales asestó varias puñaladas a su esposa; entablar ambos una violenta disputa*. Lediglich 2 Nennungen bei *Arriba* sind neutral: *familia und contraer matrimonio*.

Die Gesamtzahl der Straftaten, welche gegen Frauen begangen wurden, beläuft sich bei *Abc* auf 89 Nennungen, bei *Arriba* auf 62 und bei *Ya* auf 67 Nennungen, welche von *sustraer el dinero über herirla con arma blanca* bis hin zu *matarla* reichen.

Unter den Straftaten werden die mehr oder weniger sachlichen Bezeichnungen der Taten aufgelistet, weswegen sie in neutrale Bezeichnungen und die nicht selten auftretenden Euphemismen eingeteilt werden. Bei *Abc* und *Arriba* erreichen sie mit 10 von 20 bzw. 6 von 10 Nennungen die Hälfte bzw. sogar mehr; bei *Ya* sind es lediglich 4 von 26, wie z. B. *un percance similar, el crimen pasional,* was aus dem aktuellen Sprachgebrauch fast verschwunden ist.

Die Nachricht in* El País, El Mundo *und* Abc *unter demokratischen Verhältnissen

Auch bei der Nachricht im aktuellen Untersuchungszeitraum sind die Mengenverhältnisse bei sämtlichen Personenbezeichnungen wie auch bei den Themen ähnlich, so dass im Wesentlichen die Besonderheiten aufgezeigt werden sollen.

Die Gesamtzahl der Frauenbezeichnungen liegt bei 89 Nennungen bei *El País,* bei 74 bei *El Mundo* und bei 86 bei *Abc,* wovon der größte Teil jeweils auf die neutralen Bezeichnungen mit 45%, 53% und 58% entfällt. Dazu gehören u. a. *ésta, ambas, la ciudadana.* Frauen werden in allen 3 Zeitungen zu etwa gleichen Teilen (zwischen 15% und 26%) als Opfer oder (Ex-)Partnerinnen/Mütter dargestellt, wie z. B. *la fallecida, la agredida* und *ex pareja, la compañera sentimental.* Damit ist der Anteil beider Klassifizierungen gegenüber der Franco-Zeit deutlich angestiegen, der zum einen zu Lasten der förmlichen Bezeichnungen/Adelstitel geht, wovon heutzutage bei der Textsorte zu diesem Thema keine mehr zu finden sind. Zum anderen geht dieser Anstieg auch auf Kosten der Berufsbezeichnungen (*la abogada, la camarera*), deren Anteil ebenso wie der der abwertenden Bezeichnungen (*NP, Mercedes M.*) zwischen 1% und 8% gering ist.

Die Zahl der Epitheta und Wortverbindungen unterscheidet sich relativ stark zwischen 25 Nennungen bei *El País,* 31 bei *El Mundo* und 46 bei *Abc.* Gegenüber der Franco-Ära ist die Zahl der Opfernennungen sehr deutlich auf Werte von je 72% bei *El País* und *Abc* und 77% bei *El Mundo* gestiegen. Beispiele hierfür sind u. a. *el cuerpo sin vida de la mujer; quemada.* Ebenso wie in den Nachrichten zur Franco-Zeit wird bei den Opfernennungen in allen 3 Zeitungen zu einem kleinen Teil der Bezug zu (Ex-)Partnerinnen/Müttern hergestellt, wie z. B. *agredida por su novio, la segunda víctima por violencia doméstica.* Im Gegenzug zum Anstieg der Opfernennungen sank der Anteil der neutralen Bezeichnungen wie *muy callada, hija mayor* auf 16%, 19% und 13% (*El País, El Mundo, Abc*). Adelstitel bzw. förmliche Bezeichnungen sind auch unter den Epitheta nicht vertreten. Die 3 Zeitungen beschreiben Frauen zu 3% (*El Mundo*) bis 9% (*Abc*) als (Ex-) Partnerinnen/Mütter (*la víctima, casada y madre de dos hijos mayores de edad*). Die eine Nennung als Mutter (3%) bei *El Mundo* weist gleichzeitig auf ein Opfer hin: *su madre, identificada com S.G.G. de xx años de edad*. Bei *El Mundo* sind weder abwertende noch Berufsbezeichnungen unter den Epitheta zu finden. Mit je 4% sind letztgenannte auch bei *El País* und *Abc* selten (*la patrona mayor en funciones de la entidad pesquera*). Dasselbe gilt für *Abc* mit der einzigen abwertenden Bezeichnung (2%) in dieser Kategorie: *Mercedes M. de xx años de edad*.

Die beiden einzigen Metaphern sind je bei *El País* und *El Mundo* als Opferbezeichnung zu finden: *la larga lista de fallecidas; una mujer [...] ha inaugurado la triste lista de muertas*. Auch in Bezug auf männliche Personen gibt es in der aktuellen Berichterstattung Metaphern. Dabei handelt es sich ausschließlich um die Darstellung der Männer als Kranke bzw. Opfer; bei *El País* in 2 Fällen, bei *Abc* in einem Fall (*perder los nervios, perder la cabeza*). Während der Franco-Zeit waren gar keine Metaphern in den Zeitungen zu diesem Thema zu finden.

Mädchen werden im aktuellen Untersuchungszeitraum insgesamt seltener dargestellt als in der Vergangenheit (3, 12 und 7 Nennungen in *El País, El Mundo, Abc*); mit abwertenden Bezeichnungen überhaupt nicht. Alle bis auf eine Ausnahme bei *El Mundo* (1 Opfer: *la víctima*) sind neutrale Bezeichnungen: *la chica, ésta última*.

Alle 5 Jungenbenennungen, die einzig bei *El País* vorkommen, sind neutral: *un joven, hijo*.

Los hijos ist die einzige Bezeichnung, mit der Kinder dargestellt werden: 1-mal bei *El País*, 4-mal bei *Abc*, und das mit einem generischen Maskulinum.

Die Gesamtzahl der Männerbezeichnungen übersteigt bei den Nachrichten zu einem Thema, in dem es eigentlich um Frauen geht, die Gesamtzahl der Frauenbezeichnungen. Männer werden bei *El País* 117-mal, bei *El Mundo* 104-mal und bei *Abc* 80-mal genannt. Wie in der Vergangenheit machen die neutralen Nennungen (*amigo, cuñado*) mit 32% bis 47% den größten Anteil aus, wenngleich dieser kleiner als damals ist. Dementsprechend werden mit 25% bis 40% mehr Täter/Verdächtige gezeigt (*autor de los hechos, el supuesto homicida*). Mit *el amante, el marido* u. a. werden auch mehr Männer in der Rolle des (Ex-)Partners/Vaters dargestellt (14% bis 24%). Die Zahl der Berufsbezeichnungen wie *el juez, el mariscador* fällt mit je 6% bei *El Mundo* und *Abc* und 9% bei *El País* geringer aus; dasselbe gilt für Adelstitel und förmliche Bezeichnungen, welche gar nicht mehr vertreten sind. Als Kranke/Opfer (*cuerpo, cadáver*) werden Männer nur bei *El País* (1%) und *El Mundo* (3%) in Ausnahmefällen dargestellt.

Ähnlich wie bei den Männerbezeichnungen stellt sich das Gesamtbild bei den Epitheta und Wortverbindungen in Bezug auf männliche Personen dar, auch im Hinblick auf den vergangenen Untersuchungszeitraum. Mit 46 (*El País*), 49 (*El Mundo*) und 41 (*Abc*) Gesamtnennungen ist diese Zahl etwas höher als die der Epitheta in Bezug auf weibliche Personen. Während die neutralen Nennungen wie *otro varón, borracho* im Vergleich zur Franco-Zeit stark abgenommen haben (16% bis 22%), sind nun mehr Täter/Verdächtige mit 36% bis 49%, mehr Kranke/Opfer mit 20% bis 26% sowie etwas mehr (Ex-)Partner/Väter mit 6% bis 20% zu finden. Als Beispiele für Täter und Verdächtige sollen *el presunto agresor de una crisis esquizofrénica*, welches gleichzeitig auf ein Krankheitsbild referiert (*El Mundo*) und *matar a su esposa y su suegra al creerlas avestruces (El País)*, welches auf die Partnerin referiert, genannt werden. Sie sind wie einige andere Epitheta in der Tabelle entsprechend gekennzeichnet. Mit *El País* und *El Mundo* sind es für den demokratischen Untersuchungszeitraum 2 Zeitungen, die in einigen wenigen Fällen den Bezug vom Täter zum Partner herstellen; für den politisch autoritären Zeitraum gilt dies für *Abc* und *Arriba*. Aktuell wird bei *Abc* ein Täter mit 9 Epitheta sogar als nette Person beschrieben, wie z. B. *una persona afable, atenta, querida y apreciada, que no tenía nunca problemas con nadie*. Beispiele für Kranke bzw. Opferbezeichnungen sind *sufrir un trastorno mental transitorio; encontrado todavía con vida* und für (Ex-)Partner/Verdächtige *el supuesto amante; discutir con su esposa*. Abwertende Bezeichnungen stellen zwar mit 2% bei *El País* bzw. 7% bei *Abc* (keine bei *El Mundo*) neben den Berufsbezeichnungen (keine bei *El País*, 2% bei *El Mundo*, 7% bei *Abc*) Ausnahmen dar, doch waren sie in der Vergangenheit gar nicht vertreten, wie z. B. *Juan Ramón F. M. de xx años*. Die Zahl der Berufe ist leicht zurückgegangen: *el médico del Centro de Salud, un portavoz del hospital.*

Die generischen Maskulina sind mit 3, 9 und 16 Nennungen ungleich auf die Zeitungen verteilt. Dazu zählen u. a. *algunos, los funcionarios*. Die Anzahl der Alternativen ist tendenziell proportional höher zu denen der generischen Maskulina mit 35 *(El País)*, 34 (*El Mundo)* bzw. 44 (*Abc)* Nennungen. Während bei *El País* und *El Mundo* die Zahl der Oberbegriffe bei ca. drei Vierteln und die der geschlechtsneutralen Bezeichnungen bei einem Viertel liegt, ist das Verhältnis bei *Abc* 50:50.

Damit sind zur Franco-Zeit keine wesentlichen Unterschiede auszumachen.

Das Thema Familie wird unter demokratischen Verhältnissen häufiger aufgegriffen als zur Franco-Zeit, nämlich 17-, 8- und 11-mal (*El País, El Mundo, Abc*). Der größte Teil der Nennungen mit je über 80% bezieht sich auf dysfunktionale Familien wie z. B. *la pareja separada; orden de alejamiento,* was sich auf ein gerichtlich angeordnetes Annäherungsverbot eines Täters an sein Opfer bezieht. Alle anderen Nennungen (*familia*) sind neutral.

Die Gewalttaten gegen Frauen sind bei weitem nicht mehr so oft Gegenstand der Nachrichten wie im früheren Vergleichszeitraum: Mit nur 17 (*El País*) und 46 (*El Mundo*) Nennungen wie *pegar, pasar varias veces por encima* liegen sie deutlich darunter, lediglich *Abc* erreicht mit 64 das damalige Niveau.

Die Anzahl der Straftaten, die die 3 aktuellen Zeitungen anführen, liegt mit 34, 35 und 33 Gesamtnennungen (*El País, El Mundo, Abc*) deutlich über denen aus der Franco-Zeit. Dabei ist die Zahl der neutralen Bezeichnungen wie *violencia machista, delito de agresión sexual* mit 79% bei *El País* am höchsten, bei *El Mundo* etwas niedriger mit 69% und bei *Abc* mit 55% am niedrigsten. Der übrige Teil entfällt auf Euphemismen wie *caso, actitud, los hechos,* was die Straftaten insofern beschönigt, als dass sie sie völlig neutral benennt und nicht als Straftaten erkenntlich macht.

Somit unterscheiden sich die heutigen Nachrichten im Wesentlichen durch die Anzahl bestimmter Personengruppen. So werden heutzutage die Frauen in der Regel öfter als Opfer und als (Ex-) Partnerinnen/Mütter dargestellt; wesentlich seltener mit neutralen Bezeichnungen beschrieben und auch seltener in Berufen gezeigt. Männer werden öfter als Täter/Tatverdächtige und als (Ex-) Partner/Väter benannt. Auch hier sind die neutralen Nennungen und Berufsbezeichnungen wesentlich geringer.

Die Familienprobleme werden heutzutage wesentlich deutlicher thematisiert und die Straftaten häufiger benannt, wobei eine sachliche und neutrale Bezeichnung wichtig ist und Euphemismen kaum beschönigen. Die seltener benannten und vermeintlich wenigeren Gewalttaten gegen Frauen in der Aktualität sind möglicherweise die Folge der sachlicheren und weniger sensationalistischen Berichterstattung.

5.2.2.2 Der Bericht

Der Bericht in* Abc, Arriba *und* Ya *unter politisch autoritären Verhältnissen

Bei Bericht und Hintergrundbericht differieren die Art der Frauen- und Männerbezeichnungen sowie deren jeweilige Epitheta etwas stärker als bei den Nachrichten. Jedoch sind die Ergebnisse im Großen und Ganzen recht homogen, vor allem, was die Themen betrifft. Daher soll insbesondere wieder auf Unterschiede und Besonderheiten eingegangen werden.

Die Gesamtzahl der Frauenbezeichnungen variiert zwischen 33 Nennungen bei *Abc* und 60 bei *Ya*; bei *Arriba* sind es 52. Bei beiden letztgenannten ist die Zahl der neutralen Nennungen wie *la joven, la inquilina* mit 58% (*Arriba*) und 32% (*Ya*) die jeweils höchste unter allen Klassifizierungen. Bei *Abc* sind es 27%. Diese Zahl wird dort nur überstiegen von den 30% (Ex-)Partnerinnen/Mütter (*mamá, esposa*), deren Zahl bei *Ya* (23%) und bei *Arriba* (6%) entgegengesetzt proportional niedriger liegt. Förmliche Bezeichnungen/Adelstitel, Berufsbezeichnungen, Opfer und abwertende Bezeichnungen sind in ihrer jeweiligen Anzahl im Zeitungsvergleich ausgewogen und liegen zwischen 2% und 18%. Als Beispiele sollen *señora, doña NC* für Adelstitel/förmliche Bezeichnungen; *actriz, enfermera* als Berufsbezeichnungen; *la denunciante, la perjudicada* als Opfer sowie *muchachas, señoritas* als abwertende Bezeichnungen genannt werden. Eine der abwertenden Bezeichnungen bei *Arriba* weist auf ein Opfer hin: *objeto de una agresión*. Auf *objeto* als Personenbezeichnung wird in Kapitel *6.2. Bedeutungsänderungen kulturrelevanter Termini* eingegangen.

Bei den Epitheta und Wortverbindungen, deren Gesamtzahl mit 28, 33 und 41 Nennungen (*Abc, Arriba, Ya*) ausgewogener ist als die der Frauenbezeichnungen, werden die weiblichen Personen mit je 36% bei *Abc* und *Arriba* und 37% bei *Ya* größtenteils als Opfer dargestellt, z. B. *agredida con un cuchillo de cocina, lanzada contra el autobús*. Ein weiterer Hinweis auf ein Opfer befindet sich in *Ya* unter den 5% abwertenden Bezeichnungen mit *señorita atropellada y muerta*. Bei *Abc* sind 4% der Nennungen herabwürdigend und bei *Arriba* 12%, wobei sich darunter mit *una agresión por parte de NP* ein Hinweis auf eine Täterin befindet. Mit 3% aller Nennungen ist *Arriba* die einzige der 3 Zeitungen, die eine Frau als Täterin darstellt: *le hirió [a él] con unas tijeras*.

Bei den Epitheta ist gegenüber den Frauenbezeichnungen neben der Zahl der herabwürdigenden Nennungen auch die der förmlichen Bezeichnungen (*dama de la Cruz Roja*) und der Berufe (*estudiante de Farmacia, maestra nacional*) leicht gesunken und liegt nun zwischen 4% und 15%, wobei *Arriba* gar keine förmlichen Nennungen mehr führt. Bei den neutralen Bezeichnungen wie z. B. *la pequeña recostada en un portal, las dos mujeres* gibt es erhebliche Differenzen: Sind es bei *Abc* 43%, so liegt deren Anzahl bei *Arriba* bei 30% und bei *Ya* nur bei 10%. Das gleiche gilt für (Ex-)Partnerinnen/Mütter: deren Anzahl ist nun mit 34% bei *Ya* am höchsten und mit 7% bei *Abc* und 3% bei *Arriba* wesentlich niedriger.

Die einzigen Metaphern in Bezug auf weibliche Personen sind bei *Arriba* zu finden: Es handelt sich um 3 Opfernennungen mit *la desgracia cayó sobre NC, encontrando la muerte.*

Während Jungen insgesamt nur einmal (*el menor; Arriba*) – mit einer neutralen Bezeichnung – thematisiert werden, stehen Mädchen mit 27, 20 und 13 Gesamtnennungen stark im Vordergrund. Mit je 70% bei *Arriba* und *Ya* sowie 89% bei *Abc* überwiegen die neutralen Bezeichnungen sehr stark. Die verbleibenden 11% bei *Abc* entfallen auf abwertende Bezeichnungen (*NP*); bei *Arriba* die 30% auf Opfernennungen (*cadáver, la difunta*). Bei *Ya* verteilen sich die 30% zu gleichen Teilen auf Opfer und abwertende Bezeichnungen.

Kinder werden selten benannt, und zwar in allen Fällen im generischen Maskulinum: *hijos* bei *Arriba*, 2-mal *niños* bei *Ya*.

Bei den Männerbezeichnungen fällt die höhere Gesamtzahl mit 45 Nennungen bei *Abc* und 59 bei *Arriba* gegenüber der Summe der Frauenbezeichnungen auf (33 bzw. 53), was für Themen, bei denen eigentlich Frauen im Mittelpunkt stehen, ungewöhnlich ist. Dabei entfällt der größte Teil bei allen Zeitungen auf die neutralen Nennungen mit 51% bei *Abc*, 49% bei *Arriba* und mit 40% bei *Ya*, wie z. B. *conductor, viajero*. Damit ist deren Anzahl außer bei *Arriba* höher als bei den Frauen. *Arriba* hat bei den Männerbezeichnungen – verglichen mit den anderen beiden Zeitungen – hingegen den höchsten Anteil an Tätern/Verdächtigen mit 22%; bei *Ya* sind es 12%, bei *Abc* 11%, wie z. B. *el culpable, el agresor*. Damit zeigen *Arriba* und *Ya* einen höheren Anteil an Tätern bei den Männern als Opfernennungen bei den Frauenbezeichnungen. Mit 14% (*Arriba*) bis 33% (*Ya*) werden u. a. mit *el chófer, el alcalde* verhältnismäßig mehr Berufe abgebildet als bei den Frauen. (Ex-)Partner/Väter (*marido, esposo*) sowie förmliche Bezeichnungen (*don NC, señor A*) werden noch seltener aufgegriffen mit 2% bis 7%. *Arriba* benennt mit *un muerto* ein männliches Opfer.

Arriba ist die einzige Tageszeitung, bei der die Gesamtzahl der Epitheta in Bezug auf männliche Personen die der weiblichen Personen um 5 Nennungen mit 38 übersteigt. *Abc* nimmt 28 Epitheta auf, *Ya* 23. Dabei ist die Menge der neutralen Bezeichnungen niedriger als bei den Männerbezeichnungen und liegt in etwa auf dem Niveau der weiblichen Epitheta mit 32%, 39% bzw. 17% bei *Abc, Arriba* und *Ya (testigo de la llegada del coche; inocente). Abc* und *Ya* zeigen mit 43% bzw. 30% wesentlich mehr Männer in Berufen als Frauen; die 11% bei *Ya* weichen im Vergleich zu den Frauen kaum ab (*panadero de profesión, el abogado NC*). *Arriba* zeigt dabei mit *un médico de esta capital, soltero, movido por los celos* nicht nur eine mögliche Partnerbeziehung an, sondern impliziert indirekt auch das Täter-/Opferverhältnis. Mit *obrero español acusado* wird mit dem Beruf ein direkter Bezug zur möglichen Täterschaft hergestellt, ebenso wie dies bei zwei Nennungen bei *Ya* der Fall ist: *el denunciado doctor NC, un médico coruñés, al que se formuló la correspondiente denuncia.* Die Zahl der Täter/Verdächtigen weicht verglichen mit der weiblichen Opferzahl kaum ab: Sie reicht von 25% bei *Abc* bis 48% bei *Ya*, wobei bei diesen beiden Zeitungen eine bzw. 3 Nennungen auf (Ex-)Partner hinweisen: *culpable de asesinato en la persona de su mujer; culpable de haber causado la muerte de su esposa; negar haber asesinado a su esposa.* Ansonsten ist die Nennung der (Ex-)Partner mit 5% bei *Arriba* die Ausnahme (*el marido de NP*); genau das gleiche gilt für abwertende Bezeichnungen (*el menor de xx años*). Mit 8% bei *Arriba* und 4% bei *Ya* werden männliche Personen als Opfer/Kranke dargestellt: *morir, sufrir heridas, atendido.*

Metaphern sind in Bezug auf männliche Personen keine vorhanden.

Die Anzahl der generischen Maskulina ist in allen 3 Tageszeitungen mit je 11 Nennungen in *Abc* und *Arriba* sowie 9 Nennungen in *Ya* recht ausgewogen. Die Zahlen der Alternativen zu den generischen Maskulina gehen etwas weiter auseinander: von 12 bei *Abc* über 20 bei *Arriba* bis zu 26 bei *Ya*. Dabei liegt der Anteil der Oberbegriffe zwischen 58% bei *Ya* und 67% bei *Abc*, z. B. *la Policía, la defensa.* Alle übrigen Nennungen sind geschlechtsneutrale Bezeichnungen wie z. B. *quienes, maleante.*

Das Thema Familie wird mit 3, 2 bzw. 7 Nennungen (*Abc, Arriba, Ya*) ebenso selten aufgenommen wie in den Nachrichten zur Franco-Zeit. Zwar sind dysfunktionale Familien in allen 3 Zeitungen mit 30% bis 50% der Nennungen vertreten (*golpearla en un ataque de celos*), aber bei *Abc* ebenso mit 30% funktionierende Familien sowie neutrale Bezeichnungen, bei *Arriba* die

Hälfte neutrale Bezeichnungen (*tener lazos de amistad*) und bei *Ya* mit 57% funktionierende Familien (*pasar su luna de miel*).

Trotz dieses positiven Ergebnisses bei *Ya* ist die Gesamtzahl der Gewalttaten gegen Frauen mit 28 Nennungen im Vergleich zu 18 (*Abc*) und 21 (*Arriba*) am höchsten, wie z. B. *le cortó mechones de pelo, romper la ropa*. Damit ist die Anzahl dieser Nennungen wesentlich niedriger als in den Nachrichten im selben Untersuchungszeitraum.

Die Anzahl der thematisierten Straftaten erreicht bei den Berichten ungefähr das Niveau der Nachrichten im genannten Zeitraum; die Verteilung auf neutrale Bezeichnungen und Euphemismen fällt jedoch unterschiedlich aus. Bei *Abc* und *Ya* überwiegen Euphemismen wie *secuestrada de una manera entre casual y „voluntaria"; desgracia* zu ungefähr zwei Dritteln, bei *Arriba* sind diese zu gleichen Teilen wie die neutralen Bezeichnungen (*riña*, *accidente*) vertreten.

Der Bericht in El País, El Mundo *und* Abc *unter demokratischen Verhältnissen*

Die Berichterstattung in diesen drei Tageszeitungen unterliegt keinen gravierenden Unterschieden beim Sprachgebrauch. Umso mehr soll das Augenmerk auf den Vergleich zu den Zeitungen aus dem vergangenen Untersuchungszeitraum gelegt werden.

Mit 108, 66 und 56 Gesamtnennungen (*El País, El Mundo, Abc*) werden Frauen häufiger thematisiert und mit 54%, 76% und 57% der Nennungen wesentlich öfter mit neutraler Lexik wie *ésta, las féminas* abgebildet. Die Zahl der als Opfer dargestellten Frauen ist leicht angestiegen und liegt nun bei 23%, 8% und 20% (*El País, El Mundo, Abc*), wie z. B. *las heridas, cuerpo*. Hingegen gibt es weniger Nennungen als (Ex-)Partnerin/Mutter (9–13%), weniger Berufsbezeichnungen (2–6%) und weniger förmliche Bezeichnungen/Adelstitel, wovon bei *Abc* nur 2% zu finden sind. Beispiele für (Ex-)Partnerin/Mutter sind *ex mujer, ex esposa*; für Berufe *barrendera, jardinera* sowie *la señora* als förmliche Bezeichnung/Adelstitel. *El Mundo* zeigt keine Berufsbezeichnung.

Die Zahl der Epitheta und Wortverbindungen in Bezug auf weibliche Personen liegt mit insgesamt 63 bei *El País* fast 3-mal höher als die 24 bzw. 22 Nennungen bei *El Mundo* bzw. *Abc*. Ebenso bei *El País* ist die Zahl der Opfer mit 52% mit Abstand am höchsten. Bei den anderen beiden Zeitungen liegt sie bei 21% bzw. 36%, was ungefähr dem Niveau des Berichts in der Franco-Zeit entspricht. Damals wurde in den Berichten allerdings in keiner Zeitung der

Bezug vom Opfer zur (Ex-)Partnerin/Mutter hergestellt, was gegenwärtig (und auch in den Nachrichten aus der Franco-Zeit und Gegenwart) in jeder der drei Zeitungen mit je 2 Nennungen bei *El País* und *El Mundo* sowie mit 4 Nennungen bei *Abc* der Fall ist, wie z. B. *primera víctima mortal por violencia doméstica; tercera muerta de violencia de género.*

Bei *El Mundo* und *Abc* machen die neutralen Bezeichnungen wie z. B. *perfectamente integrada en el pueblo* den größten Anteil mit 58% bzw. 55% der Nennungen aus; bei *El País* sind es 29%, worunter sich mit *la hija de las otras heridas* indirekt eine weitere Opfernennung befindet. Damit ist deren Anzahl höher als zur Franco-Zeit. Hingegen werden nun weniger abwertende Bezeichnungen (zwischen 0 und 4%) als damals und gar keine Adelstitel/förmlichen Bezeichnungen aufgenommen. *Abc* würdigt eine Frau mit *una chica de 18* herab; bei *El País* referiert die abwertende Bezeichnung *objeto de nuevas amenazas* auf ein Opfer. Berufsbezeichnungen stellen mit 4% bei *Abc* und 6% bei *El País* eher die Ausnahme dar: *empleada en una residencia de ancianos, la librera asesinada*, wobei letzteres Beispiel aus *El País* wiederum auf ein Opfer hinweist.

Mit je 2 Metaphern bei *El País* und *Abc* sowie 3 bei *El Mundo* sind diese zahlreicher vertreten als in der Vergangenheit und auch als in den Nachrichten. Dabei benennt *Abc* in beiden Fällen Opfer (*costar la vida a 68 mujeres; dar la voz de alarma*); bei *El País* ist es ein Opfer und eine (Ex-) Partnerin (*echar de su casa a NP*). *El Mundo* thematisiert keine Opfer, sondern 2 (Ex-) Partnerinnen/Mütter sowie eine neutrale Nennung (*Dolores [...] quiso echarnos las culpas a nosotros*).

Jungen werden mit insgesamt 2 neutralen Bezeichnungen bei *El País* bzw. einer bei *Abc (hijo, un joven)* fast genauso selten gezeigt wie früher; Mädchen etwas seltener mit 6, 13 bzw. 5 Gesamtnennungen bei *El País, El Mundo* bzw. *Abc*. Davon sind bei *El Mundo* und *Abc* ungefähr drei Viertel neutrale Bezeichnungen, bei *El País* sind alle neutral (*la sobrina, mujeres menores*). Dieser Anteil ähnelt einmal mehr dem der Franco-Zeit. Allerdings sind in der Gegenwart keine abwertenden Mädchenbezeichnungen mehr zu finden, sondern die übrigen entfallen ausschließlich auf Opfer, wie z. B. *huérfanas, cadáver*.

Auch Kinder sind wenige vertreten: je ein generisches Maskulinum bei *El País* und *El Mundo (hijos, niños)*, 2 generische Maskulina und eine neutrale Bezeichnung (*los jóvenes*) bei *Abc*.

Bei den Männerbezeichnungen liegt *El País* bei einer Gesamtanzahl von 72 Nennungen wieder mit großem Abstand vor *El Mundo* (mit 55) und *Abc* (mit 46) an der Spitze. Dies gilt auch für die Anzahl der Täter/Verdächtigen (*maltratador, asesino*) mit 39% und 27% bzw. 22% bei *El Mundo* bzw. *Abc*, die somit zahlenmäßig auch über den Werten der Franco-Zeit liegt. Den jeweils größten Teil aller Nennungen machen bei *El Mundo* und *Abc* die neutralen Bezeichnungen wie *peatón, cuñado* mit 31% bzw. 28% aus; bei *El País* sind es 29%. Die Männer werden folglich seltener mit wertungsneutraler Lexik dargestellt als die Frauen, dafür öfter als Täter/Verdächtige und in ihren Berufen; deren Anteil liegt zwischen 10% bei *El País* und 22% bei *Abc: el jefe, el juez.* Die Zahl der genannten (Ex-)Partner/Väter wie *compañero sentimental, el amante* liegt mit 14% bis 20% leicht über denen der (Ex-)Partnerinnen/Mütter. Abwertende Bezeichnungen (*NP, Damian M.*) werden mit 5% bis 8% für Männer fast ebenso oft benutzt wie für Frauen. Mit je 2% stellen *El Mundo* und *Abc* je einen Mann mit *el fallecido* und *el cuerpo* als Opfer dar. Förmliche Bezeichnungen und Adelstitel spielen keine Rolle.

Die Gesamtzahl der Epitheta und Wortverbindungen in Bezug auf männliche Personen liegt bei *Abc* mit 71 Nennungen weit über *El País* (43) und *El Mundo* (23) und auch über denen der weiblichen Epitheta in *Abc*. Den größten Anteil daran haben die Bezeichnungen für Täter/Verdächtige mit 35% bei *El Mundo* bis zu 38% bei *Abc*, wobei diese die einzige der drei Zeitungen ist, die in den Berichten der Gegenwart mit keiner Täterbezeichnung auf einen (Ex-)Partner/Vater referiert. In der Vergangenheit war dies einzig bei *Arriba* der Fall. Beispiele aus *El País* und *El Mundo* mit entsprechender Referenz sind folgende: *incriminarle en la muerte de su ex esposa sowie detenido por una agresión anterior a su mujer*. Obwohl mit 8% (*Abc*) und je 9% (*El País, El Mundo*) ein niedriger Prozentsatz für die Nennung von (Ex-)Partnern/Vätern wie *ex marido de la fallecida* vorliegt, ist er doch höher als im früheren Vergleichszeitraum, was sich ebenso bei der Zahl der Kranken/Opfer verhält. Sie liegt zwischen 16% bei *El País* und 24% bei *Abc*. Dazu gehören u. a. *atendido de sus heridas, el cuerpo de un varón ahorcado.* Dagegen werden mit 6% (*Abc*) bis 17% (*El Mundo*) viel weniger Berufe (*el psicólogo de la prisión, inspector de viviendas*) und mit 11% (*Abc*) bis 26% (*El País*) wesentlich weniger neutrale Bezeichnungen (*hipnotizado; uno más de los curiosos*) gebraucht. Abwertende und förmliche Bezeichnungen sind gar keine vorhanden.

Die einzige Metapher in Bezug auf männliche Personen bildet einen Verdächtigen bei *El País* ab: *mostró mucha frialdad ante las preguntas*.

Mit 11, 8 und 4 Nennungen bei *El País, El Mundo* und *Abc* ist die Gesamtzahl generischer Maskulina wie z. B. *vecinos, los curiosos* vergleichbar niedrig wie zur Franco-Zeit. Alternativen dazu sind etwas mehr vertreten als generische Maskulina, wovon mit 61% bis 89% der größere Teil auf Oberbegriffe wie *la Comisaría* und *los servicios sociales* entfällt und die übrigen auf geschlechtsneutrale Bezeichnungen wie *personas, nadie, los jueces. Jueces* ist als geschlechtsneutrale Bezeichnung ein Sonderfall, weil es im Singular im Genus Commune verwendet werden und nicht nur das Femininum *la jueza* eine Frau bezeichnen kann.

Das Thema *Familie und Trennung* wird von dysfunktionalen Familien dominiert: Zum einen ist die Zahl der Gesamtnennungen in allen 3 Zeitungen mit 12, 9 und 26 (*El País, El Mundo, Abc*) recht hoch; zum anderen sind bei *El Mundo* 56% der Nennungen dysfunktionale Familien wie *estar en trámites de separación; denuncia*. Bei *El País* und *Abc* sind es gar 92% bzw. 88%, zudem jeweils 8% funktionierende Familien wie z. B. *relación sentimental, reanudar su convivencia*. Zu 44% bzw. 4% beinhalten *El Mundo* und *Abc* neutrale Bezeichnungen (*familia; [ella] intentó ayudarle [a él] en varias ocasiones*). Somit werden dysfunktionale Familien – ebenso wie in den Nachrichten aus beiden Untersuchungszeiträumen – wesentlich öfter thematisiert als in den Berichten zur Franco-Zeit, wo das bei weniger als der Hälfte der Nennungen der Fall ist.

Gewalttaten gegen Frauen werden gegenwärtig mit 33, 18 und 24 Nennungen (*El País, El Mundo, Abc*) ungefähr genauso häufig thematisiert wie in der Vergangenheit. Dazu zählen z. B. *matar de un disparo; atropellar cinco veces*. Allerdings besteht zu den damaligen und heutigen Nachrichten insofern ein großer Unterschied, dass die Gewalttaten in den Nachrichten öfter genannt werden.

Die Zahl der Straftaten bewegt sich mit 24, 14 und 20 Bezeichnungen (*El País, El Mundo, Abc*) im selben Bereich wie alle Nachrichten und Berichte aus beiden Untersuchungszeiträumen des Themengebietes *Frauen als Opfer geschlechterspezifischer Gewalt*. Dasselbe gilt auch für die Aufteilung in neutrale Bezeichnungen und Euphemismen, welche überall und jederzeit unterschiedlich ausfällt: Bei den aktuellen Berichten überwiegen die neutralen Bezeichnungen mit 57%, 71% und 95% bei *El Mundo, El País* und *Abc*, wie z. B. *asesinato, tentativa de homicidio*. Auf Euphemismen wie *tercer delito de maltrato habitual, crimen pasional* entfällt der jeweils restliche Anteil, wobei die beiden angeführten Beispiele aus sprachwissenschaftlicher Sicht besonders kritisch betrachtet werden müssen, denn sie suggerieren Normalität und sind folglich der erste Schritt hin zur Rechtfertigung der Straftat.

5.2.2.3 Das Porträt

Für die Textsorte Porträt wurde trotz intensiver Recherche über mehrere Jahrzehnte für jeweils beide Zeiträume kein Zeitungsartikel gefunden.

5.2.2.4 Zusammenfassender Vergleich der Tageszeitungen für beide Zeiträume

Die wenigen Unterschiede, die sich bei den insgesamt für dieses Themengebiet recht homogenen Ergebnissen herausstellen, lassen sich folgendermaßen zusammenfassen:

Im aktuellen Untersuchungszeitraum werden sowohl in den Nachrichten als auch in den Berichten mehr Frauen als Opfer dargestellt, zudem mit weniger Berufs- und auch mit weniger Adelstiteln/förmlichen Bezeichnungen benannt; in den Nachrichten aus dem demokratischen Untersuchungszeitraum kommen sie gar nicht mehr vor. Frauen werden in den Nachrichten häufiger, in den Berichten seltener in der Rolle der Partnerin/Mutter gezeigt. Bei manchen Opfernennungen wird sogar auf den Zusammenhang als (Ex-)Partnerin/Mutter referiert – außer in den Berichten der Franco-Zeit.

Die Männer werden im demokratischen Zeitraum entsprechend öfter als Täter/Verdächtige und als (Ex-)Partner/Väter abgebildet; dafür seltener als Berufstätige und mit weniger neutralen und Adelstiteln/förmlichen Bezeichnungen, welche unter den Männerbezeichnungen gar nicht mehr zu finden sind. In zwei Dritteln aller Zeitungen – sowohl in der Vergangenheit als auch in der Gegenwart – wird der Bezug vom Täter/Verdächtigen zum (Ex-)Partner/Vater hergestellt und somit nicht ganz so häufig wie der Zusammenhang Opfer und (Ex-)Partnerin/Mutter gezeigt. Bei den Epitheta in Bezug auf männliche Personen werden diese sogar als Kranke/Opfer dargestellt, was zur Franco-Zeit seltener der Fall war.

Auffällig sind die z. T. häufigeren Nennungen der Männer oder männlichen Epitheta im Vergleich zu den Frauen, was sicherlich dem Thema und der sich daraus ergebenden Täter-Opfer-Beziehung geschuldet ist. Darin liegt wohl zumindest teilweise der Grund für die häufigeren Opferdarstellungen bei

Frauen und vor allem die häufigeren Täter-/Verdächtigendarstellungen bei Männern – und damit einhergehend auch der heutzutage häufigeren Opferdarstellung der Männer in den Berichten.

In beiden Untersuchungszeiträumen werden Männer – unabhängig von der Textsorte – öfter über ihren Beruf definiert als Frauen. Frauen hingegen werden – ebenfalls textsortenunabhängig – öfter mit wertungsneutraler Lexik abgebildet als Männer.

Das Thema *Familie und Trennung* wird in beiden Zeiträume aufgegriffen; in der Aktualität jedoch häufiger als in der Vergangenheit.

5.2.3 Die Darstellung der Frauen in traditionell typischen Männerdomänen in den Tageszeitungen unter politisch autoritären und demokratischen Verhältnissen im Vergleich

5.2.3.1 Die Nachricht

Die Nachricht in* Abc, Arriba *und* Ya *unter politisch autoritären Verhältnissen

Die Unterschiede in den drei Zeitungen bei den Nennungen sind bis auf einzelne Aspekte marginal, zumal bestimmte Rollenbilder wie das traditionell weibliche sowie das moderne männliche Rollenbild überhaupt nicht bedient werden und zudem nur von einer Zeitung ein einziges Thema aufgegriffen wird. Auf die Details wird im Folgenden eingegangen.

Den größten Anteil an den 74, 75 und 47 Frauenbezeichnungen bei *Abc*, *Arriba* und *Ya* machen zu 70%, 64% bzw. 51% die neutralen Bezeichnungen wie z B. *la elegida, figuras* aus. Diese vergleichsweise niedrige Zahl bei *Ya* wird durch mehr abwertende (15%) und mehr Berufsbezeichnungen (34%) als in *Abc* (1% bzw. 26%) und *Arriba* (4% bzw. 29%) kompensiert. Als Beispiele hierfür sind folgende zu nennen: *señorita NC, NP* als abwertende bzw. *bailarina, doctora* als Berufsbezeichnungen. Förmliche Bezeichnungen sind zu nur je 3% bei *Abc* und *Arriba* mit *doña NC* und *señora doña NC de Bedriñana*.

Bei den 24, 32 und 25 Epitheta und Wortverbindungen in Bezug auf weibliche Personen finden sich keine förmlichen Bezeichnungen. Abwertende Bezeichnungen sind mit 3% allein bei *Arriba* vertreten: *encarnar el papel de novia loca*. Die Mehrzahl der Epitheta stellt in allen 3 Zeitungen gleichermaßen Frauen in modernen Rollen/Berufen dar: *intérprete principal del elenco femenino; tres atletas femeninas*. Deren Anzahl ist mit 81% (*Arriba*) bis 92% (*Abc*) wesentlich höher als die der modernen weiblichen Rollenbilder/Berufe bei den Frauenbezeichnungen. Die Anzahl der neutralen Bezeichnungen liegt mit 8% bei *Abc* und je 16% bei *Arriba* und *Ya* hingegen beträchtlich darunter. Mindestens die Hälfte dieser neutralen Beispiele bei *Abc, Arriba* und *Ya* referieren auf das Aussehen bzw. die Schönheit der Frauen: *además de esa belleza visible a todas luces; la bella tinerfeña.* Eine Arbeit als Mannequin, wie sie z. B. bei *Abc* thematisiert wird (*la maniquí de España 1965*), bei der das Aussehen wichtig ist, mag diese Frauen in finanzieller Hinsicht von ihren Ehemännern oder Familien unabhängig machen. Letztendlich werden die Frauen trotzdem nicht über ihre Leistungen und Fähigkeiten definiert, sondern über von der Gesellschaft (re)produzierte Schönheitsideale, die vor dem Hintergrund der politisch autoritären Verhältnisse mit größter Wahrscheinlichkeit auch die Reproduktion gesellschaftlicher Ideale verfolgen. Aus sozialer Sicht mag ihnen daraus eine einzig für sie privilegierte Situation entstehen, aber an der rechtlichen Stellung ändert sich weder für sie noch andere Frauen etwas. Im Gegenteil: Sie propagieren das bestehende Gesellschaftsbild. Andere Frauen können somit in sozialer Hinsicht von deren „Vorbildfunktion" und deren Privilegien nicht profitieren.

Bei *Ya* und *Abc* werden weibliche Personen je 4-mal mit Metaphern thematisiert, bei *Arriba* 2-mal. Die beiden letztgenannten Zeitungen zeigen Frauen dabei ausschließlich in modernen Rollenbildern/Berufen, z. B. *las atletas españolas devolvieron la derrota recibida en abril. Ya* zeigt je ein modernes Rollenbild und eine neutrale Bezeichnung (*no tenía ningún contrato a la vista*) sowie 2 abwertende Bezeichnungen (*como presentadora de un programa de televisión, que no lo es, no está a la altura de su bien ganada fama*).

Mädchen und Jungen werden nur je einmal abgebildet – und zwar mit neutralen Bezeichnungen: *niñas* bei *Abc, hijo* bei *Ya*. Kinder werden nicht benannt.

Die meisten der 44 und 34 Männerbezeichnungen sind bei *Abc* und *Ya* mit 59% bzw. 68% den neutralen Bezeichnungen zuzuordnen. Dazu gehören beispielsweise *hombre, orador*. Bei *Arriba* sind es nur 43% (von 23 Gesamtnennungen), wodurch die traditionell männlichen Rollenbilder/Berufe (*presidente, profesor*) stärker vertreten sind (48%). Sie liegen bei *Abc* mit 27% bzw. bei *Ya* mit 29% der Gesamtnennungen hinter den neutralen Bezeichnungen. Die Adelstitel/förmlichen Bezeichnungen, die bei den Frauen nur äußerst selten erwähnt werden, spielen bei den Männern mit 6% bis 14% eine etwas größere Rolle: *los señores A y A, D. NC (Don NC).* Einzig *Ya* verfügt über eine abwertende Bezeichnung: *NP* – wesentlich weniger als bei den Frauenbezeichnungen.

Eine abwertende Bezeichnung (von 4 Gesamtnennungen) – ebenfalls bei *Ya* – findet sich auch unter den Epitheta und Wortverbindungen in Bezug auf männliche Personen: *el malogrado NC.* Es wird deutlich, dass die für männliche Personen gebrauchten Epitheta mit 6, 9 bzw. 4 Gesamtnennungen (*Abc, Arriba, Ya*) außergewöhnlich wenige sind. Ein weiteres Viertel der Nennungen entfällt bei *Ya* auf traditionell männliche Rollenbilder/Berufe. Bei *Abc* und *Arriba* liegt dieser Wert mit zwei Dritteln der Nennungen im Verhältnis dazu bedeutend höher. Beispiele dafür sind *tan buen actor como siempre; jefe de publicidad.* Alle 3 Zeitungen benennen je 2 männliche Personen mit neutralen Bezeichnungen, was einem Prozentsatz von 22% (*Arriba*) bis 50% entspricht (*Ya*). *Arriba* führt als einzige Zeitung einen Adelstitel an (*marqués de Ciadoncha*; 11%).

Die beiden einzigen Metaphern in Bezug auf männliche Personen, die bei *Abc* und *Arriba* aufgegriffen werden, thematisieren das traditionelle Rollenbild: *la comedia de los insignes autores fue acogida con grandes aplausos; sacó el máximo partido a su personaje.*

Die Anzahl der generischen Maskulina ist mit 3, 9 bzw. 1 Bezeichnung in *Abc, Arriba* und *Ya* auch niedrig im Vergleich zu den anderen ausgewählten Textsorten. Zu den generischen Maskulina gehören z. B. *ciegos, nosotros.* Die Zahl der Alternativen dazu ist denen der anderen Textsorten wieder ähnlicher mit 19, 21 und 7 Nennungen (*Abc, Arriba, Ya*), wobei das Verhältnis zwischen den geschlechtsneutralen Personenbezeichnungen und den Oberbegriffen bei *Ya* fast ausgeglichen ist (4 bzw. 3 Nennungen). Bei *Abc* und *Arriba* hingegen überwiegen die Oberbegriffe mit 88% bzw. 81% und die Anzahl der verbleibenden Nennungen, die geschlechtsneutralen Bezeichnungen, ist entsprechend geringer.

In *Arriba* und *Ya* werden in den Nachrichten keine bestimmten Themen aufgegriffen. Lediglich *Abc* thematisiert die Maßnahmen zur Gleichstellung in der Gesetzgebung, positioniert sich bei den insgesamt 5 Nennungen jedoch nicht mit einer eindeutigen Wertung des Themas: Je 40% entfallen auf neutrale bzw. auf die Gleichberechtigung referierende Situation. Beispiele sind *el proyecto de ley de Relaciones Laborales* bzw. *ha fijado, que los derechos y obligaciones establecidos en la legislación laboral afectarán, por igual, al hombre y a la mujer.* Die eine auf die traditionelle Situation referierende Bezeichnung (20%)

lautet: *[la Comisión] ha regulado los trabajos excluídos para la mujer por sus especiales características …*

Mit nur diesem einen Thema bei *Abc* bietet sich keine Vergleichsmöglichkeit zwischen den Tageszeitungen bezüglich ihrer Positionierung. Bei allen Personenbezeichnungen in Bezug auf Frauen (Epitheta und Metaphern auch berücksichtigt) gibt es zwar z. T. größere Abweichungen zwischen den Zeitungen, aber es kann keine eindeutige Aussage darüber getroffen werden, zu (Un)Gunsten welcher Klassifizierung diese ausfällt. Diese Tatsache ist auch dem Umstand geschuldet, dass weniger Klassifizierungen seitens der Zeitungen verwendet werden, z. B. keine traditionellen Rollenbilder; und dass z. B. die Nennung von Adelstiteln/förmlichen Bezeichnungen zumindest in Bezug auf Frauen die Ausnahme bleibt.

Die Tageszeitung *Ya* zeigt sich bei den Männerbezeichnungen (Epitheta und Metaphern berücksichtigt) weniger traditionell als die anderen beiden Zeitungen – zu Gunsten mehrerer neutraler und auch abwertender Bezeichnungen. *Arriba* zeigt sich hingegen am traditionellsten. Einschränkend muss jedoch erwähnt werden, dass die Gesamtzahl der Epitheta und Metaphern ungewöhnlich niedrig in dieser Textsorte ist, was sich im Folgenden auch für den aktuellen Untersuchungszeitraum bestätigen wird.

Die Nachricht in El País, El Mundo *und* Abc *unter demokratischen Verhältnissen*

Abgesehen von den Epitheta sowie den Metaphern in Bezug auf die weiblichen Personen zeichnen sich bei den Personenbezeichnungen im Allgemeinen kaum Unterschiede ab. Das ist teilweise darauf zurückzuführen, dass sowohl für Frauen als auch für Männer überhaupt keine Adelstitel/förmlichen Bezeichnungen gebraucht werden, dass für Frauen fast keine traditionellen Rollenbilder (abgesehen von 2 Metaphern) und nur sehr wenige abwertende Bezeichnungen gebraucht werden. Männer hingegen werden in überhaupt keinem modernen Rollenbild und auch nicht mit abwertendem Vokabular gezeigt. Wo genau die Gemeinsamkeiten und Unterschiede bei der Benennung der Personen und der Bewertung der Themen liegen, wird im Folgenden dargestellt.

Frauen werden mit 64, 37 und 21 in *El País, El Mundo* und *Abc* unterschiedlich häufig benannt. Trotzdem ist die Zahl der neutralen Bezeichnungen und der modernen weiblichen Rollenbilder relativ ausgewogen, obwohl die Anzahl der neutralen Bezeichnungen bei *El País* und *El Mundo* mit 58% bzw.

57% gegenüber den modernen weiblichen Rollenbildern (je 41%) überwiegt. Bei *Abc* sind es zu 52% moderne Rollenbilder; 48% sind neutral. Zu ersteren gehören z. B. *líder, presidenta, vicepresidenta, la jefe*; zu letzteren *la anfitriona, algunas* und *algunos*. Damit hat die Zahl der modernen weiblichen Rollenbilder gegenüber dem Vergleichszeitraum etwas zugenommen, die der neutralen Bezeichnungen abgenommen. Mit je einer abwertenden Bezeichnung (*NP*) bei *El País* und *El Mundo* (1% bzw. 2%) sind diese als Ausnahmen zu betrachten und folglich etwas seltener repräsentiert als früher.

Diese beiden Zeitungen werten weibliche Personen auch mit Epitheta und Wortverbindungen ab: *El País* mit 2 von 16 (12%), *El Mundo* mit 1 von 17 Bezeichnungen (6%; z. B. *siempre con la ayuda de sus dos vicepresidentes…*). Die 94% entfallen bei *El Mundo* allein auf moderne weibliche Rollenbilder wie z. B. *elegida nueva presidenta de esta institución; escritora de literatura infantil.* Bei *El País* machen die modernen Rollenbilder 69% aus, bei *Abc* 71%. Somit sind die verbleibenden 19% bei *El País* und 28% bei *Abc* neutral (*una mujer soltera, pero estoy enamorada; irónica*) und ebenso wie die abwertenden Bezeichnungen im aktuellen Untersuchungszeitraum minimal häufiger vertreten als zur Franco-Zeit.

Die einzige Metapher in Bezug auf Frauen, die *El País* anführt, ist dem modernen Rollenbild zuzuordnen (*llama la atención que al timón del Departamento de Presidencia y Deportes (este último tradicionalmente masculino) esté una mujer*). 4 von insgesamt 5 Metaphern entsprechen bei *El Mundo* ebenfalls diesem Frauenbild; nur eine Metapher ist dem traditionellen Frauenbild zuzuordnen (*llevar fuera de juego*). Bei einer von insgesamt 2 Metaphern ist dies auch bei *Abc* der Fall; die andere ist wertungsneutral: *se fue con todas las papeletas de llevarse el próximo [premio] Naranja.*[32]

Werden alle drei Kategorien (Frauenbezeichnungen, Epitheta und Metaphern für Frauen) im Zusammenhang betrachtet, ergibt sich dennoch ein ziemlich ausgeglichenes Bild in Bezug auf ihre Darstellung mit den unterschiedlichen Bezeichnungen bzw. Rollenbildern beim Vergleich der drei Tageszeitungen. Bei den Epitheta und Metaphern sind die Daten zu den Nachrichten aus Gegenwart und Vergangenheit sogar ähnlich, besonders was die Anzahl der modernen Frauenbilder betrifft. Lediglich bei den Frauenbezeich-

32 Der *Premio Naranja* ist ein in Spanien vergebener (Negativ)Preis für das Verhältnis einer öffentlichen Person zur Presse und keine Auszeichnung für besondere Verdienste.

nungen werden heutzutage mehr moderne Rollenbilder gebraucht als früher, dafür umso weniger neutrale Bezeichnungen.

Mädchen und Jungen werden in den Nachrichten der Gegenwart überhaupt nicht thematisiert; Kinder lediglich mit einer generischen Bezeichnung bei *El Mundo: los niños.*

Die Ergebnisse in Bezug auf jegliche männliche Bezeichnungen könnten kaum homogener sein. Ca. ein Drittel der 24, 16 und 12 Gesamtnennungen für Männer bei *El País, El Mundo* und *Abc* bilden das traditionelle männliche Rollenbild/Berufe ab, wie z. B. *el presidente, el actor.* Die anderen zwei Drittel sind wertungsneutral: *el responsable, la pareja.* Damit sind minimal mehr neutrale Bezeichnungen repräsentiert als zur Franco-Zeit, dafür aber keine Adelstitel/förmlichen Bezeichnungen mehr.

Epitheta sowie Metaphern in Bezug auf männliche Personen werden nur von *El País* und *El Mundo* aufgenommen, jedoch nicht von *Abc.* Dabei sind alle 5 bzw. 3 Epitheta sowie auch je eine Metapher dem traditionell männlichen Rollenbild zuzuordnen. Beispiele für die Epitheta sind *guionista de películas, presidente de honor.* Eine der Metaphern lautet: *llevar el timón del área de Empleo y Mujer.* Im früheren Vergleichszeitraum waren immerhin auch neutrale Bezeichnungen sowie einzelne förmliche und abwertende Bezeichnungen vertreten.

Die Zahl der generischen Maskulina ist ebenfalls recht niedrig. Bei *El País* gibt es keine, bei *El Mundo* 5 und bei *Abc* 8 Nennungen, z. B. *todos, vosotros, aquellos.* Bei *El País* ist hingegen die Zahl der Alternativen zu den generischen Maskulina mit 12 Nennungen die höchste: Bei *Abc* liegt sie bei 10, bei *El Mundo* lediglich bei 4. Dabei machen die geschlechtsneutralen Personenbezeichnungen jeweils mehr als die Hälfte der Alternativen aus, nämlich 58%, 75% und 90% (*El País, El Mundo, Abc).* Dazu gehören u. a. *personaje, miembros.* Alle anderen Alternativen sind Oberbegriffe, z. B. *el personal, el equipo, públicos* – letzterer im Sinne von Öffentlichkeit.

Das Thema *Familie* wird in *El País* mit 2 neutralen Nennungen aufgegriffen, in *El Mundo* gar nicht und in *Abc* mit 4 Nennungen, wovon 2 ebenfalls neutral sind (*familia, amor secreto*). Eine weitere Nennung ist positiv mit dem Thema assoziiert (*un noviazgo*), die vierte ist negativ assoziiert (*dos divorcios*).

Des Weiteren werden Maßnahmen zur Gleichstellung in der Gesetzgebung in *El País* und *Abc* thematisiert, was in der Nachricht zur Franco-Zeit lediglich in *Abc* der Fall war. Im aktuellen Untersuchungszeitraum referieren gar alle 4

Nennungen in *Abc* auf die Gleichberechtigung. Bei *El País* ist dies nur bei 2 von 7 Nennungen der Fall, so z. B. bei *sólo 8 de los 19 Ejecutivos Autónomos respetan la paridad de sexos.* Die Nennung *intentar huir de un lenguaje y unos contenidos políticamente correctos ist* hat abwertenden Charakter. Somit beziehen sich die 2 übrigen Nennungen auf die traditionelle Situation, wie z. B. *la mayoría de los Gobiernos autónomos tampoco respetan la paridad.* Für die eigentlich rechtskonservative *Abc* ist es zumindest in Bezug auf dieses aufgegriffene Thema und seine Bewertung sowohl in der Vergangenheit als auch in der Gegenwart ein bemerkenswert positives Ergebnis.

Bei den Personenbezeichnungen im Allgemeinen liegt die größte Diskrepanz in der Thematisierung der Männer mit Epitheta, die diese im aktuellen Untersuchungszeitraum ausschließlich in der traditionellen Rolle/in Berufen zeigen. Zudem werden in der heutigen Zeit keine abwertenden Bezeichnungen mehr für Männer verwendet und sowohl für Frauen als auch für Männer keine förmlichen Bezeichnungen/Adelstitel mehr gebraucht. Auch bei Frauen ist die Zahl der abwertenden Bezeichnung gegenüber früher gesunken; allerdings werden sie heute noch vereinzelt in der traditionellen Rolle gezeigt.

5.2.3.2 Der Bericht

Der Bericht in* Abc, Arriba *und* Ya *unter politisch autoritären Verhältnissen

Die Ergebnisse in den Berichten und Hintergrundberichten zur Franco-Zeit stellen sich etwas unausgeglichener dar als die Nachrichten und Kurznachrichten. Dies gilt vor allem für die Epitheta in Bezug auf weibliche und männliche Personen, wie im Folgenden gezeigt wird.

Frauen werden in *Abc, Arriba* und *Ya* hauptsächlich mit neutralen Bezeichnungen aufgenommen, nämlich mit 64%, 65% und 53% von 56, 77 und 74 Gesamtnennungen, wie z. B. *la representante, una voluntaria.* Ungefähr jeweils ein Viertel aller Nennungen ist dem modernen weiblichen Rollenbild/Berufen zuzuordnen; dazu gehören u. a. *„Las Chic“* (Künstlername), *la soprano, azafata,* welches in Kapitel *6.2. Bedeutungsänderungen kulturrelevanter Termini* näher betrachtet wird. Mit einem Anteil von bis zu 5% sind die Adelstitel/förmlichen Bezeichnungen überall selten vertreten, wie z. B. *la señora A (A* für *Apellido), la señora de Martínez Esteruelas.* Der Anteil der abwertenden Frauenbezeichnungen ist im Allgemeinen höher und variiert von 2,5% bei *Arriba* bis 15% bei *Ya,* wie z. B. *muchachas, NP, objeto de un homenaje,* wobei *objeto* besonders in Zusammenhang mit einem modernen Rollenbild unangebracht erscheint. *Arriba* zeigt als einzige Zeitung mit 5% der Nennungen mit *madre* und *la A (apellido)* 4 traditionell weibliche Rollenbilder. Letztgenanntes Beispiel ist dem Sprachwissenschaftler A. García Meseguer zufolge Ausdruck der geschlechterspezifischen Asymmetrie bei Namen durch das Hinzufügen des bestimmten Artikels vor dem Familiennamen einer Frau (García Meseguer 1994: 33).

Unter den 25, 37 bzw. 35 Epitheta (*Abc*, *Arriba* und *Ya*) in Bezug auf weibliche Personen befinden sich etwas mehr traditionelle Rollenbilder: Bei *Abc* sind es zwar nur 4%, aber bei *Arriba* bereits 14% und bei *Ya* 23%. Dazu zählen u. a. *esposa del presidente de la Diputación de Barcelona; la Virgen del Val, la Patrona y alcaldesa de la ciudad y doctora de la Universidad.* Bei letztgenanntem Beispiel handelt es sich um ein ungewöhnliches Rollenbild, da hierbei eine *Bürgermeisterin der Stadt und Doktorin der Universität* mit einer *Jungfrau* und *Schutzheiligen* die katholische Kirche und zwei moderne Rollenbilder gleichzeitig verkörpert, aber ihr weltliches zugunsten ihres religiösen Lebens aufgab, welches neben dem Dasein als Hausfrau und Mutter in der Franco-Zeit das einzig gesellschaftlich anerkannte Rollenbild war. Den größten Anteil aller Nennungen bei den Epitheta machen jedoch mit 52%, 70% bzw. 40% (*Abc*, *Arriba* und *Ya*) die modernen weiblichen Rollenbilder aus. Sie sind mit Beispielen wie *tres mujeres abogados, tres abogados que recientemente se han encontrado con estos casos concretos, profesionales del Derecho, está considerada como la decano de las novelistas populares españolas* vertreten. Nun stellen diese Beispiele allesamt Sonderfälle dar und werden deswegen in Kapitel *6.2 Bedeutungsänderungen kulturrelevanter Termini* eingehend betrachtet.

Ihrer Anzahl nach liegen die neutralen Bezeichnungen mit 40% (*Abc*), 16% (*Arriba*) bzw. 31% (*Ya*) hinter den modernen Frauenbildern. Mit 31% (*Ya*) ist dieser Anteil zwar fast doppelt so hoch wie bei *Arriba*, jedoch vermittelt die geringe Anzahl der modernen Frauenbilder und dabei die verhältnismäßig höhere Anzahl der traditionellen Frauenbilder im Vergleich mit *Abc* und *Arriba* ein konservatives Bild von *Ya*. Zudem findet sich bei *Ya* als einziger Zeitung eine förmliche Bezeichnung (3%) mit *la primera dama que ocupa tal cargo en la provincia de Madrid*, wenngleich diese aufgrund der Arbeit modernen Charakter hat. Mit dem gleichen Prozentsatz ist bei *Ya* ebenso wie bei *Abc* eine abwertende Bezeichnung vertreten, z. B. *las muchachas azafatas que visten....*

Bei den Metaphern in Bezug auf weibliche Personen sind die Ergebnisse sehr homogen, da bis auf ein traditionell weibliches Rollenbild (*una mujer que vuelve a encontrar el buen camino…*) sowie eine abwertende Bezeichnung bei *Arriba* alle anderen Nennungen – 6 bei *Abc*, 5 von 7 bei *Arriba* und 2 bei *Ya* – dem modernen Frauenbild zuzuordnen sind, z. B. *ensalzando la figura de la ilustre actriz y poniendo de relieve los méritos de su carrera artística*. Die abwertende Nennung ist *el público la hizo objeto de una cariñosa despedida, tributándole largas ovaciones*, denn mit *objeto* wird eine Frau als Gegenstand bezeichnet, die eigentlich durch ein positiv belegtes, modernes Rollenbild dargestellt wird.

Mädchen werden lediglich einmal in *Ya* aufgenommen, und zwar mit der neutralen Bezeichnung *muchachas*. Jungen werden bei *Arriba* 4-mal thematisiert (*hijo, joven*), Kinder hingegen gar nicht.

Bei den Männerbezeichnungen fällt auf, dass die Gesamtzahl aller Bezeichnungen bei *Abc* mit 112 doppelt so hoch wie die Gesamtzahl der Frauenbezeichnungen ist. Bei *Arriba* liegt sie bei 70 und bei *Ya* bei 41 Männerbezeichnungen und somit jeweils unter der Anzahl der Frauenbezeichnungen. Dabei ist die einzig konstante Größe im Zeitungsvergleich die Anzahl der Adelstitel/förmlichen Bezeichnungen, die zwischen 24% und 34% liegt. Dazu zählen u. a. *monseñor NC, el cardenal A*, was eine Anrede bzw. ein religiöser Titel der römisch-katholischen Kirche ist. Bei *Ya* gibt es als einziger Zeitung mit 3 Vornamennennungen (*NP*; 7%) abwertende Bezeichnungen. Ansonsten ist bei *Ya* die Anzahl der neutralen Bezeichnungen mit 32% und die der traditionellen männlichen Rollenbilder/Berufe mit 37% ähnlich hoch wie die der Adelstitel/förmlichen Bezeichnungen. Bei *Abc* und *Arriba* sind diese Mengenverhältnisse nicht so ausgewogen. Bei *Arriba* machen die neutralen Bezeichnungen knapp ein Viertel und die traditionell männlichen Rollenbilder/Berufe knapp die Hälfte aller Nennungen aus. Dieses Zahlenverhältnis kehrt sich bei *Abc* annähernd um, denn dort ist die Hälfte der Nennungen neutral und lediglich 16% dem traditionell männlichen Rollenbild zuzuordnen. Neutrale Bezeichnungen sind u. a. *sevillano, marido*; für die Berufe stehen stellvertretend *redactor, profesor, presidente, subsecretario*, die beiden letztgenannten – sowie einige weitere – als Teil des politisch autoritären Systems auch z. T. in Großschreibung. Die vielen traditionellen Rollenbilder bei *Arriba* und *Ya* werden zusätzlich dadurch hervorgehoben, dass in der Textsorte Bericht während der Franco-Zeit auch keine modernen männlichen Rollenbilder thematisiert werden.

Bei den Epitheta in Bezug auf männliche Personen ist die Anzahl der traditionellen Rollenbilder noch höher: zwischen 71% bei *Arriba* und 88% bei *Ya* (80% bei *Abc*), wie z. B. *fundador de los premios, el gran autor de canciones. Abc* ist die einzige der 3 Zeitungen mit einer förmlichen Bezeichnung (7%): *el estado del Generalísimo.* Die verbleibenden 13% (*Abc*), 29% (*Arriba*) bzw. 12% (*Ya*) sind neutrale Bezeichnungen, u. a. *su último contrincante; joven de complicados registros de conciencia,* womit eine Wahrnehmungsstörung positiv umschrieben ist.

Zwei (je eine bei *Abc* und *Ya*) der insgesamt 3 Metaphern in Bezug auf männliche Personen stellen das traditionelle Rollenbild dar: *el secretario del Jurado toma la palabra; compartió los aplausos con ella.* Die dritte Metapher ist ebenfalls bei *Ya* zu finden und ist wertungsneutral: *saliendo muy airoso del difícil cometido.*

Die Gesamtzahl der generischen Maskulina ist mit 12 bei *Abc* und je 11 bei *Arriba* und *Ya* ausgewogen. Dazu gehören z. B. *los subalternos, los invitados.* Die Zahl der Alternativen dazu liegt zwischen 13 Gesamtnennungen bei *Arriba* und 24 bei *Ya. Arriba* ist dabei die einzige Zeitung in der gesamten Untersuchung im Rahmen dieser Arbeit, die bei den Alternativen zu den generischen Maskulina ein einziges Mal beide Geschlechter expliziert: *la actriz o el actor.* Die Zahl der geschlechtsneutralen Bezeichnungen liegt bei *Arriba* und *Ya* mit 38% gleichauf; bei *Abc* beträgt sie 61% (von 18 Gesamtnennungen). Dazu zählen beispielsweise *oyentes, habitantes.* Die verbleibenden 39%, 54% bzw. 62% (*Abc, Arriba, Ya*) entfallen auf Oberbegriffe wie z. B. *la Comisión, el cuarteto.*

Das einzige Thema, das überhaupt aufgegriffen wird, sind die Maßnahmen zur Gleichstellung in der Gesetzgebung. Einzig *Arriba* thematisiert es 9-mal, davon mit 5 Nennungen, die auf eine gleichberechtigte Situation referieren – trotz der vielen traditionell männlichen Rollenbilder, wiederum jedoch im Einklang mit vielen modernen Epitheta für Frauen. Positive Beispiele zum Thema Gleichstellung sind: *ciertos notarios no reconocen ciertos derechos de la mujer casada; la mujer no necesitaba consentimiento del marido para litigar contra él.* Die Zahl der neutralen Bezeichnungen (*la tan citada reforma*) und auf die traditionelle Situation referierenden Bezeichnungen ist mit je 2 ausgeglichen (*estos notarios están boicoteando la ley de 2 de mayo de 1975*; Gesetz zur rechtlichen Gleichstellung der Eheleute).

In Bezug auf alle Personenbezeichnungen (mit Epitheta und Metaphern) zeigt sich *Abc* wesentlich fortschrittlicher als *Arriba* und *Ya*, denn sie spiegelt nur ein traditionelles Frauenbild in allen Berichten wider und nicht mehr traditionell männliche Rollenbilder als die beiden anderen. Insgesamt werden traditionell weibliche Rollenbilder bei den Berichten der Franco-Zeit zwar selten abgebildet, aber bei *Ya* sind sie am häufigsten, die modernen hingegen am seltensten.

Der Bericht in* El País, El Mundo *und* Abc *unter demokratischen Verhältnissen

Im Gegensatz zu allen Männerbezeichnungen (mit Epitheta und Metaphern) in den aktuellen Berichten sind die Unterschiede bei allen Frauenbezeichnungen (mit Epitheta und Metaphern) zwischen den drei Zeitungen in einigen Fällen relativ groß. Den Männer- und Frauenbezeichnungen (jeweils mit Epitheta und Metaphern) ist jedoch gemein, dass in dieser Textsorte in diesem Untersuchungszeitraum keine Adelstitel/förmlichen Bezeichnungen vorkommen.

Die Gesamtzahl der Frauenbezeichnungen variiert stark zwischen 41 bei *El Mundo*, 64 bei *Abc* bis hin zu 124 Nennungen bei *El País*. Bei *El País* und *El Mundo* machen die neutralen Bezeichnungen mit 65% bzw. 51% den größten Anteil der Nennungen aus, wie z. B. *muchas, la más joven*. Bei *Abc* liegt dieser Anteil nur bei 42%; dafür ist der der modernen weiblichen Rollenbilder/Berufe höher (48%). Die modernen Frauenbilder/Berufe sind bei *El País* mit 25% und *El Mundo* mit 46% entsprechend weniger vertreten. Dazu gehören u. a. *la jefa, la jueza, la presidenta, las empleadas, la profesora, médico* (bei *El País*), welches trotz des existierenden Femininums *médica* für eine Frau angewendet wurde. Insgesamt werden somit im demokratischen Untersuchungszeitraum sowohl mehr moderne Frauenbilder als auch mehr neutrale Bezeichnungen (mit Ausnahme von *Abc*, wo es weniger sind als früher) widergespiegelt.

Die Anzahl der abwertenden Bezeichnungen hat gegenüber der Franco-Zeit abgenommen und liegt nun zwischen 2% bei *El Mundo* und 5% bei *Abc*, wie z. B. *las chicas, la niña, las brujas*. Bei *El País* sind außerdem zu 4% und bei *Abc* zu 5% traditionelle Frauenbilder, um die es in den Zeitungsartikeln zu diesem Thema eigentlich nicht gehen soll, vertreten. Dazu gehören *madre, madres* ebenso wie *la Mujer de Lot*, was für einen biblischen Vergleich steht, bei dem Lots Frau nicht dem Wort ihres Gottes gehorcht, auf das brennende Sodom zurückschaut und als Strafe zur Salzsäule erstarrt (http://www.heiligenlexikon.de/BiographienA/Abraham.htm).

Unter den 39 Epitheta in Bezug auf weibliche Personen werden bei *El País* als einziger Zeitung zu 13% traditionelle Frauenbilder widergespiegelt, u. a. mit *tenía miedo de que me fueran a rechazar los hombres por el machismo; autolimitarse*. Bei den 23 bzw. 17 Epitheta bei *El Mundo* und *Abc* gibt es keine traditionellen Frauenbilder, die somit etwas seltener als in der Vergangenheit dargestellt werden. Die abwertenden Bezeichnungen sind im demokratischen Untersuchungszeitraum hingegen wesentlich öfter zu finden, jedoch nicht in *El Mundo*. *Abc* bildet Frauen in 47% der Nennungen mit abwertendem Vokabular ab, *El País* mit 24%, wie z. B. *el mismo trabajo en las mujeres se infravalora; tu novia está loca*. Abgesehen von *Abc*, die mit 41% heutzutage weniger moderne Frauenbilder zeigt als früher, sind in *El País* und *El Mundo* gegenwärtig mehr moderne Frauenbilder vertreten als damals. Beispiele wie *muchas mujeres valiosas* und *propietaria de la cabecera* sind dort zu 60% bzw. sogar zu 96% repräsentiert. Entsprechend weniger neutrale Bezeichnungen finden sich in den aktuellen Berichten aller Zeitungen: 3% bei *El País*, 4% bei *El Mundo* und 12% bei *Abc*.

Den größten Teil der Metaphern machen bei *El País* mit 84% (12 Gesamtnennungen) die modernen Frauenbilder aus; bei *El Mundo* sind es alle Nennungen (3), wie z. B. *la cabeza de una mujer también puede soportar el birrete más señalado de la universidad española; una fructífera carrera*. *Abc* thematisiert mit 12% (von 17 Gesamtnennungen) sehr wenige moderne Frauen, obwohl in der Vergangenheit in dieser Kategorie bei *Abc* (ähnlich wie bei *Arriba* und *Ya*) ausschließlich dieses moderne Rollenbild dargestellt wurde. Die meisten Nennungen machen bei *Abc* nun die abwertenden Metaphern mit 53% und Beispielen wie *perdió la calma; caza de brujas* aus. Bei den beiden anderen Zeitungen gibt es keine abwertenden Metaphern; bei *El Mundo* ebenso wenige neutrale Bezeichnungen. Diese sind mit 8% bei *El País* und 6% bei *Abc* als Ausnahme zu betrachten (*un puñado de mujeres; se dejó llevar entonces por el triunfalismo*). Mit 29% ist *Abc* zudem die einzige Zeitung, die Metaphern mit traditionell weiblichem Rollenbild zeigt: *siempre mirando atrás / al pasado*. Mit seinen verhältnismäßig vielen abwertenden Bezeichnungen und weniger modernen Rollenbezeichnungen für Frauen im Vergleich zu *El País* und *El Mundo* und auch zum früheren Untersuchungszeitraum zeigt sich *Abc* heutzutage wesentlich konservativer in der Darstellung der Frauen als früher. *El*

Mundo hingegen repräsentiert die modernen Frauen, die in den Artikeln thematisiert werden sollen, mit fast ausnahmslos modernen und neutralen Bezeichnungen und somit mit einem angemessenen Frauenbild.

Weder Jungen noch Mädchen werden in den aktuellen Berichten thematisiert.

Die meisten Bezeichnungen für Männer entfallen bei *El País* und *El Mundo* mit 59% bzw. 62% größtenteils auf neutrale Bezeichnungen wie z. B. *los compañeros, el segundo*. Somit ist deren Anteil höher als im politisch autoritären Untersuchungszeitraum. Bei *Abc* ist deren Anteil heutzutage nur bei 45%, während der größte Teil mit 55% auf die traditionell männlichen Rollenbilder/Berufe entfällt. Bei *El País* und *El Mundo* machen diese jeweils 38% aus. Dazu gehören u. a. *el rector, el machista*. Lediglich bei *El País* ist mit *el padre* zu 3% ein modernes männliches Rollenbild aufgegriffen worden.

Abc hat bei den Männerbezeichnungen nicht nur den höchsten Anteil an traditionellen Männerbildern im Vergleich zu *El País* und *El Mundo*, sondern auch im Vergleich zu seinen früheren Ausgaben zur Franco-Zeit.

Der Anteil der traditionellen Rollenbilder bei den Epitheta im Bezug auf männliche Personen ist bei *Abc* mit 72% etwas niedriger als zur Franco-Zeit (88%); bei *El País* und *El Mundo* liegt er mit je 100% (7 bzw. 3 Gesamtnennungen) höher als damals. Dazu gehören z. B. *el mismo trabajo [...] en los hombres se supravalora; lo masculino tiene un plus de credibilidad*. Die übrigen 28% bei *Abc* sind neutrale Bezeichnungen wie z. B. *procesado por el 11-M, miembro fundador*.

Metaphern und sprachliche Bilder in Bezug auf männliche Personen werden nicht gezeigt.

Die Zahl der generischen Maskulina ist mit 16 bzw. 14 Nennungen bei *El País* bzw. *Abc* wesentlich höher als bei *El Mundo* mit 6 Gesamtnennungen (*científicos, el cliente*). Auch die Zahl der Alternativen zu den generischen Maskulina ist bei *El País* mit 29 und *Abc* mit 17 Gesamtnennungen wiederum deutlich höher als bei *El Mundo* (5). Dabei sind bei *El Mundo* allesamt Oberbegriffe (*redacción, el jurado* – die Geschworenen). Bei *El País* und *Abc* liegt die Zahl der Oberbegriffe mit 31% bzw. 24% deutlich unter der der geschlechtsneutralen Bezeichnungen (69% bzw. 76%), z. B. *los mayores, los gerentes*.

El País greift als einzige das Thema *Familie* mit 2 neutralen Nennungen auf (*familia*). Die *Schwangerschaft* wird allein in *El Mundo* thematisiert, und zwar als Metapher für die Gründung der spanischen Ausgabe der Zeitschrift „Vanity Fair“: *el alumbramiento del „Vanity Fair“; Vanity Fair nació.*

Als einzige Zeitung thematisiert *El País* außerdem 8-mal die *Maßnahmen zur Gleichstellung in der Gesetzgebung.* Leider referieren davon nur 2 Nennungen auf eine gleichberechtigte Stellung der Geschlechter mit *se necesitan acciones positivas intensas y espíritu de cambio; paritario.* Die anderen 6 Nennungen wie z. B. *la universidad es muy resistente a los cambios; rechaza expresamente [...] una cuota mínima de mujeres* nehmen auf die traditionelle Situation Bezug.

Folglich liefern die Themen wiederum keine Daten, mit denen ein Vergleich des Zeitungsvokabulars zwischen den Zeitungen innerhalb eines Untersuchungszeitraums zum einen und zwischen beiden Untersuchungszeiträumen zum anderen möglich wäre.

Bei den Männerbezeichnungen (mit Epitheta und Metaphern) fällt in positiver Hinsicht auf, dass es keinerlei abwertende Bezeichnungen gibt; leider aber auch nur ein modernes männliches Rollenbild. Ansonsten sind die Bezeichnungen für Männer in den Zeitungen auf einem ziemlich konservativen Niveau ausgeglichen.

Trotz des Themas *Frauen in traditionell typischen Männerdomänen* werden sie trotzdem des Öfteren trotzdem in traditionellen Frauenrollen gezeigt; dabei macht auch *El País* als liberale Tageszeitung keine Ausnahme, sondern zeigt sogar ziemlich viele abwertende Frauenbezeichnungen und traditionelle Frauenbilder. Negativer ist nur *Abc* mit vielen abwertenden Bezeichnungen und wenig modernen Epitheta und Metaphern.

5.2.3.3 Das Porträt

Das Porträt in* Abc, Arriba *und* Ya *unter politisch autoritären Verhältnissen

Die Zeitungsartikel zur Textsorte Porträt bringen vor allem in Bezug auf alle Männerbezeichnungen (mit Epitheta und Metaphern) ziemlich heterogene Ergebnisse hervor; einzelne Themen werden nur bei *Ya* behandelt. Den Artikeln ist einzig gemein, dass darin keinerlei Adelstitel/förmliche Bezeichnungen in Bezug auf männliche oder weibliche Personen enthalten sind. Die Einzelheiten zu den Ergebnissen werden nachfolgend erläutert.

Den größten Anteil bei den Frauenbezeichnungen machen bei *Abc* und *Arriba* jeweils die neutralen Benennungen mit 63% bzw. 60% aus (von 27 bzw. 25

Gesamtnennungen), wie z. B. *una desconocida, ejemplo, símbolo.* Bei *Ya* beträgt dieser Anteil (von 26 Gesamtnennungen) nur 35% und ist im Gegenzug bei den modernen weiblichen Rollenbildern/Berufen mit 54% entsprechend höher, welcher bei *Abc* und *Arriba* bei lediglich 26% bzw. 24% liegt. Dazu gehören u. a. *la novelista, la jefa, la dependienta. Arriba* und *Ya* führen mit 16% bzw. 8% abwertende Bezeichnungen (*Cenicienta, NP*), und *Ya* als einzige ein traditionelles Frauenbild mit *madre* (4%) an. *Abc* bildet zu 11% Straftäterinnen/Verdächtige ab (*la detenida, NF für Nombre Fingido* – Deckname). Diese passen in keine andere Kategorie der Bezeichnungen und sollen aus der Gründen der größtmöglichen Objektivität und Vergleichbarkeit der Daten zwischen den 3 Themengebieten (*Frauen in ihrer traditionellen Rolle, Frauen als Opfer geschlechterspezifischer Gewalt* sowie *Frauen in traditionell typischen Männerdomänen*) auch nicht in die neutralen Bezeichnungen eingeordnet werden, da die Kategorien TäterIn/VerdächtigeR sowie Opfer auch im zweiten Themenbereich existieren und dort für die Auswertung essentiell sind.

War bereits die Gesamtzahl der Frauenbezeichnungen bei den 3 Zeitungen relativ niedrig, so ist sie bei den Epitheta und Wortverbindungen in Bezug auf weibliche Personen mit 19, 8 bzw. 13 Gesamtnennungen (*Abc, Arriba, Ya*) noch niedriger. Das Zahlenverhältnis zwischen den modernen Frauenbildern und den neutralen Bezeichnungen ist zumindest bei *Abc* und *Ya* annähernd ausgeglichen: Bei *Abc* werden mit 42% moderne Frauenbilder gezeigt und 53% neutrale Bezeichnungen; bei *Ya* sind es jeweils 46%. *Arriba* thematisiert die modernen weiblichen Rollenbilder/Berufe wie z. B. *la insigne novelista, mujer fuerte* mit 62,5% häufiger als die anderen Zeitungen. Dafür gibt es mit 12,5% nur sehr wenige neutrale Bezeichnungen, darunter u. a. *sentada, juzgada y luego absuelta del delito de asociación ilícita.* Mit ebenfalls je 12,5% stellt *Arriba* ein traditionelles Frauenbild (*la insigne mujer con su carga de penas*) und eine abwertende Bezeichnung (*una Cenicienta ilusionada*) dar. Auch bei *Ya* befindet sich mit 8% eine abwertende Bezeichnung (*la preadolescencia femenina con su maduración precoz, agresiva y desenfadada, desconocida en sus valores y en sus riesgos para los educadores y padres*). Darüber hinaus zeigt *Abc* noch eine Straftäterin/Verdächtige mit *anteriormente detenida* (5%).

Abc zeigt keine Metaphern und sprachlichen Bilder in Bezug auf weibliche Personen; bei *Arriba* sind es insgesamt 6 und bei *Ya* 1 Nennung, die allesamt moderne weibliche Rollenbilder/Berufe repräsentieren, wie z. B. *los horizontes de su vida son amplios y que ella misma no puede ni debe agotarse en el sexo.*

Mädchen und Jungen sind ausschließlich bei *Ya* repräsentiert: Mädchen 8-mal, Jungen 2-mal. Jungen werden mit *chiquillo* und *NP* abwertend dargestellt; Mädchen einmal abwertend (*NP*) und mit 7 neutralen Bezeichnungen wie z. B. *mujer, muchacha, hija*. Kinder werden mit einer geschlechtsneutralen Bezeichnung bei *Arriba* insgesamt einmal thematisiert (*las criaturas*), bei *Ya* insgesamt 4-mal, wovon 2 geschlechtsneutrale Bezeichnungen sind. Mit *niños* wird ein generisches Maskulinum gewählt und mit *la juventud* ein Oberbegriff. Folglich sind die Porträts aus dem demokratischen Untersuchungszeitraum die einzige Textsorte, in die Kinder mit Oberbegriffen aufgenommen werden.

Bei den Bezeichnungen der Männer variiert deren Gesamtzahl bereits stark: Während diese bei *Abc* mit 35 höher liegt als die der Frauenbezeichnungen, sind es bei *Arriba* 10 und bei *Ya* 9. Dabei sind die neutralen Männerbezeichnungen als einzige Kategorie in jeder der drei Zeitungen zu finden: in *Abc* mit 46%, in *Arriba* mit 40% und in *Ya* mit gar 89%. Beispiele hierfür sind u. a. *los liberados, el otro*. Die Zahl der traditionell männlichen Rollenbilder/Berufe ist bei *Arriba* mit 60% am höchsten, wie z. B. *Dios, el Creador, el poeta*. In *Abc* entfallen nur 14% auf diese Kategorie und bei *Ya* gibt es keine, dafür mit *padre* ein modernes männliches Rollenbild (11%). Bei *Arriba* sind – ähnlich wie bei den Frauenbezeichnungen und weiblichen Epitheta männliche Straftäter/Verdächtige vertreten. Sie machen mit Beispielen wie *el detenido* und *NF (nombre fingido)* immerhin 40% der Nennungen aus.

Auch bei den Epitheta und Wortverbindungen in Bezug auf männliche Personen sind Straftäter/Verdächtige bei *Abc* zu einem Viertel repräsentiert (*actualmente detenido en la prisión*). Die traditionell männlichen Rollenbilder/Berufe werden in *Abc* mit 2 von 12 Nennungen (17%) und in *Arriba* mit einer Nennung (100%) dargestellt. Dazu gehören u. a. *un capitán de la Guardia Civil, el dirigente de E.T.A.*. Bei *Abc* und *Ya* ist jeweils die Zahl der neutralen Bezeichnungen mit 58% bzw. 100% sehr hoch. Das sind z. B. *NC de xx años, cae prisionero de los alemanes, es internado de un campo de concentración*. Die Anzahl der Jahre bei der Altersangabe sind in den Tabellen mit *x* für einstellige und *xx* für zweistellige Zahlen verschlüsselt, weil das Alter über diese gewählte Verschlüsselung hinaus keine Rolle spielt und dies der besseren Übersichtlichkeit in den Tabellen dient. Die beiden anderen genannten neutralen Bezeichnungen (aus *Ya*) fallen deshalb nicht in die Kategorie der Straftäter/Verdächtigen, weil es um die Zeit der Nazi-Diktatur in Deutschland geht, der ein Spanier zum Opfer fiel.

Die Zahl der generischen Maskulina fällt in *Abc, Arriba* und *Ya* mit 8, 5 und 9 Gesamtnennungen äußerst gering aus. Beispiele sind *hugonotes, católicos, los adultos*. Auch die Alternativen sind rar: 5, 2 und 7 Nennungen *(Abc, Arriba, Ya)*, wovon beide bei *Arriba* geschlechtsneutrale Personenbezeichnungen sind (*los monstruos, nadie*). Bei *Abc* gibt es davon nur eine (20%) und bei *Ya* sind es 4 (57%). Die übrigen 80% bzw. 43% entfallen auf Oberbegriffe wie z. B. *la clase trabajadora, la pareja (das Paar), la Guardia Civil.*

Die Themen *Familie, Schwangerschaft* und *Maßnahmen zur Gleichstellung in der Gesetzgebung* werden allesamt nur bei *Ya* aufgegriffen. Dabei wird die *Familie* mit 2 Nennungen (*casarse*) positiv assoziiert und 2-mal wertungsneutral dargestellt (*familia, un ambiente familiar cosmopolita*). Mit 3 neutralen Bezeichnungen (*nacer*) wird das Thema *Schwangerschaft* aufgegriffen. Die *Maßnahmen zur Gleichstellung in der Gesetzgebung* referieren beide auf eine gleichberechtigte Situation, in denen es um die (eingeschränkte, aber 1962 bereits liberalisierte) Wahlfreiheit der Frauen in Bezug auf ihre Arbeitssituation und auf das Hausfrauendasein (das nur indirekt erwähnt wird) geht, wenngleich letzteres unkritisch betrachtet wird.

Das Porträt in El País, El Mundo *und* Abc *unter demokratischen Verhältnissen*

In diesem Zeitraum werden Frauen mit den Bezeichnungen, Epitheta und Metaphern in den Porträts wesentlich häufiger benannt als unter politisch autoritären Verhältnissen. Mit Einschränkungen trifft dies auch auf die Bezeichnungen für Männer zu. Adelstitel/förmliche Bezeichnungen kommen zwar zur damaligen Zeit gar nicht in dieser Textsorte vor, und sind hier mit je einer Nennung bei Frauenbezeichnungen (bei *El País*) und Männerbezeichnungen (bei *Abc*) als Ausnahme zu betrachten. Die Ergebnisse im Detail werden im Folgenden aufgezeigt.

Die Gesamtzahl der Bezeichnungen variiert mit 63, 103 bzw. 37 Nennungen stark zwischen *El País, El Mundo* und *Abc*. Bei beiden letztgenannten dominieren die modernen weiblichen Rollenbilder/Berufe mit 54% bzw. 57% mit Beispielen wie *la presidenta, la vicepresidenta, la jefa, „CEO" (consejero delegado), técnico* (obwohl das Femininum *técnica* existiert und im *DRAE* verzeichnet ist: http://lema.rae.es/drae/). *CEO*, das im Zeitungsartikel mit *consejero delegado* in Parenthesen erläutert wird, ist hingegen ebenso wenig im *DRAE* verzeichnet wie die dazugehörige Erläuterung. Zumindest diese könnte problemlos mit der entsprechenden Paarform *consejera delegada* bezeichnet werden. Bei *El País* ist die Zahl der modernen weiblichen Rollenbilder/Berufe mit 29% wesentlich niedriger; dafür die neutralen Bezeichnungen mit 49% umso häufiger (*la catalana, japonesas*). Bei *Abc* machen die neutralen Bezeichnungen mit 43% einen fast ebenso hohen Anteil aus; bei *El Mundo* sind es 30%. Somit ist die Zahl der modernen Frauenbilder gegenüber dem früheren Untersuchungszeitraum gestiegen und die der neutralen Bezeichnungen gesunken. Abwertende Bezeichnungen sind heutzutage ebenso vertreten: mit 21% bei *El País* sogar ziemlich viele und bei *El Mundo* 12%, wie z. B. *NP, las chicas*. Mit *damas* ist bei *El País* zudem eine förmliche Bezeichnung vertreten.

Bei den Epitheta und Wortverbindungen in Bezug auf weibliche Personen sind im aktuellen Untersuchungszeitraum mit 84%, 59% bzw. 76% (*El País, El Mundo, Abc)* wesentlich mehr moderne weibliche Rollenbilder/Berufe zu verzeichnen als zur Franco-Zeit. Dazu gehören z. B. *la primera española marina de guerra; fue elegida senadora*. Bei *El Mundo* und *Abc* sind davon einige Epitheta negativ bewertet (und entsprechend abwertend markiert): *esperar a una mujer muy dura y facha; intratable; tenía defectos; era terca como la que más; terca*. Im Gegenzug zu den nun häufigeren modernen Frauenbildern hat auch bei den Epitheta die Zahl der neutralen Bezeichnungen im Vergleich zur Franco-Zeit abgenommen. Deren Anteil liegt nun bei 12%, 36% bzw. 22% (*El País, El Mundo, Abc)* mit Beispielen wie *fiel a su máxima; madrileña de nacimiento, segoviana de adopción*. Mit 4%, 5% bzw. 2% (*El País, El Mundo, Abc)* ist in allen drei Zeitungen ein geringer Anteil an traditionell weiblichen Rollenbildern zu finden: *la madre de todos sus hermanos, la inexistencia de pruebas femininas*.

Die geringe Gesamtzahl an Metaphern unter politisch autoritären Verhältnissen erschwert zwar prinzipiell die Vergleichbarkeit beider Zeiträume, jedoch spiegeln damals alle Nennungen das moderne weibliche Rollenbild/Berufe wider. Unter demokratischen Verhältnissen ist der größte Teil der Nennungen auch diesem Rollenbild zuzuordnen: bei *El País* 92% (12 von 13 Nennungen), bei *El Mundo* 56% (5 von 9) und bei *Abc* 100%, wie z. B. *sólo se pierden las batallas que no se dan; mujer política española que llegó a un puesto más alto en las instituciones europeas*. Lediglich 8% bei *El País* und immerhin 44% bei *El Mundo* stehen für neutrale Bezeichnungen, wie z. B. *libró esta última batalla contra el cáncer, aunque no la ganó; la „monja alférez", la imagen que nunca hizo justicia a esta mujer*. *„Monja alférez"* bezeichnet eine im 17. Jahrhundert lebende Spanierin namens Catalina de Erauso, die im Kindesalter aus dem Kloster flieht, in dem sie von ihren Eltern untergebracht wurde, und sich dann entscheidet, als Mann verkleidet zu leben und u. a. Soldatin zu werden (vgl. http://es.wikipedia.org/wiki/Catalina_de_Erauso). Auch wenn die Politikerin in dem Zeitungsartikel mit dieser Geschichtsfigur verglichen wird, so wird doch hinzugefügt, dass „ihr dieses Bild niemals gerecht wurde". Aus diesem Grund wird diese Metapher den neutralen Bezeichnungen zugeordnet.

Mädchen und Jungen werden wiederum nur selten thematisiert: bei *El Mundo* je einmal mit den neutralen Bezeichnungen *chicas* und *chicos*, bei *Abc* gar nicht und bei *El País* mit je einer abwertenden Bezeichnung (*la enana bzw. NP*) sowie 2 bzw. 4 neutralen Bezeichnungen (*la pequeña* bzw. *el niño, el hermano*). Kinder werden in allen 3 Zeitungen mit je einem generischen Maskulinum benannt (*los hijos, los huérfanos, el hijo*) und bei *El Mundo* zudem mit 2 geschlechtsneutralen Bezeichnungen (*el bébé, los jóvenes*).

Die Bezeichnungen der Männer sind in ihren einzelnen Klassifizierungen wie den neutralen Bezeichnungen im aktuellen Untersuchungszeitraum wesentlich ausgeglichener als früher und in allen 3 Zeitungen in ähnlichem Umfang vertreten. Mit 41% (9 von 22), 56% (15 von 27) bzw. 69% (22 von 32) werden sie in *El País, El Mundo* und *Abc* jeweils am häufigsten wertungsneutral abgebildet, wie z. B. *el género opuesto, el amigo.* Ausgeglichen ist auch die Anzahl der traditionell männlichen Rollenbilder/Berufe mit rund einem Viertel in jeder Zeitung und Beispielen wie *el heptacampeón, marino de guerra, colegiado de honor*. Damit werden die traditionell männlichen Rollenbilder/Berufe im demokratischen Untersuchungszeitraum etwas häufiger dargestellt als zur Franco-Zeit. Mit 9% und 15% zeigen *El País* und *El Mundo* wenigstens einige moderne männliche Rollenbilder (*padre*); früher war deren Nennung jedoch die Ausnahme. *El País* verwendet jedoch zu rund einem Viertel abwertende Bezeichnungen (*los muchachos, los chicos*) für erwachsene Männer. Eine Nennung bei *Abc (Su Majestad el Rey,* 3%) ist ein Adelstitel/förmliche Bezeichnung.

Die Gesamtzahl der Epitheta fällt ebenso wie im Vergleichszeitraum gering aus. Von insgesamt 2, 11 bzw. 9 (*El País, El Mundo, Abc)* Nennungen entfällt jeweils rund die Hälfte auf traditionell männliche Rollenbilder/Berufe, wie z. B. *nuevo líder, ex ministro de Defensa*. Damit ist dieser Anteil gegenüber dem früheren Untersuchungszeitraum gestiegen, der der neutralen Bezeichnungen dagegen gesunken. Deren Anteil liegt nun mit Nennungen wie *su compañero de fatigas, compañeros masculinos* zwischen 22% bei *Abc* und 50% bei *El País.*

Aus sprachwissenschaftlicher Sicht ist *compañeros masculinos* redundant, doch der häufige Gebrauch des generischen Maskulinums macht das Attribut *masculino* für eine eindeutige Aussage über das biologische Geschlecht anscheinend notwendig. Andererseits wird die feministische Sprachwissenschaft oft wegen umständlicher Formulierungen (Sprachökonomie) kritisiert. Im aktuellen Untersuchungszeitraum sind keine Straftäter/Verdächtige mehr repräsentiert. Dafür gibt es nun zumindest bei *El Mundo* und *Abc* etwas mehr moderne männliche Rollenbilder mit einem Anteil von 18% bzw. 11%. Dazu gehören z. B. *su segundo padre; la primera persona que supo ver en ella una política de casta.*

Metaphern und sprachliche Bilder in Bezug auf männliche Personen werden ebenso wenig wie in der Vergangenheit gezeigt.

Bei *El País* und *Abc* sind lediglich 3 bzw. 6 generische Maskulina vorhanden; bei *El Mundo* sind es immerhin 23, so z. B. *los patrocinadores, cada uno, los padres* in seiner Bedeutung *die Eltern*, weil es in der Bedeutung *die Väter* den Männerbezeichnungen zugeordnet worden wäre. Mit 11 Gesamtnennungen hat *El Mundo* auch die höchste Anzahl an Alternativen zu den generischen Maskulina zu verzeichnen; *El País* hat 10 und *Abc* 3. Davon ist jeweils der überwiegende Teil, bei *Abc* sogar alle, den geschlechtsneutralen Bezeichnungen zuzuordnen. Die übrigen 30% bei *El País* und die 9% bei *El Mundo* entfallen auf Oberbegriffe wie *el cuerpo de oficiales, la gente.*

Das Thema *Familie* wird als einziges in allen 3 Tageszeitungen aufgegriffen, was sowohl in der Gegenwart als auch in der Vergangenheit bei keiner Textsorte im Themengebiet *Frauen in traditionell typischen Männerdomänen* der Fall ist. Die Nennungen belaufen sich auf 1, 3 bzw. 2 (*El País, El Mundo, Abc)* und sind allesamt neutral: *la casa familiar, la familia popular*, womit die rechtskonservative Volkspartei *Partido Popular* gemeint ist.

Das Thema *Schwangerschaft* wird einmal in *El Mundo* aufgenommen und ist mit *nunca sintió la necesidad de tener hijos* negativ repräsentiert.

El País thematisiert als einzige Zeitung mit 6 Gesamtnennungen die *Maßnahmen zur Gleichstellung in der Gesetzgebung*, wovon sich 4 tatsächlich auf eine gleichberechtigte Situation beziehen (*su ascensión fue meteórica y marcó una nueva senda en la búsqueda de igualdad de sexo al ocupar cargos en los que ninguna mujer había estado antes*). Mit *la imposibilidad de las mujeres de ingresar en el Ejército* referiert *El País* in einem Fall auf die traditionelle Situation und mit *ver esto [la presencia creciente de mujeres en las Fuerzas Armadas] con normalidad* ist eine neutrale Nennung vertreten. Damit ist die Tendenz hin zu mehr gleichberechtigten Rollenbildern zu diesem Thema ebenso gegeben wie zur Franco-Zeit in *Ya*.

5.2.3.4 Zusammenfassender Vergleich der Tageszeitungen für beide Zeiträume

Allen 3 Textsorten – den Nachrichten, Berichten und Porträts – innerhalb des Themengebietes *Frauen in traditionell typischen Männerdomänen* ist gemein, dass sie Frauen in ihrer traditionellen Rolle nur in geringem Maß thematisieren. Das gilt sowohl unter politisch autoritären als auch unter demokratischen Verhältnissen. Zudem werden Frauen mit ihren Bezeichnungen und Epitheta/Wortverbindungen heutzutage generell häufiger in modernen Rollen/in Berufen abgebildet als früher. Die Daten für Metaphern und sprachliche Bilder sind z. T. nicht ausreichend oder auch nach ihrer Anzahl so unausgeglichen, dass die Ergebnisse dafür nicht vergleichbar sind. Bei den Bezeichnungen für Frauen ist die Anzahl der abwertenden Bezeichnungen und denen der Straftäterinnen/Verdächtigen z. T. vollständig zurückgegangen.

Bei den Berichten fällt auf, dass *Abc* bei den Metaphern für Frauen und bei den Bezeichnungen für Männer durch seine Wortwahl eine konservativere Stellung bezieht als zur Franco-Zeit.

Männer werden mit ihren Bezeichnungen und Epitheta/Wortverbindungen sowie auch Metaphern, sofern vorhanden (keine bei Porträts und bei Berichten der Gegenwart), überwiegend in ihrer traditionellen Rolle/in Berufen dargestellt. Dabei variiert diese Anzahl im vergangenen Untersuchungszeitraum so stark, dass ein Vergleich zwischen *Abc, Arriba* und *Ya* textsortenübergreifend lohnt: *Arriba* spiegelt mit rund der Hälfte seiner Nennungen traditionell männliche Rollenbilder/Berufe wider; bei *Abc* liegt deren Anteil zwischen 14% und 27% und bei *Ya* völlig unausgeglichen zwischen 0% und 37%. Diese Zahlen sind im gegenwärtigen Untersuchungszeitraum ausgeglichener. Ebenso hat nun der Anteil neutraler Männerbezeichnungen in den Nachrichten und Berichten zu- und in den Porträts abgenommen. Bei den Epitheta/Wortverbindungen in Bezug auf männliche Personen ist der Anteil der traditionell männlichen Rollenbilder in allen drei Textsorten gestiegen, während der der neutralen Bezeichnungen durchweg gesunken ist. Lediglich bei der Textsorte Porträt ist der Anteil moderner männlicher Rollenbilder gegenüber der Vergangenheit gestiegen; schließlich sind diese in den Nachrichten und Berichten die Ausnahme (1 Nennung im Bericht bei *El País*).

Die Themen *Familie* und *Schwangerschaft* werden zu selten und zumeist mit wertungsneutralem Vokabular dargestellt, so dass ein Vergleich mit einer Bewertung nicht sinnvoll ist. Beim Thema *Maßnahmen zur Gleichstellung* referieren die Zeitungen zur Franco-Zeit überwiegend auf eine gleichberechtigte Situation zwischen Männern und Frauen (*Abc* in der Nachricht, *Arriba* im Bericht und *Ya* im Porträt). In der Nachricht referiert *Abc* im demokratischen Untersuchungszeitraum ausschließlich auf eine gleichberechtigte Situation, während sich *El País* eher auf die traditionelle Situation bezieht – ebenso wie im Bericht desselben Untersuchungszeitraums. Lediglich im Porträt thematisiert *El País* hauptsächlich eine gleichberechtigte Situation. Immerhin ist *El País* jedoch die einzige Tageszeitung, die dieses Thema textsortenübergreifend aufnimmt.

Somit ist in diesem Themengebiet textsortenübergreifend eine häufigere Nennung der Frau in einer modernen Rolle die einzige Konstante im Vergleich zum politisch autoritären Untersuchungszeitraum. Zudem gibt es – mit je einer Ausnahme bei den Frauen und Männern in der Textsorte Porträt – in der Aktualität keine Adelstitel/förmlichen Bezeichnungen mehr.

5.3 Allgemeiner Vergleich und Zusammenfassung zur Widerspiegelung der Rolle der Frau in den Zeitungsartikeln in zwei unterschiedlichen politischen Systemen

Ein Vergleich der in den Tageszeitungen gebrauchten Lexik ist jeweils nur innerhalb einer der drei Themengebiete möglich und sinnvoll; und diese Ergebnisse wurden bereits unter dem jeweiligen Themengebiet ausgeführt, wobei sich die wesentlichen Unterschiede tatsächlich zwischen den beiden Untersuchungszeiträumen – dem politisch autoritären und dem demokratischen – darstellen.

Die Darstellungen von Frauen und Männern in den Tageszeitungen lassen auch keine Rückschlüsse auf deren jeweiligen ideologischen Hintergrund zu. Anhand der Anzahl und Art der Klassifizierungen des Vokabulars kann höchstens der Zeitrahmen der Artikel ausgemacht werden, aber die Personen-

und Themendarstellungen variieren so stark, dass auch eine Einordnung nach der Textsorte völlig unmöglich ist.

Bei einer Auswahl nach Tageszeitungen ergibt sich zwar für das dritte Themengebiet ein fast gleichmäßig konservatives Bild für *Abc, Arriba* und *Ya* aus der Franco-Zeit, während im ersten Themengebiet *Ya* die konservativste und im zweiten Themengebiet *Abc* die konservativste Zeitung ist, dabei dicht gefolgt von *Arriba.*

Im demokratischen Untersuchungszeitraum zeigt sich *Abc* mit seiner Lexik im ersten und zweiten Themengebiet als konservativste Zeitung, während das im dritten Themengebiet auf *El País* zutrifft. Dort liegt *Abc* eng hinter *El Mundo* mit den liberalsten Darstellungen. Auch in Themengebiet 1 ist *El Mundo* die Zeitung mit den liberalsten Darstellungen, liegt jedoch mit *El País* beinahe gleichauf.

Darüber hinaus konnte kein Zusammenhang bei der Verwendung der generischen Maskulina und deren Alternativen festgestellt werden – ausgehend von der These, dass entsprechende Alternativen im Sinne einer geschlechtergerechten Sprache ausgewählt und/oder den generischen Maskulina präferiert werden.

Folglich lässt das in den Zeitungsartikeln verwendete Vokabular weder Rückschlüsse auf die Zeitung mit ihrem ideologischen Hintergrund noch auf die Textsorte zu. Lediglich auf die Personenbezeichnungen und mit Einschränkungen auf die Wahl der Unterthemen trifft dies nicht in vollem Umfang zu. Was jedoch anhand des Vokabulars – und selbstverständlich auch anhand der Inhalte erkennbar ist, ist der Untersuchungszeitraum mit seinem politisch-ideologischen Hintergrund.

6 Bedeutungsänderungen kulturrelevanter Termini anhand ausgewählter Beispiele aus den analysierten Zeitungsartikeln

Wie bereits in Kapitel *5.2 Die Widerspieglung der Stellung der Frau in Zeitungsartikeln* angedeutet wurde, sollen in diesem Kapitel einige Personen- und Berufsbezeichnungen eingehend betrachtet und deren sprachliche Entwicklung anhand ihrer Wörterbucheinträge verfolgt werden. Dazu dient im Wesentlichen das *Diccionario de la Real Academia Española (DRAE)*, das Wikipedia zufolge das „maßgebliche Wörterbuch der spanischen Sprache" ist und erstmals 1780 erschien. Für die Recherche werden alle Ausgaben dieses Spanischwörterbuches genutzt: Sie können von der ersten Ausgabe (1780) bis zur 1992 erschienenen, 21. Ausgabe im Internet beim *Nuevo Tesoro Lexicográfico de la Lengua Española* eingesehen werden (http://ntlle.rae.es/ntlle/SrvltGUILoginNtlle). Die aktuelle, 22. Ausgabe sowie bereits geänderte Einträge für die 2014 erscheinende 23. Ausgabe sind auf der Internetseite der *Real Academia Española* (http://www.rae.es) einsehbar und werden für die Recherche zu den Bedeutungsänderungen dieser Termini ebenso herangezogen.

Zudem wird das *Diccionario de Uso del Español* (*DUE, Wörterbuch zum Gebrauch des Spanischen*) von María Moliner hinzugezogen, um Bedeutung und Verwendung bestimmter Lexeme zu klären und sich dabei nicht nur auf ein Nachschlagewerk zu stützen.

Sofern die kulturrelevanten Termini regionale Bedeutungsvarianten aufweisen, welche z. B. nur in einem oder wenigen Ländern (und nicht in Spanien) gebraucht werden, so werden diese Regionalismen nicht mit erwähnt und auch nicht zitiert.

Bevor die Personenbezeichnungen aus den Zeitungsartikeln betrachtet werden, die typischerweise Männer und/oder Frauen benennen, soll zunächst noch auf den Terminus *objeto* eingegangen werden, der nicht unbedingt eine Personenbezeichnung in seinen Bedeutungsvarianten vermuten lässt. Da dieser Terminus in einigen der untersuchten Zeitungsartikel vorkommt und entsprechend der Anzahl der Einträge in Internetsuchmaschinen als Personenbezeichnung nicht unüblich ist, soll *objeto* mit seinen Besonderheiten beim Gebrauch auch betrachtet werden.

In den analysierten Zeitungsartikeln findet sich *objeto* in Verbindung mit unterschiedlichen Epitheta nur einmal unter demokratischen Verhältnissen (im *Themengebiet 2* in einem Bericht bei *El País: objeto de nuevas amenazas*) und insgesamt 6-mal zur Franco-Zeit. Letztgenannte Beispiele sind ausschließlich in den *Berichten* aller drei Themengebiete vertreten, davon einmal in *Ya (objeto de un homenaje)* und 5-mal in *Arriba (objeto de una cariñosa despedida; objeto de una agresión, la mujer objeto* (zweimal), *la mujer como objeto del consumo).* Während das *DRAE* in keiner seiner drei letzten Auflagen in der Definition Bezug auf Personen nimmt (Real Academia 1984: 966, 1992: 1034 und http://lema.rae.es/drae/), ist das in M. Moliners *Diccionario de Uso del Español* gleich für zwei Bedeutungsvarianten der Fall:

> „objeto [...]
> 3 En aposición a ‚mujer' u ‚hombre', se aplica a los que son considerados únicamente medios de satisfacción del deseo sexual.
> 4 Con respecto a una acción, una operación mental, un sentimiento, etc., cosa de cualquier clase, material o espiritual, corpórea o incorpórea, real o imaginaria, abstracta o concreta, a la cual se dirigen o sobre la que se ejercen: ‚Tu eres el objeto de sus ataques. El objeto de su preocupación. El objeto de su admiración'. *Cosa de la que se trata en un escrito, en una conversación, una conferencia*, etc.: ‚El objeto del discurso'. Asunto, materia, tema." (vgl. Moliner: 2007: 2084).

Für alle den Zeitungsartikeln entnommenen Wortgruppen mit *objeto* trifft die vierte Bedeutungsvariante zu, womit möglicherweise eine wertungsneutrale Abstrahierung einer jeweils konkreten Person beabsichtigt ist. Diese vierte Bedeutungsvariante ist ebenso in der Ausgabe des *DUE* von 1981 zu finden, die dritte Bedeutung ist damals aber nicht vorhanden (Moliner 1981: 539).

Mit diesen beiden genannten aktuellen Bedeutungsvarianten von *objeto* wird im *DUE* (2007) zum Sprachgebrauch des Spanischen zwar jeweils auf beide Geschlechter referiert. Allerdings wird *objeto* in den untersuchten Zeitungsartikeln ausschließlich in Bezug auf weibliche Personen verwendet; ein

Bezug auf Männer war keinmal vorzufinden. Nicht nur, jedoch auch im Hinblick auf diese einseitige Verwendung stellt sich die Frage, ob *objeto* als Bezeichnung für Personen – egal welches Geschlechts – angemessen ist.

Die kulturrelevanten Termini, die im Folgenden betrachtet werden, werden entsprechend ihren Eigenschaften insbesondere bezüglich ihrer semantischen Symmetrie in unterschiedliche Gruppen unterteilt. Die erste Gruppe bilden die Wortpaare *juez/jueza*, *presidenta/presidente*, *médica/médico* und mit einer Einschränkung gehört auch *doctor/doctora* dazu. Diese Wortpaare entwickelten sich, sofern noch nicht vorhanden, im Lauf der Zeit hin zu mehr semantischer Symmetrie bzw. betrifft die aktuelle semantische Asymmetrie fast ausschließlich die Bedeutungsvariante *Frau des …* Zur zweiten Gruppe gehören *abogada/abogado*, *enfermera/enfermero*, *decana/decano*, *técnica/técnico* und *edil/edila*, bei denen Femininum und Maskulinum semantisch symmetrisch sind, entweder seit der Existenz der i. d. R. später entstandenen Feminina oder erst seit jüngster Vergangenheit (*abogada/abogado*). Die Wortpaare *jefa/jefe* und *colegial/colegiala* bilden eine gemeinsame dritte Gruppe, weil Feminina und Maskulina jeweils in derselben Ausgabe des *DRAE* aufgenommen wurden – zunächst mit symmetrischer Bedeutung, die sich jedoch zugunsten der semantischen Asymmetrie entwickelt hat. Das Wortpaar *infanta/infante* wird gesondert betrachtet, weil es keiner Gruppe eindeutig zuzuordnen ist. Die Termini *testigo* und *portavoz* repräsentieren die Gruppe der Termini im Genus Commune. Schließlich wird das Wortpaar *azafata/azafato* behandelt, anhand dessen sich eine besondere sprachliche Entwicklung vollzog. Einen Überblick über alle kulturrelevanten Termini in dieser Reihenfolge mit den sprachgeschichtlich wichtigsten Daten bietet *Abbildung 2: Aufnahme der kulturrelevanten Termini in das DRAE.*

Terminus	Aufnahme des Maskulinums ins *DRAE**	Aufnahme des Femininums ins *DRAE**	Ggf. Genus Commune* seit	Semantische Symmetrie ab
juez	1780		1970	1992 mit Einschränkungen symmetrisch (°) sowie 2 historische Männerbezeichnungen
jueza		1992		
presidente	1780		1992	1992 mit Einschränkungen symmetrisch (°) sowie 3 historische u. religiöse Männerbez.
presidenta		1803		
médico	1780		la médico (2001–2013)	1899 mit Einschränkungen symmetrisch (°)
médica		1869		
doctor	1780			1832 mit Einschränkungen symmetrisch (°) sowie eine feminine Bedeutungsvariante
doctora		1791		
abogado	1780		la abogado (2001)	1992
abogada		1780		
enfermero	1780			1780 symmetrisch
enfermera		1780		
Decano	1780			1984
Decana		1984		
técnico	1914			1984
técnica		1984		
edil	1780/1925		la edil (2001)	erst 1925 in der Bedeutung *Stadtrat* aufgenommen; ab 1936 symmetrisch
edila		1936		
jefe	1837		2001	1837–1914 symmetrisch 2001 mit Einschränkung symmetrisch (°)
jefa		1837		
colegial	1780			1780–1869 symmetrisch ab 1884 asymmetrisch
colegiala		1780		

* Genannt wird jeweils das Jahr, in dem der Terminus als Personenbezeichnung ins *DRAE* aufgenommen wurde.

° Semantische Symmetrie in allen Bedeutungsvarianten außer in der Bedeutung „Ehefrau des…“

Terminus	**Aufnahme des Maskulinums ins *DRAE*[*]**	**Aufnahme des Femininums ins *DRAE*[*]**	**Ggf. Genus Commune[*] seit**	**Semantische Symmetrie ab**
infante	1780			kaum Symmetrie
infanta		1803		
testigo	1780		1803	
portavoz	1925		2001	
azafato	2014			3 von 4 Bedeutungen; seit 2012
azafata		1780		

Abb. 2: Aufnahme der kulturrelevanten Termini ins *DRAE*

Die Wortpaare der ersten Gruppe (*juez/jueza, presidenta/presidente, médica/médico, doctor/doctora*) illustrieren die Kritik an der semantischen Asymmetrie zwischen dem Femininum und dem Maskulinum, weil sie z. T. unterschiedliche und auch unterschiedlich viele Bedeutungsvarianten haben. Diese Bedeutungsvarianten haben sich in ihrer Anzahl und im Inhalt bei vielen Termini im Lauf der Zeit geändert. Ein wesentliches Merkmal dabei ist, dass die Feminina aller Beispiele der ersten Gruppe später ins *DRAE* aufgenommen wurden als die Maskulina.

In der ersten Ausgabe des *Diccionario de la Real Academia Española (DRAE)* von 1780 ist vom ersten zu untersuchenden Wortpaar *juez/jueza* zunächst nur das Maskulinum *juez* mit folgender Definition verzeichnet:

> „juez. m.
> El que tiene autoridad y potestad para juzgar.
> El que hace juicio de una cosa, ó explica su dictámen, dando sentencia sobre ella en cualquier materia.
> En las justas públicas, y en los certámenes es el que se señala y asiste para se observen las leyes que se ponen en ellos, y para la justa distribucion de los premios, segun el mérito de los que compiten“ (Real Academia Española 1780: 566).

Anhand dieser Definition ist ersichtlich, dass es sich bei dem Maskulinum *juez* um eine Bezeichnung allein für Männer handelt und es damals nach Ansicht der *Real Academia Española* nicht im Genus Commune gebraucht wurde, wie es heutzutage üblich ist.[33]

Diese Definition wird in den nachfolgenden Ausgaben des *DRAE* semantisch erweitert bzw. werden die vorhandenen Definitionen in ihrem Wortlaut verändert (vgl. http://ntlle.rae.es/ntlle/SrvltGUIMenuNtlle?cmd=Lema&sec=1.0.0.0.0.). Bis zur 18. Ausgabe von 1956 ist *juez* durchweg als Maskulinum verzeichnet und entsprechend sind die Definitionen mit „el que" (wie in der zitierten Ausgabe von 1780) auf männliche Personen ausgelegt. Erst in der 19. Ausgabe des *DRAE* wird *juez* im Genus Commune angegeben:

> „juez.
> Com. Persona que tiene autoridad y potestad para juzgar o sentenciar.
> 2. Persona que en las justas públicas y certámenes literarios cuida de que se observen las leyes impuestas en ellos y de distribuir los premios.
> 3. Persona que es nombrada para resolver una duda.
> 4. For. V. árbitrio de juez.
> 5. m. Magistrado supremo del pueblo de Israel desde que este se estableció en Palestina hasta que adaptó la monarquía.
> 6. Cada uno de los caudillos que conjuntamente gobernaron a Castilla en cierta época, a falta de sus antiguos condes.
> 7. V. Libro de los Jueces.
> 8. fig. y fam. **Cara de juez**, o **de justo juez**." (Real Academia Española 1970: 773; 19. Ausgabe).

33 Das Konzept des Genus Commune taucht bereits in der ersten spanischen Grammatik *Gramática de la Lengua Castellana* des Humanisten und Philologen Elio Antonio de Nebrija aus dem Jahr 1492 auf und wird dort bezeichnet als „género común de dos, concebido como el género del nombre ‚con que se aiuntan estos dos artículos *el, la*' (*el infante, la infante, el testigo, la testigo)*" (E. A. Nebrija 1980 [1492]: 175–176 in: María Tadea Díaz Hormigo 1999: 219, Philologin). Darüber hinaus wird das Genus Commune im Spanischen auch in weiteren, später folgenden Grammatiken aufgenommen, wie z. B. von dem Schriftsteller Cristóbal de Villalón (1971 [1558]: 18–19 in: Díaz Hormigo 1999: 221) und von dem Sprachwissenschaftler Rodolfo Lenz (1920: 102, 104, 107 in: Díaz Hormigo 1999: 221), von Rafael Seco (1960 [1930]: 15–20 in: Díaz Hormigo 1999: 222), von den Philologen Andrés Bello und Rufino José Cuervo (1964 [1847]: 37–39 in: Díaz Hormigo 1999: 222), von dem Grammatiker Vicente Salvá (1988 [1830]: 146–147 und 321–323 in: Díaz Hormigo 1999: 223), von dem Grammatiker Salvador Fernández Ramírez (1986 [1951]: 11–12 und 99–101 in: Díaz Hormigo 1999: 223) und im Jahr 1931 geht es schließlich auch in die Grammatik der *Real Academia Española* ein (*Real Academia Española* 1959 [1931] in: Díaz Hormigo 1999: (219–)228). Die Aufnahme in das *DRAE* stellt sich hingegen als jahrzehntelang währender Prozess dar und gilt deswegen, wie im Folgenden noch zu sehen sein wird, als einer der Kritikpunkte an der *RAE*.

Folglich sind die Bedeutungsvarianten von *juez* im Genus Commune auch geschlechtsneutral mit „persona que…“ formuliert, was in den Wörterbüchern der *Real Academia* jedoch nicht selbstverständlich ist.[34] In der 21. Ausgabe (1992) ist *juez* – abgesehen von wenigen Abweichungen im Wortlaut – mit der gleichen Definition der Bedeutungsvarianten aufgeführt wie in der bereits zitierten 19. sowie der 20. Ausgabe (1970 und 1984). Demzufolge wurde der Eintrag zu *juez* in der 22. Ausgabe gründlich überarbeitet:

> „Juez. (Del lat. iudex, -ĭcis).
> 1. com. Persona que tiene autoridad y potestad para juzgar y sentenciar.
> 2. com. Miembro de un jurado o tribunal.
> 3. com. Persona nombrada para resolver una duda.
> 4. m. En época bíblica, magistrado supremo del pueblo de Israel.
> 5. m. Cada uno de los caudillos que conjuntamente gobernaron a Castilla en sus orígenes.“ (http://buscon.rae.es/draeI/).

Das Femininum *jueza* ist erstmals in der 21. Ausgabe des *DRAE* verzeichnet, so dass diese Variante noch später als das Genus Commune für *juez* aufkam:

> „jueza.
> f. fam. Mujer del juez.
> 2. Mujer que desempeña el cargo de juez.“
> (Real Academia Española 1992: 855; 21. Ausgabe).

In dieser zitierten 21. Ausgabe von 1992 ist *mujer del juez* noch die erste Bedeutungsvariante, auch wenn sie bereits mit der Anmerkung „familiar“ (umgangssprachlich) versehen ist. Die ursprünglich zweite Bedeutungsvariante

34 Die Philologin María Ángeles Calero Fernández untersucht in ihrem Artikel „El Léxico de los Oficios, Profesiones, Cargos y Tratamientos“ (2004: 279–372) alle Neueinträge weiblicher Berufsbezeichnungen in der 22. Ausgabe des *DRAE* von 2001. Ausgehend von der CD-Rom-Ausgabe des Wörterbuches erhebt diese Untersuchung Anspruch auf Vollständigkeit (2004: 282). Sie kategorisiert die Feminina u. a. nach ihrer Form der Ableitung vom Maskulinum, z. B. durch Suffigierung. Dabei kritisiert sie die *Real Academia Española* in mehrfacher Hinsicht. Dazu zählen u. a. eine nicht geschlechtergerechte Definition mit „el que“ anstatt mit „persona que“; Definitionen der Frauen über ihren Ehemann mit „mujer del“; die Nichtaufnahme gebräuchlicher Feminina wie „albañila“ oder zumindest die Umwandlung des Genus von „albañil“ von *masculino* in *común*, was den Gebrauch von „la albañil“ als richtig anerkennen würde. Darüber hinaus ist die fehlende lexikografische Einheitlichkeit in Bezug auf die Zusammenfassung oder Trennung von Einträgen bei Feminina und Maskulina (nach verschiedenen Mustern wie *camarero, camarera* oder *criado, da*) einer der zentralen Kritikpunkte M. Á. Caleros an der *Real Academia Española* (2004: 366, 367, 371).

Richterin ist in der aktuellen Ausgabe des *DRAE* die erste Bedeutungsvariante geworden:

> „Jueza.
> 1. f. Mujer que desempeña el cargo de juez.
> 2. f. coloq. p. us. Mujer del juez." (http://buscon.rae.es/draeI/).

Das Femininum *jueza* erfasst nun in zweiter Bedeutung die *Ehefrau des Richters*, welche weiterhin mit der Anmerkung „coloquial" als umgangssprachlich und zudem als wenig gebraucht („poco usado") qualifiziert wird.

Somit besteht aktuell eine semantische Asymmetrie zwischen *juez* und *jueza* in Bezug auf zwei historische Männerbezeichnungen sowie auf die *Ehefrau des Richters*. Die Definitionen des Terminus *juez* im Genus Commune sorgen jedoch weitestgehend für semantische Symmetrie bei seinen gebräuchlichsten Bedeutungsvarianten.

Zu den Bedeutungsvarianten *Ehefrau/Frau des…* merken die Autorinnen des *Guía de Estilo I* an, zu denen u. a. die Linguistin María Luisa Calero Vaquera gehört, dass sich die Bedeutung dieser alten Bedeutungsvarianten bei den (neuen) Berufsbezeichnungen für Frauen den männlichen Entsprechungen immer weiter angleicht. Demzufolge verlieren sie damit gleichzeitig die alte Bedeutungsvariante *Ehefrau/Frau des…*, weil ihrer Auffassung nach „niemand mehr *la fiscala, la jueza, la magistrada, la alcaldesa, la concejala* etc. als Ehefrau dieser entsprechend berufstätigen Person interpretiert" (vgl. Calero Vaquera 2003: 13).

Jueza ist im *DUE* von 1981 im Gegensatz zum Maskulinum *juez* nicht vertreten (Moliner 1981: 197). Dafür sind beide Bezeichnungen unter einem Eintrag in der Ausgabe von 2007 mit folgenden Definitionen vorzufinden:

> „1 n. En sentido amplio, todo el que ejerce con autoridad la función de discernir el valor de una cosa o de aplicar castigos o premios a las faltas o al mérito o determinar quién tiene razón entre varios que discuten: ‚Juez de un tribunal de oposiciones. Actuar de juez en una disputa'.
> En sentido restringido, funcionario encargado de administrar justicia o decidir quién tiene razón en un pleito, en los tribunales públicos.

Persona que en los torneos públicos, en los certámenes literarios o en otras competiciones, cuida de que se cumplan las reglas y adjudica los premios.
2 m. Magistrado supremo del pueblo de Israel, desde que se estableció en Palestina hasta que se adoptó la monarquía. Judío.
3 Cada uno de los caudillos que gobernaron a Castilla conjuntamente en cierta época, en sustitución de los condes“ (Moliner 2007: 1713).

Bei der gebräuchlichsten, ersten Bedeutungsvariante von *juez/jueza* ist der Definition entsprechend keine Asymmetrie mehr zwischen Femininum und Maskulinum vorhanden, allerdings besteht sie weiterhin in Bezug auf die historischen Männerbezeichnungen, die im *DUE* ebenso verzeichnet sind wie im *DRAE.*

Eine ähnliche sprachliche Entwicklung hat sich beim Terminus *la presidenta,* womit Frauen in allen drei Tageszeitungen *El País, El Mundo* und *Abc* bezeichnet werden, vollzogen. *La presidenta* ist als Femininum ähnlich wie *la doctora* in einer so frühen Ausgabe des *DRAE* (erstmals in der vierten bzw. dritten Auflage, 1803 bzw. 1791) verzeichnet, und zwar mit folgender Definition:

„Presidenta. s.f.
la muger del presidente ó
la que manda y preside en alguna comunidad“
(Real Academia Española 1803: 681).

Das entsprechende Maskulinum, welches bereits in der ersten Ausgabe des *DRAE* von 1780 aufgenommen wurde, verfügt über wesentlich mehr Bedeutungsvarianten:

„Presidente. s.m.
El que preside, manda y prefiere á otros. Tómase regularmente por el que es cabeza ó superior de algún consejo, tribunal ó junta.
Entre los Romanos es el juez gobernador de alguna provincia.
En algunas religiones se llama el que sustituye al prelado.
El maestro, que puesto en la cátedra, asiste al discípulo que sustenta algun acto literario“ (Real Academia Española 1780: 747).

Diese Bedeutungsvarianten des Maskulinums haben sich seither kaum geändert; ab der 12. Ausgabe sind sie lediglich anders gegliedert (a.a.O.: 1884: 861).

Die Bedeutungsvarianten des Femininums *presidenta* und deren Reihenfolge blieben bis zur elften Ausgabe (1869) unverändert. Zunächst wird in der 12. Ausgabe (1884) die Reihenfolge der Bedeutungsvarianten vertauscht und dabei die nun erste Definition verkürzt. Die Bedeutung *Ehefrau des Präsidenten* rückt an die zweite Stelle, und zwar wie folgt:

> „Presidenta.
> f. La que preside.
> 2. Mujer del presidente."
> (Real Academia Española 1884: 861; 12. Ausgabe).

Seit der 12. Ausgabe des *DRAE* von 1884 stimmen die Definitionen und die Reihenfolge der Bedeutungsvarianten von *presidenta* bis zur einschließlich 20. Ausgabe von 1984 überein. Erst in der 21. Ausgabe (1992) wird der Eintrag gründlich überarbeitet:

> „Presidenta.
> f. la que preside.
> 2. **presidente**, cabeza de un gobierno, consejo, tribunal, junta, sociedad, etc.
> 3. **presidente**, jefa del Estado.
> 4. fam. Mujer del presidente"
> (Real Academia Española 1992: 1178; 21. Ausgabe).

Bei den Feminina wird mit der 2. und 3. Bedeutungsvariante, die beide in der 21. Auflage hinzugekommen sind, auf das Maskulinum verwiesen und damit sicherlich eine möglichst gleichberechtigte Bedeutung des Femininums und Maskulinums angestrebt. Der Eintrag des Maskulinums *presidente* ändert sich bis 1992 bei der Formulierung der Bedeutungsvarianten kaum (vgl. Real Academia 1992: 1178). Er hält allerdings eine wichtige Neuerung bereit: die Einführung des Genus Commune, so dass der Eintrag wie folgt lautet:

„presidente.
Que preside.
2. com. Persona que preside.
3. Cabeza o superior de un gobierno, consejo, tribunal, junta, sociedad, etc.
4. En los regímenes republicanos, el jefe del Estado normalmente elegido por un plazo fijo.
5. Entre los romanos, juez gobernador de una provincia.
6. En algunas religiones, el que sustituye al prelado.
7. Maestro que, puesto en la cátedra, asiste al discípulo que realizaba un ejercicio literario."
(Real Academia Española 1992: 1178; 21. Ausgabe).

Die zweite Variante steht nun im Genus Commune und die Definition wurde mit „persona que" entsprechend geschlechtsneutral angepasst. Auf die dritte und vierte Bedeutungsvariante des Maskulinums wird unter dem Eintrag des Femininums ausdrücklich hingewiesen; und deren Formulierung ist ebenfalls geschlechtsneutral. Semantische Asymmetrie zwischen *presidenta* und *presidente* besteht somit bei den beiden vorletzten (historischen) sowie bei der letzten (religiösen) Bedeutungsvariante sowie bei der Variante *Frau des Präsidenten*, was ebenso wie bei *jueza* als „umgangssprachlich" qualifiziert wird. Folglich existieren *juez* seit 1970 und *presidente* seit 1992 als Personenbezeichnungen für beide Geschlechter, nämlich im Genus Commune.

Die Bedeutung des Femininums *presidenta* bleibt seit der oben zitierten 21. Ausgabe des *DRAE* unverändert (vgl. http://buscon.rae.es/drae/ 2001, 22. Ausgabe). Die beiden Bedeutungsvarianten von *presidenta*, bei denen auf das Maskulinum *presidente* verwiesen wird, sind schließlich in der nachstehend zitierten 23. Ausgabe im Genus Commune verzeichnet[35]:

„Presidente.
1. adj. Que preside. Apl. a pers.
2. com. Cabeza de un gobierno, consejo, tribunal, junta, sociedad, etc.

35 In der 23. (bisher nur im Internet verfügbaren) Ausgabe sind Adjektiv und die 2. Bedeutungsvariante unter der nun 1. adjektivischen Bedeutungsvariante zusammengefasst, mit dem Vermerk „für Personen anwendbar" („aplicable a personas").

3. com. En los regimenes republicanos, jefe del Estado normalmente elegido por un plazo fijo.
4. m. Entre los romanos, juez gobernador de una provincial.
5. m. En algunas religiones, sustituto del prelado.
6. m. Maestro que, puesto en la cátedra, asistía al discípulo que realizaba un ejercicio literario" (http://buscon.rae.es/draeI/).

Bei dieser aktualisierten Definition von *presidente* ist nun für jede Bedeutungsvariante das Genus eindeutig erkennbar.

Presidenta und *presidente* sind sowohl in der Ausgabe des *DUE* von 1981 (Moliner 1981: 836) als auch von 2007 bereits unter einem Eintrag zusammengefasst, dessen Wortlaut nicht verändert wurde:

> „presidente, -a
> 1 (también adj. usado en aposición) n. Persona que preside […]
> 2 m. En algunas órdenes religiosas, sustituto del prelado.
> 3 Profesor que presidía un ejercicio literario de algún alumno"
> (Moliner 2007: 766).

Somit ist das Wortpaar in seiner ersten Bedeutungsvariante identisch, jedoch sind die zweite und dritte Variante mit dem Vermerk „masculino" und der Definition als „sustituto" bzw. „profesor" nur als Männerbezeichnungen vorgesehen. Bei ihnen handelt es sich zum einen um Würdenträger der Kirche und zum anderen um Lehrkräfte – folglich Berufe, die historisch bedingt nur Männer ausübten.

Solche Personenbezeichnungen wie *presidente* und *juez*, für die (zunächst) eine feminine Entsprechung fehlt, fasst Á. García Meseguer unter *Vacíos Léxicos*, den lexikalischen Lücken, zusammen (García Meseguer 1994: 35). Diese Lücken empfiehlt er z. B. durch eine Ableitung eines Femininums zu schließen, weil diese Lücken ihm zufolge dazu beitragen, „solche Fähigkeiten bei den Frauen zu verdecken oder unsichtbar zu machen" (ebd.). In der Vergangenheit ist die Ableitung eines Femininums bei den angegebenen Beispielen offensichtlich erfolgt, allerdings teilweise mit veränderter Bedeutung, denn es handelt sich dann jeweils um deren Ehefrau („*la mujer del presidente, mujer del jefe*" und „*la mujer del juez*"). Worauf in der feministischen Sprachwissenschaft im deutschen Sprachraum allgemeiner mit dem Begriff der Asymmetrie referiert wird, nennt der spanische Sprachwissenschaftler *Vocablos Ocupados*, „belegte Bezeichnungen" (a.a.O.: 37). Glücklicherweise, so schreibt er dazu, „entwickeln diese belegten Bezeichnungen mit der Zeit neue, an die Realität unserer heutigen Zeit angepasste Bedeutungsvarianten, was das Problem löst" (vgl. ebd.). Die aktuellen Definitionen aus der 22. Ausgabe des *DRAE* der Feminina *jueza* und *presidenta* belegen dies: Deren jeweils erste Bedeutungsvariante beschreibt tatsächlich das (ursprünglich von Männern geprägte) Berufsbild. Die zweite Bedeutungsvariante von *jueza* („mujer del juez") sowie die vierte Bedeutungsvariante von *presidenta* („mujer del presidente") sind in der aktuellen (22.) Ausgabe des *DRAE* jeweils mit der Anmerkung „coloquial" sowie *jueza* zusätzlich mit „poco usado" versehen, und verweisen somit auf den umgangssprachlichen, jedoch eher unüblichen und folglich auf einen nicht mehr zeitgemäßen Sprachgebrauch im Sinne der *Ehefrau*. Dabei stehen die Wortpaare *juez/jueza* und *presidenta/presidente* beispielhaft für viele weitere Wortpaare, denen die Problematik der *Vocablos Ocupados* gemein ist.

Diese für die Feminina sprachgeschichtlich neu entstandenen Bedeutungsvarianten sind nun unter den Einträgen der Maskulina *juez, presidente* – im Gegensatz zu älteren Ausgaben – im Genus Commune angegeben, so dass sie durch die Verwendung des maskulinen oder femininen Artikels Männer und Frauen bezeichnen können.

Obwohl das Genus Commune bereits seit dem 15. Jahrhundert in spanischen Grammatiken beschrieben wird, erkennt die *RAE* erst nach und nach[36] die Notwendigkeit zur Aufnahme des Genus Commune in seine Wörterbücher, womöglich um der sprachlichen Entwicklung hin zu einem möglichst geschlechtergerechten (nach F. de Saussure definierten) Sprachsystem mit entsprechender Lexik und Grammatik und nicht zuletzt dem gesellschaftlichen Wandel Rechnung zu tragen.

Diese Entwicklung im Sprachsystem stellt sich bei den in den untersuchten Zeitungsartikeln gebrauchten Termini *médica/médico* und *doctor/doctora* ähnlich dar und wird nachfolgend erläutert.

Médico, wie es in den Berichten aus dem demokratischen Zeitraum in *El País* im Themengebiet 3 vorkommt, ist als Frauenbezeichnung nicht unbedingt zeitgemäß, denn bereits seit der 13. Ausgabe des *DRAE* (1899) existiert *médica*

36 In der vorliegenden Untersuchung ist *testigo* der Terminus, der am frühesten einen Eintrag mit dem Genus Commune im *DRAE* hat, nämlich 1803, wie noch ausgeführt wird. Weitere Einträge mit dem Genus Commune erfolgen erst nach der Mitte des 20. Jahrhunderts. Einen Überblick bietet *Abbildung 2*.

auch in der Bedeutung *Ärztin.* Seit der ersten Ausgabe des *DRAE* (1780) war darin zwar lediglich das Maskulinum verzeichnet, und zwar mit folgender Definition:

> „Médico. s. m. El que sabe y profesa el arte de la medicina"
> (Real Academia 1780: 615; 1. Ausgabe).

Nachdem in der fünften Ausgabe von 1817 der Wortlaut dieser Definition verändert wurde, ist der Eintrag von *médico* in der 11. Ausgabe von 1869 überarbeitet worden und der Eintrag des Femininums *médica* hinzugekommen:

> „Médica. f. La mujer del médico."
> „Médico. m. El que se halla legalmente autorizado para profesar y ejercer la medicina." (Real Academia 1869: 499; 11. Ausgabe).

Das Wortpaar *médico/médica* macht zum Zeitpunkt der Einführung des Femininums keine Ausnahmen in Bezug auf die asymmetrische Bedeutung beider Termini: Auch *médica* wird als *Frau des Arztes* definiert. Die präzisierte Definition des Maskulinums *médico* wird in der 13. Ausgabe von 1899 schließlich auch für das Femininum übernommen und mit „la que" geschlechtergerecht angepasst formuliert:

> „Médica. f.
> La que se halla legalmente autorizada para profesar y ejercer la medicina.
> Mujer del médico." (Real Academia 1899: 646; 13. Ausgabe).

Bis zur einschließlich 19. Ausgabe des *DRAE* (1970) bleiben diese Einträge zu *médica/médico* in dieser Form bestehen, bevor sie in der 20. Ausgabe (1984) zusammengeführt werden:

> „Médico, ca
> adj. Perteneciente o relativo a la medicina. […]
> 4. m. y f. Persona legalmente autorizada para profesar y ejercer la medicina.
> 5. f. Mujer del médico." (http://lema.rae.es/drae/).

Abgesehen von der fünften, weiterhin existenten Bedeutungsvariante *Frau des Arztes* ist die Bedeutung des Femininums und Maskulinums gleich. Die Suche nach den Feminina, die wie im vorliegenden Fall in die Einträge der Maskulina integriert sind, führt in den digitalisierten Ausgaben des *DRAE* (bis einschließlich zur 21. Ausgabe von 1992) oftmals zu dem Problem, dass sie von der wörterbuchinternen Suchmaschine nicht gefunden werden, sondern dies nur über die Sucheingabe des Maskulinums möglich ist. Auf der Internetseite der aktuellen 22. Ausgabe (2001) wird das Femininum gefunden, obwohl es gemeinsam mit dem Maskulinum eingetragen ist:

> „Médico, ca
> 1. adj. Perteneciente o relativo a la medicina.
> 2. m. y f. Persona legalmente autorizada para profesar y ejercer la medicina.
>
> MORF. U. t. la forma en m. para designar el f.
> 3. f. coloq. desus. Mujer del médico." (http://lema.rae.es/drae/).

Auch hier stehen Maskulinum und Femininum unter einem Eintrag zusammengefasst. Die entscheidende Änderung an diesem Eintrag sind die Vermerke zur zweiten und dritten Bedeutungsvariante. Der Wandel von der allein maskulinen Personenbezeichnung *médico* hin zum geschlechtergerechten Wortpaar *médica/médico* vollzieht sich weiterhin. Die dritte Bedeutungsvariante *Frau des Arztes* ist nun mit den Anmerkungen „coloquial, desusado" (umgangssprachlich, veraltet) versehen. Die Anmerkung „U. t. la forma en m. para designar el f." (ebd.) bedeutet, dass die maskuline Form auch zur Bezeichnung von Frauen angewandt wird. Jedoch wurde diese Anmerkung in der 23. Ausgabe des *DRAE* gestrichen (vgl. ebd.).

M. Moliners *DUE* macht bei der Definition des Maskulinums und Femininums keinerlei Unterschiede, weder in der Ausgabe von 1981 noch 2007, wie der identische Eintrag zeigt:

> „médico, -a […]
> 2 n. Persona que tiene título oficial para curar las enfermedades. Medicina" (Moliner 1981: 376 und Moliner 2007: 1908).

Allerdings befinden sich im Anschluss an den Eintrag von 2007 folgende „Anmerkungen zum Gebrauch":

> „Notas de uso: Aunque existen las dos terminaciones (‚médico, médica') hay tendencia a usar la forma ‚médico' aplicada también a mujeres, sobre todo en frases atributivas con ‚ser':‚Mi hermana es médico'. En otros contextos es más frecuente emplear ‚doctora': ‚La doctora me ha recetado antibióticos'"
> (http://www.diclib.com/m%C3%A9dico/show/en/moliner/M/4913/2040/24/35/52231 und Moliner 2007: 1909).
>
> Hinweis zur Verwendung: Obwohl die beiden Bezeichnungen („Arzt, Ärztin") existieren, gibt es eine Tendenz zur Verwendung der Form „Arzt" auch für Frauen, vor allem in Attributivsätzen mit „sein": „Meine Schwester ist Arzt". In anderen Zusammenhängen wird eher „Doktorin" gebraucht: „Die Doktorin hat mir Antibiotika verschrieben".

Diese Erklärung im *DUE* entspricht auch der bereits betrachteten Anmerkung in der 22. Ausgabe des *DRAE*, die in der 23. Ausgabe gestrichen wurde. Insofern bleibt zu hoffen, dass die beiden Formen entsprechend der Person, die sie bezeichnet, gebraucht werden.

Auch beim Wortpaar *doctor/doctora* war in den ersten beiden Ausgaben des *DRAE* nur das Maskulinum *doctor* verzeichnet, und zwar mit folgenden Definitionen:

> „doctor. s. m.
> El que pasando por el exámen y todos los grados de una facultad, toma la borla, para tener la licencia de enseñar una ciencia, como: Teología, Cánones, Leyes, ó Medicina. Creóse el título de Doctor hácia la mitad del siglo XII. para suceder al de maestro, que por ser tan comun tenia ya poca estimacion.
> Título que da la Iglesia á aquellos Santos, que con especial afecto se emplearon en enseñar los misterios de nuestra santa Fe: y con prudente direccion y sanos consejos encaminaron los hombres á la perfeccion de las virtudes cristianas, para conseguir la salvación de sus almas; como San Agustin, […].

> Se llama vulgarmente al médico, aunque no tenga tal grado. Algunos dicen DOTOR, para distinguirle de los doctores de otras facultades; pero es corrupcion." (Real Academia 1780: 373, 1. Ausgabe).

Bereits in der dritten Ausgabe des *DRAE* ist der Eintrag von *doctor* überarbeitet und dabei das Femininum *doctora* hinzugefügt worden:

> „doctor. s. m. El que enseña en alguna ciencia, ó arte.
> 2. El que ha recibido solemnemente en una Universidad el último y mas preeminente de todos los grados por el qual se le da licencia para enseñar en todas partes sobre aquella facultad, ó ciencia en que se graduó.
> 3. Título que da la Iglesia con particularidad á algunos Santos, que mas de intento y con mayor profundidad de doctrina defendiéron nuestra santa Religion, ó enseñaron lo perteneciente á ella.
> 4. Se llama vulgarmente así el Médico aunque no tenga el grado.
> Doctora. s. f. Se llama tambien así la muger del Médico"
> (Real Academia 1791: 343, 3. Ausgabe).

Die Bedeutung des Femininums *doctora* beschränkt sich zunächst nur auf die *Frau des Arztes*. Doch bereits in der darauffolgenden vierten Ausgabe des *DRAE* wurde der ersten Bedeutungsvariante von *doctor* (aus der oben zitierten dritten Ausgabe) das Femininum *doctora* hinzugefügt. Die anderen drei Bedeutungsvarianten von *doctor* beziehen sich aber weiterhin nur auf das Maskulinum. Der separate Eintrag für das Femininum *doctora* bleibt trotzdem erhalten, mit der Definition „la muger del médico" (vgl. Real Academia 1803: 322). Somit wird zumindest für die erste dieser insgesamt vier Bedeutungsvarianten von *doctor* innerhalb (sprachgeschichtlich) relativ kurzer Zeit die Asymmetrie in der Wortbedeutung zwischen Maskulinum und Femininum aufgehoben.

Bereits in der siebten Ausgabe des *DRAE* (1832) sind *doctor* und *doctora* in einem gemeinsamen Eintrag verzeichnet. Die ursprünglichen Bedeutungsvarianten von *doctor* sind seitdem – bis zur 22. und zur derzeit nur im Internet verfügbaren 23. Ausgabe – auch auf das Femininum *doctora* anwendbar. Der separate Eintrag von *doctora,* der die asymmetrische Bedeutungsvariante *Frau des Arztes* verdeutlicht, bleibt in dieser separaten Form bis zur einschließlich 11. Ausgabe von 1869 so bestehen (Real Academia Española 1869: 288). Die

Integrierung des Femininums *doctora* (mit seinen drei asymmetrischen Bedeutungsvarianten wie u. a. *Frau des Arztes*; vgl. Real Academia 1884: 397) in den Eintrag des Maskulinums *doctor* führt ebenso wie bei *médica/médico* bei der Suche in den digitalisierten Wörterbüchern wiederum zu dem Problem, dass die Suche nach dem Femininum keine Treffer ergibt, sondern dieses nur über die Suche des Maskulinums zu finden ist.

Der Eintrag in der 23. Ausgabe, in der auch die ausschließlich in Bezug auf Frauen anwendbaren Bedeutungsvarianten integriert sind, lautet folgendermaßen:

„doctor, ra.
1. m. y f. Persona que ha recibido el más alto grado académico universitario.
2. m. y f. Título particular que da la Iglesia católica a algunos santos en atención al especial valor de la doctrina de sus escritos.
3. m. y f. coloq. Médico, aunque no tenga el grado académico de doctor.
4. f. coloq. p. us. Mujer del doctor.
5. f. coloq. p. us. Mujer del médico.
6. f. coloq. p. us. Mujer que blasona de sabia y entendida“

(http://lema.rae.es/drae/).

Die Asymmetrie zwischen Maskulinum und Femininum bleibt leider dahingehend bestehen, dass damit immer noch die *Frau des Doktors* sowie die *Frau des Arztes* (seit der 11. Ausgabe, vgl. Real Academia 1869: 288) bezeichnet werden kann, auch wenn diese seit der 12. Ausgabe (1884) mit dem Vermerk „familiar“ (umgangssprachlich) und seit der 22. Ausgabe mit dem Vermerk „coloquial poco usado“ (umgangssprachlich, wenig gebraucht) versehen sind (vgl. Real Academia 1884: 397 bzw. http://lema.rae.es/drae/). Eine weitere Asymmetrie kam jedoch mit der sechsten Bedeutungsvariante hinzu, die denselben Vermerk hat: *Frau, die mit Wissen und Sachverstand prahlt.* Diese Bedeutungsvariante war in der achten Ausgabe mit dem Vermerk „familiar“ (umgangssprachlich) aufgenommen worden (vgl. Real Academia 1843: 270).

Das Wortpaar *doctor/doctora* ist seit 1981 auch in allen Ausgaben des *DUE* verzeichnet (Moliner 1981: 1029); anfangs mit drei Bedeutungsvarianten, seit der Ausgabe von 2007 sogar noch mit einer vierten:

„doctor, a

1 (‚en') n. Persona que ha obtenido el grado superior al de licenciado, o sea el más alto que concede la universidad. No es corriente en España aplicarlo como tratamiento en la vida ordinaria a las personas que lo poseen.

2 En lenguaje corriente se aplica como tratamiento a los médicos, aunque sólo sean licenciados en medicina: ‚Lo que usted disponga, doctor'.

3 Título que da la Iglesia a algunos santos notables por su sabiduría: ‚La doctora de Ávila'.

4 Persona muy entendida en cierta materia. Se usa a veces con intención irónica" (Moliner 2007: 1073).

Gegenüber der Ausgabe von 1981 wurde in der aktuellen Auflage des *DUE* die Kategorisierung der Wortart als „n." (siehe erste Bedeutungsvariante) wie „nombre" präzisiert: Im Abkürzungsverzeichnis wurde *nombre* „masculino y femenino" in Parenthesen hinzugefügt (Moliner 2007: XLVI), was auf den möglichen Gebrauch des Terminus im Maskulinum für Frauen und Männer hinweist. Jedoch ist aufgrund dieser Festlegung des Genus bei keinem der damit spezifizierten (maskulinen/femininen) Personenbezeichnungen eindeutig klar, ob dem Femininum ausschließlich der feminine Artikel (*la directora*) und dem Maskulinum ausschließlich der maskuline Artikel (*el director*) zugeordnet werden muss oder ob auch Mischformen möglich sind. Im konkreten Fall bedeutet dies, dass neben *el director/la directora* auch die Variante *la doctor* als möglich erachtet wird. Diese würde auf das Genus Commune hinweisen, was als grammatisches Genus für *doctor* weder im *DUE* noch *DRAE* existiert (im Gegensatz zu z. B. *la médico*, wie es das *DRAE* zumindest in seiner 22. Ausgabe als mögliche Variante genehmigt). Die Mischform von maskulinem Artikel, das dem Femininum zugeordnet wird (nach dem Muster *el doctora*), ist unüblich und konnte nicht in den analysierten Zeitungsartikeln nachgewiesen werden.

In der zweiten Gruppe werden die Wortpaare *abogada/abogado, enfermera/enfermero, decana/decano, técnica/técnico* und *edil/edila* analysiert, bei denen Femininum und Maskulinum seit der Aufnahme des Femininums ins *DRAE* semantisch symmetrisch sind – mit der Ausnahme *abogada/abogado*, das erst seit der 21. Ausgabe von 1992 dieses Merkmal aufweist. Mit diesem Wortpaar soll die Auswertung dieser Gruppe beginnen.

Als *Rechtsanwältinnen* werden in den analysierten Zeitungsberichten des Themengebietes 3 in der Tageszeitung *Arriba* mit den Bezeichnungen *mujeres abogados, tres abogados* und *profesionales de Derecho* abgebildet. Diese Tatsache erscheint umso interessanter, wenn bedacht wird, dass das Femininum *abogada* ebenso wie das Maskulinum *abogado* bereits in der ersten Ausgabe des *DRAE* von 1780 verzeichnet ist:

> „Abogada. s. f.
> La muger del abogado, ó defensor de causas.
> Abogado. s. m.
> El profesor de Jurisprudencia, que con aprobación legítima defiende en juicio por escrito, ó de palabra el derecho de un litigante, ó la causa de un reo. […]
> Abogado, da. s. m. y f. Intercesor, ó medianero. Dícese principalmente de Jesu-Christo y de Maria Santísima y de los Santos que son abogados nuestros con Dios“ (Real Academia 1780: 4, 1. Ausgabe).

Zwar stimmen die Definitionen der beiden Einzeleinträge von *abogada* und *abogado* nur teilweise überein, aber leider ist die Wortwahl bei der Definition des Maskulinums und des Femininums mit dem Maskulinum „defensor de causas“ identisch. Die gleiche Bedeutung haben *abogado* und *abogada* dem dritten, gemeinsamen Eintrag zufolge bemerkenswerterweise vor dem religiösen Hintergrund, der ab der darauffolgenden zweiten Ausgabe von 1783 mit dem Eintrag des Maskulinums zusammengeführt wurde, während das Femininum mit einem separaten Eintrag und unveränderter Definition bestehen blieb. Ab der vierten Ausgabe des *DRAE* von 1803 haben *abogada* und *abogado* jeweils einen separaten Eintrag:

> „Abogada. s. f.
> Intercesora, ó medianera.
> La muger del abogado.
> Abogado. s. m.

> El profesor de Jurisprudencia, que con aprobación legítima defiende en juicio por escrito, ó de palabra el derecho de un litigante, ó la causa de un reo.
> Intercesor, ó medianero. Dícese principalmente de Jesucristo y de los santos que son abogados nuestros con Dios“
> (Real Academia 1803: 4, 4. Ausgabe).

Die *Ehefrau des Anwaltes* ist ab dieser Ausgabe nicht mehr die erste, sondern die zweite Bedeutungsvariante von *abogada*. Die nicht geschlechtergerechte Definition von *abogada* als *Verteidiger von Rechtssachen* („defensor de causas“) ist nun gar nicht mehr verzeichnet, wodurch die Bedeutungen von *abogada* und *abogado* asymmetrischer werden (*Vermittlerin – Anwalt; Frau des Anwalts – Vermittler*). Bis einschließlich zur 11. Ausgabe des *DRAE* (1869) bleiben diese Definitionen von 1803 mit diesem Wortlaut und dieser Reihenfolge bestehen. Beim Maskulinum wird der Wortlaut der Definitionen verkürzt; inhaltlich ändert sich nichts. In der 12. Ausgabe von 1884 wurden beide Einträge überarbeitet:

> „Abogada. f.
> Mujer del abogado.
> *Fig.* Intercesora ó medianera.
> Abogado. m.
> Profesor de jurisprudencia que se dedica á defender en juicio, por escrito ó de palabra, los derechos ó intereses de los litigantes, y también á dar dictamen sobre las cuestiones ó puntos legales que se le consultan.
> *Fig.* Intercesor ó medianero“ (Real Academia 1884: 4, 12. Ausgabe).

Die *Ehefrau des Anwaltes* ist nun sogar wieder die erste Bedeutung von *abogada*, während die *Fürsprecherin oder Vermittlerin*, nun mit dem Vermerk „figurado“ (bildhaft), die zweite Bedeutung ist. Derselbe Vermerk steht zu dieser Bedeutungsvariante auch beim Maskulinum *abogado*; und die erste Bedeutungsvariante wurde spezifiziert. Folglich findet bei diesem Wortpaar die typische Entwicklung hin zu einer möglichst symmetrischen Semantik von Femininum und Maskulinum zunächst nicht statt, sondern das Gegenteil ist der Fall (*Frau des Anwalts – Anwalt; Vermittlerin – Vermittler*).

Die Bedeutungsvariante *Frau des Anwalts* steht auch in der 13. und 14. Ausgabe des *DRAE* an erster Stelle und die Definitionen von *abogada* und *abogado* bleiben über jenen Zeitraum hinweg unverändert. In der 15. Ausgabe des *DRAE* (1925) wird schließlich *die Anwältin* als erste Bedeutungsvariante von *abogada* aufgenommen, wenn auch der Wortlaut nicht dem des Maskulinums entspricht, obwohl auch dieser leicht verändert wurde[37]:

> „Abogada. f.
> Mujer que se halla legalmente autorizada para profesar y ejercer la abogacía.
> 2. fam. Mujer del abogado.
> 3. fig. Intercesora o medianera.
> Abogado. m.
> Perito en el derecho positivo que se dedica …"
> (Real Academia 1925: 5; 15. Ausgabe).

Die zweite Bedeutungsvariante *Frau des Anwalts* ist nun mit „familiar" (umgangssprachlich) vermerkt. Bis zur 19. Ausgabe des *DRAE* bleiben die Bedeutungsvarianten für Femininum und Maskulinum sowohl in ihrer Reihenfolge als auch im Wortlaut bestehen. Somit besteht nach dieser Definition eigentlich keine Notwendigkeit, das Maskulinum in Bezug auf Rechtsanwältinnen anzuwenden, wie es in der Tageszeitung *Arriba* geschehen ist (*tres abogados, mujeres abogados*). Möglicherweise ist dies aber eine bewusste Wortwahl in Abgrenzung zur „Ehefrau des Anwalts", was zur Franco-Zeit aufgrund der gesellschaftlichen Umstände eine gängigere Interpretation der Termini gewesen wäre. Die ebenfalls von *Arriba* (während der Franco-Zeit) gebrauchte Alternative *profesionales de Derecho*, die im Genus Commune steht und im Zeitungsartikel synonym zu *mujeres abogados* gebraucht wurde, ist hingegen ein positives Beispiel für eine bewusste Wortwahl und eine geschlechtsneutrale Berufsbezeichnung.

Ab der 20. Ausgabe des *DRAE* sind *abogada/abogado* in einem Eintrag zusammengefasst:

37 Auf die vollständige Definition des Maskulinums wird daher verzichtet. Es wird nur die leicht veränderte erste Bedeutungsvariante zitiert; ansonsten blieb der Wortlaut gegenüber der davor zitierten Ausgabe gleich.

„abogado, da.
m. y f. Persona legalmente autorizada para defender en juicio, por escrito o de palabra, los derechos o intereses de los litigantes, y también para dar dictamen sobre las cuestiones o puntos legales que se le consultan.
2. fig. Intercesor o medianero.
3. f. fam. Mujer del abogado."
(Real Academia 1984: 6; 20. Ausgabe und 1992: 6; 21. Ausgabe).

Hierbei stimmen die ersten beiden Bedeutungsvarianten für beide Genera überein. Die dritte Bedeutungsvariante, die das Femininum zusätzlich beschreibt, bezieht sich immer noch auf die *Frau des Anwalts*. Allerdings steht auch hier, wie bereits bei *jueza* und *presidenta* ausgeführt, der Vermerk „familiar", der ausschließlich auf den umgangssprachlichen Gebrauch hinweist.

In der 22. Ausgabe des *DRAE* sind *abogado* und *abogada* schließlich auch mit derselben, nämlich folgenden Definition zusammengefasst:

„abogado, da.
1. m. y f. Licenciado o doctor en derecho que ejerce profesionalmente la dirección y defensa de las partes en toda clase de procesos o el asesoramiento y consejo jurídico.
MORF. U. t. la forma en m. para designar el f.
2. m. y f. Intercesor o mediador" (http://lema.rae.es/drae/).

Somit entfällt die Bedeutungsvariante *Frau des Anwalts* und Femininum und Maskulinum sind in ihrer Bedeutung symmetrisch geworden, wie es das Ziel feministischer Linguistik vorsieht. Der Kritikpunkt an der ersten Bedeutung ist jedoch, dass das Maskulinum, wie es heißt, auch verwendet werden darf, um Frauen zu bezeichnen.

Auch das Wortpaar *abogada/abogado* ist ebenso wie *presidenta/presidente* unter einem Eintrag im *DUE* verzeichnet, sowohl in der Ausgabe von 1981 als auch von 2007. Auch der Wortlaut von Femininum und Maskulinum ist identisch:

„abogado, -a
1 n. Se aplica al que influye en favor de alguien o le defiende. Defensor.

2 Santo al que se tiene como protector de ciertas cosas, personas o colectividades: ‚Santa Lucía es abogada de la vista. San José es abogado de los carpinteros'. Patrón, patrono.

3 Persona que tiene la carrera de derecho. Persona con esa carrera que aconseja en asuntos de derecho o interviene en los juicios y procesos representando a una de las partes"

(Moliner 1981: 11 und Moliner 2007: 11 sowie http://www.diclib.com/abogado/show/en/moliner/A/9826/300/0/6/939.

Die zweite Definition ist jedoch auch nicht geschlechtsneutral verfasst.

Mujeres abogados und *abogados* als Frauenbezeichnungen dürften nun aufgrund der symmetrischen Definition des Wortpaares der Vergangenheit angehören – unter der Voraussetzung, dass das Maskulinum nicht mehr für Frauen verwendet wird.

Ein weiterer Kritikpunkt an der Definition von *abogado, abogada* betrifft die Wortwahl in der Definition beider Bedeutungsvarianten. Sie sind mit den (generischen) Maskulina *licenciado* bzw. *doctor* und *intercesor* bzw. *mediador* im *DRAE* und mit *defensor* und *patrón/patrono* im *DUE* nicht geschlechtergerecht formuliert, wie es bereits Á. García Meseguer in der Vergangenheit zumindest beim *DRAE* kritisiert hatte.

In der 23. Auflage des *DRAE* gibt es folgende Änderung in der Formulierung:

„abogado, da.

1. m. y f. Licenciado en derecho que ofrece profesionalmente asesoramiento jurídico y que ejerce la defensa de las partes en los procesos judiciales o en los procedimientos administrativos.

MORF. U. t. la forma en m. para designar el f. Rosa es abogado."
(http://lema.rae.es/drae/).

Diese Definition ist trotz der Aktualität dieser Ausgabe, welche bisher nur im Internet verfügbar ist, streng betrachtet auch nicht geschlechtergerecht formuliert. Die anderen Bedeutungsvarianten bleiben mit ihren Definitionen unverändert[38]. Leider wird auch weiterhin auf das Maskulinum als Möglichkeit zur Bezeichnung von Frauen zurückgegriffen.

Das Wortpaar *enfermero/enfermera* ist ungleich den vorangegangenen Wortpaaren – mit Ausnahme von *abogado/abogada* – bereits mit beiden Formen in der ersten Ausgabe des *DRAE* (1780) vertreten – sogar mit einem gemeinsamen Eintrag und identischer Bedeutung:

> „enfermero, ra. s. m. y f. Persona destinada á cuidar de los enfermos, y á asistirlos por razon de su oficio y encargo“ (Real Academia 1780: 405).

Folglich ist dieses Wortpaar das einzige in dieser Arbeit untersuchte, das in sprachgeschichtlicher Hinsicht seit diesem Zeitpunkt (1780) auf eine symmetrische Bedeutung des Femininums und des Maskulinums verweisen kann und diese bis zur aktuellen Ausgabe beibehält:

> „enfermero, ra.
> 1. m. y f. Persona dedicada a la asistencia de los enfermos“
> (http://lema.rae.es/drae/).

Auf die Eintragung von *enfermero* und *enfermera* im *DUE* trifft das gleiche zu wie auf das *DRAE:* Beide Formen sind (seit 1981) unter ein- und demselben Eintrag mit derselben Definition verzeichnet, wie dies seitdem auch bei *doctor/doctora* der Fall war:

> „enfermero, a
> n. Persona que atiende a los enfermos en los hospitales, clínicas, etc., y ayuda a los médicos“ (Moliner 1981: 1118 und Moliner 2007: 1165).

Lediglich das 1981 nicht verzeichnete „n“ („nombre (masculino y femenino)“) weist nun deutlicher auf den Gebrauch für beide Geschlechter hin (ebd.).

La decano, wie es in den Berichten des Themengebietes 3 bei *Arriba* gebraucht wird, ist ein ähnlicher Fall wie das in Bezug auf Frauen gebrauchte Maskulinum *abogado*. Das Maskulinum *decano* ist im Gegensatz zum Femininum *decana* von der ersten Ausgabe des *DRAE* (1780) an darin verzeichnet:

38 Die dritte Bedeutung von *abogado* ist nur für Nicaragua relevant und wird daher nicht mit einbezogen.

> „Decano. s. m.
> El mas antiguo de alguna junta, cuerpo, ó comunidad"
> (Real Academia 1780: 311, 1. Ausgabe).

Bereits in der dritten Ausgabe (1791) kommt eine zweite Bedeutungsvariante hinzu, die mit überarbeitetem Wortlaut in der 11. Ausgabe von 1869 folgendermaßen lautet:

> „Decano. m.
> El más antiguo de una comunidad, cuerpo, junta, etc.
> El que con título de tal es nombrado para presidir algun consejo, tribunal, ó facultad universitaria, sin embargo de no ser el más antiguo"
> (Real Academia 1869: 243, 11. Ausgabe).

Die Definition von *decano*, die bis zur 20. Ausgabe (1984) nur eine kleine Veränderung im Wortlaut der zweiten Bedeutungsvariante erfährt, suggeriert, dass es sich um eine Bezeichnung allein für Männer handelt. Der Gebrauch mit femininem Artikel *la* erscheint laut *DRAE* nicht möglich. Auch das *DUE* von 1981 hat das Femininum *decana* noch nicht verzeichnet, sondern lediglich das Maskulinum (Moliner 1981: 864).

In der 20. Ausgabe des *DRAE* (1984) wurde der Eintrag aktualisiert und *decano* wurde das Femininum *decana* hinzugefügt. Der aktuelle Eintrag (2001), bei dem nur der Wortlaut der zweiten Bedeutung verändert wurde, lautet folgendermaßen:

> „Decano, na.
> 1. m. y f. Miembro más antiguo de una comunidad, cuerpo, junta, etc. U. t. c. adj.
> 2. m. y f. Persona que con título de tal es nombrada para presidir una corporación o una facultad universitaria, aunque no sea el miembro más antiguo" (http://lema.rae.es/drae/).

Somit sind Femininum und Maskulinum nicht nur semantisch symmetrisch, sondern mit *miembro* und *persona* sind seit jener Ausgabe des *DRAE* von 1984 sogar die Definitionen im Sinne der geschlechtergerechten Sprache angepasst.

Das *DUE* hat erst mit der Ausgabe von 2007 *decana* und *decano* mit einem gemeinsamen Eintrag aufgenommen, der sich jedoch vom Wortlaut her kaum vom Eintrag von 1981 unterscheidet:

> „decano, -a
> 1 n. Director de algunas corporaciones, generalmente el miembro más antiguo de ellas. Particularmente, director de cada facultad universitaria.
> 2 adj. y n. (n. calif.) Miembro más antiguo o al más viejo de una comunidad"
> (Moliner 2007: 906 und http://www.diclib.com/decano/show/en/moliner/D/5438/240/0/5/25343).

Decano hat mit der Bezeichnung „director" in der ersten Bedeutungsvariante zwar keine geschlechtsneutral formulierte Definition, was ein regelmäßiger Kritikpunkt insbesondere an einer relativ neuen Ausgabe eines einsprachigen spanischen Wörterbuches aus dem Jahr 2007 ist. Aber das Genus „n" zeugt von einer Bezeichnung, die auf beide Geschlechter anwendbar ist („nombre (masculino y femenino)"). Auch bei diesem Wortpaar ist ähnlich wie bei *doctor/doctora* nicht eindeutig klar, ob dem Femininum ausschließlich der feminine Artikel (*la decana*) und dem Maskulinum ausschließlich der maskuline Artikel (*el decano*) zugeordnet werden muss oder ob auch Varianten wie *la decano*, wie es in einem Bericht der Tageszeitung *Arriba* geschrieben steht, oder die unübliche Variante *el decana* möglich sind. Trotz der Verwendung des Terminus *la decano* wird in diesem Fall weder im *DUE* noch im *DRAE* auf den Gebrauch im Genus Commune hingewiesen.

Das Wortpaar *técnica/técnico* in seiner aktuellen Bedeutung *Fachfrau/Fachmann* wird erst in der 14. Ausgabe des *DRAE* von 1914 aufgenommen, obwohl es als Adjektiv sowie als maskulines Substantiv mit einer anderen Bedeutungsvariante bereits vorher vertreten ist, die auch weiterhin als die ersten beiden Varianten verzeichnet sind:

> „Técnico, ca. adj. Perteneciente o relativo a las aplicaciones de las ciencias y artes.

> 2. Aplícase en particular a las palabras o expresiones empleadas exclusivamente, o con sentido distinto del vulgar, en el lenguaje propio de un arte, ciencia u oficio, etc.
> 3. m. El que posee los conocimientos especiales de una ciencia o arte“ (Real Academia 1914: 973).

Die neu aufgenommene dritte Bedeutungsvariante ist allerdings, wie der Eintrag zeigt, nur für das Maskulinum und folglich nur für Männer anwendbar. Bis zur 19. Ausgabe (1970) bleibt diese Definition gleich; erst 1984 wird der dritten Variante dem Maskulinum das feminine Genus hinzugefügt („m. y f. Persona que…“; vgl. Real Academia 1984: 1291).

Trotzdem ist der Terminus *técnica* seit 1925 im *DRAE* verzeichnet, allerdings in einer anderen Bedeutung:

> „técnica. f. Conjunto de procedimientos y recursos de que se sirve una ciencia o un arte.
> 2. Pericia o habilidad para usar de esos procedimientos y recursos“ (Real Academia 1925: 1154).

Aus lexikografischer Sicht ist nicht nachvollziehbar, warum das Femininum in der Bedeutung *Fachfrau* dem *Fachmann (técnico)* untergeordnet ist, anstatt es mit bei *técnica* zu verorten oder wenigstens einen separaten Eintrag vorzunehmen, wenn feminine und maskuline Personenbezeichnung ohnehin nicht semantisch symmetrisch sind. Allerdings ist genau dies einer der zentralen feministisch-linguistischen Kritikpunkte an der *Real Academia*, dass feminine Berufs- und Personenbezeichnungen nicht oder relativ spät in Bezug auf ihren tatsächlichen Gebrauch in das *DRAE* aufgenommen werden; mit der Begründung, dass diese Feminina bereits durch andere Bedeutungen (wie in diesem Fall *Technik* belegt sind). Dabei ist das Femininum *técnica* (im Sinne von Technik) selbst erst seit 1925 im *DRAE* verzeichnet – im Gegensatz zum Maskulinum und das für Männer gebrauchte *técnico*, dass 1914 in das *DRAE* einging. Dies beweist einmal mehr, dass diese Wortbedeutungen nicht statisch sind. Zum anderen ist eine semantische Doppel- oder Mehrfachbelegung von Termini (nicht nur von Personen- oder Berufsbezeichnungen) nichts Außergewöhnliches (vgl. auch *música, física, química, matemática*).

Die *Real Academia* hat in ihrer 22. Ausgabe offensichtlich auf die Kritik aus lexikografischer Sicht reagiert und alle Bedeutungsvarianten in einem Eintrag zusammengefasst (vgl. Real Academia 2001: 2144). In der 23., bisher nur im Internet verfügbaren Ausgabe haben *técnica* (Technik) und *técnico, ca* wiederum jeweils eigene Einträge, die nachfolgend gegenübergestellt werden:

> „técnica. 1. f. Conjunto de procedimientos y recursos de que se sirve una ciencia o un arte.
> 2. f. Pericia o habilidad para usar de esos procedimientos y recursos.
> 3. f. Habilidad para ejecutar cualquier cosa, o para conseguir algo“ http://lema.rae.es/drae/).

> „técnico, ca. adj. Perteneciente o relativo a las aplicaciones de las ciencias y las artes.
> 2. adj. Dicho de una palabra o de una expresión […].
> 3. m. y f. Persona que posee los conocimientos especiales de una ciencia o arte.
> 4. […]“ (http://lema.rae.es/drae/).

Die Strategie, zwei getrennte Einträge für beide Termini zu führen, entspricht auch der im *DUE* gebrauchten Strategie; allerdings soll das an dieser Stelle irrelevante *técnica* im Sinne von *Technik* nicht nochmals mit Definition angeführt werden (vgl. Moliner 2007: 2833).

Im *DUE* von 1981 sind *técnico* und *técnica* beide bereits unter einem Eintrag zu finden, aufgrund der Bedeutungsvielfalt (auch als Adjektiv) jedoch nicht nur als Frauen- bzw. Männerbezeichnung zu betrachten (Moliner 1981: 1275). Die zweite Bedeutung, die damals einzige, die sich auf Personen bezieht, wurde auch in der aktuellen Ausgabe mit derselben Definition übernommen. Darüber hinaus wurde die aktuelle Ausgabe mit einer weiteren (vierten) Bedeutung, die sich wiederum auf Personen bezieht, ergänzt. Lediglich diese beiden aktuellen Varianten für Personen sollen nun zitiert werden:

> „técnico, -a […]
> 2 adj. y n. Aplicado a personas, preparado con los conocimientos teóricos y prácticos necesarios para determinada actividad: ‚Un técnico en restauración de pinturas‘. Entendido. n. Persona dedicada a la

técnica: ‚Hay que avisar al técnico porque la caldera no funciona bien. El mundo está en manos de los técnicos'. […]
4 m. Dep. Entrenador de un equipo" (Moliner 2007: 2833).

In der Ausgabe von 1981 ist die Anmerkung zum Genus „n" auch verzeichnet; die Abkürzung wird damals allerdings nur mit „nombre" angegeben (Moliner 1981: XXXIIX). Nach der aktuellen Ausgabe ist, wie oben unter *doctor/doctora* bereits behandelt, die Verwendung der Termini mit maskulinem oder femininem Artikel möglich (Moliner 2007: XLVI).

Das Maskulinum *edil* wurde bereits in der ersten Ausgabe des *DRAE* von 1780 aufgenommen, allerdings nur in der aktuell zweiten Bedeutungsvariante *Beamter im alten Rom* (vgl. Real Academia 1780: 385). Die heutzutage gebräuchlichste Bedeutungsvariante *Stadtrat* kam erst in der 15. Ausgabe (1925) hinzu und lautet:

„edil. m. […] 2. Concejal, miembro de un ayuntamiento"
(Real Academia 1925: 465).

In der darauffolgenden 16. Ausgabe von 1936 wurde das Femininum *edila* aufgenommen und semantisch symmetrisch zum Maskulinum definiert:

„edila. f. mujer miembro de un ayuntamiento"
(Real Academia 1936: 488).

Von der 18. bis zur 21. Ausgabe (1956 bis 1992) wird dabei zudem auf die zweite Bedeutungsvariante des Synonyms *concejala* verwiesen. In der aktuellen 22. Ausgabe des *DRAE*, in dem das Wortpaar *edil/edila* in einem Eintrag zusammengefasst ist, wird dieser Verweis nur mit dem Maskulinum *concejal* vorgenommen:

„edil, la.
1. m. y f. concejal (miembro de una corporación municipal).
MORF. U. t. la forma en m. para designar el f. Consuelo es edil.
2. m. Entre los antiguos romanos, magistrado …"
(http://lema.rae.es/drae/).

Erstaunlicherweise ist diese Ausgabe die erste, die in einer Anmerkung zur ersten Bedeutungsvariante *Stadtrat/Stadträtin* erwähnt, dass das Maskulinum ebenso als Bezeichnung für Frauen benutzt wird (und dabei folglich auch nicht zwischen Genus und Sexus unterscheidet: *Consuelo ist Stadtrat*), was diesem eigentlich positiven Beispiel, bei dem eine archaische Bedeutungsvariante des Maskulinums an zweite Stelle rückt und somit der Bedeutungssymmetrie zwischen Maskulinum und Femininum mehr Raum lässt, einen negativen Beigeschmack gibt.

Ähnlich stellt sich dieses Problem im *DUE* dar. Am Terminus *edil* und seiner Definition hat sich in den Ausgaben des *DUE* seit 1981 nichts verändert (Moliner 1981: 1054):

> „edil
> 1 m. En la antigua Roma, magistrado que se ocupaba de las obras públicas y de mantener en buen estado los edificios públicos de la ciudad.
> 2 n. Concejal: miembro del ayuntamiento“ (Moliner 2007: 1101).

Bei der ersten Bedeutungsvariante wurde lediglich das Genus „m“ für „(nombre) masculino“ hinzugefügt, bei der zweiten das „n“, das „nombre (masculino y femenino)“ bedeutet (Moliner 2007: XLVI). Jedoch ist bei *edil* nicht eindeutig klar, mit welchem Artikel es als Frauenbezeichnung stehen kann: ob *el edil* somit für Frauen angewendet werden soll oder *la edil*, was auf das Genus Commune hinweisen würde (*el/la edil*). Eine Feminisierung durch Suffigierung mit *-a* wird im *DUE* nämlich im Unterschied zum *DRAE* nicht betrachtet.

Den Wortpaaren *jefa/jefe* und *colegial/colegiala* ist gemein, dass deren Femininum und Maskulinum jeweils in dieselbe Ausgabe des *DRAE* erstmals aufgenommen worden sind (1837 bzw. 1780). Ab diesem Zeitpunkt waren Femininum und Maskulinum jeweils semantisch symmetrisch, was sich in der Zwischenzeit geändert hat (ab 1925 bzw. 1884 asymmetrisch).

Jefa und *jefe* sind erstmals in der achten Ausgabe des *DRAE* von 1837 verzeichnet, und zwar mit einem gemeinsamen Eintrag, der folgendermaßen lautet:

„jefe, fa.
m. y f. El superior ó cabeza de algun cuerpo ú oficio.
m. El escudo pequeño que carga sobre el grande ó principal“
(Real Academia Española 1837: 429, 8. Ausgabe).

Während dieser gemeinsame Eintrag des Maskulinums und Femininums durch eine gemeinsame (erste) Bedeutungsvariante in Bezug auf Personen beide Geschlechter gleichberechtigt definiert, haben *jefe* und *jefa* ab der 12. Ausgabe des *DRAE* (1884) je einen separaten Eintrag, wo sich jedoch an der Bedeutung des Wortpaares zunächst nichts ändert:

„jefa. f.
Superiora ó cabeza de un cuerpo ú oficio.
jefe.
m. Superior ó cabeza de un cuerpo ú oficio.
m. Escudo pequeño que carga sobre el grando ó principal.“
(Real Academia 1884: 614, 12. Ausgabe).

In den Ausgaben des *DRAE* bis 1914 sind *jefa* und *jefe* damit semantisch symmetrisch. Die *Frau des Chefs* ist zu jenem Zeitpunkt sowie in den beiden folgenden Ausgaben noch gar nicht als Bedeutungsvariante aufgeführt (Real Academia 1899: 573 und 1914: 591). Die Bedeutung des Maskulinums wurde mittlerweile erweitert bzw. spezifiziert.

In der 20. und 21. Ausgabe des *DRAE* werden *jefa* und *jefe* verschiedentlich nach Femininum und Maskulinum definiert:

„jefa.
f. Superiora o cabeza de un cuerpo u oficio.
2. Mujer del Jefe.“
(Real Academia Española 1984: 796 und 1992: 849).

„jefe.
m. Superior o cabeza de un cuerpo u oficio.
2. Cabeza o presidente de un partido o corporación.
3. En el ejército y en la marina, categoría superior a la de capitán e inferior a la de general.

4. V. General en jefe.
5. *Blas.* Cabeza o parte alta del escudo de armas."
(Real Academia Española 1984: 796 und 1992: 849)

Beim Femininum *jefa* stellt sich die Problematik in Bezug auf die Asymmetrie *Frau des Chefs* ähnlich dar wie bei den Feminina der ersten Gruppe (*jueza, presidenta* u. a.). Während in der 22. Ausgabe diese Bedeutungsvariante von *jefa* („mujer del jefe") als umgangssprachlich und selten gebraucht („coloquial, poco usado") bewertet wird, fehlen diese Anmerkungen in der 20. und 21. Ausgabe des *DRAE* noch, wie der aktuelle Eintrag der 22. Ausgabe (2001) zeigt:

„Jefa. (De jefe).
1. f. Superiora o cabeza de un cuerpo u oficio.
2. f. coloq. p. us. Mujer del jefe" (http://buscon.rae.es/draeI/).

Während *jefe* in diesen beiden zitierten Ausgaben (1984 und 1992) nur im maskulinen Genus aufgeführt wird, wurde es schließlich in der 22. Ausgabe (2001) des *DRAE* im Genus Commune aufgenommen; und damit drei Ausgaben und 31 Jahre später als dies z. B. bei *juez* der Fall war. Der Eintrag von *jefe* in der 22. Ausgabe des *DRAE* lautet folgendermaßen:

„Jefe. (Del fr. *chef*).
1. com. Superior o cabeza de una corporación, partido u oficio.
2. com. *Mil.* Militar con cualquiera de los grados de comandante, teniente coronel y coronel en el Ejército, o lod de capitán de corbeta, capitán de fragata y capitán de navío en la Armada.
3. m. *Heráld.* Cabeza o parte alta del escudo de armas"
(http://buscon.rae.es/draeI/).

Die semantische Symmetrie zwischen *jefa* und *jefe* in Bezug auf Personenbezeichnungen ist damit weitgehend hergestellt, abgesehen von der zweiten Bedeutung des Femininums *Ehefrau des Chefs*, auch wenn diese Bedeutungsvariante mit der Anmerkung „coloquial" als umgangssprachlich qualifiziert wird und sie laut der Linguistin M. L. Calero Vaquera nach und nach verloren geht. Leider ist bei diesem Beispiel zu bedenken, dass genau diese Bedeutungsvariante erst im 20. Jahrhundert zur ursprünglichen Bedeutung (im *DRAE*) hinzukam.

Darüber hinaus irritiert die erste Bedeutungsvariante von *jefa* in der 22. Auflage durch eine im Wortlaut nicht vollständig übereinstimmende Definition von *jefe*, auch wenn sie semantisch weitgehend übereinstimmt (*„jefa: ...cabeza de un cuerpo u oficio“; „jefe: cabeza de una corporación, partido u oficio“*; vgl. http://lema.rae.es/drae/). Diese dürfte daher rühren, dass die Definition des Femininums aus vorangegangenen Auflagen übernommen wurde, während der Eintrag zu *jefe* wegen der Änderung des Genus vom Maskulinum zum Genus Commune überarbeitet wurde. Allerdings sollte bei einer Begriffsdefinition von der maßgeblichen Sprachkommission für das Spanische mehr Genauigkeit erwartet werden können.

Im *DUE* (1981) wird beim Femininum *jefa* zum einen auf den Eintrag *jefe* verwiesen, der geschlechtsneutral formuliert ist:

> „jefe.
> 1. Persona que manda en otras o que es seguida por otras que se someten voluntariamente a su autoridad. [...]
> 2. En el ejército y la marina, persona de las que ostentan grado superior al de capitán.
> 3. Parte alta del escudo de armas“ (María Moliner 1981: 186).

Zum anderen wird *jefa* am Ende dieses Eintrags mit folgender Definition gesondert aufgeführt:

> „jefa. Femenino de ‚jefe‘, usado en lenguaje informal“ (ebd.).

Dieser separate Eintrag zeigt, dass sich *jefa* in der Umgangssprache bereits herausgebildet hat, dies aber im Wörterbuch noch nicht vollständig anerkannt wird. In der Ausgabe des *DUE* von 2007 sind *jefe* und *jefa* unter einem Eintrag zusammengefasst und die erste und vierte, bereits zitierten Bedeutungen werden mit demselben Wortlaut angeführt. Hinzu kommt eine überarbeitete zweite (nun dritte) Bedeutung sowie eine weitere (die zweite) Bedeutung, die wiederum für eine Asymmetrie zwischen dem Femininum *jefa* und dem Maskulinum *jefe* sorgt:

„jefe, -a.
1. Persona que manda en otras o que es seguida por otras que se someten voluntariamente a su autoridad.
2. (pop. e inf.) m. Se usa como apelativo para dirigirse a un hombre que tiene cierta autoridad por el trabajo que realiza o por otra circunstancia; por ejemplo para dirigirse a un conductor de autobús o a un camarero
3 Mil. Persona de las que ostentan grado superior al de capitán.
4 Parte alta del escudo de armas" (Moliner 2007: 1703).

Diese zweite, als umgangssprachlich qualifizierte Bezeichnung bezieht sich nur auf Männer, die in dieser Bedeutung auch nicht im *DRAE* zu finden ist. Dennoch sind eine gemeinsame Eintragung des Femininums und Maskulinums und auch eine geschlechtsneutral definierte (da veränderte) dritte Variante in Bezug auf das Militär ein Fortschritt hinsichtlich einer möglichst symmetrischen Bedeutung von *jefa* und *jefe*.

Das Wortpaar *colegial/colegiala* ist sowohl mit dem Femininum als auch mit dem Maskulinum in der ersten Ausgabe des *DRAE* von 1780 vertreten, mit folgender Definition:

„colegial, la. s. m. y f. La persona que tiene beca, ó plaza en algun colegio" (Real Academia 1780: 241).

Für das Maskulinum wurden somit nicht mehr Bedeutungsvarianten notiert als für das Femininum, wodurch das Wortpaar in sprachgeschichtlicher Hinsicht semantisch symmetrisch ist und damit unter den untersuchten Wortpaaren eine Ausnahme darstellt. Allerdings wird der gemeinsame Eintrag von *colegial/colegiala* in der zwölften Ausgabe des *DRAE* von 1884 erstmals aufgelöst. Oben bereits zitierte Bedeutungsvariante von *colegial* bleibt erhalten. Darüber hinaus stehen bei *colegial* neben der (nun ersten) Bedeutung als Adjektiv ab jenem Zeitpunkt mehrere Komposita. Die Definition des Femininums wurde gekürzt:

„colegiala. f. La que tiene plaza en un colegio"
(Real Academia 1884: 257).

Dass Frauen offensichtlich nur noch *Plätze*, jedoch – besonders im Gegensatz zu Männern – keine *Stipendien* mehr in Schulen gewährt werden, ist sowohl in semantischer als auch gesellschaftspolitischer Hinsicht, sofern das für diese Zeit tatsächlich zutrifft, ein Rückschritt. In der 15. Ausgabe (1925) kommen beim maskulinen Substantiv *colegial* (abgesehen von Regionalismen) schließlich zwei weitere Bedeutungsvarianten hinzu, nämlich folgende:

> „El que asiste a cualquier colegio particular.
> fam. y fig. Mancebo inexperto y tímido“ (Real Academia 1925: 300).

Zwar wird die Defintion des Femininums *colegiala* leicht verändert („alumna, que tiene plaza en un colegio o asiste a él“; ebd.), aber weitere Bedeutungsvarianten kommen nicht hinzu, so dass die semantische Asymmetrie verstärkt wird. Seitdem wurde bis zur aktuellen 22. Ausgabe (2001) nur der Wortlaut in den Definitionen beider Wörter leicht korrigiert:

> „colegial.
> 1. adj. […]
> 2. m. Alumno que tiene beca o plaza en un colegio.
> 3. m. Alumno que asiste a un colegio particular.
> 4. m. coloq. Mozo inexperto y tímido. […]
> colegiala. f. Alumna que tiene plaza en un colegio o asiste a él“
> (http://lema.rae.es/drae/).

Die laut *DRAE* anfangs symmetrische Bedeutung des Wortpaares bleibt leider nicht bis in die Gegenwart erhalten und wird im aktuellen Wörterbuch des *DRAE* auch nicht wiederhergestellt, obwohl sich nicht alle beschriebenen Varianten semantisch grundlegend unterscheiden.

Das *DUE* macht in Bezug auf das Wortpaar und die dazugehörigen Definitionen hingegen keine Unterschiede zwischen Männern und Frauen. Dort sind *colegial, colegiala* in beiden verfügbaren Ausgaben mit denselben Definitionen in einem Eintrag zu finden (Moliner: 1981: 667 und Moliner 2007: 705):

> „colegial, -a.
> 1 n. Estudiante que vivía en un colegio mayor.
> 2 Niño que asiste a un colegio.

3 Se aplica como nombre calificativo o como término de comparación a una persona inexperta o tímida […]" (ebd.).

Die einzige Veränderung in der aktuellen Ausgabe ist wiederum das mit „n" (für „nombre (masculino y femenino)") spezifizierte Genus, welches aber ähnlich wie bei *el doctor* und *la doctora* Unsicherheit in Bezug auf die Zugehörigkeit des femininen oder maskulinen Artikels zum Femininum oder Maskulinum mit sich bringt. Theoretisch mögliche Varianten sind dann *el colegial, la colegiala, la colegial* sowie das unübliche *el colegiala*. Angesichts der Existenz der Frauenbezeichnung *la colegial* (neben *el colegial* ausschließlich für Männer und *la colegiala* ausschließlich für Frauen), wie sie in Internetsuchmaschinen zu finden ist, ist dieses Wortpaar auch im Genus Commune anwendbar. Im *DRAE* ist das nicht dementsprechend dokumentiert und wird deswegen nicht als Genus Commune in *Abbildung 2* aufgenommen.

Das Wortpaar *infanta/infante* wird in dieser Untersuchung keiner Gruppe zugeordnet, weil es in semantischer Hinsicht viele Besonderheiten und Unregelmäßigkeiten im Vergleich zu den anderen Wortpaaren aufweist. Es hat mehrere Bedeutungen, die sich über die vergangenen Jahrhunderte zum Teil verändert haben. Es soll daher nur die Bedeutung *Infant/Infantin* als *Kinder des spanischen Königshauses* betrachtet werden, da dies auch die in dieser Arbeit relevanten Personenbezeichnungen sind. Alle anderen Varianten werden nicht betrachtet. In diesem Sinne lautet die Definition von *infante* in der ersten Ausgabe des *DRAE* wie folgt:

„infante. s. m. […]

2. En lo antiguo se llamó así el primogénito del Rey de Castilla, tomándolo del estilo de Inglaterra. Ahora se llaman así los hijos del Rey, desde el segundo génito en adelante, y las hijas INFANTAS. […]"

(Real Academia 1780: 550).

Erst in der vierten Ausgabe des *DRAE* von 1803 ist das Femininum *infanta* mit einem (separaten) Eintrag verzeichnet:

> „infanta. s. f. La niña que aun no ha llegado a los siete años de edad. Qualquiera de las niñas legítimas del rey, ó la que está casada con algun infante“ (Real Academia 1803: 482).

In eben dieser Ausgabe wurden auch die Einträge zu *infante* folgendermaßen überarbeitet und zudem umfangreich in Bezug auf den Sachverhalt der Thronfolge ergänzt:

> „infante. s. m. […]
> 1. El niño que aun no ha llegado a los siete años de edad.
> 2. Qualquiera de los hijos varones y legítimos del rey, excepto el primogénito. […]
> 4. ant. Hasta los tiempos de D. Juan el I. se llamó tambien así el hijo primogénito del rey. Se solía añadir primero heredero, ó primogénito heredero.
> 5. ant. El descendiente de casa y sangre real, como los infantes de Lara.
> 6. s. f. ant. La hija del rey. […]“ (Real Academia 1803: 482).

In dieser vierten Ausgabe des *DRAE*, in der erstmals das Femininum *infanta* eingetragen ist, wird auch das Maskulinum *infante* als „antiguo“ (veraltet) gekennzeichnete Bezeichnung für Frauen mit der sechsten Bedeutungsvariante *Tochter des Königs* definiert.

Infante bzw. *infanta* in den Bedeutungen als *Kind im Alter von weniger als sieben Jahren* und als *rechtmäßiges Kind des Königs* ist das Wortpaar symmetrisch. Beim Femininum *infanta* wird neben der bereits bestehenden semantischen Asymmetrie gegenüber dem Maskulinum, das viel mehr Bedeutungsvarianten aufweist, eine zusätzliche Asymmetrie geschaffen, indem der zweiten Bedeutung noch die Bedeutungsvariante der *Ehefrau des Infanten* hinzugefügt wird, jedoch in einer eher unüblichen Formulierung *die mit einem Infanten verheiratet ist*. Auf diese zweite Bedeutungsvariante von *infanta* wird ab der 12. Ausgabe des *DRAE* (1884) beim Eintrag von *infante* in der sechsten, oben zitierten Bedeutungsvariante verwiesen, anstatt den „veralteten“ Begriff („antiguo“) in Bezug auf Frauen – wie bis dato geschehen – zu definieren (vgl. Real Academia 1884: 595). Mit der Ausgabe von 1914 kommt sowohl beim Maskulinum als auch beim Femininum eine neue, identische Bedeutungsvariante hinzu:

> „pariente del rey que por gracia real obtiene este título"
> (Real Academia 1914: 572).

Ab der darauffolgenden Ausgabe von 1925 ist bei dieser Definition von *infanta* sogar *pariente* durch das Femininum *parienta* ersetzt worden und in dieser Form bis zur 21. Ausgabe (1992) erhalten geblieben (Real Academia von 1925: 687 bis 1992: 820). An der Semantik dieses Wortpaares hat sich bis 1992 nichts geändert. In der 22. Ausgabe hat das Femininum *infanta* keinen separaten Eintrag (Real Academia 2001: 1271). Bei dem gemeinsamen Eintrag von *infante, ta* ändert sich in semantischer Hinsicht nichts, aber die Reihenfolge der Bedeutungsvarianten wurde ab der 22. Ausgabe anders angeordnet. Dieser Eintrag aus der 22. Ausgabe ist identisch mit dem aus der 23., nur im Internet verfügbaren, Ausgabe, in dem sowohl *infanta* als Einzeleintrag als auch das Wortpaar *infante, ta* mit einem gemeinsamen Eintrag zu finden sind. Der Eintrag in der 23. Ausgabe lautet folgendermaßen:

> „infanta.
> 1. f. Pariente del rey que por gracia real obtiene el título de infanta.
> 2. f. Hija legítima del rey no heredera del trono.
> 3. f. Mujer de un infante.
>
> infante, ta.
> 1. m. y f. Niño que aún no ha llegado a la edad de siete años
> 2. m. y f. Pariente del rey que por gracia real obtiene el título de infante o infanta.
> 3. m. Cada uno de los hijos varones y legítimos del rey, nacidos después del príncipe o de la princesa.
> 4. m. Hasta los tiempos de Juan I hijo primogénito del rey. [...]
> 7. m. Descendiente de casa y sangre real.
> 8. u. c. f. ant. infanta real. *Una infante.*
> 9. f. Hija legítima del rey no heredera del trono.
> 10. f. Mujer de un infante" (http://lema.rae.es/).

Bei der ersten Definition des Femininums fällt auf, dass nun wieder das Maskulinum *pariente* steht anstatt wie über viele Ausgaben hinweg das Femininum *parienta*. In Bezug auf das Wortpaar bleibt die Asymmetrie für einen beträchtlichen Teil der Bedeutungsvarianten bestehen.

Infante und *infanta* sind in der Ausgabe des *DUE* von 1981 noch getrennt aufgeführt und *infanta* wird folgendermaßen definiert:

> „infanta. Forma femenina de ‚infante'" (Moliner 1981: 126 und http://www.diclib.com/infanta/show/en/moliner/I/2831/1320/12/23/45440).

In der aktuellen Ausgabe von 2007 sind *infante/infanta* in einem Eintrag zusammengefasst, der seither lediglich in der zweiten Bedeutungsvariante eine redaktionelle Änderung erfahren hat und daher nur aus dieser Ausgabe zitiert werden soll:

> „infante, -a.
> 1 (lit.o hum.) n. Niño muy pequeño: ‚Un tierno infante'.
> 2 Cualquiera de los hijos del rey que no sea heredero a la corona.
> 3 Antiguamente, hijo primogénito del rey.
> 4 m. *Infante de* coro.
> 5 f. (ant.) *Infanta.*
> 6 Soldado de infantería. Peón, suizo" (Moliner 2007: 1638).

Der ersten, vierten und fünften Bedeutungsvariante wurde nun noch in Abhängigkeit von der Bedeutung das entsprechende Genus zugeordnet; die fünfte Bedeutung ist zudem mit der Anmerkung „antiguo" (veraltet) versehen.

Die Definitionen im *DUE* sind nicht so detailliert wie im *DRAE*, so dass z. B. bei der dritten Bedeutungsvariante auch *la infanta* gemeint sein kann, was bei der vierten, dementsprechenden Bedeutungsvariante im *DRAE* durch Zuordnung des maskulinen Artikels „m" auszuschließen ist (http://lema.rae.es/drae/). Insofern sind die genaue Zuweisung des femininen und/oder maskulinen Artikels sowie eine geschlechtergerechte Definition durch geschlechtergerechte Termini im Sinne der Genauigkeit wünschenswert.

Die im Folgenden zu betrachtenden Termini *testigo* und *portavoz* bilden zusammen die Gruppe der Termini im Genus Commune. Beide Termini existierten ursprünglich nur im Maskulinum, welches später durch das Genus Commune ersetzt wurde. Die Definition des jeweiligen Maskulinums im *DRAE* war aus feministisch-linguistischer Sicht auch nur auf Männer ausgelegt, wie nun gezeigt wird.

Der Terminus *testigo* ist seit der ersten Ausgabe des *DRAE* darin mit folgender Definition in Bezug auf eine Person verzeichnet:

> „testigo. s. m. El que da testimonio de alguna cosa, ó la atestigua. [...]" (Real Academia 1780: 877).

Bis zur einschließlich dritten Ausgabe des *DRAE* bleiben Genus und Definition dieses Eintrags unverändert. Doch bereits in der vierten Ausgabe von 1803 wird das Genus nicht mehr als Maskulinum angegeben, sondern als Genus Commune, wobei sich die Definition (die sich mit „el que..." aus feministisch-linguistischer Sicht nur auf Männer bezieht) nicht ändert (vgl. Real Academia 1803: 834). Diese wird erst in der zwölften Ausgabe modifiziert und „el que ..." geschlechtergerecht durch „persona que" ersetzt (vgl. Real Academia 1884: 1022).

In der 15. Ausgabe (1925) kommt eine weitere Definition von *testigo* als Personenbezeichnung hinzu, während die erste weiterhin unverändert bleibt:

> „Persona que presencia o adquiere directo y verdadero conocimiento de una cosa" (Real Academia 1925: 1166).

Bis in die 23. Ausgabe des *DRAE* bleiben beide Definitionen in Bezug auf Genus und Semantik so erhalten. Diese geschlechtergerechte Zuordnung durch das Genus Commune bereits im Jahr 1803 sowie auch die geschlechtergerechte Definition ab 1884 haben vorbildhaften lexikografischen Charakter. Wenn diese Aspekte nicht schon damals zukunftsweisend gewesen wären, wären Genus und Definition von *testigo* in aktuelleren Ausgaben des *DRAE* möglicherweise schon verändert worden.

In den beiden verfügbaren Ausgaben des *DUE* (1981 und 2007) wird *testigo* in Bezug auf Personen ebenfalls jeweils gleichlautend definiert:

> „1 n. Persona que ha presenciado una cosa y puede dar a otras seguridad de que ha ocurrido y noticias de cómo ha ocurrido. Testimonio.
> 2 Persona que está presente mientras ocurre cierta cosa, con o sin intención de dar fe de ella"

(Moliner 1981: 1302 und Moliner 2007: 2864 sowie http://www.diclib.com/testigo/show/en/moliner/T/4466/1620/24/28/75452).

Das „n" für „nombre (masculino y femenino)" zeigt hier ebenso die mögliche Anwendung auf Frauen und Männer an, aber das Genus wird im *DUE* nicht *explizit* als Genus Commune bezeichnet.

Das heutzutage laut *DRAE* und *DUE* im Genus Commune stehende *el/la portavoz* ist erst seit Anfang des 20. Jahrhunderts im *DRAE* verzeichnet, allerdings in einer anderer Bedeutung, bei der naheliegt, dass die aktuelle Bedeutung davon abgeleitet wurde:

> „portavoz. m. *Mil.* Bocina que usan los jefes para mandar la maniobra al tender los puentes militares" (Real Academia 1914: 821).

Es handelt sich dabei nicht um einen Sprecher oder eine Sprecherin, sondern ein Sprachrohr, das der Anmerkung „Mil." zufolge in militärischen Kontexten gebraucht wurde. Bereits in der nächsten, der 15. Ausgabe des *DRAE* ist zudem die zweite, die folgende Bedeutungsvariante aufgenommen worden:

> „portavoz. […] 2. fig. El que por tener autoridad en una escuela, secta u otra colectividad suele representarla o llevar su voz"
> (Real Academia 1925: 973).

In der 18. Ausgabe des *DRAE* kommt noch eine dritte Bedeutungsvariante hinzu:

> „portavoz. […] 3. fig. Funcionario autorizado para divulgar de manera oficiosa, lo que piensa un gobierno acerca de un asunto determinado"
> (Real Academia 1956: 1051).

Diese beiden hinzugefügten Bedeutungsvarianten, die in der jeweiligen Ausgabe bis einschließlich zur 21. Ausgabe (1991) mit der Anmerkung „fig." (bildhaft) versehen sind, sind seit 1991 die mittlerweile gebräuchlichsten Bedeutungsvarianten geworden, wie nun auch die Definition aus dem aktuellen *DRAE* von 2001 zeigt:

„portavoz.
1. com. Persona que está autorizada para hablar en nombre y representación de un grupo o de cualquier institución o entidad.
2. com. Persona autorizada para comunicar a la opinión pública lo que piensan acerca de un asunto determinado las instituciones políticas o sus dirigentes.
3. m. Mil. Bocina que usan los jefes para mandar las maniobras al tender los puentes militares“ (http://lema.rae.es/drae/).

Die vormals bildhaften Bedeutungsvarianten von *portavoz* sind in den Sprachgebrauch eingegangen, so dass diese Bildhaftigkeit von den Sprechenden gar nicht mehr wahrgenommen wird. Schließlich wird in dieser aktuellen Ausgabe auch das grammatische Geschlecht an die Realität angepasst: Durch das Genus Commune ist *portavoz* nun offiziell auf Männer und Frauen anwendbar; während es bis zur vorhergehenden Ausgabe ausschließlich mit dem maskulinen Genus angegeben war.

Bei der Personenbezeichnung *portavoz* hat es im Eintrag des *DUE* seit 1981 keine Veränderungen am Terminus selbst oder bei den Definitionen gegeben (Moliner 1981: 810 und Moliner 2007: 2359). Aktuell lauten sie folgendermaßen:

„2 n. Persona que, por su prestigio, se considera como la más autorizada para expresar la opinión de un grupo, partido, etc. Corifeo, internuncio, vocero. Llevar la voz cantante. Persona autorizada para hablar en nombre de un grupo.
3 Funcionario autorizado para expresar de manera oficiosa la opinión del gobierno en alguna cuestión. Publicar“ (http://www.diclib.com/portavoz/show/en/moliner/P/6867/4740/72/80/62545).

Die einzige Veränderung ist auch hier das „n“ für „nombre (masculino y femenino)“, das anzeigt, dass es für Frauen und Männer gebraucht werden kann. Demzufolge erlaubt das Genus Commune, auch wenn es hier nicht so benannt ist, mit *el/la portavoz* auch im *DUE* die Übereinstimmung des grammatischen und des biologischen Geschlechts.

Anhand des Beispiels der *azafata* zeigt sich, dass eine sprachgeschichtlich eher untypische Entwicklung, eine Maskulinisierung, stattgefunden hat. In der ersten Auflage des *DRAE* wird *azafata* folgendermaßen definiert:

> „azafata. s. f.
> Criada de la Reyna, que la sirve los vestidos y alhajas que se ha de poner, y los recoge quando se desnuda. Tomó el nombre de azafata, porque sirve estos vestidos y alhajas en un azafate" (Real Academia 1780: 123).

Diese Bedeutung behält *azafata* bei, auch wenn sich der Wortlaut leicht verändert und ab der vierten Auflage (1803) auf den zweiten, erklärenden Satz in der Definition verzichtet wird. In der 18. Auflage (1956) kommt eine zweite Bedeutungsvariante, die der Flugbegleiterin, hinzu (vgl. Real Academia 1956: 153). In der 20. Ausgabe des *DRAE* werden erstmals vier Bedeutungsvarianten von *azafata* angeführt:

> „azafata.
> f. Criada de la reina, a quien servía los vestidos y alhajas que se había de poner y los recogía cuando se los quitaba.
> 2. Camarera distinguida que presta sus servicios a bordo de un avión, tren, autocar, etc.
> 3. Empleada de compañías de aviación, viajes, etc., que atiende al público en diversos servicios.
> 4. Muchacha que, contratada al efecto, proporciona informaciones y ayuda a quienes participan en reuniones, congresos, etc."
> (Real Academia 1984: 160).

Damit wurde das Lexem semantisch erweitert und dahingehend spezifiziert, wie es gegenwärtig am meisten gebraucht wird. In der 21. Ausgabe des *DRAE* (1992) weicht lediglich die Formulierung der zweiten Bedeutungsvariante von der aus der 20. Ausgabe ab und lautet nun folgendermaßen:

> „Mujer encargada de atender a los pasajeros a bordo de un avión, tren, autocar, etc." (Real Academia 1992: 170).

In der 22. Ausgabe des *DRAE* ändert sich lediglich die Reihenfolge der Bedeutungsvarianten. Das Maskulinum *azafato* ist bis einschließlich 1992 in keiner Ausgabe des *DRAE* verzeichnet.

Das *DUE* hat in seiner Ausgabe von 2007 den beiden ersten (bis heute so verzeichneten) Bedeutungsvarianten von *azafata* aus der Ausgabe von 1981 (Moliner 1981: 320) noch zwei weitere hinzugefügt und eine Suffigierung auf *-o* vorgenommen, woraufhin in der Definition „mujer" durch „persona" ersetzt wurde:

> „azafato, -a.
> 1 f. Camarera que servía a la reina.
> 2 n. Persona que, en un avión, tiene a su cargo atender a los viajeros.
> 3 Persona que, en los aeropuertos y en ciertos viajes terrestres, atiende al público.
> 4 Persona que proporciona información y ayuda a los participantes en una reunión, congreso, programa de televisión, etc"
> (Moliner 2007: 329).

In der zweiten, dritten und vierten Bedeutung ist dieser Terminus im Femininum und Maskulinum gemäß *DUE* sowohl auf Männer als auch Frauen anwendbar, was sich auch im Genus entsprechend ausdrückt („nombre (masculino y femenino)" bzw. „f" in der ersten Variante).

In der 23. Auflage des *DRAE*, welches im Internet bereits verfügbar ist, wurden die Suffigierung auf *-o* und eine Bedeutungsänderung dieser Berufsbezeichnung ebenfalls vorgenommen, so dass dort nun sowohl *azafata* als auch *azafato* zu finden sind:

> „azafato, ta.
> 1. m. y f. Persona encargada de atender a los pasajeros a bordo de un avión, de un tren, de un autocar, etc.
> 2. m. y f. Empleado de compañías de aviación, viajes, etc., que atiende al público en diversos servicios.
> 3. m. y f. Persona que, contratada al efecto, proporciona informaciones y ayuda a quienes participan en asambleas, congresos, etc.
> 4. f. Criada de la reina, a quien servía los vestidos y alhajas que se había de poner y los recogía cuando se los quitaba"
> (http://buscon.rae.es/ draeI/).

Im Vergleich zur 20. und 21. Ausgabe des *DRAE* wurde somit neben der Bildung des Maskulinums auch die Reihenfolge der Bedeutungsvarianten geändert. Dabei steht die ursprüngliche Bedeutung *Dienstmädchen der Königin* nun an letzter Stelle zugunsten der anderen „nachrückenden" Bedeutungen, welche auf beide Geschlechter anwendbar sind. Dieses Beispiel eines traditionell weiblichen Berufes zeigt klar, dass sich mit der Gesellschaftskultur auch die Sprache verändert.

Die Autorinnen des *Guía de Estilo I*, unter ihnen María Luisa Calero Vaquera, weisen bei der (Neu)Bildung maskuliner Entsprechungen für ursprünglich typische Frauenberufe darauf hin, dass diese Feminina, so schreiben sie, „eher einer (oftmals euphemistischen) Änderung des Wortes unterliegen als einer Änderung des Genus, um Männer in solchen Berufen zu bezeichnen: *el asistente o auxiliar de vuelo, el jinete (la amazona), el preceptor (la institutriz), [...] el chef (la cocinera)*" (Calero Vaquera 2003: 15). Den Grund hierfür sehen die Autorinnen darin, dass das unspezifische, also generische Maskulinum sowohl nur aus Männern bestehende Gruppen als auch aus Frauen *und* Männern bestehende Gruppen bezeichnen kann; wohingegen das Femininum immer eine spezifische Bedeutung hat; es folglich immer nur aus Frauen bestehende Gruppen bezeichnet (Calero Vaquera 2003: 14). Die Anmerkung der Autorinnen in Bezug auf eine „euphemistische" Bezeichnung für Männer lässt selbstverständlich Zweifel an dieser – einzigen – Begründung aufkommen.

In ihrem Stilbuch zum geschlechtergerechten Sprachgebrauch des Spanischen, an dessen Ende sich ein langes Glossar zu den Maskulina und entsprechenden Feminina spanischer Berufsbezeichnungen befindet, reflektieren sie mit ihrer Studie den Sprachwandel, der ihren Worten zufolge „nur den ideologischen Wandel, den unsere Gesellschaft erfährt, wiederspiegelt" (Calero Vaquera 2003: 18). Das Stilbuch verfolgt, wie die Autorinnen weiter schreiben, „die parasprachlichen/linguistischen Maximen der kommunikativen Effizienz, Relevanz, Klarheit und Genauigkeit, die dem Unglück, der Unklarheit und der Umständlichkeit gegenüberstehen" (Calero Vaquera 2003: 18). Folglich richten sich die Linguistinnen mit ihrem Werk hauptsächlich an Dozierende und an im Medienbereich Tätige sowie an Studierende und Berufstätige, „deren Handwerkszeug die Sprache ist" (ebd.).

Lexikalische Neuschöpfungen sind im Sinne einer geschlechtergerechten Sprache nicht ausgeschlossen, denn sonst verfügte das Spanische über wesentlich weniger feminine Berufs- und Personenbezeichnungen, weil sich diese erst im Laufe der Zeit herausgebildet haben. Ebenso wie wir in vielerlei Hinsicht an und in unserer Gesellschaft arbeiten, können wir unsere Sprache entsprechend verändern. Dabei sind feministische Sprachstrategien nichts anderes als ein einfaches, da von allen praktizierbares Instrument, um mehr Gleichberechtigung zwischen Männern und Frauen zu erreichen. Gesetze, wie das zur geschlechtergerechten Bezeichnung akademischer Titel in Spanien erlassene, können dabei helfen, das Bewusstsein aller für einen reflektierteren Sprachgebrauch zu schärfen. Dass Sprache und Sprachsystem sich verändern, davon zeugen die regelmäßig erscheinenden Neuauflagen von Wörterbüchern wie dem *Diccionario de la Real Academia Española* oder dem Duden, welche z. B. neue Lexeme oder deren neue oder veränderte Bedeutungsvarianten in den (offiziellen) Sprachbestand aufnehmen.

7 Die Wahl der Übersetzungsstrategie

7.1 Die Bedeutung der Übersetzungsstrategie als wichtigem Faktor zur Wahrung der Kommunikationsabsichten

Zunächst muss in Bezug auf die Übersetzungsstrategie darauf hingewiesen werden, dass für die kommunikative Funktion nicht nur die Übersetzung der einzelnen Seme eine Rolle spielt, wie in diesem Kapitel ausführlich gezeigt wird, sondern dass auch die Textsorte relevant ist. Für den aktuellen Untersuchungszeitraum in dieser Arbeit stellt die Wahl der Textsorte in der Zielkultur in der Regel kein Problem dar, da die ausgewählten Textsorten Nachricht, Bericht sowie Porträt und Nachruf formal die gleichen Merkmale im Sprachenpaar Spanisch–Deutsch aufweisen. Wie bereits einführend zur Analyse der Zeitungsartikel aufgezeigt wurde, unterscheiden sich die Merkmale dieser Textsorten aus dem demokratischen Untersuchungszeitraum im Vergleich zu denen der Franco-Zeit zum Teil, weswegen die Differenzierungen Nachricht bzw. Kurznachricht und Bericht bzw. Hintergrundbericht vorgenommen werden.

Bei der Übersetzung der spanischen Zeitungsartikel könnte dies Probleme bereiten, weil insbesondere die äußerst kurzen Nachrichten, die obendrein nicht unbedingt nach dem typischen Muster der Nachrichtenpyramide verfasst wurden, nicht den Lesegewohnheiten in der deutschsprachigen Zeitungskultur entsprechen. Da es in dieser Arbeit allerdings um die Übersetzung der kulturrelevanten Termini geht, soll eine Lösung für das Textsortenproblem einführend nur kurz angesprochen werden.

Die Linguistin Radegundis Stolze unterscheidet bei den Kulturunterschieden in der interkulturellen Kommunikation drei linguistische Ebenen: die *realen* Inkongruenzen, die *formalen* Inkongruenzen und die *semantischen* Inkongruenzen (vgl. Stolze 2009: 360). Die *realen* Inkongruenzen beziehen sich auf in der Zielkultur unbekannte Realia oder Begriffsinkongruenzen bei Termini. Die *semantischen* Inkongruenzen, so heißt es bei ihr,

> „betreffen die kulturspezifischen oder ideologischen Konnotationen von Wörtern und Termini, die in Übersetzungen bei wörtlicher Übertragung abweichende oder unerwünschte Assoziationen auslösen könnten, oder die bei Interpretationen aus der Sicht der Zielkultur den gemeinten Sinn der Mitteilung verfälschen" (Stolze 2009: 360f).

Auf diese *semantischen* Inkongruenzen sowie die *realen* Inkongruenzen, sofern es die Begriffsinkongruenzen bei Termini betrifft, gehen die Linguisten Hans Hönig und Paul Kußmaul näher ein, was bei *7.2. Die Wahl der Übersetzungsstrategie* aufgenommen wird.

Die *formalen* Inkongruenzen, so schreibt R. Stolze, „betreffen die Übersetzungsschwierigkeit bei Textsorten, die als solche zwar in der Zielkultur auch bekannt, jedoch in anderer sprachlicher Gestalt üblich sind" (Stolze 2009: 360).

Die Linguistin führt für alle Arten der Inkongruenz die vier folgenden kompensatorischen Übersetzungsstrategien an, die der/dem SprachmittlerIn die Anpassung des Textes an die Zielkultur erlauben: das *explikative* Verfahren, das *paraphrasierende* Verfahren, das *referentielle* und das *modifizierende* Verfahren (Stolze 2009: 361–364).

Für die Anpassung der äußerst knapp gehaltenen „Kurznachrichten" und der sehr langen „Hintergrundberichte" aus dem Untersuchungszeitraum der Franco-Diktatur, welche formal *inkongruent* sind, eignet sich demzufolge das *modifizierende* Verfahren am besten. Es rechtfertigt Eingriffe in den Text durch die/den ÜbersetzerIn, die den Text der Leserwahrnehmung der Zielsprache anpassen soll, wozu die Linguistin folgende Maßnahmen zählt: „die Neuformulierung einzelner Sätze, die Beachtung zielgruppensprachlicher Wortwahl, die Umgestaltung des ganzen Textes nach zielsprachlichen Normen und die Idiomatik der gesprochenen Rede" (Stolze 2009: 361–364). Die letztgenannte Maßnahme ist für die Übersetzung der Zeitungsartikel jedoch nicht relevant.

Die anderen drei genannten Verfahren sind in erster Linie auf der Ebene der Termini anwendbar und werden aus diesem Grund bei *7.2. Die Wahl der Übersetzungsstrategie* thematisiert.

7.2 Die Wahl der Übersetzungsstrategie

Vor der Übersetzung eines Textes muss sich der/die ÜbersetzerIn darüber im Klaren sein, welche Funktion die Übersetzung des Textes haben soll (vgl. Paul Kußmaul 1984: 52), denn, so schreiben P. Kußmaul und H. Hönig in ihrem gemeinsamen Werk, „die Textfunktion ist mit entscheidend für die Übersetzungsstrategie" (vgl. Kußmaul/Hönig 1982: 97), wobei ÜbersetzerIn und AuftraggeberIn über die Textfunktion in der Zielsprache entscheiden müssen (a.a.O.: 48 und Stolze 2009: 355). Darauf geht P. Kußmaul in seinem eigenen Artikel von 1984 detaillierter ein:

> „Die Funktion einer Übersetzung richtet sich nach den Interessen und Erwartungen der zielsprachlichen (ZS) Leser. Zwar sind diese Interessen und Erwartungen in der Praxis oft die gleichen wie die der ausgangssprachlichen (AS) Leser, doch müssen sie dies nicht sein. Grundsätzlich ist zu bedenken, daß die Funktion des ZS-Textes eine andere sein kann als die des AS-Texts. Die erste Frage, die sich der Übersetzer stellen oder die er mit seinem Auftraggeber besprechen muß, lautet: Bleibt die Funktion des Originals erhalten oder wird sie verändert? [Diese Frage] hat weitreichende Konsequenzen für das Übersetzen von Wörtern" (Kußmaul 1984: 52).

Jedoch sind für die Wahl der Übersetzungsstrategie nicht nur die Textfunktion und die soziokulturellen Gegebenheiten wie die Interessen und Erwartungshaltung der AdressatInnen in der Zielsprache relevant, auf die sich R. Stolze mit dem Terminus der „Leserwahrnehmung" bezieht (Stolze 2009: 355). Auch sie betont ebenso wie H. Hönig und P. Kußmaul, dass interkulturelle Fachkommunikation, wie sie schreibt, „rezipientenorientiert" ist und dabei „unter Umständen ein Spannungsfeld zwischen Treue zum Original und Leserfreundlichkeit oder Verständlichkeit in der Zielsprache existiert" (Stolze 2009: 353). Die Linguistin erachtet bei diesem interkulturellen Transfer Ergänzungen oder Erläuterungen dort als erforderlich, wo fehlendes Vorwissen der zielsprachlichen Kultur über die ausgangssprachliche Kultur ausgeglichen werden muss (vgl. ebd.).

Über die Relevanz weiterer Faktoren in der interkulturellen Fachkommunikation gehen H. Hönig und P. Kußmaul weiter ins Detail. Damit eine Übersetzung ihre Funktion erfüllt, sind bei der Übersetzung der einzelnen Seme verschiedene Aspekte zu beachten. Dazu gehören P. Kußmaul und H. Hönig zufolge der notwendige *semantische Grad der Differenzierung, der Stil* und *die Kommunikationssituation*, welche wiederum vom *Kommunikationsziel* und der *Adressatengruppe* abhängig sind (Kußmaul/Hönig 1982: 63). H. Hönig und P. Kußmaul zufolge ist der *Grad der Differenzierung* abhängig „von der Auswahl der in einem Semem enthaltenen Seme“ (1982: 97). P. Kußmaul gibt in Bezug auf den *Differenzierungsgrad* zu bedenken, dass insbesondere *überlappende Bedeutungen, Hyponymie* sowie *lexikalische Lücken* Probleme bei der Übersetzung darstellen können (vgl. Kußmaul 1984: 54ff). Bei den *überlappenden Bedeutungen* begründet er das Problem damit, dass, so heißt es, „Sememe von Wörtern aus zwei Sprachen sich nur in seltenen Fällen decken, weil zwei Sprachsysteme die Wirklichkeit immer unterschiedlich erfassen“ (ebd.). Folglich, so schreibt er weiter, „stimmen die Seme der Sememe von Lexemen aus zwei Sprachen meist nur teilweise überein“ und „es gibt immer ein Sem oder mehrere Seme, die im entsprechenden Semem der anderen Sprache nicht enthalten sind“ (ebd.).

Die *Hyponymie* als Sonderform der Polysemie ist aus übersetzerischer Sicht kritisch, wenn diese nicht erkannt wird und das Sem zwar „formal äquivalent“, wie P. Kußmaul es nennt (1984: 55), übersetzt wird, aber funktional nicht richtig wiedergegeben wird, worauf er mit der sog. „*Hyponymie-Relation*“ referiert (ebd.).

Während die *Hyponymie-Relation* bei den kulturrelevanten Termini in dieser Arbeit nicht relevant ist und die *überlappenden Bedeutungen* nur in geringem Umfang auftreten, dürften die Übersetzungsschwierigkeiten vor allem im Bereich der *lexikalischen Lücken* auftreten, wenn es für neu entwickelte Feminina oder auch Maskulina in der Zielsprache (noch) keine Entsprechungen gibt. Auf das Problem der *mangelnden Äquivalenz* (in Bezug auf in allen Texten vorkommenden Elementen wie Syntagmen, Lexemen, Morphemen, Graphemen/Phonemen) geht die Linguistin Katharina Reiss näher ein und lässt den/die ÜbersetzerIn dabei wiederum entscheiden, so heißt es bei ihr,

> „welche Elemente des AT er [sie] für den konkret vorliegenden Text als ‚merkmalhaft‘, d. h. ‚funktional relevant‘ auswählt (Prinzip der Selektion) und in welcher Reihenfolge er [sie] die Beachtung der Merkmale für vordringlich hält (Prinzip der Hierarchisierung). Danach richtet sich die

> Entscheidung, in welchen Fällen er [sie] auf eine äquivalente Wiedergabe des jeweiligen Merkmals verzichten will (oder muß), in welchen Fällen er Kompensationen (‚versetzte Äquivalente') und in welchen Fällen er die Reproduktion des entsprechenden Elements wählen will (oder muß), um für den ZT insgesamt Äquivalenz, d. h. Gleichwertigkeit in Bezug auf die Funktion des Textes im Kommunikationsgeschehen innerhalb der Zielgemeinschaft zu erreichen" (Reiss 1984: 87f).

Dabei behilflich sind, so ist bei ihr weiter zu lesen, „der jeweilige *sprachliche Kontext*, der *Situationskontext*, die *soziokulturelle Einbettung* eines jeweiligen Textes, seine *Zugehörigkeit zu einer Textsorte und einem Texttyp*, die beide Rückschlüsse auf die Funktion des Textindividuums im Kommunikationsgeschehen erlauben" (Reiss 1984: 88). Dabei hebt sie die Bedeutung der Strukturverschiedenheiten des betreffenden Sprachenpaares hervor (ebd.).

In einem sprachkritischen oder feministischen Kontext sind bei der Übersetzung der in dieser Arbeit kulturrelevanten Termini *Wortschöpfungen* zum Schließen *lexikalischer Lücken* denkbar. Das ist der Fall, wenn es noch keine Entsprechungen für Frauen oder Männer insbesondere bei Berufs- oder Personenbezeichnungen gibt.

Trotzdem kann bei dieser Strategie im Sinne der Verständlichkeit oder der Genauigkeit zusätzlich ein Kompensationsverfahren nach R. Stolze notwendig werden. Mit Hilfe des *explikativen* oder des damit eng verbundenen *paraphrasierenden* Verfahrens können die Termini erklärt oder der kulturelle Hintergrund erläutert werden. Insbesondere dürften erläuternde Appositionen als *explikative* Maßnahme eine Rolle spielen; darüber hinaus auch, wie bei R. Stolze zu lesen ist, „die Hervorhebung im Satz, die begriffliche Verallgemeinerung, die Paraphrase als Umschreibung des bekannten Wortinhalts" als *paraphrasierende* Maßnahmen sowie auch die, so heißt es weiter, „Adaptation als Ersatz des Fremden durch Bekanntes und der metaphorische Vergleich" als *referentielle* Maßnahmen (Stolze 2009: 362–363). Diese *referentiellen* Maßnahmen sind in der vorliegenden Arbeit jedoch weniger auf die Personen- und Berufsbezeichnungen als auf kulturrelevante Formulierungen anwendbar, wie z. B. die Wortverbindungen, Redewendungen und Metaphern, welche selten ohne Probleme in die Zielsprache übertragbar sind. Auch bei solchen Formulierungen gehen ebenso wie bei einzelnen Termini/Sememen oftmals Bedeutungsnuancen verloren.

Auch die Linguistin Luise von Flotow, die in der feministischen Übersetzungswissenschaft forscht, geht in ihren Werken auf drei Übersetzungsstrategien ein, die sie für dieses Fachgebiet als am wichtigsten erachtet: „*supplementing, prefacing and footnoting* und *hijacking*" (von Flotow 1991: 74), wobei das Schreiben von Einleitungen und Fußnoten (*prefacing and footnoting*) aus formalen Gründen nur im Ausnahmefall zu den für Zeitungsartikel relevanten Übersetzungsstrategien gehören sollte. *Supplementing* ist eine Sonderform der Explizierung, weil der Quelltext durch seine Übersetzung weiterentwickelt wird, denn, so heißt es bei Luise von Flotow, „the feminist translator is conscious of her political role as a mediator" (von Flotow 1991: 75). Dabei wird bewusst in den Text eingegriffen und die sprachlichen Unterschiede auch durch feministisch ambitionierte Deutungen und Übersetzungen erklärt und (z. T. andere) feministisch-sprachkritische Aspekte in der Zielsprache angeführt, wenn keine Analogien zur Ausgangssprache gefunden werden und somit erst eine Bedeutung für die Zielkultur erhalten (von Flotow 1991: 75). Dies entspricht letzten Endes auch der Wahrung der Textfunktion in der Zielsprache; und wenn ein Übersetzungsauftrag für einen der untersuchten Zeitungsartikel feministische Aspekte oder Sprachkritik einbeziehen soll, dann ist *Supplementing* als Sonderform der Übersetzungsstrategie gerechtfertigt.

Das *Hijacking* (engl. für: etwas beanspruchen, an sich reißen, entführen), das mangels einer guten Übersetzung, die alle Nuancen dieser Wortwahl umfasst, angewandt wird, wird als Terminus in diesem feministisch-übersetzungskritischen Zusammenhang beibehalten. „Hijacking a text" bedeutet L. von Flotow zufolge, sich den Text anzueignen und die (der Übersetzerin) eigenen politischen Absichten darin zu reflektieren, was auch „Korrektur" des Zieltextes in der Form einer absichtlichen Feminisierung bedeuten kann (vgl. von Flotow 1991: 79).

Zu ihren feministischen Übersetzungsstrategien äußert sich L. von Flotow folgendermaßen:

> „… the subtle connections between gender, definitions of mimesis or fidelity in writing, and translation have become obvious, and feminist translators are striking out in at least two directions at once: at conventional language use *per se* and at traditional views of translation" (von Flotow 1991: 81).

Schließlich sind L. von Flotows feministische Übersetzungsstrategien nur bei einem explizit feministisch-sprachkritischen Übersetzungsauftrag anwendbar, weil die ursprüngliche Textfunktion der spanischen Zeitungsartikel in der Zielsprache dann nicht mehr mit Sicherheit gewahrt wäre. Trotz allem mahnt die Linguistin einen reflektierten Sprachgebrauch bei der Auswahl der geeigneten Übersetzungsvarianten (auf allen Ebenen: Seme, Sememe, Grapheme…) an, der hinsichtlich der Übersetzungsstrategie über P. Kußmauls und H. Hönigs Anforderungen hinausgeht, indem verstärkt auf den feministischen Aspekt im Ausgangs- und Zieltext sowie in der Ausgangs- und Zielsprache hingewiesen wird.

Anhand der bereits im vorhergehenden Kapitel analysierten Termini sollen nachfolgend einige Varianten und Lösungsvorschläge aufgezeigt werden, die letztendlich noch an einen konkreten Übersetzungsauftrag angepasst werden müssten.

Objeto ist weder im spanischen *DRAE* noch *Objekt* im Duden als Personenbezeichnung definiert (http://www.duden.de/rechtschreibung/Objekt), obwohl der spanischen Definition im *DUE* entsprechend *Objekt* auch im Deutschen als Personenbezeichnung im Sinne z. B. von *Objekt der Begierde* gebraucht werden kann. In den spanischen Zeitungsartikeln von *Ya* und *Arriba* wird *objeto* in Zusammenhang mit *objeto de una puñalada* bzw. *objeto de una agresión* gebraucht. Als Bedeutungs- und Übersetzungsvariante bietet das *DRAE* dafür mit seiner vierten Definition „fin o intento a que se dirige o encamina una acción u operación“ eine mögliche Lösung mit „Ziel eines Messerstiches“ bzw. „Ziel eines Übergriffs“ an (http://lema.rae.es/drae/). Kollokationen wie *objeto de un homenaje / de una cariñosa despedida / del consumo* erfordern beim Übersetzen etwas mehr Kreativität, wobei in den beiden ersten zitierten Fällen der Verzicht auf eine wörtliche Übersetzung ohne „Objekt“ am angebrachtesten erscheint und demzufolge mit „wird geehrt“ bzw. „wird herzlich verabschiedet“ eine angemessene Entsprechung erhält. *Objeto del consumo* zielt im Ausgangstext auf die Darstellung der Frauen als „Zielgruppe“ in Bezug auf die Kaufkraft in einer kapitalistischen Gesellschaft an, was dort auch ähnlich formuliert ist. Bei dieser Übersetzung ist bei genauer Betrachtung und Einbeziehung der Zieltextfunktion möglicherweise eine Paraphrasierung oder auch eine Explikation nach R. Stolze notwendig.

Die in Kapitel *6.1 Bedeutungsänderungen kulturrelevanter Termini* der ersten Gruppe zugeordneten Wortpaare *juez/jueza, presidenta/presidente, médica/médico, doctor/doctora* bieten mit *Richter/Richterin, Präsidentin/Präsident, Ärztin/Arzt, Doktor/Doktorin* sehr gute Übersetzungsvarianten im Deutschen, die sich im Singular und Plural an zwei Übersetzungsbeispielen von *presidenta/presidente* folgendermaßen darstellen:

<table>
<tr><td rowspan="4">Singular</td><td>Maskulinum</td><td>el presidente</td><td>der Präsident</td><td>der Vorsitzende</td></tr>
<tr><td>Femininum</td><td>la presidenta</td><td>die Präsidentin</td><td>die Vorsitzende</td></tr>
<tr><td rowspan="2">Maskulinum mit femininem Artikel bzw. Genus Commune (Spanisch)</td><td>la presidente</td><td>die Präsidentin</td><td>die Vorsitzende</td></tr>
<tr><td>el presidente</td><td>der Präsident</td><td>der Vorsitzende</td></tr>
<tr><td rowspan="4">Plural</td><td>Maskulinum</td><td>los presidentes</td><td>die Präsidenten</td><td>die Vorsitzenden</td></tr>
<tr><td>Femininum</td><td>las presidentas</td><td>die Präsidentinnen</td><td>die Vorsitzenden</td></tr>
<tr><td rowspan="2">Maskulinum mit femininem Artikel bzw. Genus Commune (Spanisch)</td><td>las presidentes</td><td>die Präsidentinnen</td><td>die Vorsitzenden</td></tr>
<tr><td>los presidentes</td><td>die Präsidenten</td><td>die Vorsitzenden</td></tr>
</table>

Abb. 3: Geschlechterspezifische und geschlechtsneutrale Übersetzungsvarianten von Wortpaaren am Beispiel von *presidenta/presidente*

Bei der geschlechterspezifischen Übersetzung mit *Präsident/Präsidentin* zeigt sich im Spanischen das gleiche Problem wie im Deutschen: die mögliche Ambiguität des Maskulinums im Plural: *los presidentes* bzw. *die Präsidenten* kann entweder eine Gruppe von ausschließlich Männern oder eine Gruppe von Männern und Frauen bedeuten. Eine geschlechtsneutrale Variante im Singular bietet sich im Deutschen bei *Präsident/Präsidentin* nicht an. Mit dem substantivierten Partizip I *Vorsitzende/Vorsitzender* gibt es jedoch für die Fälle eine geschlechtsneutrale und im Deutschen gebräuchliche Übersetzungsvariante, wo diese funktional (die Wahrung der Bedeutung bei gleichzeitiger größtmöglicher Treue zum Original im Genus Commune) als auch fachlich angebracht ist. Nicht immer ist jedoch *Vorsitzende/Vorsitzender* als adäquate Übersetzung für *presidenta/presidente* oder gar synonym zu *Präsident/Präsidentin* anwendbar.

Für die Wortpaare *abogada/abogado, enfermera/enfermero, decana/decano, técnica/técnico, edil/edila, jefa/jefe* sowie *colegial/colegiala* gibt es mit folgenden Übersetzungsvarianten adäquate Entsprechungen im Deutschen, sowohl als Feminina als auch als Maskulina: *(Rechts)Anwalt/Anwältin* bzw. *Fürsprecher/Fürsprecherin* bzw. *Vermittler/Vermittlerin; Krankenpfleger/Krankenschwester; Dekan/Dekanin; Fachfrau/Fachmann; Stadtrat/Stadträtin; Chef/Chefin* bzw. *Vorgesetzte/Vorgesetzter; Schüler/Schülerin.* Die Übersetzungsvariante *Vorgesetzte/Vorgesetzter* für *jefa/jefe* bietet ähnlich wie *Vorsitzende/Vorsitzender* eine geschlechtsneutrale Möglichkeit, sofern diese im Sinne von *Chef/Chefin* funktional, notwendig und angebracht ist.

Das Wortpaar *infanta/infante* verfügt mit *Infant/Infantin* über adäquate Entsprechungen im Deutschen. Angesichts der zahlreichen, detaillierten Bedeutungsvarianten im Spanischen muss bei der Übersetzung ins Deutsche je nach der Funktionalität des Ausgangstextes und des Zieltextes auf die Maßnahme der Explikation zurückgegriffen werden, wenn damit eben diese semantischen Details auch im Zieltext erhalten bleiben sollen. In Bezug auf die geschlechtergerechte Übersetzung dieses Terminus sind jedoch keine Schwierigkeiten zu erwarten.

Die Termini *testigo* und *portavoz*, die im Spanischen beide im Genus Commune stehen, können mit *Zeuge/Zeugin* und mit *Sprecher/Sprecherin* bzw. *Wortführer/Wortführerin* übersetzt werden. Allerdings sind diese Übersetzungsvarianten im Gegensatz zum Spanischen nun geschlechterspezifisch und nicht mehr geschlechtsneutral. Im Fall von *portavoz* ist bei der deutschen Übersetzung ein substantiviertes Partizip schwierig, denn *der/die Sprechende* bzw. *der/die Wortführende* sind semantisch nicht unbedingt äquivalent. Im Fall von *testigo* ist die Variante des substantivierten Partizips nicht gegeben. Sofern in der deutschen Übersetzung eine geschlechtsneutrale Bezeichnung gefunden werden muss, empfiehlt sich wohl am ehesten eine Paraphrasierung nach R. Stolze.

Der Terminus *azafata, azafato*, der ab der 23. Ausgabe des *DRAE* darin mit dem Femininum und dem Maskulinum verzeichnet ist, hat für alle seine Bedeutungsvarianten im Spanischen auch adäquate Entsprechungen im Deutschen, die (nach dem Vorbild des *DRAE*) folgendermaßen lauten:

1. Steward/Stewardess, Flugbegleiter/Flugbegleiterin, Fahrgastbegleiter/Fahrgastbegleiterin;
2. Flugbegleiter/Flugbegleiterin, Fahrgastbegleiter/Fahrgastbegleiterin;
3. (Messe)Host/(Messe)Hostess; Betreuer/Betreuerin;
4. Zofe, Dienstmädchen, Dienerin.

Je nach genauer Bedeutung einer einzelnen Variante wird je nach der Kontextsituation möglicherweise noch das explikative oder das paraphrasierende Verfahren nach R. Stolze notwendig, weil zum einen der Terminus in der Ausgangssprache und zum anderen die Termini in der Zielsprache ungenau oder ambivalent (*Betreuer/Betreuerin*) sind. *Zofe* kann ebenso eine angebrachte Übersetzung für *azafata* sein; allerdings unterscheidet sich der historische Kontext von *Zofe* und *azafata,* so dass dies bei einer Übersetzung zu beachten ist und die neutralere Übersetzungsvarianten *Dienstmädchen* oder *Dienerin* ggf. vorzuziehen sind.

Hinsichtlich der Übersetzungsstrategie kulturrelevanter – und insbesondere geschlechtsrelevanter – Termini finden sich in der Regel dort die besten Übersetzungsvarianten, wo sowohl in der Ausgangssprache als auch in der Zielsprache nach Á. García Meseguer die *Situaciones Directas* oder die *Situaciones Inversas* wiedergegeben werden können (García Meseguer 1988: 136). D. h., dass bei den *Situaciones Inversas,* in denen das Geschlecht der Person(en) unbekannt ist, diese geschlechterunspezifischen Termini im Spanischen möglichst auch geschlechterunspezifisch ins Deutsche übersetzt werden sollten. Dass dies allein auf der Ebene der Termini geschehen kann, ist leider nicht immer möglich, wie anhand der Beispiele *testigo* und *portavoz* gezeigt wurde. An diesen Stellen sind paraphrasierende oder mitunter explikative Übersetzungsstrategien nach R. Stolze und nicht zuletzt auch die Kreativität der Übersetzenden notwendig. Ist das Geschlecht der Person tatsächlich unbekannt oder geht aus dem Ausgangstext nicht hervor, so bleibt den Übersetzenden auch nicht die Alternative einer geschlechterspezifischen Übersetzung.

Für die *Situaciones Directas* bedeutet dies, dass geschlechterspezifische Termini in der Ausgangssprache auch in der Zielsprache geschlechterspezifisch widergegeben werden können und sollten. Handelt es sich bei einem geschlechterspezifischen Terminus um ein generisch verwendetes Maskulinum, so kann dies entsprechend als generisches Maskulinum ins Deutsche übertragen werden. Dies gilt insbesondere für den Fall, dass der Anteil an

Frauen in dieser Gruppe unbekannt ist bzw. gar keine Frauen darin vertreten sind. Das generische Maskulinum ist zwar prinzipiell weder für die Versprachlichung noch die Übersetzung eine geschlechtergerechte Lösung, aber bei der Unklarheit bezüglich der Gruppenzusammensetzung bietet es sich dennoch als geeignete Übersetzungsvariante an, weil sowohl das Spanische als auch das Deutsche Genussprachen sind, in denen sich die Probleme der geschlechtergerechten Sprache und insbesondere des generischen Maskulinums ausgesprochen ähneln.

Ist die Zusammensetzung der Gruppe im spanischen Ausgangstext bekannt und wird mit einem generischen Maskulinum beschrieben, so kann das Maskulinum entsprechend der Geschlechterzusammensetzung aufgelöst werden. Somit bleibt es in der deutschen Übersetzung bei einer rein männlichen Gruppe beim Maskulinum, bei einer gemischtgeschlechtlichen Gruppe beim Femininum und Maskulinum (oder einer geschlechterunspezifischen Alternative) oder bei einer rein weiblichen Gruppe beim Femininum. Entscheidend bei der Wahl dieser Strategie ist immer die Funktion des Ausgangstextes und deren Wahrung im Zieltext, wie es auch P. Kußmaul formuliert:

> „Dass eine Übersetzung aber ihre Funktion erfüllt, ist in der Praxis das Entscheidende. Alle Detailfragen sind diesem vorrangigen Zweck untergeordnet“ (Kußmaul 1984: 59).

Eine besondere Schwierigkeit stellt diesbezüglich allerdings die explizite Verwendung von Maskulina in Bezug auf Frauen dar, wie es z. B. bei *abogados, mujeres abogados, la decano* in *Arriba* der Fall ist. Trotz des seit 1925 im *DRAE* verzeichneten Terminus *abogada* im Sinne von Rechtsanwältin wird mit dem Maskulinum auf die Frau referiert. Dafür kann es drei verschiedene Gründe geben: unreflektierter Sprachgebrauch, die eindeutige Abgrenzung der Bedeutung *Rechtsanwältin* gegenüber der Bedeutung *Frau des Rechtsanwaltes* oder die Benennung der Frau durch eine maskuline Berufsbezeichnung, die als „Aufwertung“ verstanden werden soll. Diese „Aufwertung“ einer Berufsbezeichnung für eine Frau durch ein Maskulinum ist ebenfalls Bestandteil der feministischen Sprachkritik. Sie kann jedoch nur solange funktionieren, wie die Verwendung der femininen Entsprechung unüblich ist. Deswegen sollte auch hier der Gebrauch des Femininums für eine Frau bevorzugt werden, denn die Bedeutung *Frau des Rechtsanwaltes* ist durch die gesellschaftliche Realität mittlerweile auch verdrängt und unüblich geworden.

Die Verwendung des Maskulinums *la decano* mit einem femininen Artikel ist vermutlich der Tatsache geschuldet, dass das Femininum *la decana* erst 1984 ins *DRAE* aufgenommen und hier die Sprache der Realität angepasst wurde.

Der Umgang mit diesen Besonderheiten beim Übersetzen erfordert selbstverständlich umfassendes Hintergrundwissen der Ausgangskultur und der Ausgangssprache und muss dem Übersetzungsauftrag entsprechend berücksichtigt werden. Möglichkeiten zur Wahrung der Textfunktion bieten hier das *explikative* oder *paraphrasierende* Verfahren oder unter Umständen auch das *Prefacing and Footnoting* nach L. von Flotow. Letztgenannte Übersetzungsstrategie ist bei den Textsorten Nachricht, Bericht, Porträt und Nachruf sicherlich nicht die erste Wahl, aber sie würde dem Zielpublikum das für das Verständnis notwendige Hintergrundwissen liefern.

7.3 Der Einfluss der Ideologie auf die Wahl der Übersetzungsstrategie

Wenn es darum geht, den politisch-ideologischen Hintergrund der spanischen Gesellschaft unter Franco herauszustellen, sollte dies aus dem Übersetzungsauftrag hervorgehen. Im Sprachenpaar Spanisch–Deutsch kritisiert die feministische Sprachwissenschaft ähnliche Probleme; und in Bezug auf eine geschlechtergerechte Sprache haben sich in beiden Sprachen ähnliche Entwicklungen vollzogen, wie z. B. die Schaffung von Feminina für vormals männertypische Berufe. Für die Übersetzung der Texte vom Spanischen ins Deutsche (und auch in die andere Richtung) ist das fast schon ein Glücksfall, denn es erleichtert die Übersetzung geschlechtergerechter Termini und erlaubt es Übersetzenden einmal mehr, auch als kreativ Schreibende tätig zu werden, ohne dass der Übersetzungsauftrag und ohne dass die Funktion des Ausgangs- und des Zieltextes darunter leiden. Im Gegenteil: Diese Faktoren tragen maßgeblich zur Erhaltung der Zieltextfunktion bei.

Sprachpolitische Entwicklungen wie die Herausbildung weiblicher Berufsbezeichnungen und möglicherweise auch ein reflektierterer Gebrauch des generischen Maskulinums haben sich in den vergangenen Jahrzehnten vollzogen – unter Francos Diktatur in geringerem Maß als im demokratischen Spanien seit den 1980er Jahren. Jedoch ist der demokratische Zeitraum lang und (sprach)produktiv genug gewesen, um einen Vergleich zwischen beiden Sprachen zuzulassen.

Die politischen Hintergründe einer Kultur mit einer Übersetzung allein anhand geschlechter(un)spezifischer Personenbezeichnungen zu verdeutlichen, ist mit Sicherheit unmöglich. Die Beibehaltung geschlechterunspezifischer Personenbezeichnungen im Zieltext (wie das generische Maskulinum) oder männlicher Berufsbezeichnungen auch in Anwendung auf Frauen kann jedoch unter Beachtung der Funktion von Ausgangs- und Zieltext zu einer Bewusstmachung der politischen Hintergründe der Ausgangskultur beitragen. Das erscheint insbesondere in solchen Texten und Textsorten hilfreich, bei denen in der Zielkultur heutzutage – im Gegensatz zur Vergangenheit – in der Regel nur noch mit geschlechterunspezifischen oder ausdrücklich femininen und maskulinen Personen- oder Berufsbezeichnungen gearbeitet wird (wie z. B. bei Stellenanzeigen).

Bei den in dieser Arbeit untersuchten Textsorten haben sich diese Gegebenheiten jedoch nicht grundlegend geändert, außer dass von JournalistInnen ein reflektierter Sprachgebrauch zwar gefordert, jedoch nicht zwangsläufig beachtet wird. Insofern kann die Übersetzung unreflektierten Sprachgebrauchs zu einer Bewusstmachung der politischen Situation zwar beitragen. Allerdings dürfte es sich dabei nur um einen von vielen Indikatoren handeln, der diese Situation verdeutlicht oder unterstreicht. Nicht zuletzt muss dafür auch entsprechendes Hintergrundwissen beim Zielpublikum vorausgesetzt werden können, damit der Zieltext seine Funktion nicht verfehlt.

Folglich tragen unterschiedliche Faktoren zur Wahl der Übersetzungsstrategie bei, wobei die Wahrung der Funktion des Ausgangstextes im Zieltext definitiv die wichtigste Rolle spielt. Ideologische Aspekte spielen zwar bei der Übersetzung geschlechtergerechter Termini ebenso eine Rolle; sie sind jedoch der Funktion untergeordnet. Die ideologischen Aspekte sollten abhängig vom Übersetzungsauftrag und soweit möglich, unter Abwägung des vorhandenen Hintergrundwissens des Zielpublikums (der Adressatinnen und Adressaten) abgewägt werden.

8 Fazit und Ausblick

Personen- und Berufsbezeichnungen, die sowohl über ein Maskulinum und Femininum als auch über eine Form im Genus Commune verfügen, bieten ideale lexikalische Voraussetzungen für eine geschlechtergerechte Sprache. Sie ermöglichen den geschlechterspezifischen Gebrauch der Termini, wo diese Spezifizierung notwendig ist, was A. García Meseguers Sprachkritik zufolge den direkten Situationen (*Situaciones Directas*) gerecht wird. Die indirekten Situationen (*Situaciones Inversas*), in denen der Sexus unbekannt oder irrelevant ist, können geschlechterunspezifisch mit den Termini im Genus Commune (im Spanischen) beschrieben werden.

Sowohl das Spanische als auch das Deutsche bieten einige Möglichkeiten für solche geschlechterunspezifischen Personen- und Berufsbezeichnungen. Insofern ist die Kritik an der feministischen Sprachwissenschaft bezüglich ihrer angeblich fehlenden Sprachökonomie durch doppelte oder umständliche Ausdrucksformen nur bedingt berechtigt. Leider konnte die Verwendung der Alternativen zu den generischen Maskulina in dieser Arbeit nicht als gezieltes Stilmittel im Hinblick auf einen geschlechtergerechten Sprachgebrauch nachgewiesen werden, weil deren Anzahl im demokratischen Untersuchungszeitraum nicht angestiegen war und keine eindeutigen Relationen zur Anzahl der in den Artikeln verwendeten generischen Maskulina aufwies. Auch Partizipien stellen in beiden Sprachen eine angemessene Variante dar, um Personen geschlechterunspezifisch zu benennen. Deren Gebrauch mag teilweise ungewohnt, lustig oder eigenartig erscheinen (ebenso wie die Ergebnisse bei Anwendung von Á. García Meseguers *Regla de la Inversión* zur Aufdeckung sexistischer Inhalte), aber auch hier wird bei zunehmendem Gebrauch und zunehmender Gewöhnung eine höhere Akzeptanz zu erwarten sein – ebenso, wie dies auf neue, den Geschlechtern angepassten Berufsbezeichnungen zutrifft.

In dieser Arbeit konnte auch nachgewiesen werden, dass sich sowohl Bezeichnungen und Ausdrücke, nach F. de Saussure *signifiant*, ändern können, indem bei Personen- und Berufsbezeichnungen im Spanischen in der Regel feminine, z. T. aber auch maskuline Entsprechungen zu bereits vorhandenen Personen- und Berufsbezeichnungen gebildet werden, wie z. B. *decana* zu *decano*. Oftmals geht die Bildung einer solchen femininen oder maskulinen

Entsprechung mit der Änderung des Inhalts, nach F. de Saussure des *signifié*, einher. Dafür steht das Beispiel *juez*, das zunächst nur Männer bezeichnet, dann ab 1970 gemäß *DRAE* im Genus Commune sowohl Männer als auch Frauen bezeichnen kann. Darüber hinaus tauscht das Femininum *jueza* seine ursprünglich erste Bedeutung von *mujer del juez* gegen die ursprünglich zweite Bedeutung *mujer que desempeña el cargo de juez*.

Diese Sprachentwicklung hat sich anhand der gesellschaftlichen Realität vollzogen, wenn Frauen ursprünglich männertypische Berufe ergriffen haben und ergreifen und dafür ein sprachlicher Ausdruck, *signifiant*, geschaffen werden muss(te). Umgekehrt gilt das Gebot eines geschlechtergerechten Sprachgebrauchs selbstverständlich auch in Bezug auf Männer, denn auch sie sind in gewissen Bereichen gar nicht repräsentiert, unterrepräsentiert oder schlechter angesehen. Dem müssen angemessene Personen- und Berufsbezeichnungen ebenso Rechnung tragen wie bei den Frauen.

Aufgrund kultureller, sozialer und sprachstruktureller Parallelen zwischen (dem in Spanien gesprochenen) Spanisch und (dem in Deutschland gesprochenen) Deutsch gestalten sich die Probleme beim Übersetzen zwischen diesem Sprachenpaar als nicht allzu schwierig. Denn beide Sprachen sind Genussprachen und in beiden Sprachen gab und gibt es eine sehr ähnliche Entwicklung im Hinblick auf die geschlechtergerechte Anpassung von Personen- und Berufsbezeichnungen. Trotzdem erfordert gerade das Übersetzen, und das gilt nicht nur für das genannte Sprachenpaar, in Bezug auf die geschlechtergerechte Sprache ein besonders sensibles Sprachgefühl. Zu beachten ist bei der Übersetzung zusätzlich (selbstverständlich in Abhängigkeit des Übersetzungsauftrags), dass eine entsprechend gleichberechtigte Wortwahl in Bezug auf die Feminina und Maskulina dort erfolgen sollte, wo eine neue Männerbezeichnung im Spanischen mit einer Beschönigung des Femininums einherging, wie es M. L. Calero Vaquera für das Spanische thematisierte (Calero Vaquera 2003: 15, siehe auch Kapitel *6.1 Bedeutungsänderungen kulturrelevanter Termini*).

Bei der Übersetzung solcher Zeitungsartikel, wie sie in dieser Arbeit behandelt wurden, ist jedoch nicht nur der geschlechtergerechte Sprachgebrauch von großer Bedeutung. Die Wahl der Übersetzungsstrategie ist ein zentraler Aspekt für eine zielgruppen- und auch auftragsgerechte Übertragung des Textes in die Zielsprache Deutsch.

Wie bereits in der Auswertung der Untersuchung erwähnt, ist auf der inhaltlichen Ebene die Textquelle, d. h. die Tageszeitung mit ihrer jeweils bestimmten ideologischen Ausrichtung (konservativ gegenüber fortschrittlich-liberal) bei der Übersetzung weniger relevant als vor der Untersuchung vermutet. Auch die Textsorte (Nachricht, Bericht, Porträt) hat wenig Einfluss auf den Inhalt des Textes, wenn es um die unterschiedliche Darstellung von Frauen und Männern in Spanien geht. Der wesentliche Unterschied bei deren Darstellung (auf inhaltlicher Ebene) ist die Einbettung der Texte in den politisch-ideologischen Hintergrund der politisch autoritären Franco-Ära bzw. des demokratischen Untersuchungszeitraums. Heutzutage werden die Frauen im Gegensatz zum früheren Untersuchungszeitraum wesentlich seltener bzw. z. T. gar nicht mehr in den Artikeln diskriminiert, diskreditiert oder (in unsachlicher Weise) negativ dargestellt. Diese soziokulturellen und politischen Gegebenheiten gilt es bei der Übertragung des Inhalts ins Deutsche ebenso zu beachten wie die formale Anpassung der Texte.

Zwar sind in formaler Hinsicht im demokratischen Untersuchungszeitraum keine Unterschiede zwischen den einzelnen, für die Untersuchung gewählten Textsorten erkennbar, aber die Nachrichten und Berichte aus der Franco-Zeit, die besonders kurz bzw. besonders lang ausfallen, wurden dementsprechend bereits als Kurznachricht bzw. Hintergrundbericht bezeichnet. Nach R. Stolze dürfen diese Texte durch die Übersetzenden formal an die Zielsprache angepasst, d. h. gekürzt oder verlängert werden (Stolze 2009: 361–364).

Unter Beachtung der Textfunktion in der Zielsprache nach P. Kußmaul und H. Hönig, die von den Auftraggebenden und den Übersetzenden geklärt werden soll, kann die Übersetzungsstrategie entsprechend gewählt werden. Auf inhaltlicher Ebene kommt den Übersetzenden die Aufgabe zu, das richtige Maß bei der Treue zum Original und der Leserfreundlichkeit und Verständlichkeit in der Zielsprache (nach R. Stolze 2009: 353) zu finden. Bei diesem interkulturellen Transfer können die Übersetzenden den Wissensstand der Adressatinnen und Adressaten nur vermuten und Inhalt und Form der Texte entsprechend zielgruppenspezifisch bzw. rezipientenorientiert und zielsprachenspezifisch gestalten. Dabei geht es insbesondere um die soziokulturellen Gegebenheiten in der Kultur der Ausgangssprache, und inwiefern diese als Erklärungen oder Erläuterungen zusätzlich zum Inhalt der Texte durch die SprachmittlerInnen in die Übersetzung einfließen sollten. Diese Zusatzinformationen sind von umso höherer Bedeutung, je stärker sich die Ausgangskultur von der Kultur, für die der Zieltext übersetzt wird, unterscheidet. Ähnliches trifft auf den politisch-ideologischen Hintergrund oder das politische System eines Landes zu. Denn die Zeitungsartikel aus der Franco-Diktatur ziehen bei der Übersetzung und der Anpassung der Übersetzung an die Zielkultur einen wesentlich höheren Aufwand nach sich. Die sozialen und rechtlichen Voraussetzungen von Frauen und Männern unterscheiden sich in den beiden unterschiedlichen politischen Systemen (Diktatur in Spanien bei den Ausgangstexten gegenüber Demokratie des deutschsprachigen Zielpublikums) maßgeblich; hinzu kommen verschiedene soziokulturelle Faktoren wie der Einfluss der katholischen Kirche, Bevölkerungsentwicklung, Entwicklung des Arbeitsmarktes. Nicht zuletzt ist auch der chronologische Aspekt insofern relevant, als dass die Franco-Diktatur bereits einige Jahrzehnte zurückliegt und schon aufgrund dessen kein allzu umfangreiches Vorwissen über Spanien zu jener Zeit beim deutschen Zielpublikum (selbstverständlich in Abhängigkeit von Berufsgruppen, Bildungsstand, persönlichen Interessen usw.) vorausgesetzt werden kann.

Die Übersetzung der Zeitungsartikel aus dem demokratischen Zeitraum stellt sich aufgrund des zeitlichen Aspekts, des ähnlichen politisch demokratischen Systems, in einer immer stärker globalisierten und vernetzten Welt als wesentlich einfacher dar.

Es stellt sich somit einmal mehr heraus, wie es A. García Meseguer bereits 1994 erkannt hatte, dass „sozialer Sexismus (auf der Ebene der Realität)“ mit „sprachlichem Sexismus (auf der Ebene der Sprache)“ miteinander einhergehen und sich auch gegenseitig bedingen (García Meseguer 1994: 26). Insofern ist es umso bedeutender, dass sich alle Sprechenden und insbesondere Schreibenden einer geschlechtergerechten Sprache bedienen. Dabei gilt es, allen in Texten beschriebenen Personen sowohl auf der Ebene des Sprachsystems (*langue*) als auch auf der Ebene des Sprachgebrauchs inhaltlich gerecht zu werden, ohne diese Personen in irgendeiner Weise zu diskriminieren, zu diskreditieren oder gar unsichtbar zu machen.

9 Bibliografie

A) Literaturverzeichnis

Agra Romero, María Xosé (2005): „Feminist Philosophy in Spain." De Sotelo (2005): 141–153.

Alberdi, Inés (2005): „Feminist Women in the Spanish Political Transition." De Sotelo (2005): 59–67.

Alcalá, Paloma/Blanco, Oliva/Lozano, Marián (1995): „Trabajo Asalariado. Extrañas en el Paraíso." Blanco Corujo/Corant Deusa (1995): 75–98.

Alcalá, Paloma/Blanco, Oliva (1995): „Feminismo es política." Blanco Corujo/Corant Deusa (1995): 17–42.

Álvarez-Junco, José (1994): „Social Movements in Modern Spain: From the Pre-Civil War Model to Contemporary NSMs." Laraña, Enrique/Johnston, Hank/Gusfield, Joseph R. (1994) (Hrsg.): *New Social Movements. From Ideology to Identity.* Philadelphia: Temple University Press, 304–329.

Año Internacional de la Mujer. Comisión Provincial de Segovia (1976): *La Mujer y la Familia.* Madrid: Sucs. de Rivadeneyra.

Astelarra, Judith: „Three Generations of Women in Spain." De Sotelo (2005): 51–58.

Bartschat, Brigitte (1996): *Methoden der Sprachwissenschaft. Von Hermann Paul bis Noam Chomsky.* Berlin: Erich Schmidt Verlag.

Benería, Lourdes (1977): *Mujer, Economía y Patriarcado durante la España franquista.* Barcelona: Editorial Anagrama.

Bernecker, Walther L. (1995): *Religion in Spanien. Darstellung und Daten zu Geschichte und Gegenwart.* Gütersloh: Gütersloher Verlagshaus.

Bernecker, Walther L. (2006): *Spanien-Handbuch. Geschichte und Gegenwart.* Tübingen: Narr Francke Attempto Verlag.

Bernecker, Walther L. et al. (1990): *Spanien-Lexikon. Wirtschaft, Politik, Kultur, Gesellschaft.* München: Beck.

Bischoff, Helmuth (1991): „Presse und Redemokratisierung in Spanien." Bernecker, Walther L./Oehrlein, Josef (1991) (Hrsg.): *Spanien heute. Politik, Wirtschaft, Kultur.* Frankfurt am Main: Vervuert: 451–462.

Blanco Corujo, Oliva/Corant Deusa, Isabel (1995): *El largo Camino hacia la Igualdad. Feminismo en España 1975–1995.* Instituto de la Mujer/Ministerio de Asuntos Sociales (Hrsg.). Madrid: Impresión.

Bocheński, Joseph Maria (1969[4]): *Die zeitgenössischen Denkmethoden.* Bern: Francke Verlag.

Bosch Fiol, Esperanza/Ferrer Pérez, Victoria A. (2005): „Progress in the Fight Against Gender-Based Violence in Present-Day Spain." De Sotelo (2005): 200–208.

Bowker, John (1999): *Das Oxford-Lexikon der Weltreligionen.* Düsseldorf: Patmos-Verlag.

Brockhaus (2006) = *Brockhaus-Enzyklopädie.* Leipzig, Mannheim: Brockhaus 2006.

Calero Fernández, María Ángeles (2004): „El Léxico de los Oficios, Profesiones, Cargos y Tratamientos." Lledó, Eulàlia/Calero Fernández, María Ángeles/Forgas Berdet, Esther (2004): *De Mujeres y Diccionarios. Evolución de lo Femenino en la 22ª edición del DRAE.* Madrid: Instituto de la Mujer: 279–372.

Calero Fernández, María Ángeles (2012): „Visión histórica de la teorización del género gramatical y consecuencias en su aplicación a la enseñanza de ELE." San Vicente, Félix/Calero Vaquera, María Luisa (Hrsg.) (2012): *Discurso de género y didáctica. Relato de una inquietud.* Córdoba: Servicio de Publicaciones de la Universidad de Córdoba: 15–52.

Calero Vaquera, María Luisa/Lliteras Poncel, Margarita/Sastre Ruano, María Ángeles (2003): *Guía de Estilo I. Lengua y Discurso Sexista.* Junta de Castilla y León: Angelma.

Calero Vaquera, María Luisa (2003): „Sexo, Género y Lengua". Calero Vaquera, María Luisa/Lliteras Poncel, Margarita/Sastre Ruano, María Ángeles (2003): *Guía de Estilo I. Lengua y Discurso Sexista.* Junta de Castilla y León: Angelma: 19–51.

Carrasco, Cristina (2005): „Women in Spain: An ‚Adjustment Variable' Between Home and Market." De Sotelo (2005): 308–316.

Castellani, Jean-Pierre (1998): „Die Tagespresse im Medienwettbewerb – (teilweise) eine Erfolgsgeschichte." Bernecker, Walther L./Dirscherl, Klaus (1998) (Hrsg.): *Spanien heute. Politik, Wirtschaft, Kultur.* Frankfurt am Main: Vervuert: 565–580.

Chesler, Phyllis (1985): *Mothers on trial: The battle for children and custody.* New York: Mc Graw-Hill.

Collado Seidel, Carlos (1998): „Kirche und Religiosität." Bernecker, Walther L./Dirscherl, Klaus (1998) (Hrsg.): *Spanien heute. Politik, Wirtschaft, Kultur.* Frankfurt am Main: Vervuert: 321–351.

Cordeira López, Cristina et. al (2004): *Libro de Estilo para evitar el Sexismo en los Medios de Comunicación.* Bilbao: Gertu.

Csoklich, Fritz (1991): „Bericht in der Zeitung". Pürer, Heinz (Hrsg.) (1991): *Praktischer Journalismus in Zeitung, Radio und Fernsehen.* München: Verlag Ölschläger GmbH: 74–80.

Csoklich, Fritz (1991): „Nachricht in der Zeitung". Pürer, Heinz (Hrsg.) (1991): *Praktischer Journalismus in Zeitung, Radio und Fernsehen.* München: Verlag Ölschläger GmbH: 46–56.

Davies, Catherine (1999): „feminism." Rodgers (2002): 177–178.

De Miguel Álvarez, Ana (2005): „The Feminist Movement and Redefinition of Reality." De Sotelo (2005): 113–119.

De Sotelo, Elisabeth (2005) (Hrsg.): *New Women of Spain. Social-Political and Philosophical Studies of Feminist Thought.* Münster: Lit Verlag.

De Villota, Paloma (2005): „Approach to the Fiscal Policy From a Gender Viewpoint: The Cases of Germany and Spain." De Sotelo (2005): 326–338.

Di Febo, Giuliana (2008): „‚La Cuna, la Cruz y la Bandera'. Primer Franquismo y Modelos de Género." Morant (2008^2): 217–237.

Díaz Hormigo, María Tadea (1999): „El ‚Género' del Sustantivo según las Gramáticas Españolas de la Tradición." Fernández Rodríguez, Mauro/García Gondar, Francisco/ Vázquez Veiga, Nancy (Hrsg.) (1999): *Actas del I Congreso Internacional de la Sociedad Española de Historiografía Lingüística*. Madrid: Arco Libros: 219–231.

Díaz Sánchez, Pilar (2008): „Participación Social de las Mujeres." Morant (2008^2): 349–366.

Diccionario de la Lengua Española de la Real Academia Española (1970^{19}): *Feminismo*. Madrid: Editorial Espasa Calpe.

Diccionario de la Lengua Española de la Real Academia Española (2001^{22}). Madrid: Editorial Espasa Calpe.

Díez-Picazo, Luis/Gullón, Antonio (2002^{10}): „Las Reformas del Código Civil." Díez-Picazo, Luis/Gullón, Antonio (2002^{10}): *Sistema del Derecho Civil. Volumen I*. Madrid: Tecnos, 60–68.

Durán, María-Ángeles (2005): „Unpaid Work and Families." De Sotelo (2005): 339–358.

Fernández Segado, Francisco (1986): „El Sistema de las Leyes fundamentales." Fernández Segado, Francisco (1986^3): *Las Constituciones Históricas Españolas*. Madrid: Editorial Civitas, 691–822.

Fernández Urzainqui, Francisco Javier (2004^7) (Hrsg.): *Código Civil*. Pamplona: Aranzadi.

Fernández Vargas, Valentina (2005): „The Long Road of Spanish Women Toward Equality." De Sotelo (2005): 43–50.

Finck von Finckenstein, Theodor Graf (1998^3): *Protokollarischer Ratgeber: Hinweise für persönliche Anschriften und Anreden im öffentlichen Leben*. Köln: Bundesanzeiger

Fishman, Pamela (1978): „Interaction. The Work Women Do". In: *Social Problems 24*, 397–406.

Folguera Crespo, Pilar (1997): „El Franquismo. El Retorno a la Esfera privada (1939–1975)." Garrido González (1997): 527–548.

Folguera Crespo, Pilar (1997): „La II República. Entre lo Privado y lo Público (1931–1939)." Garrido González (1997): 493–514.

Folguera, Pilar (2005): „Spanish Women Within a European Framework: New Challenges and Opportunities." De Sotelo (2005): 97–104.

Folguera, Pilar (2007) (Hrsg.): *El Feminismo en España: Dos Siglos de Historia*. Madrid: Editorial Pablo Iglesias.

Folguera, Pilar (2007): „De la Transición política a la Paridad." Folguera (2007): 157–199.

Folguera, Pilar (2008): „Voces del Feminismo." Morant (2008^2): 433–463.

Frank-Cyrus, Karin M./Dietrich, Margot (1998): „Gesetze geschlechtergerecht gestalten – aber wie? Zwei Gutachten der Gesellschaft für deutsche Sprache für das Bundesministerium der Justiz". Schoenthal (1998): 49–86.

Frank, Karsta (1992): *Sprachgewalt: Die sprachliche Reproduktion der Geschlechterhierarchie. Elemente einer feministischen Linguistik im Kontext sozialwissenschaftlicher Frauenforschung.* Tübingen: Niemeyer.

Fundación Foessa (1970): *Informe Sociológico sobre la Situación Social de España 1970.* Madrid: Euramérica.

Fusi, Juan Pablo (1992): *Franco. Spanien unter der Diktatur 1936–1975.* München: Deutscher Taschenbuch Verlag.

García de León, María Antonia (2008): „A la Sombra de la Universidad." Morant (2008^2): 329–347.

García Meseguer, Álvaro (1988^3): *Lenguaje y Discriminación Sexual.* Barcelona: Montesinos Editor.

García Meseguer, Álvaro (1994): *¿Es sexista la Lengua española? Una Investigación sobre el Género gramatical.* Barcelona: Ediciones Paidós Ibérica.

Garrido González, Elisa/Folguera Crespo, Pilar/Ortega López, Margarita/Segura Graiño, Cristina (Hrsg.) (1997): *Historia de las Mujeres en España.* Madrid: Editorial Síntesis.

Gonzáles, Iris G. (1985): „Some Aspects of Sexism in Spanish." Hellinger (1985): 48–63.

Graham, Helen/Labanyi, Jo (Hrsg.) (1995): *Spanish Cultural Studies.* New York: Oxford University Press.

Graham, Helen (1995): „Gender and the State: Women in the 1940s." Graham/Labanyi (1995): 182–195.

Gräßel, Ulrike (1991): *Sprachverhalten und Geschlecht. Eine empirische Studie zu geschlechtsspezifischen Sprachverhalten in Fernsehdiskussionen.* Pfaffenweiler: Centaurus Verlagsgesellschaft.

Guentherodt, Ingrid/Hellinger, Marlis/Pusch, Luise F./Trömel-Plötz, Senta (1980): „Richtlinien zur Vermeidung sexistischen Sprachgebrauchs." *Linguistische Berichte* 69: 15–21.

Günthner, Susanne (1992a): „Sprache und Geschlecht: Ist Kommunikation zwischen Frauen und Männern interkulturelle Kommunikation?" *Linguistische Berichte 138*: 123–143.

Haas, Hannes (2005): „Mediengattungen". Weischenberg, Siegfried/Kleinsteuber, Hans J./Pörksen, Bernhard (Hrsg.) (2005): *Handbuch Journalismus und Medien.* Konstanz: UVK Verlagsgesellschaft mbH: 225–229.

Häberlin, Susanna/Schmid, Rachel/Wyss, Eva Lia (1992): *Übung macht die Meisterin. Ratschläge für einen nichtsexistischen Sprachgebrauch.* München: Frauenoffensive.

Haller, Michael (1990^2): *Die Reportage. Ein Handbuch für Journalisten.* München: Verlag Ölschläger GmbH.

Haller, Michael (2005): „Reportage/Feature". Weischenberg, Siegfried/Kleinsteuber, Hans J./Pörksen, Bernhard (Hrsg.) (2005): *Handbuch Journalismus und Medien.* Konstanz: UVK Verlagsgesellschaft mbH: 405–411.

Hellinger, Marlis (1980a): „Zum Gebrauch weiblicher Berufsbezeichnungen im Deutschen – Variabilität als Ausdruck außersprachlicher Machtstrukturen." *Linguistische Berichte* 69: 37–58.

Hellinger, Marlis (1985) (Hrsg.): *Sprachwandel und feministische Sprachpolitik: Internationale Perspektiven*. Opladen: Westdeutscher Verlag.

Hellinger, Marlis/Kremer, Marion/Schräpel, Beate (1989): *Empfehlungen zur Vermeidung sexistischen Sprachgebrauchs in öffentlicher Sprache*. Universität Hannover.

Hellinger, Marlis (1990): *Kontrastive Feministische Linguistik. Mechanismen sprachlicher Diskriminierung im Englischen und Deutschen*. Ismaning: Hueber.

Hellinger, Marlis/Bierbach, Christine (1993): *Eine Sprache für beide Geschlechter. Richtlinien für einen nicht-sexistischen Sprachgebrauch*. Hrsg. (1993): Deutsche UNESCO-Kommission. Bonn, Deutsche UNESCO-Kommission.

Hoffmann, Lothar (1998): „Anwendungsmöglichkeiten und bisherige Anwendung von statistischen Erhebungsmethoden in der Fachsprachenforschung." Hoffmann/Kalverkämper/Wiegand (1998): 241–249.

Hoffmann, Lothar (1998): „Anwendungsmöglichkeiten und bisherige Anwendung von linguistischen Erhebungsmethoden in der Fachsprachenforschung." Hoffmann/Kalverkämper/Wiegand (1998): 249–269.

Hoffmann, Lothar/Kalverkämper, Hartwig/Wiegand, Herbert Ernst (Hrsg.) (1998): *Fachsprachen. Ein internationales Handbuch zur Fachsprachenforschung und Terminologiewissenschaft*. Berlin: de Gruyter.

Hruska, Verena (1999): *Die Zeitungsnachricht: Information hat Vorrang*. Bonn: ZV Zeitungs-Verlag Service GmbH.

Jäckel, Hartmut (2000): „Grund- und Menschenrechte." Holtmann, Everhard(Hrsg.) (2000[3]): *Politiklexikon*. München: Oldenbourg Wissenschaftsverlag.

Janssen-Jurreit, Marielouise (1976): *Sexismus. Über die Abtreibung der Frauenfrage*. Frankfurt/Main: Fischer-Taschenbuch-Verlag.

Jiménez Bermejo, María (1981): „La Mujer y el Trabajo." Fondation Internationale de la Famille, I. D. F. (Zurich) (1981): *La Familia y la Condición de Mujer*. Alcobendas (Madrid): RUAN, 255–259.

Kalverkämper, Hartwig (1979): „Die Frauen und die Sprache." *Linguistische Berichte* 62: 55–71.

Key, Mary Ritchie (1975): *Male/Female Language*. Metuchen, N. J..

Kußmaul, Paul (1984): „Wie genau soll eine Übersetzung sein? Wie können wir Studierenden bei ihren semantischen Entscheidungen helfen?" Wilss, Wolfram/Thome, Gisela (Hrsg.) (1984): *Die Theorie des Übersetzens und ihr Aufschlußwert für die Übersetzungs- und Dolmetschdidaktik*. Gunter Narr Verlag: Tübingen.

Kußmaul, Paul/Hönig, Hans G. (1982): *Strategie der Übersetzung. Ein Lehr- und Arbeitsbuch*. Tübingen: Narr Verlag.

Lakoff, Robin (1975): *Language and women's place*. New York.

La Roche, Walther von (2008[18]): *Einführung in den praktischen Journalismus – mit genauer Beschreibung aller Ausbildungswege. Deutschland, Österreich, Schweiz*. Berlin: Econ im Ullstein Buchverlage GmbH.

López Giráldez, Julia (1995): „Veinte Años de Coeducación en España (1975–1995)." Blanco Corujo/Corant Deusa (1995): 43–74.

Lorenzen, Ebba (1978): *Presse unter Franco. Zur Entwicklung publizistischer Institutionen und Prozesse im politischen Kräftespiel.* München, New York: Verlag Dokumentation.

Martín Perpiñán, Concha (1995): „Salud y Sexualidad. Nuestros Cuerpos, nuestras Vidas." Blanco Corujo/Corant Deusa (1995): 111–135.

Ministerio de Información y Turismo – Oficina de Textos Legales (1966): El nuevo Derecho de Prensa e Imprenta. Madrid: Imprenta del Servicio de Publicaciones del M.I.T. „Ley 14/1966, de 18 de Marzo, de Prensa e Imprenta." 33–69.

Ministerio para las Administraciones Públicas (1990): *Manual de Estilo del Lenguaje Administrativo.* Madrid.

Moliner, María (1981): *Diccionario de Uso del Español.* Madrid: Editorial Gredos.

Moliner, María (2007): *Diccionario de Uso del Español.* Madrid: Editorial Gredos.

Morant, Isabel et al. (2008²): *Historia de las Mujeres en España y América Latina – Del Siglo XX a los Umbrales del XXI.* Volumen 4. Madrid: Ediciones Cátedra.

Morcillo Gómez, Aurora (2007): „Feminismo y Lucha política durante la II República y la Guerra Civil." Folguera (2007): 89–122.

Moreno Sardá, Ámparo (2007): „La Réplica de las Mujeres al Franquismo." Folguera (2007): 123–155.

Muñoz Ruíz, María del Carmen (2008): „Modelos femeninos en la Prensa para Mujeres." Morant (2008²): 277–297.

Nash, Mary (1979): *Mujeres Libres. Die freien Frauen in Spanien 1936–1978.* Berlin: Karin Kramer Verlag.

Nielfa Cristóbal, Gloria (2003) (Hrsg.): *Mujeres y Hombres en la España franqista: Sociedad, Economía, Política, Cultura.* Instituto de Investigaciones Feministas UCM. Madrid: Editorial Complutense.

Noelle-Neumann, Elisabeth/Schulz, Winfried/Wilke, Jürgen (Hrsg.) (1994): *Fischer Lexikon Publizistik/Massenkommunikation.* Frankfurt am Main: Fischer-Taschenbuch-Verlag.

Nohlen, Dieter/Hildenbrand, Andreas (2005²): *Spanien. Wirtschaft. Gesellschaft und Politik. Ein Studienbuch.* Wiesbaden: VS Verlag.

O'Donnell, Hugh (2002): „ABC." Rodgers (2002): 1.

O'Donnell, Hugh (2002): „El Mundo." Rodgers (2002): 352–353.

Pardo, Rosa (2007): „El Feminismo en España. Breve Resumen, 1953–1985." Folguera (2007): 201–210.

Parrondo, Ramón (2002): „Press." Rodgers (2002): 418–419.

Payne, Stanley G. (1991): „Die Kirche und der Übergangsprozeß." Bernecker, Walther L./Oehrlein, Josef (1991): *Spanien heute. Politik, Wirtschaft, Kultur.* Frankfurt am Main: Vervuert: 105–120.

Pérez-Serrano, Mabel (2008): „Mujeres en la Política de la transición." Morant (2008²): 367–390.

Plataforma 8 de Marzo (2007): *Feminismo: Una misma Lucha, diversas Estrategias: Jornadas celebradas en Sevilla, 16 y 17 de Diciembre de 2006.* Sevilla: Coria Gráfica.

Posada Kubissa, Luisa (2005): „The Growing Presence of Feminist Theory in Spain." De Sotelo (2005): 129–140.

Pusch, Luise F. (1984): *Das Deutsche als Männersprache. Aufsätze und Glossen zur feministischen Linguistik.* Frankfurt/Main: Suhrkamp.

Pusch, Luise F. (1985): „Frauen entpatrifizieren die Sprache. Feminisierungstendenzen im heutigen Deutsch." Hellinger (1985): 23–47.

Pusch, Luise F. (1990): *Alle Menschen werden Schwestern. Feministische Sprachkritik.* Frankfurt/Main: Suhrkamp.

Radl Philipp, Rita (2005): „The Process of Social Change in Spanish Universities." De Sotelo (2005): 418–428.

Real Academia Española (1984): *Diccionario de la Lengua Española.* Madrid: Espasa Calpe.

Real Academia Española (1992): *Diccionario de la Lengua Española.* Madrid: Espasa Calpe.

Real Academia Española (2001): *Diccionario de la Lengua Española.* Madrid: Espasa Calpe.

Reiss, Katharina (1984): „Adäquatheit und Äquivalenz." Wilss, Wolfram/Thome, Gisela (Hrsg.) (1984): *Die Theorie des Übersetzens und ihr Aufschlußwert für die Übersetzungs- und Dolmetschdidaktik.* Gunter Narr Verlag: Tübingen.

Rodgers, Eamonn (2002) (Hrsg.): *Encyclopedia of Contemporary Spanish Culture.* London: Routledge.

Rodgers, Eamonn (2002): „National Catholicism." Rodgers (2002): 359–360.

Rodgers, Eamonn (2002): „Unemployment." Rodgers (2002): 529–530.

Rodríguez de la Rubia Sánchez de Molina, Miguel (2007): *Manual de Estilo del Lenguaje Administrativo.* Zaragoza: Centro de Estudios para la Administración Pública, S. L.

Rodríguez de Lecea, Teresa (1995): „Mujer y Pensamiento Religioso en el Franquismo." Gomez-Ferrer Morant, Guadalupe (1995) (Hrsg.): *Las Relaciones de Género.* Madrid: Marcial Pons, 173–200.

Rodríguez de Lecea, Teresa (2008): „Las Mujeres y la Iglesia." Morant (2008^2): 267–275.

Ruiz Carnicer, Miguel Ángel (2001): „El Sistema y la Fabricación de un nuevo Concenso." Gracia García, Jordi/Ruiz Carnicer, Miguel Ángel (2001): *La España de Franco (1939–1975). Cultura y Vida cotidiana.* Madrid: Editorial Síntesis, 283–318.

Ruíz Franco, Rosario (2003): „La Situación legal: Discriminación y Reforma." Nielfa Cristóbal (2003): 117–144.

Salvà Mut, Francesca/Forteza Forteza, M. Dolors (2005): „Young Women, Work and Education." De Sotelo (2005): 359–367.

Samel, Ingrid (2000): *Einführung in die feministische Sprachwissenschaft.* Berlin: Schmidt

San José, Begoña (2007): „Forum de Política feminista." Plataforma 8 de Marzo (2007): 89–93.

Schaeder, Burkhard (1998): „Anwendungsmöglichkeiten und bisherige Anwendung von empirischen Erhebungsmethoden in der Fachsprachenforschung." Hoffmann/Kalverkämper/Wiegand (1998): 230–240.

Schmidt, Siegfried J./Weischenberg, Siegfried (1994): „Mediengattungen, Berichterstattungsmuster, Darstellungsformen." Merten, Klaus/Schmidt, Siegfried J./Weischenberg, Siegfried (1994) (Hrsg.): *Die Wirklichkeit der Medien. Eine Einführung in die Kommunikationswissenschaft*. Opladen: Westdeutscher Verlag, 212–236.

Schoenthal, Gisela (1998): *Feministische Linguistik – Linguistische Geschlechterforschung. Ergebnisse, Konsequenzen, Perspektiven*. Hildesheim; Zürich; New York: Olms.

Schräpel, Beate (1985): „Nicht-sexistische Sprache und soziolinguistische Aspekte von Sprachwandel und Sprachplanung." Hellinger (1985): 212–230.

Scotti-Rosin, Michael (1990): „Abc." Bernecker et al. (1990): 11.

Scotti-Rosin, Michael (1990): „El País." Bernecker et al. (1990): 319–320.

Stolze, Radegundis (2009): *Fachübersetzen – Ein Lehrbuch für Theorie und Praxis*. Forum für Fachsprachenforschung. Frank & Timme: Berlin.

Tavera García, Susanna (2008): „Mujeres en el Discurso franquista hasta los Años sesenta." Morant (2008^2): 239–265.

Threlfall, Monica (2002): „Instituto de la Mujer." Rodgers (2002): 269–270.

Tietz, Manfred (1990): „Iglesia Católica en España." Bernecker, Walther L. et al. (1990): *Spanien-Lexikon. Wirtschaft, Politik, Kultur und Gesellschaft*. München: Beck: 239–245.

Tobío, Constanza (2005): „Public Policies and Private Strategies: Family and Employment in Spain." De Sotelo (2005): 317–325.

Trempelmann, Gisela (1998): *Leserinnen/LeserInnen Ost wie West? Zu Bezeichnungen und Anredeformen für Frauen in den östlichen Bundesländern*. Schoenthal (1998): 33–47.

Trömel-Plötz, Senta (Hrsg.) (1984): *Gewalt durch Sprache. Die Vergewaltigung von Frauen in Gesprächen*. Frankfurt/Main: Fischer-Taschenbuch-Verlag.

Trömel-Plötz, Senta (1884a): „Gewalt durch Sprache." Trömel-Plötz (Hrsg.) (1984) 50–67.

Valiente Fernández, Celia (2003): „Las Políticas para las Mujeres trabajadoras durante el Franquismo." Nielfa Cristóbal (2003): 145–180.

Valcárcel, Amelia (2000): *Rebeldes – Hacia la Paridad*. Barcelona: Plaza & Janés Editores.

Valcárcel, Amelia (2008): „Treinta Años de Feminismo en España." Morant (2008^2): 415–432.

Vega, Cristina (2007): „Nuevos feminismos." Plataforma 8 de Marzo (2007): 63–71.

Von Flotow, Luise (1991): „Feminist Translation: Contexts, Practices and Theories." *Traduction, Terminologie, Rédaction: Études sur le texte et ses transformations* IV(2), 69–84.

Wasmuht, Ulrike C. (1995): „Feminismus". Nohlen, Dieter (Hrsg.) (1995): *Lexikon der Politik*, Band 1. München: C. H. Beck

Weber, Max (1976^5): *Wirtschaft und Gesellschaft. Grundriß der verstehenden Soziologie*. Tübingen: Mohr.

Weischenberg, Siegfried (2005): „Nachricht/Bericht". Weischenberg, Siegfried/Kleinsteuber, Hans J./Pörksen, Bernhard (Hrsg.) (2005): *Handbuch Journalismus und Medien*. Konstanz: UVK Verlagsgesellschaft mbH: 306–310.

Werner, Fritjof (1981): „Gesprächsarbeit und Themenkontrolle." *Linguistische Berichte 71:* 26–46.

Wissenschaftlicher Rat der Dudenredaktion (Hrsg. und Bearb.)/Alsleben, Brigitte (Red. Bearb.; 2003³): *Duden, das große Fremdwörterbuch*. Mannheim; Leipzig; Wien; Zürich: Dudenverlag.

Wissenschaftlicher Rat der Dudenredaktion (Hrsg.)/Scholze-Stubenrecht, Werner et al. (Hrsg. und red. Bearb.; 2006²⁴): *Duden, die deutsche Rechtschreibung*. Mannheim; Leipzig; Wien; Zürich: Dudenverlag.

Wolffgang, Hans Michael (Hrsg.)/Kock, Kai-Uwe et. al (Bearb.; 2000²): *Öffentliches Recht und Europarecht*. Herne/Berlin: Verlag Neue Wirtschafts-Briefe.

Zabala, Begoña (2008): „Movimiento de Mujeres, Mujeres en Movimiento." Zabala, Begoña (2008): *Movimiento de Mujeres, Mujeres en Movimiento*. Tafalla: Editorial Txalaparta, 21–49.

B) Internetquellen

„abogada" (1817)
http://archive.org/stream/5eddiccionariode00acaduoft#page/4/mode/2up (29.08.2012)

„abogado" (1817)
http://archive.org/stream/5eddiccionariode00acaduoft#page/4/mode/2up (29.08.2012)

„abogada" (1832)
http://books.google.de/books?id=qEvWAAAAMAAJ&printsec=frontcover&hl=es&source=gbs_ge_summary_r&cad=0#v=onepage&q&f=false (30.08.2012)

„abogado" (1832)
http://books.google.de/books?id=qEvWAAAAMAAJ&printsec=frontcover&hl=es&source=gbs_ge_summary_r&cad=0#v=onepage&q&f=false (30.08.2012)

„abogada" (1884)
http://archive.org/stream/diccionariodel00acaduoft#page/4/mode/2up (30.08.2012)

„abogada" (1899)
http://archive.org/stream/diccionariodela00acaduoft#page/4/mode/2up (30.08.2012)

„abogado" (1899)
http://archive.org/stream/diccionariodela00acaduoft#page/4/mode/2up (30.08.2012)

„abogada" (1914)
http://archive.org/stream/diccionariodelal00realuoft#page/4/mode/2up (29.8.2012)

„abogado" (1914)
http://archive.org/stream/diccionariodelal00realuoft#page/4/mode/2up (29.8.2012)

„abogado, abogada“
http://www.diclib.com/abogado/show/en/moliner/A/9826/300/0/6/939
(20.11.2012).
„abogado, da“ http://lema.rae.es/drae/ (29.08.2012)
„Abraham.“ http://www.heiligenlexikon.de/BiographienA/Abraham.htm (10.11.2007)
„Actividades de Sensibilización e Incidencia Política para el Cumplimiento de los Acuerdos Internacionales“ http://www.fpfe.org/incidencia/ (21.09.2009).
„agente“ http://buscon.rae.es/draeI/ (27.07.2009)
„Allgemeine Erklärung der Menschenrechte.“
http://de.wikisource.org/wiki/Allgemeine_Erkl%C3%A4rung_der_Menschenrechte
(28.04.2009)
„Allgemeines Gleichbehandlungsgesetz“ http://bundesrecht.juris.de/agg/ (06.06.2007)
Aparicio, Sonia (2004): „Roles Aprendidos. Cuando la Historia se repite.“
http://www.elmundo.es/documentos/2004/06/sociedad/malostratos/roles.html
(30.08.2007)
„Arbeitslosenquote insgesamt.“
http://epp.eurostat.ec.europa.eu/portal/page?_pageid=1996,39140985&_dad=portal
&_schema=PORTAL&screen=detailref&language=de&product=STRIND_EMPLOI
&root=STRIND_EMPLOI/emploi/em071 (29.08.2007)
„Arbeitslosenquote – männliche Bevölkerung.“
http://epp.eurostat.ec.europa.eu/portal/page?_pageid=1996,39140985&_dad=portal
&_schema=PORTAL&screen=detailref&language=de&product=STRIND_EMPLOI
&root=STRIND_EMPLOI/emploi/em073 (29.08.2007)
„Arbeitslosenquote – weibliche Bevölkerung.“
http://epp.eurostat.ec.europa.eu/portal/page?_pageid=1996,39140985&_dad=portal
&_schema=PORTAL&screen=detailref&language=de&product=STRIND_EMPLOI
&root=STRIND_EMPLOI/emploi/em072 (29.08.2007)
„azafata“ (1817)
http://archive.org/stream/5eddiccionariode00acaduoft#page/110/mode/1up
(11.09.2012)
„azafata“ (1822)
http://archive.org/stream/diccionariodelal00acaduoft#page/97/mode/1up
(11.09.2012)
„azafata“ (1832)
http://books.google.com/books?id=qEvWAAAAMAAJ&printsec=frontcover&hl=es
&source=gbs_v2_summary_r&cad=0#v=onepage&q&f=false (28.04.2010).
„azafata“ (1884)
http://archive.org/stream/diccionariodel00acaduoft#page/125/mode/1up
(11.09.2012).
„azafata“ (1899)
http://archive.org/stream/diccionariodela00acaduoft#page/115/mode/1up
(11.09.2012).

„azafata“ (1914)
http://archive.org/stream/diccionariodelal00realuoft#page/119/mode/1up (11.09.2012).
„azafato, ta“ http://buscon.rae.es/draeI/ (02.05.2010).
„azafata“ http://www.diclib.com/azafata/show/en/moliner/A/9826/9660/156/162/10286 (20.11.2012)
„bañero, ra“ http://buscon.rae.es/draeI/ (13.05.2009)
„braga“ http://buscon.rae.es/draeI/ (13.05.2009)
„bragazas“ http://buscon.rae.es/draeI/ (11.05.2009)
„braguetero“ http://buscon.rae.es/draeI/ (13.05.2009)
„blusa“ http://buscon.rae.es/draeI/ (13.05.2009)
„Catalina de Erauso“ http://es.wikipedia.org/wiki/Catalina_de_Erauso (28.09.2012).
„cazadotes“ http://buscon.rae.es/draeI/ (13.05.2009)
Ceberio Belaza, Mónica: „30 Años después… ¿aún es necesario el Feminismo?“ http://www.elpais.com/articulo/sociedad/anos/despues/necesario/feminismo/elpepisoc/20091213elpepisoc_6/Tes (05.01.2010)
„Charta der Grundrechte der Europäischen Union“ http://de.wikipedia.org/wiki/Charta_der_Grundrechte_der_Europ%C3%A4ischen_Union (13.02.2010)
„cirujano, na“ http://buscon.rae.es/draeI/ (12.06.09)
„Código Civil Español“ http://civil.udg.edu/normacivil/estatal/CC/INDEXCC.htm (18.07.2007)
„colegial“ http://lema.rae.es/drae/ (16.01.2013).
„colegiala“ http://lema.rae.es/drae/ (16.01.2013).
„cominear“ http://buscon.rae.es/draeI/ (14.10.09)
„concejal“ http://buscon.rae.es/draeI/ (31.07.2009)
„concejala“ http://buscon.rae.es/draeI/ (31.07.2009)
„consentido“ http://buscon.rae.es/draeI/ (13.05.2009)
„cuclillo“ http://buscon.rae.es/draeI/ (13.05.2009)
„dama“ http://lema.rae.es/drae/?val=dama (10.07.2012)
„Datos estadísticos.“
http://www.msc.es/profesionales/saludPublica/prevPromocion/embarazo/tablas_figuras.htm#Tabla%201 (08.08.2007)
„decano“ (1914)
http://archive.org/stream/diccionariodelal00realuoft#page/326/mode/2up (31.08.2012)
„decano, a“ http://www.diclib.com/decano/show/en/moliner/D/5438/240/0/5/25343 (20.11.2012).
„decano, na“ http://lema.rae.es/drae/?val=decano (31.08.2012)
„desenvoltura“ http://buscon.rae.es/draeI/ (13.10.09)
„Diccionario de la Lengua Española“
http://es.wikipedia.org/wiki/Diccionario_de_la_lengua_espa%C3%B1ola (14.09.2012)

„Die spanische Verfassung“ http://www.boe.es/datos_iberlex/normativa/TL/ConstitucionALEMAN.pdf (02.04.2007)
„doctor,a“ http://www.diclib.com/doctor/show/en/moliner/D/5438/4920/72/83/30045 (20.11.2012).
„doctor, ra“ http://lema.rae.es/drae/?val=doctora (09.01.2013).
„don“ http://buscon.rae.es/draeI/SrvltConsulta?TIPO_BUS=3&LEMA=don (29.11.2007)
„doña“ http://buscon.rae.es/draeI/SrvltConsulta?TIPO_BUS=3&LEMA=doña (29.11.2007)
Durán Febrer, María (2004): „Análisis jurídico-feminista de la Ley Orgánica de Medidas de Protección integral contra la Violencia de Género.“ Laurenzo Copello (2005): 22
„edil“ http://www.diclib.com/edil/show/en/moliner/E/6504/120/0/3/30688 (20.11.2012)
„edil, la“ http://buscon.rae.es/draeI/ (07.11.2007)
„edil, la“ http://lema.rae.es/drae/ (16.01.2013)
„efectivo, va“ http://buscon.rae.es/draeI/SrvltConsulta?TIPO_BUS=3&LEMA=efectivo (12.11.2007)
Egido Gálvez, Inmaculada: „La Evolución de la Enseñanza Primaria en España: Organización de la Etapa y Programas de Estudio“ http://www.uam.es/departamentos/stamaria/didteo/Paginas/Documentos/Revista/n_1_tendencias/1_6.pdf (05.11.2009)
„El aumento de abortos en España se debe a las mujeres inmigrantes.“ http://www.elmundo.es/elmundosalud/2006/07/27/mujer/1154004159.html (08.08.2007)
„Elecciones en Madrid durante la Segunda República Española“ http://es.wikipedia.org/wiki/Elecciones_en_Madrid_durante_la_Segunda_Rep%C3%BAblica_Espa%C3%B1ola (24.09.2009)
„embajador“ http://buscon.rae.es/draeI/ (17.06.2009)
„enfermero, a“ http://www.diclib.com/enfermero/show/en/moliner/E/6504/1980/24/34/32523 (20.11.2012).
„ertzaina“ http://buscon.rae.es/draeI/SrvltConsulta?TIPO_BUS=3&LEMA=ertzaina (07.11.2007)
„ertzaintza“ http://buscon.rae.es/draeI/ (07.11.2007)
„esbeltez“ http://buscon.rae.es/draeI/ (31.07.2009)
„esbelteza“ http://buscon.rae.es/draeI/ (31.07.2009)
„escasez“ http://buscon.rae.es/draeI/ (31.07.2009)
„escaseza“ http://buscon.rae.es/draeI/ (31.07.2009)
„favor“ http://buscon.rae.es/draeI/ (11.05.2009)
„feminismo“ http://buscon.rae.es/draeI/ (03.08.2009)

„Fuero de los Españoles de 1945“
http://www.cervantesvirtual.com/servlet/SirveObras/67926282101469673765679/index.htm (29.01.2010)
„Fuero del Trabajo de 1938“
http://www.cervantesvirtual.com/servlet/SirveObras/08149629022036195209079/p0000001.htm#I_1_ (29.01.2010)
„fulano, na“ http://buscon.rae.es/draeI/ (10.07.2009)
„galante“ http://buscon.rae.es/draeI/ (13.05.2009)
„Gleichbehandlung im EG-Vertrag.“
http://ec.europa.eu/employment_social/gender_equality/legislation/ectreaty_de.html (20.11.2007)
„gobernanta“ http://buscon.rae.es/draeI/ (17.06.2009)
„gobernante“ http://buscon.rae.es/draeI/(17.06.2009)
„guía“ http://buscon.rae.es/draeI/ (13.05.2009)
„Historia“ http://www.mtas.es/mujer/quien/historia.html (28.08.2007)
„hombre“ http://buscon.rae.es/draeI/ (16.06.2009)
„hombre de punto“ http://buscon.rae.es/draeI/ (13.05.2009)
„hombre público“ http://buscon.rae.es/draeI/ (13.05.2009)
„honoris causa.“ http://buscon.rae.es/draeI/ (07.11.2007)
„incasable“ http://buscon.rae.es/draeI/ (22.06.2009)
„infanta“ http://www.diclib.com/infanta/show/en/moliner/I/2831/1320/12/23/45440 (20.11.2012).
„infanta; infante, ta“ http://lema.rae.es/drae/ (15.01.2012).
„infante“ http://www.diclib.com/infante/show/en/moliner/I/2831/1320/12/23/45443 (20.11.2012).
„Información y Control de Publicaciones. Cifras“ http://www.ojd.es/html/cifras.htm (24.08.2007).
„Informe de 2004 del Consejo General del Poder Judicial“ (2004). Maqueda Abreu (2006): 11
„Internationale Vereinbarungen für Frauenrechte“
http://www.bmz.de/de/themen/menschenrechte/allgemeine_menschenrechte/gleichberechigung/internationale_vereinbarungen/index.html (20.11.2007)
„jefa“ http://buscon.rae.es/draeI/ (28.04.2010)
„jefa; jefe“ http://buscon.rae.es/draeI/ (10.11.2007)
„jefa, jefe“ (1899)
http://archive.org/stream/diccionariodela00acaduoft#page/572/mode/2up (07.09.2012).
„jefa, jefe“ (1914)
http://archive.org/stream/diccionariodelal00realuoft#page/590/mode/2up (07.09.2012)
„jefa, jefe“ http://www.diclib.com/jefe/show/en/moliner/J/768/240/0/5/47236 (20.11.2012)
„jefe“ http://buscon.rae.es/draeI/ (28.04.2010)

„juez“ http://buscon.rae.es/draeI/ (10.11.2007, 31.07.2009, 28.04.2010)

„juez“ http://ntlle.rae.es/ntlle/SrvltGUIMenuNtlle?cmd=Lema&sec=1.0.0.0.0. (4.12.2012)

„juez“ (1832) http://books.google.com/books?id=qEvWAAAAMAAJ&printsec=frontcover&hl=es&source=gbs_v2_summary_r&cad=0#v=onepage&q&f=false (28.04.2010)

„juez“ (1914) http://archive.org/stream/diccionariodelal00realuoft#page/594/mode/1up (06.09.2012)

„jueza“ http://buscon.rae.es/draeI/ (10.11.2007, 31.07.2009, 28.04.2010)

„jueza, juez“ http://www.diclib.com/juez/show/en/moliner/J/768/600/0/11/47541 (20.11.2012)

„Las Abuelas como Recurso de la Conciliación de la Vida Familiar y Laboral – Presente y Futuro“ http://www.mtas.es/mujer/mujeres/estud_inves/Estudio_Abuelas.pdf (10.08.2007)

Laurenzo Copello, Patricia (2005): „La Violencia de Género en la Ley Integral – Valoración político-criminal.“ *Revista Electrónica de Ciencia Penal y Criminología* 07-08 http://criminet.ugr.es/recpc/07/recpc07-08.pdf (30.05.2007)

„Ley 11/1981, de 13 de mayo, de Modificación del Código Civil en Materia de Filiación, Patria Potestad y Régimen Económico del Matrimonio.“ http://www.derecho.com/ley/32612 (17.07.2007)

„Ley 11/1990, de 15 de Octubre, sobre Reforma del Código Civil, en Aplicación del Principio de No Discriminación por Razón de Sexo“ http://www.judicatura.com/Legislacion/0129.pdf (24.02.2010)

„Ley 13/2005, de 1 de julio, por la que se modifica el Código Civil en Materia de Derecho a contraer Matrimonio.“ http://civil.udg.edu/normacivil/estatal/familia/L13-05.htm (17.07.2007)

„Ley 14/1975, de 2 de mayo, sobre Reforma de Determinados Artículos del Código Civil y del Código de Comercio sobre la Situación Jurídica de la Mujer Casada y los Derechos y Deberes de los Cónyuges.“ http://www.judicatura.com/Legislacion/0816.pdf (19.02.2010)

„Ley 15/2005, de 8 de julio, por la que se modifican el Código Civil y la Ley de Enjuiciamiento Civil en materia de separación y divorcio.“ http://civil.udg.edu/normacivil/estatal/familia/L15-05.htm (17.07.2007)

„Ley 22/1978, de 26 de Mayo, sobre Despenalización del Adulterio y del Amancebamiento“ http://www.judicatura.com/Legislacion/0818.pdf (10.02.2010)

„Ley 30/2003, de 13 de octubre, sobre medidas para incorporar la valoración del impacto de género en las disposiciones normativas que elabore el Gobierno.“ http://www.jccm.es/imclm/fileadmin/user_upload/Impactog_nero-L30-2003.pdf (26.03.2007)

„Ley 33/2006, de 30 de octubre, sobre la igualdad del hombre y la mujer en el orden de sucesión de los títulos nobiliarios.“ http://civil.udg.edu/normacivil/estatal/persona/PF/L33-06.htm (17.07.2007)

„Ley 56/1961, de 22 de Julio, sobre Derechos Políticos, Profesionales y de Trabajo de la Mujer“ https://boe.es/boe/dias/1961/07/24/pdfs/A11004-11005.pdf (24.02.2010)

„Ley 7/1970, de 4 de Julio, de Modificación del Capítulo V del Título VII del Libro I del Código Civil, sobre Adopción“ http://www.judicatura.com/Legislacion/0820.pdf (10.02.2010)

„Ley 9/2009, de 6 de Octubre, de Ampliación de la Duración del Permiso de Paternidad en los Casos de Nacimiento, Adopción o Acogida“ http://noticias.juridicas.com/base_datos/Vacatio/l9-2009.html (21.03.2013).

„Ley de 20 de Diciembre de 1952 por la que se modifica el Artículo 321 del Código Civil“ http://www.judicatura.com/Legislacion/0809.pdf (10.02.2010)

„Ley de Principios del Movimiento Nacional de 1958“ http://www.cervantesvirtual.com/servlet/SirveObras/02449421981244052976613/p0000001.htm#I_1_ (29.01.2010)

„Ley de Sucesión en la Jefatura del Estado de 1947“ http://www.cervantesvirtual.com/servlet/SirveObras/01478408877125628632268/p0000001.htm#I_0_ (29.01.2010)

„Ley Orgánica 10/1995, de 23 de noviembre, del Código Penal.“ http://noticias.juridicas.com/base_datos/Penal/lo10-1995.html (21.07.2007)

„Ley Orgánica 11/1999, de 30 de Abril, de Modificación del Título VIII del Libro II del Código Penal, aprobado por Ley Orgánica 10/1995, de 23 de Noviembre“ http://www.judicatura.com/Legislacion/0088.pdf (15.02.2010)

„Ley Orgánica 14/1999, de 9 de junio, de Modificación del Código Penal de 1995, en Materia de Protección a las Víctimas de Malos Tratos y de la Ley de Enjuiciamiento Criminal.“ http://noticias.juridicas.com/ base_datos/Penal/lo14-1999.html (21.07.2007)

„Ley Orgánica 1/2004, de 28 de diciembre, de Medidas de Protección Integral contra la Violencia de Género.“ http://noticias.juridicas.com/ base_datos/Admin/lo1-2004.html (21.07.2007)

„Ley Orgánica 1/2008, de 30 de Julio“ http://www.judicatura.com/Legislacion/2795.pdf (13.02.2010)

„Ley Orgánica 2/2006, de 3 de mayo, de Educación.“ http://www.mec.es/mecd/gabipren/documentos/A17158-17207.pdf (30.08.2007)

„Ley Orgánica 2/2010, de 3 de Marzo, de Salud Sexual y Reproductiva y de la Interrupción Voluntaria del Embarazo“. http://noticias.juridicas.com/base_datos/Admin/lo2-2010.html (21.03.2013)

„Ley Orgánica 3/2007, de 22 de Marzo, para la Igualdad Efectiva de Mujeres y Hombres.“ http://www.isciii.es/htdocs/pdf/Ley_de_igualdad.pdf (30.06.2007)

„Ley Orgánica 7/1980, de 5 de Julio, de Libertad Religiosa“ http://www.judicatura.com/Legislacion/0174.pdf (12.02.2010)

„Ley Orgánica 9 de 5 de julio 1985“ http://www.msc.es/profesionales/saludPublica/prevPromocion/embarazo/ley_organica_5julio1985.htm (08.08.2007)

„Ley Orgánica del Estado de 10 de Enero de 1967"
http://fuenterrebollo.com/Franco/ley-organica.html (29.01.2010)
http://html.rincondelvago.com/mayoria-de-edad.html (09.02.2010)
Maqueda Abreu, María Luisa (2006): „La Violencia de Género – Entre el Concepto jurídico y la Realidad social" *Revista Electrónica de Ciencia Penal y Criminología* 08-02 http://criminet.ugr.es/recpc/08/recpc08-02.pdf (30.05.2007)
„médica" (1884)
http://archive.org/stream/diccionariodel00acaduoft#page/689/mode/1up (24.09.2012)
„médica" (1899)
http://archive.org/stream/diccionariodela00acaduoft#page/646/mode/1up (24.09.2012)
„médico" (1817)
http://archive.org/stream/5eddiccionariode00acaduoft#page/564/mode/1up (24.09.2012)
„médico" (1822)
http://archive.org/stream/diccionariodelal00acaduoft#page/527/mode/1up (24.09.2012)
„médico" (1832)
http://books.google.de/books?id=qEvWAAAAMAAJ&printsec=frontcover&hl=es&source=gbs_ge_summary_r&cad=0#v=onepage&q&f=false (24.09.2012)
„médico" (1884)
http://archive.org/stream/diccionariodel00acaduoft#page/690/mode/1up (24.09.2012)
„médico, ca" http://lema.rae.es/drae/ (24.09.2012)
„Mercedes Fórmica" http://es.wikipedia.org/wiki/Mercedes_F%C3%B3rmica (27.10.2009)
„miembro" http://buscon.rae.es/draeI/ (07.11.2007)
„monarca" http://buscon.rae.es/dpdI/SrvltConsulta?lema=monarca (30.10.2007)
„Mossos d'Esquadra" http://www.gencat.net/mossos/ (07.11.2007)
„mujer de digo y hago" http://buscon.rae.es/draeI/ (11.05.2009)
„mujer de punto" http://buscon.rae.es/draeI/ (13.05.2009)
„Mujeres y Hombres en España 2007" http://www.mtas.es/mujer/mujeres/estud_inves/mujeres_hombres_%2007.pdf (27.07.2007)
„mujer pública" http://buscon.rae.es/draeI/ (13.05.2009)
„nadie" http://buscon.rae.es/draeI/ (07.11.2007)
„niñada" http://buscon.rae.es/draeI/ (18.07.2009)
Nogueira, Charo: „Sexo, Género y Real Academia"
http://www.mujeresenred.net/news/breve.php3?id_breve=26 (31.07.2009)
„Nombra – La Representación del Femenino y el Masculino en el Lenguaje"
http://www.migualdad.es/mujer/publicaciones/docs/nombra.pdf (31.07.2009)
„novel" http://buscon.rae.es/draeI/ (18.07.2009)

„Nuevo Tesoro Lexicográfico de la Lengua Española“ Real Academia Española. http://ntlle.rae.es/ntlle/SrvltGUILoginNtlle (07.02.2013)
„nuez“ http://buscon.rae.es/draeI/ (31.07.2009)
„nueza“ http://buscon.rae.es/draeI/ (31.07.2009)
„Objekt“ http://www.duden.de/rechtschreibung/Objekt (31.05.2013)
„objeto“ http://lema.rae.es/drae/ (13.09.2012, 31.05.2013)
„objeto“ http://www.diclib.com/cgi-bin/d.cgi (13.09.2012)
„oficial“ http://buscon.rae.es/draeI/ (31.07.2009)
„oficiala“ http://buscon.rae.es/draeI/ (31.07.2009)
„olma“ http://buscon.rae.es/draeI/ (13.05.2009)
„Orden 525/2005, de 7 de marzo, por la que se da publicidad al Acuerdo de Consejo de Ministros por el que se adoptan medidas para favorecer la igualdad entre mujeres y hombres.“ http://www.jccm.es/imclm/fileadmin/user_upload/Orden_PRE-525-2005__7-3_Medidas_favorecer_igualdad.pdf (27.03.2007)
„Orden 526/2005, de 7 de marzo, por la que se dispone la publicación del Acuerdo de Consejo de Ministros de 4 de marzo de 2005, por el que se aprueba el Plan para la igualdad de género en la Administración General del Estado.“ http://www.jccm.es/imclm/fileadmin/user_upload/Orden_APU-526-2005__de_7-03-05_Plan_Igualdad_AGE.pdf (26.03.2007)
„Orden de 22 de marzo de 1995 por la que se adecua la denominación de los títulos académicos oficiales a la condición masculina o femenina de quienes los obtengan.“ http://www.jccm.es/imclm/fileadmin/user_upload/orden22-395_titulosen_femenino.pdf (27.03.2007)
„Ortografía de la Lengua Española.“ http://www.rae.es/rae/gestores/gespub000015.nsf/(voanexos)/arch7E8694F9D6446133C12571640039A189/$FILE/Ortografia.pdf (02.11.2007)
„Parámetros relacionados con la Cotización/Recaudación.“ http://www.seg-social.es/inicio/?MIval=cw_usr_view_Folder&LANG=1&ID=730#47860 (13.08.2007)
„peluquero“ http://buscon.rae.es/draeI/ (13.05.2009)
„portavoz“ http://buscon.rae.es/draeI/SrvltConsulta?TIPO_BUS=3&LEMA=portavoz (12.11.2007)
„Plan Estratégico de Igualdad de Oportunidades 2008-2011“ http://www.migualdad.es/ss/Satellite?c=MIGU_NotaPrensa_FA&cid=1244647222586&language=cas_ES&pageid=1193047406588&pagename=MinisterioIgualdad%2FMIGU_NotaPrensa_FA%2FMIGU_notaPrensa (01.10.2009)
„portavoz“ http://lema.rae.es/drae/ (22.01.2013)
„portavoz“ http://www.diclib.com/portavoz/show/en/moliner/P/6867/4740/72/80/62545 (20.11.2012)
„precioso, sa“ http://buscon.rae.es/draeI/ (13.05.2009)
„presidenta“ http://buscon.rae.es/draeI/ (17.06.2009, 08.05.2012)

„presidenta, presidente“ (1817)
http://archive.org/stream/5eddiccionariode00acaduoft#page/700/mode/1up (08.05.2012)

„presidenta, presidente“ (1884)
http://archive.org/stream/diccionariodel00acaduoft#page/860/mode/2up (08.05.2012)

„presidenta, presidente“ (1899)
http://archive.org/stream/diccionariodela00acaduoft#page/808/mode/2up (08.05.2012)

„presidenta, presidente“ (1914)
http://archive.org/stream/diccionariodelal00realuoft#page/830/mode/2up (08.05.2012)

„presidente, -a“
http://www.diclib.com/presidente/show/en/moliner/P/6867/5460/84/92/63252 (20.11.2012)

„presidente“ http://buscon.rae.es/draeI/ (17.06.2009, 08.05.2012)

„prójimo, ma“ http://buscon.rae.es/draeI/ (10.07.2009)

„Real Decreto 193/2000, de 11 de febrero de modificación de determinados artículos del Reglamento del Registro Civil en materia relativa al nombre y apellidos y orden de los mismos.“ http://www.jccm.es/imclm/fileadmin/user_upload/Ordenapellidos_registro_RD193-2000.pdf (27.03.2007)

„Real Decreto 2409/1986, de 21 de noviembre, sobre Centros Sanitarios Acreditados y Dictámenes Preceptivos para la Práctica Legal de la Interrupción Voluntaria del Embarazo.“ http://noticias.juridicas.com/base_datos/Admin/rd2409-1986.html (07.08.2007)

„reinar“ http://buscon.rae.es/draeI/ (13.05.2009)

„Segunda República Española“
http://es.wikipedia.org/wiki/Segunda_Rep%C3%BAblica_Espa%C3%B1ola (24.09.2009)

„señor, a“ http://buscon.rae.es/draeI/ (16.07.2009)

„señorito, a“ http://buscon.rae.es/draeI/(16.07.2009)

„sota“ http://buscon.rae.es/draeI/ (13.05.2009)

Suero, Daniel (1972): „¿Será María Moliner la primera mujer que entre en la Academia?“ *Heraldo de Aragón*, 7.11.1972.
http://es.wikipedia.org/wiki/Mar%C3%ADa_Moliner (13.09.2012).

„suripanta“ http://buscon.rae.es/draeI/ (13.05.2009)

„técnica“ http://lema.rae.es/drae/ (22.01.2013).

„técnico, ca“ http://lema.rae.es/drae/ (17.08.2012; 22.01.2013)

„testigo“ http://buscon.rae.es/draeI/ (07.11.2007)

„testigo“ http://www.diclib.com/testigo/show/en/moliner/T/4466/1620/24/28/75452 (20.11.2012)

„Über EU-Recht: Organe und Verfahren“ http://eur-lex.europa.eu/de/droit_communautaire/droit_communautaire.htm#1.1 (02.04.2007)

„Vertrag über die Arbeitsweise der Europäischen Union“ http://de.wikipedia.org/wiki/Vertrag_%C3%BCber_die_Arbeitsweise_der_Europ%C3%A4ischen_Union (13.02.2010)
„Vertrag von Lissabon“ http://www.auswaertiges-amt.de/diplo/de/Europa/LissabonVertrag/vertrag-von-lissabon.pdf (13.02.2010)
Vivas Tesón, Inmaculada: „Un breve apunte civil acerca de la situación de la mujer casada.“ http://noticias.juridicas.com/articulos/45-Derecho%20Civil/200411-28551415101041319O.html (12.07.2007)
„Wahlrecht“ http://lexikon.meyers.de/meyers/Wahlrecht (01.08.2007)
„Warum ein Europäisches Jahr 2007?“ http://ec.europa.eu/employment_social/eyeq/index.cfm?cat_id=EY& (20.11.2007)
„Zweite Spanische Republik“ http://de.wikipedia.org/wiki/Zweite_Spanische_Republik (24.09.2009)

C) Quellenverzeichnis

Themengebiet 1, (Kurz)Nachricht, politisch autoritärer Untersuchungszeitraum:

Abc (1945) Mai 16, 23: „Natalicio.“
Abc (1945) Mai 19, 12: „Natalicios.“
Abc (1945) Mai 29, 12: „Primeras Comuniones. Natalicio.“
Abc (1955) Jul. 12, 31: „Natalicios. Viaje.“
Abc (1955) Jul. 14, 34: „Natalicios.“
Abc (1955) Jul. 15, 28: „Natalicios.“
Abc (1965) Sep. 23, 67–68: „Natalicios.“
Abc (1975) Nov. 12, 18: „Valladolid: Manifestación de Niños y Mujeres.“
Abc (1975) Nov. 12, 76: „Nace el tercer Hijo de El Cordobés.“
Abc (1975) Nov. 13, 95: „Ha fallecido la Viuda de Sánchez Mejías.“

Arriba (1945) Jun. 1, 21: „Hoy comienza en Madrid la fase final del Campeonato Nacional de Gimnasio de la Sección Femenina.“
Arriba (1945) Mai 17, 4: „Se organiza la Peregrinación de la Sección Femenina.“
Arriba (1945) Mai 22, 3: „Su Santidad recibe en audiencia a la esposa de nuestro embajador.“
Arriba (1945) Mai 24, 8: „Pilar Primo de Rivera, en Medina del Campo.“
Arriba (1945) Mai 27, 2: „La Esposa del Caudillo asistió a la bendición de la Virgen de Covadonga en San Jerónimo.“
Arriba (1945) Mai 27, 1: „Regresa a Madrid Pilar Primo de Rivera.“
Arriba (1945) Mai 30, 2: „Natalicio.“
Arriba (1955) Jul. 12, 16: „Natalicio.“
Arriba (1955) Jul. 15, 19: „Natalicio.“
Arriba (1955) Jul. 6, 14: „Natalicio.“
Arriba (1965) Okt. 2, 25: „Elección de ‚Maniquí de España‘.“

Arriba (1965) Sep. 24, 7: „Más de un Centenar de Mandos de la Sección Femenina en Calarreona."
Arriba (1975) Okt. 16, 5: „El País: Algún Día, también, habrá que tener en Cuenta …"
Arriba (1975) Okt. 26, 1: „La Señora."
Arriba (1975) Okt. 30, 48: „Pilar Franco, informada."

Ya (1945) Mai 26, 2: „Peregrinación de la Sección Femenina."
Ya (1945) Mai 27, 5: „Clausura del I Consejo Provincial de la Sección Femenina."
Ya (1945) Mai 27, 5: „El Arzobispo primado clausura en Toledo la Semana de la Madre."
Ya (1955) Jul. 6, 2: „Mata a su Hijo recién nacido."
Ya (1955) Jul. 7, 4: „Viuda y ocho Hijos deja un Obrero muerto por un Barreno."
Ya (1955) Jul. 13, 7: „Hoy cumple cien Años una Dama bilbaína."
Ya (1965) Sep. 15, 24: „Mosto con Manos de Reina."
Ya (1975) Nov. 12, 14: „Fallece a los ciento dos Años."
Ya (1975) Nov. 12, 59: „Nace el tercer Hijo de El Cordobés."
Ya (1975) Nov. 13, 20: „Entrega de Donativos a las Viudas de los Mineros fallecidos."
Ya (1975) Nov. 20, 21: „Una Señora de Grado."
Ya (1975) Nov. 4, 14: „Doña Sofía celebró su Cumpleaños en la Intimidad."
Ya (1975) Nov. 9, 15: „Llega Doña Carmen Polo de Franco."
Pastor, J. G. (1975): „Segundo Hijo de Gento." *Ya*, Nov. 2, 41.

Themengebiet 1, Nachricht, demokratischer Untersuchungszeitraum:
El País (2006) Dez. 12: „Los hombres dispondrán de un permiso de paternidad de dos semanas que llegará a un mes en 8 años." http://www.elpais.com/articulo/hombres/dispondran/permiso/paternidad/semanas/llegara/mes/anos/elpepusoc/20061212elpepusoc_7/Tes (12.12.2006)
El País (2006) Sep. 25: „Los Príncipes de Asturias esperan su segundo hijo para principios del mes de mayo." http://www.elpais.com/articulo/espana/Principes/Asturias/esperan/segundo/hijo/principios/mes/mayo/elpepupor/20060925elpepunac_7/Tes (05.01.2007)
Galaz, Mábel (2005): „Los Príncipes de Asturias: ‚Todo está perfecto'." *El País*, Okt. 19, 30.

El Mundo (2006) Dez. 12: „El Congreso trabaja en una ley que dará a los hombres 15 días libres por paternidad." http://www.elmundo.es/elmundo/2006/12/12/espana/1165934664.html (12.12.2006)
El Mundo (2006) Nov. 27: „Los Príncipes tendrán otra niña; se aplaza el debate sucesorio." http://www.elmundo.es/elmundo/2006/11/27/espana/1164657671.html (28.11.2006)
El Mundo (2006) Sep. 25: „Los Príncipes de Asturias esperan su segundo hijo para principios del mes de mayo."

http://www.elmundo.es/elmundo/2006/09/25/espana/1159198070.html (05.01.2007)

El Mundo (2007) Jan. 18: „Dados de alta los hijos de la parturienta de más edad del mundo.“ http://www.elmundo.es/elmundosalud/2007/01/18/mujer/1169140980.html (25.01.2007)

El Mundo (2007) Jan. 4: „La sexta presenta un programa matinal ‚sin famosos ni cotilleo‘.“ http://www.elmundo.es/elmundo/2007/01/04/comunicacion/1167925945.html (04.01.2007)

Abc (2006) Dez. 12: „Los hombres disfrutarán en ocho años de un mes de permiso de paternidad.“ http://www.abc.es/20061212/sociedad-sociedad/hombres-disfrutaran-ocho-anos_200612121543.html (12.12.2006)

Abc (2006) Dez. 7: „La Reina acude al sexto cumpleaños del pequeño Pablo Nicolás.“ http://www.abc.es/20061207/gente-gente/reina-acude-sexto-cumpleanos_200612070252.html (07.12.2006)

Abc (2007) Jan. 4: „Evoluciona favorablemente la madre de 67 años que tuvo gemelos en el Sant Pau de Barcelona.“ http://www.abc.es/20070104/sociedad-sociedad/evoluciona-favorablemente-madre-anos_200701041618.html (04.01.2007)

Cortázar, Beatriz (2006): „Elena Tablada, ¿una novia en la sombra?“ *Abc*, Nov. 28 http://www.abc.es/20061128/gente-gente/elena-tablada-novia-sombra_200611280252.html (28.11.2006)

Pérez-Barco, M. J. (2006): „Casi la mitad de las inmigrantes que abortan lo habían hecho antes, al menos, dos veces.“ *Abc*, Nov. 28 http://www.abc.es/20061128/sociedad-sanidad/casi-mitad-inmigrantes-abortan_200611280256.htm (28.11.2006)

Pérez-Campaña, Nuria (2006): „Leonor, una muñeca muy real.“ *Abc*, Dez. 17 http://www.abc.es/20061217/sociedad-sociedad/leonor-muneca-real_200612170239.html (17.12.2006)

Themengebiet 1, (Hintergrund)Bericht, politisch autoritärer Untersuchungszeitraum:

Abc (1955) Jul. 7, 30: „Doña Carmen Polo de Franco visitó ayer el Campamento ‚Santa María del Buen Aire‘.“

Abc (1965) Sep. 25, 69: „La Madre Sacramento y la Fundación de las Adoratrices de Valencia.“

Abc (1975) Nov. 11, 48: „Doña Carmen, preocupada.“

Arriba (1945) Mai 16, 2: „Reunión de Dirigentes Provinciales del Patronato de Protección a la Mujer.“

Arriba (1945) Mai 18, 1–2: „La Esposa del Caudillo clausura las Reuniones del Patronato de Protección a la Mujer.“

Arriba (1945) Mai 24, 2: „La Secretaria Nacional de la Sección Femenina intervino en el Consejo Provincial de la Organización.“

Arriba (1975) Nov. 20, 19: „La Mujer Consumidora puede convertirse en un gran Grupo de Presión."
Arriba (1975) Okt. 16, 11: „Doña Carmen Polo, en la Misa del Cuerpo de Intendencia."

Ya (1945) Mai 20, 4: „Mañana comienza el Consejo Provincial de la Sección Femenina."
Ya (1945) Mai 24, 4: „Se declara oficial el Título de Enfermera de la Sección Femenina."
Ya (1965) Sep. 25, 17: „Trabajo prematuro y Jubilación inadecuada."
Ya (1975) Okt. 21, 25: „II Jornadas nacionales: Ochocientas Amas de Casa se reunirán en Granada el Miércoles."

Themengebiet 1, Bericht, demokratischer Untersuchungszeitraum:
Constenla, Tereixa (2005): „La justicia sale a flote tras 26 años." *El País*, Okt. 8, 32.
De la Fuente, I. (2006): „Una juez obliga a que una niña de cinco años acogida vuelva con la madre biológica." *El País*, Dez. 19 http://www.elpais.com/articulo/sociedad/juez/obliga/nina/anos/acogida/vuelva/madre/biologica/elpepusoc/20061219elpepisoc_6/Tes (19.12.2007)
Galaz, Mábel (2005): „La princesa Letizia ingresa en una clínica para dar a luz a su primer hijo." *El País*, Okt. 31, 19.
Rodríguez, Jorge A. (2005): „Muchos periodistas, poca información." *El País*, Okt. 19, 30.

El Mundo (2006) Dez. 12: „‚Anastasia' ingresará en un psiquiátrico." http://www.elmundo.es/elmundo/2006/12/12/espana/1165947940.html (12.12.2006)
Marcos, Charo/Cernuda, Olalla (2005): „Letizia Ortiz da a luz una niña." *El Mundo* Okt. 31 http://www.elmundo.es/elmundo/2005/10/31/espana/1130722695.html (05.01.2007)

Martínez-Fornés, Almudena (2005): „El nacimiento de la Infanta Leonor." *Abc*, Nov. 27, http://www.abc.es/informacion/principes-asturias/index/leonor02.asp (27.11.2006)
Martínez-Fornés, Almudena (2006): „Los Príncipes de Asturias anuncian que el hijo que tendrán será otra niña." *Abc*, Nov. 28 http://www.abc.es/20061128/nacional-nacional/principes-asturias-anuncian-hijo_200611280255.html (28.11.2006)

Themengebiet 1, Porträt/Nachruf, politisch autoritärer Untersuchungszeitraum:
Montejano, Isabel (1975): „Casi centenaria, recibe la Medalla al Mérito en el Trabajo." *Abc*, Okt. 24, 73.
Muñoz, Purcalla (1975): „Misteriosa Desaparición de una Niña en las Ramblas de Barcelona." *Abc*, Okt. 31, 69.
Rabanal Brito, E. (1975): „Las Cuatrillizas de Badajoz, con muchas Ganas de vivir." *Abc*, Nov. 15, 70.

Arriba (1955) Jul. 7, 9: „Pésame del Caudillo por la Muerte de la Esposa del General Caballero."
Arriba (1975) Okt. 15, 37: „Condenado por abandonar a su Mujer y a sus dos Hijos."
Gerez, F./Florensa, A./V. de Lucas, José (1975): „Niño de doce años, apuñalado por una mujer." *Arriba*, Nov. 13, 36.

Ya (1955) Jul. 7, 4: „Fallece doña Paula Echeverría de Caballero."
Ya (1975) Okt. 15, 22: „Disputan por su Hija y ella muere en el Forcejeo."
Ya (1975) Okt. 21, 15: „Retatarabuela: Doña Gregoria Aparicio cumplió ciento trece Años de Edad."
Ya (1975) Nov. 20, 11: „Doña Carmen o la Estabilidad."
Ya (1975) Nov. 8, 39: „Ha fallecido la Madre de don Antonio Gibello, Director de ‚El Alcazar'."

Themengebiet 2, (Kurz)Nachricht, politisch autoritärer Untersuchungszeitraum:

Abc (1965) Sep. 15, 54: „Lesionados en Accidentes de Circulación: Isabel Bate Cortés."
Abc (1965) Sep. 16, 56: „Dos Muertos en Accidentes de Circulación: En el Puente de Praga."
Abc (1965) Sep. 16, 56: „Dos Muertos en Accidentes de Circulación: La Moto que conducía José Antonio Martín Peréz."
Abc (1965) Sep. 16, 56: „Extravía un Bolso con 16.000 Pesetas."
Abc (1965) Sep. 16, 56: „Intoxicada por Emanaciones de Gas."
Abc (1965) Sep. 17, 46: „Muere una Niña arrollada por el Tren."
Abc (1965) Sep. 17, 46: „Víctimas de Accidentes de Circulación: Ciudad Real. En la Carretera de Villanueva de los Infantes."
Abc (1965) Sep. 17, 46: „Víctimas de Accidentes de Circulación: Pamplona."
Abc (1965) Sep. 18, 52: „Accidentes de Circulación: Bilbao. María Josefa Elizondo."
Abc (1965) Sep. 18, 52: „Accidentes de Circulación: Bilbao. Falleció momentos después."
Abc (1965) Sep. 18, 52: „Apuñalada por su Novio."
Abc (1965) Sep. 18, 52: „Muerta por el Desprendimiento de una Cornisa."
Abc (1965) Sep. 18, 64: „Capítulo de Sucesos: Juana Sanz Arribas."
Abc (1965) Sep. 18, 64: „Capítulo de Sucesos: La Furgoneta Matrícula M-421243."
Abc (1965) Sep. 18, 64: „Capítulo de Sucesos: La Moto Matrícula M-271640."
Abc (1965) Sep. 19, 64: „Niña de dos Años ahogada en un Lavadero."
Abc (1965) Sep. 19, 64: „Una Anciana perece arrollada por un Tren."
Abc (1965) Sep. 19, 64: „Una Joven de diecisiete Años muere apuñalada."
Abc (1965) Sep. 21, 51: „Al negarse a sus Pretensiones matrimoniales, asesina a su Sobrina y luego intenta suicidarse."
Abc (1965) Sep. 21, 51: „Víctimas de Accidentes de Circulación. El Ferrol del Caudillo."
Abc (1965) Sep. 21, 61: „Capítulo de Sucesos: A Consecuencias de las graves Heridas."
Abc (1965) Sep. 21, 61: „Capítulo de Sucesos: Concepción López López."
Abc (1965) Sep. 23, 55: „Otros Accidentes de Circulación: El Ferrol del Caudillo."

Abc (1965) Sep. 24, 55: „Accidentes de Circulación: Manresa. Resultó muerta."
Abc (1965) Sep. 24, 55: „Accidentes de Circulación. Pontevedra. Un turismo."
Abc (1965) Sep. 24, 55: „Joven herida por un Gamberro."
Abc (1965) Sep. 28, 64: „Atraco a un Establecimiento de Perfumes."
Abc (1965) Sep. 28, 64: „Otros Accidentes de Circulación: Almería. Resultó muerta."
Abc (1965) Sep. 28, 64: „Otros Accidentes de Circulación: La Coruña. El domingo."
Abc (1965) Sep. 28, 64: „Otros Accidentes de Circulación. La Coruña. La segunda Víctima."
Abc (1965) Sep. 29, 67: „Cinco Años, Condena del Obrero Español juzgado en París."
Abc (1975) Nov. 12, 76: „Atropello mortal."
Abc (1975) Nov. 12, 77: „Herida una Agente municipal."
Abc (1975) Nov. 13, 2: „Aparece la Niña secuestrada en Barcelona."
Abc (1975) Nov. 13, 72: „Asaltada en su Vivienda."
Abc (1975) Nov. 13, 72: „Niña desaparecida."
Abc (1975) Nov. 13, 72: „Tirón."
Abc (1975) Nov. 15, 70: „Asaltada en la Calle."
Abc (1975) Nov. 15, 70: „Asalto en la Vía pública."
Abc (1975) Nov. 15, 70: „Muerta en Accidente."
Abc (1975) Nov. 18, 74: „Mujer asaltada."
Abc (1975) Nov. 2, 63: „Robo por el Tirón."
Abc (1975) Nov. 20, 72: „Roban el Bolso a una Periodista madrileña."
Abc (1975) Nov. 4, 78: „Accidente mortal."
Abc (1975) Nov. 6, 2: „La Modelo de Julio Somero de Torres, atropellada."
Abc (1975) Nov. 8, 62: „Amenazada por unos Ladrones."
Abc (1975) Nov. 8, 62: „Mujer atropellada."
Muñoz, Purcalla (1975): „La Madre ofrece 300.000 Pesetas a quien proporcione Información." *Abc*, Nov. 2, 65.

Arriba (1955) Jul. 1, 14: „Hallazgo del Cadáver de una Mujer en el Río Veral."
Arriba (1955) Jul. 12, 15: „Cuatro Atropellos."
Arriba (1955) Jul. 12, 15: „Un Automóvil atropella y mata a una Mujer en la Calle Villanueva."
Arriba (1955) Jul. 12, 15: „Un Muerto y varios Heridos al intentar un ‚Jeep' evitar el Atropello de una Niña."
Arriba (1955) Jul. 13, 18: „Anciana atropellada y muerta por una moto."
Arriba (1955) Jul. 13, 18: „Mata a su Esposa y se suicida."
Arriba (1955) Jul. 14, 14: „Maleante y con mal Genio."
Arriba (1955) Jul. 14, 15: „Colecta en Favor de la Obra de Protección a la Joven."
Arriba (1955) Jul. 16, 17: „Hiere a su Esposa con Arma blanca."
Arriba (1955) Jul. 2, 13: „Herida grave por un ciclista."
Arriba (1955) Jul. 3, 28: „Herida por una verja."
Arriba (1955) Jul. 3, 28: „Niña de Pecho atropellada."
Arriba (1955) Jul. 3, 28: „Una Riña, una Herida."

Arriba (1955) Jul. 5, 16: „Accidente de Carretera."
Arriba (1955) Jul. 5, 16: „Chocan un Turismo y un Camión."
Arriba (1955) Jul. 5, 16: „Niña grave por Atropello."
Arriba (1955) Jul. 6, 16: „Muerta por un Automóvil."
Arriba (1955) Jul. 8, 14: „Le atropella una Moto."
Arriba (1955) Jul. 9, 15: „Le atropella una Moto."
Arriba (1965) Sep. 15, 22: „Lesionada en Atropello."
Arriba (1965) Sep. 16, 17: „Lesionada al ser golpeada por un Tablón."
Arriba (1965) Sep. 17, 21: „Atropellada por un Taxi."
Arriba (1965) Sep. 18, 25: „Atropellada por una Moto."
Arriba (1965) Sep. 18, 25: „Hiere gravemente a su Novia."
Arriba (1965) Sep. 18, 25: „Una Pasajera del "Plus Ultra" desaparecida en el Mar."
Arriba (1965) Sep. 21, 22: „Sevilla: Crimen Pasional. Mata a su Novia a Tiros e intenta suicidarse."
Arriba (1965) Sep. 29, 15: „Cinco Años de Cárcel al Español que arrojó a su Mujer desde la Torre Eiffel."
Arriba (1975) Nov. 15, 39: „Atracada en la Vía pública."
Arriba (1975) Nov. 15, 39: „Atracada mientras aparcaba su coche."
Arriba (1975) Nov. 15, 39: „Muere atropellada."
Arriba (1975) Nov. 15, 39: „Una Doctora, agredida."
Arriba (1975) Okt. 9, 36: „Dos individuos enmascarados asaltan a una mujer."
Arriba (1975) Okt. 16, 35: „Estrangula a su Madre."
Arriba (1975) Okt. 25, 36: „Muere a Causa de una Paliza."

Ya (1955) Jul. 10, 4: „Esquivó a un Camión, pero la atropelló un Coche."
Ya (1955) Jul. 12, 2: „Otros Accidentes de Circulación: Un Camión."
Ya (1955) Jul. 13, 2: „Accidentes de Circulación: Juliana García Díaz."
Ya (1955) Jul. 13, 2: „Accidentes de Circulación: Mercedes Fierro Fierro."
Ya (1955) Jul. 13, 2: „Mata a su Mujer por Desavenencias conyugales."
Ya (1955) Jul. 3, 8: „Un Taxi arrolla el Cochecito en el que iba una Niña de diez Meses."
Ya (1955) Jul. 9, 4: „Anciana atropellada por una Moto."
Ya (1955) Jul. 9, 4: „Extranjera ahogada en Cala San Vicente."
Ya (1955) Jul. 9, 4: „Otra Mujer atropellada por una Moto."
Ya (1955) Jul. 9, 4: „Una Mujer, atropellada por una Camioneta."
Ya (1965) Sep. 16, 17: „Sirvienta gravemente intoxicada por Gas."
Ya (1965) Sep. 17, 32: „Dos Heridos en Accidentes de Moto."
Ya (1965) Sep. 17, 32: „Gravemente herida al caerse de su Casa."
Ya (1965) Sep. 17, 32: „Otros Heridos en Accidentes de Circulación: Doña Adela Suárez Menéndez."
Ya (1965) Sep. 17, 32: „Otros Heridos en Accidentes de Circulación: Doña Consuelo Salamanca Agudo."
Ya (1965) Sep. 18, 31: „Cae al Mar una Pasajera de un Buque."
Ya (1965) Sep. 18, 31: „Muchacha apuñalada por su Novio."

Ya (1965) Sep. 18, 31: „Otros Heridos en Accidentes de Circulación: Doña Adela Suárez Méndez."
Ya (1965) Sep. 18, 31: „Otros Heridos en Accidentes de Circulación: Doña Paz García Carabia."
Ya (1965) Sep. 19, 15: „Otros Heridos en Accidentes de Circulación: Doña Paz García Carabias."
Ya (1965) Sep. 19, 15: „Otros Heridos en Accidentes de Circulación: Doña Teodora del Valle Vázquez."
Ya (1965) Sep. 25, 31: „Tres Muertos en distintos Accidentes: En Zaragoza."
Ya (1965) Sep. 26, 13: „Once Muertos en varios Accidentes: En Pamplona."
Ya (1965) Sep. 29, 31: „Tres Heridos al ser atropellados por un Coche."
Ya (1975) Nov. 12, 55: „Fallece una Mujer atropellada por un Autocar."
Ya (1975) Nov. 14, 22: „Fallece una Mujer atropellada por un Coche."
Ya (1975) Nov. 14, 22: „Joven muerta en extrañas Circunstancias."
Ya (1975) Nov. 14, 22: „Siete Heridos en Accidente de Tráfico."
Ya (1975) Nov. 15, 22: „Dos Mujeres atracadas por Navajeros."
Ya (1975) Nov. 15, 22: „Identificación de la Víctima de un Accidente de Tráfico."
Ya (1975) Nov. 2, 40: „Fallece una Mujer al caer desde el décimo Piso de un Inmueble."
Ya (1975) Nov. 2, 40: „Una Mujer y su Hija, heridas en Accidente de Tráfico."
Ya (1975) Nov. 5, 21: „Desaparecida."
Ya (1975) Nov. 7, 23: „La ‚Mujer morena', que sirvió de Modelo a Romero de Torres, atropellada por un Coche."
Ya (1975) Nov. 8, 21: „Anciana ahogada en una Presa."
Ya (1975) Nov. 8, 21: „Le arrebatan el Bolso de un Tirón."

Themengebiet 2, Nachricht, demokratischer Untersuchungszeitraum:

A., O./V., Ll. (2005): „Un hombre estrangula su ex compañera en Tarragona y se entrega a la policía." *El País*, Okt. 4, 39.
El País (2007) Feb. 13: „Detenido un joven de 22 años por empujar a su novia a las vías del metro." http://www.elpais.com/articulo/pais/vasco/Detenido/joven/22/anos/empujar/novia/vias/metro/elpepuesppvs/20070213elpvas_7/Tes (13.02.2007)
El País (2007) Feb. 19: „Un hombre mata a una mujer atropellándola repetidas veces con su coche en Madrid." http://www.elpais.com/articulo/espana/hombre/mata/mujer/atropellandola/repetidas/veces/coche/Madrid/elpepuesp/20070219elpepunac_6/Tes (20.02.2007)
El País (2007) Feb. 2: „El hombre que mato a su esposa y su suegra al creerlas avestruces ingresará en un psiquiátrico." http://www.elpais.com/articulo/andalucia/hombre/mato/esposa/suegra/creerlas/avestruces/ingresara/psiquiatrico/elpepuespand/20070202elpand_21/Tes (06.02.2007)
El País (2007) Feb. 8: „Un hombre mata a su ex pareja a golpes y navajazos en El Campello."

http://www.elpais.com/articulo/sociedad/hombre/mata/ex/pareja/golpes/navajazos/Campello/elpepusoc/20070208elpepisoc_9/Tes (13.02.2007)

El País (2007) Jan. 21: „Un hombre mata a su ex mujer en Ciudad Real y después se suicida." http://www.elpais.com/articulo/sociedad/hombre/mata/ex/mujer/Ciudad/Real/despues/suicida/elpepusoc/20070121elpepusoc_2/Tes (22.01.2007)

El País (2007) Jan. 29: „Un hombre mata a tiros a su mujer y se hiere con el mismo arma en Soria." http://www.elpais.com/articulo/sociedad/hombre/mata/tiros/mujer/hiere/mismo/arma/Soria/elpepusoc/20070129elpepusoc_10/Tes (29.01.2007)

García, Jesús (2007): „Un hombre hiere con una navaja a su mujer en Barcelona." *El País*, Jan. 31 http://www.elpais.com/articulo/cataluna/hombre/hiere/navaja/mujer/Barcelona/elpepuespcat/20070131elpcat_14/Tes (06.02.2007)

Lois, Elisa (2007): „Un hombre mata a su esposa con un cuchillo de cocina." *El País*, Feb. 6 http://www.elpais.com/articulo/sociedad/hombre/mata/esposa/cuchillo/cocina/elpepisoc/20070206elpepisoc_7/Tes (06.02.2007)

El Mundo (2006) Dez. 14: „El Supremo confirma la condena a Tony King por el asesinato de Sonia Cabarantes." http://www.elmundo.es/elmundo/2006/12/14/espana/1166094520.html (14.12.2006)

El Mundo (2006) Dez. 4: „Un joven, detenido por el presunto asesinato de su madre en una localidad de Albacete." http://www.elmundo.es/elmundo/2006/12/04/espana/1165225976.html (04.12.2006)

El Mundo (2007) Feb. 12: „Detenido un joven en Bilbao por empujar a su compañera sentimental a las vías del Metro." http://www.elmundo.es/elmundo/2007/02/12/espana/1171276107.html (13.02.2007)

El Mundo (2007) Feb. 23: „Una mujer está grave tras ser apuñalada y arrojada por la ventana por su hijo en Ibiza." http://www.elmundo.es/elmundo/2007/02/23/espana/1172253190.html (25.02.2007)

El Mundo (2007) Feb. 24: „Detenido un hombre por quemar a su esposa en su domicilio de Badalona." http://www.elmundo.es/elmundo/2007/02/24/espana/1172342772.html (25.02.2007)

El Mundo (2007) Feb. 26: „Un joven mata a su pareja en la localidad de O Porriño y confiesa el crimen." http://www.elmundo.es/elmundo/2007/02/26/espana/1172486584.html (26.02.2007)

El Mundo (2007) Feb. 26: „Violencia doméstica: dos mujeres muertas y otras dos heridas desde anoche." http://www.elmundo.es/elmundo/2007/02/26/espana/1172503426.html (26.02.2007)

El Mundo (2007) Feb. 6: „Detenido un hombre en Pontevedra sospechoso de haber matado a su mujer." http://www.elmundo.es/elmundo/2007/02/05/espana/1170683665.html (06.02.2007)

El Mundo (2007) Feb. 7: „Mata a su ex pareja con un arma blanca y se entrega a la Policía de Alicante." http://www.elmundo.es/elmundo/2007/02/07/espana/1170885279.html (13.02.2007)

El Mundo (2007) Jan. 21: „Un hombre mata a su ex esposa en un pueblo de Ciudad Real y después se suicida." http://www.elmundo.es/elmundo/2007/01/21/espana/1169386616.html (22.01.2007)

Herraiz, Pablo (2007): „Muere una mujer atropellada varias veces en Orusco y el conductor se da a la fuga." *El Mundo*, Feb. 19 http://www.elmundo.es/elmundo/2007/02/19/madrid/1171907957.html (19.02.2007)

Abc (2006) Dez. 4: „Agrede a su mujer y a su hija menor al salir ésta en defensa de su madre." http://www.abc.es/20061204/nacional-sucesos/agrede-mujer-hija-menor_200612040651.html (04.12.2006)

Abc (2007) Feb. 19: „Muere una mujer arrollada varias veces por un coche que se da a la fuga." http://www.abc.es/20070219/sociedad-sociedad/muere-mujer-arrollada-coche_200702191844.html (20.02.2007)

Abc (2007) Feb. 25: „Detenido tras prender fuego a su mujer en su domicilio de Badalona." http://www.abc.es/20070225/nacional-sucesos/detenido-tras-prender-fuego_200702250244.html (25.02.2007)

Abc (2007) Feb. 25: „En estado grave una mujer que fue apuñalada y lanzada al vacío por su hijo." http://www.abc.es/20070225/nacional-sucesos/estado-grave-mujer-apunalada_200702250246.html (25.02.2007)

Abc (2007) Feb. 26: „La mujer quemada por su marido en Badalona iba a separarse de él." http://www.abc.es/20070226/nacional-sucesos/mujer-quemada-marido-badalona_200702260242.html (26.02.2007)

Abc (2007) Jan. 19: „Un joven intenta hacer abortar a su pareja dándole puñetazos en el vientre." http://www.abc.es/20070119/nacional-sucesos/joven-intenta-hacer-abortar_200701190323.html (19.01.2007)

Abc (2007) Jan. 27: „Un hombre mata a su mujer y a su presunto amante en Palma de Mallorca." http://www.abc.es/20070127/sociedad-sociedad/hombre-mata-mujer-presunto_200701271715.html (27.01.2007)

Abc (2007) Jan. 29: „Un hombre mata a su mujer de un disparo en el centro de Soria y después intenta suicidarse." http://www.abc.es/20070129/sociedad-sociedad/fallece-tiroteada-centro-soria_200701291153.html (29.01.2007)

Martínez, Ana (2007): „Asesina a su esposa por interponerse en una pelea entre él y el hijo de ambos." *Abc*, Feb. 6 http://www.abc.es/20070206/nacional-sucesos/asesina-esposa-interponerse-pelea_200702060332.html (06.02.2007)

Themengebiet 2, (Hintergrund) Bericht, politisch autoritärer Untersuchungszeitraum:
Abc (1965) Sep. 28, 63: „Obrero Español acusado de asesinar a su Esposa."
Abc (1975) Nov. 12, 76: „Con Síntomas de Embriaguez, arrollan mortalmente a una mujer y huyen."
Abc (1975) Nov. 13, 71: „Aparece la Niña secuestrada en Las Ramblas de Barcelona."
Abc (1975) Nov. 16, 73: „Un Médico propina, por Celos, una Paliza a una Enfermera."

Arriba (1955) Jul. 12, 15: „Chocan un Ómnibus y un Camión."
Arriba (1955) Jul. 3, 28: „Un Muerto y tres Heridos en Riña."
Arriba (1975) Nov. 14, 39: „Aparece el Cadáver de una Joven."
Arriba (1975) Nov. 16, 32: „Cobarde Agresión: La joven Actriz Carmen Maura, brutalmente atacada en su Domicilio."
Arriba (1975) Nov. 16, 32: „Otra vez el Maniaco sexual de Peña Grande."
Arriba (1975) Nov. 19, 37: „Roban a dos Señoritas en una Discoteca."
Arriba (1975) Okt. 23, 35: „Joven apuñalada por su Amigo."
Arriba (1975) Okt. 25, 36: „Detenido el presunto Implicado en la Muerte de una Joven."

Ya (1955) Jul. 12, 2: „Señorita atropellada y muerta por un Automóvil en la Avenida de Calvo Sotelo."
Ya (1965) Sep. 29, 31: „No se ha podido probar que asesinara a su Esposa."
Ya (1975) Nov. 13, 20: „Una Mujer atracada en su Vivienda."
Ya (1975) Nov. 16, 19: „Un Médico golpea a una Enfermera por Celos."
Ya (1975) Nov. 18, 39: „Indemnización de tres Millones de Pesetas a una Enfermera de la Seguridad social."
Ya (1975) Nov. 5, 21: „Dos Individuos golpean a la Madre y a la Hermana de ‚Txiqui'."
Ya (1975) Nov. 8, 21: „Al llegar a su Casa, se encontró con dos Enmascarados."
Ya (1975) Nov. 8, 21: „Mueren tres Niñas al incendiarse una Chabola."

Themengebiet 2, Bericht, demokratischer Untersuchungszeitraum:
Altozano, Manuel (2005): „Condenado a 26 años el hombre que atropelló cinco veces a su esposa." *El País*, Okt. 26, 32.
Calleja, Tono (2005): „Detenido por matar a una mujer y atacar a otras tres en Murcia." *El País*, Okt. 8, 34.
El País (2007) Jan. 27: „Un hombre mata a su mujer y al supuesto amante de ésta en Palma." http://www.elpais.com/articulo/espana/hombre/mata/mujer/supuesto/amante/Palma/elpepuesp/20070127elpepunac_8/Tes (27.01.2007)
Visa, Lluis (2005): „Una mujer de 19 años fallece a manos de su compañero en su casa de Las Palmas. » *El País*, Okt. 3, 35.

El Mundo (2006) Nov. 27: „La familia de Rocío Wanninkhof insiste en la implicación de Dolores Vázquez." http://www.elmundo.es/elmundo/2006/11/27/espana/1164646937.html (28.11.2006)

El Mundo (2007) Jan. 29: „Un hombre mata a su esposa de un disparo en Soria y después intenta suicidarse." http://www.elmundo.es/elmundo/2007/01/29/espana/1170068482.html (29.01.2007)

Fueris, Enrique (2007): „Un hombre mata a su exposa y al amante de ésta en Palma de Mallorca." *El Mundo*, Jan. 27 http://www.elmundo.es/elmundo/2007/01/27/espana/1169905760.html (27.01.2007)

Abc (2006) Nov. 27: „Un violador en régimen abierto finge ser ginecólogo e intenta abusar de una mujer." http://www.abc.es/20061127/nacional-sucesos/violador-regimen-abierto-finge_200611270239.html (27.11.2006)

Abc (2007) Jan. 21: „Un hombre mata a su ex mujer en Ciudad Real y luego se suicida ahorcándose." http://www.abc.es/20070121/sociedad-sociedad/hombre-mata-mujer-ciudad_200701211505.html (22.01.2007)

Abc (2007) Jan. 4: „Sesenta y ocho mujeres murieron en 2006 a manos de sus parejas." http://www.abc.es/20070104/nacional-sucesos/sesenta-ocho-mujeres-murieron_200701040244.html (04.01.2007)

Baca, A. (2006): „Un individuo con antecedentes por maltrato mata a su ex mujer en Sevilla." *Abc*, Nov. 27 http://www.abc.es/20061127/nacional-sucesos/individuo-antecedentes-maltrato-mata_200611270241.html (27.11.2006)

Themengebiet 3, (Kurz)Nachricht, politisch autoritärer Untersuchungszeitraum:

Abc (1945) Mai 16, 26–27: „Irene López Heredia y su Compañía triunfan en Valencia."

Abc (1945) Mai 17, 15: „Infanta Beatriz: Estreno de ‚Poker ', Comedia de Dora Sedano."

Abc (1945) Mai 22, 15: „Triunfo de Hisa de Varim en el María Guerrero."

Abc (1945) Mai 31, 14: „‚Ventolera', de los Quintero, obtiene un gran triunfo en Barcelona."

Abc (1955) Jul. 13, 44: „María Beneyto, Premio Revista ‚Ateneo'."

Abc (1965) Sep. 15, 49: „La Isla y su Mundo: Nuria Llimona pinta en Deyá."

Abc (1965) Sep. 15, 61: „La Selección femenina venció en Paris a la U.S. Metropolitaine."

Abc (1965) Sep. 15, 61: „Tres Atletas femeninas, a Río."

Abc (1965) Sep. 16, 69: „Natación: Selección femenina para Río de Janeiro."

Abc (1965) Sep. 25, 87: „Homenaje a Juanita Reina y ‚Caracolillo'."

Abc (1965) Sep. 30, 81: „Elección de la ‚Maniquí de España 1965'."

Abc (1975) Nov. 15, 16: „La Mujer, igualada al Varón en los Contratos de Trabajos y Remuneraciones."

Abc (1975) Nov. 6, 69: „Una Actriz ‚seleccionada'."

Rodríguez, Emiliano (1975): „En Damas, Rivalidad local." *Abc,* Nov. 1, 57.

Arriba (1945) Mai 17, 4: „Ana Adamuz puso su buen temperamento de actriz al servicio de esta comedia."

Arriba (1945) Mai 22, 2: „Conferencia de doña Ascensión Sedeño en la Económica Matritense."

Arriba (1945) Mai 26, 3: „Reaparición en Madrid de Ino de Carbajal."
Arriba (1955) Jul. 1, 17: „La Asociación de la Prensa patrocina la Presentación de Mariemma."
Arriba (1955) Jul. 12, 22: „Gracia de Triana."
Arriba (1955) Jul. 13, 22: „Ha quedado formado el Equipo Femenina de Esgrima."
Arriba (1955) Jul. 2, 15: „Danza: Esta Noche, Presentación de Mariemma."
Arriba (1965) Sep. 19, 22: „Ana María Matute, traducida al ruso."
Arriba (1965) Sep. 22, 26: „Próximo Viernes, en Price, Homenaje a Estrellita Castro."
Arriba (1975) Okt. 16, 28: „Demanda de María Mahor contra Espártaco Santoni: Pide Millón y Medio de Pesetas."
Arriba (1975) Okt. 16, 29: „Homenaje a Maruja Callaved."
Arriba (1975) Okt. 17, 24: „Homenaje a Lola Herrera."
Arriba (1975) Okt. 19, 56: „De Mara Vila a Maravilla hay un paso."

Ya (1945) Mai 16, 2: „Lola Membrives, en el Aula de Cultura."
Ya (1955) Jul. 1, 4: „Despedida, Homenaje a Pilar López."
Ya (1955) Jul. 2, 1: „Doctora en Químicas, condecorada."
Ya (1965) Sep. 16, 14: „Durante cuatro Horas diarias Carmen Sevilla estudia Inglés, Canto y Baile."
Ya (1965) Sep. 19, 30: „Conchita Bautista, Cantante y no Presentadora."
Ya (1965) Sep. 25, 35: „Celia Gámez reaparece en el Teatro Martín."
Ya (1975) Nov 11, 28: „Cinelandia: Rocío Jurado."
Ya (1975) Nov. 13, 85: „Hace cinco Años."
Franco, José María (1945): „Lola R. de Aragón triunfa en Lisboa." *Ya*, Mai 16, 2.

Themengebiet 3, Nachricht, demokratischer Untersuchungszeitraum:

Albiñana, Marta (2006): „La mayoría de los gobiernos autónomos tampoco respetan la paridad." *El País*, Dez. 1 http://www.elpais.com/articulo/cataluna/mayoria/gobiernos/autonomos/respetan/paridad/elpepuespcat/20061201elpcat_1/Tes (07.12.2006)
Gallo, I./Baragaño, T. (2006): „Cayetana Guillén diseña el nuevo magacín de La 2." *El País*, Nov. 13, 69.

El Mundo (2006) Dez. 17: „González-Sinde quiere que la Academia tenga ‚las puertas abiertas'." http://www.elmundo.es/elmundo/2006/12/17/cultura/1166368575.html (17.12.2006)
Marcos, Charo (2006): „María Teresa Campos volverá a ponerse frente a las cámaras de Antena 3." *El Mundo*, Dez. 13 http://www.elmundo.es/elmundo/2006/12/13/comunicacion/1166029209.html (14.12.2006)

Abc (2006) Dez. 17: „De la Vega afirma que el PP se preocupa sólo por volver al poder como sea." http://www.abc.es/20061217/nacional-nacional/vega-acusa-preocuparse-solo_200612171642.html (17.12.2006)

Álvarez, F. (2006): „Los socialistas buscan dos mujeres para ocupar el cargo de consejeras.“ *Abc*, Nov. 29 http://www.abc.es/20061129/nacional-politica/socialistas-buscan-mujeres-para_200611290253.html (29.11.2006)

Cortázar, Beatriz (2006): „El amor secreto de la ministra.“ *Abc*, Nov. 29 http://www.abc.es/20061129/gente-gente/amor-secreto-ministra_200611290252.html (29.11.2006)

Themengebiet 3, (Hintergrund)Bericht, politisch autoritärer Untersuchungszeitraum:

Abc (1945) Mai 25, 12: „La Exposición de los Ilustradores del Libro.“

Abc (1955) Jul. 1, 27: „‚La Mujer Nueva‘, de Carmen Laforet, obtiene el Premio ‚Menorca‘ de Novela, dotado con 200.000 Pesetas.“

Abc (1955) Jul. 1, 28: „Homenaje nacional a Elena Fortún.“

Abc (1975) Nov. 12, 45: „Triunfal Programa benéfico de Montserrat Caballé, en el Real.“

Abc (1975) Nov. 12, 49: „Las Azafatas recepcionistas de La Paz.“

Arriba (1945) Mai 17, 4: „Beatriz: Estreno de ‚Poker‘.“

Arriba (1955) Jul. 1, 15: „Carmen Laforet, Premio ‚Menorca‘ 1955.“

Arriba (1975) Nov. 9, 17: „Denuncia de tres Mujeres Abogados: No reconocen ciertos Derechos de la Mujer Casada (ciertos Notarios).“

Arriba (1975) Okt. 16, 47: „Mercedes Salisachs, Premio ‚Planeta‘.“

Ya (1945) Mai 25, 4: „Recital por Carmen Pérez Durias.“

Ya (1955) Jul. 10, 9: „Homenajes: A Carmen Laforet, en Arenas de San Pedro.“

Ya (1965) Sep. 18, 15: „Lanzamiento y Disco de ‚Las Chic‘.“

Ya (1975) Nov. 15, 18: „Una Mujer, primer Teniente de Alcalde de Alcalá de Henares.“

Ya (1975) Nov. 15, 4: „El inesperado Regalo de Montserrat Caballé.“

Ya (1975) Nov. 16, 9: „Ocho Enfermeras atienden a Franco.“

Themengebiet 3, Bericht, demokratischer Untersuchungszeitraum:

Alcaide, Soledad (2005): „Mujeres de hierro.“ *El País*, Okt. 27, 72.

Morán, Carmen (2006): „Sólo el 3% de los ‚honoris causa‘ de las universidades españolas son mujeres.“ *El País*, Dez. 18 http://www.elpais.com/articulo/sociedad/Solo/honoris/causa/universidades/espanolas/mujeres/elpepusoc/20061218elpepisoc_3/Tes (19.12.2006)

Olivares, Miguel (2006): „Ejecutivas y madres.“ *El País*, Nov. 12, 11.

El Mundo (2006) Dez. 19: „María Ángeles Sastre obtiene el premio ‚Miguel Delibes‘ de periodismo.“ http://www.elmundo.es/elmundo/2006/12/19/comunicacion/1166534218.html (19.12.2006)

Marcos, Charo (2006): „Condé Nast prepara el lanzamiento en España de la revista ‚Vanity Fair‘.“ *El Mundo*, Dez. 15 http://www.elmundo.es/elmundo/2006/12/15/comunicacion/1166190521.html (17.12.2006)

García Calero, Jesús (2006): „Regàs: ‚Los funcionarios que me critican son delincuentes y lo van a pagar'." *Abc*, Nov. 29 http://www.abc.es/20061129/cultura-cultura/funcionarios-critican-delincuentes-pagar_200611290248.html (29.11.2006)

Abc (2006) Dez. 17: „Ángeles González Sinde, nueva presidenta de la Academia de Cine." http://www.abc.es/20061217/cultura-cultura/academia-cine-elige-presidente_200612170958.html (17.12.2006)
Abc (2006) Dez. 4: „La juez revoca el auto del ‚caso del ácido bórico' que llevaba a juicio a los superiores de los peritos del 11-M." http://www.abc.es/20061204/nacional-tribunales/juez-revoca-auto-caso_200612041439.html (04.12.2006)

Themengebiet 3, Porträt/Nachruf, politisch autoritärer Untersuchungszeitraum:
Abc (1975) Nov. 19, 12: „Cinco presuntos Colaboradores de E.T.A., detenidos en Vizcaya."
Abc (1975) Okt. 29, 63: „Premio internacional a una Cantante española."

Arriba (1945) Mai 15, 5: „Lola Membrives en el Aula de Cultura."
Del Río Sainz (1945): „Concha Espina, Símbolo y Ejemplo." *Arriba*, Mai 26, 8.

De Asís, María Dolores (1975): „Carmen Kurtz, Novelista de la Burguesía y la Mujer." *Ya*, Nov. 9, 10.

Themengebiet 3, Porträt/Nachruf, demokratischer Untersuchungszeitraum:
Pérez Monguió, F. (2005): „Mujer al mando." *El País*, Okt. 1, 72.
Román, Noelia (2005): „Una campeona de raza." *El País*, Okt. 3, 70.

Méndez, Lucía (2006): „Loyola de Palacio, una política batalladora hasta el final." *El Mundo*, Dez. 14 http://www.elmundo.es/elmundo/2006/12/14/obituarios/1166057820.html (14.12.2006)

Abc (2006) Dez. 14: „Madrileña de nacimiento, segoviana de adopción." http://www.abc.es/20061214/nacional-politica/madrilena-nacimiento-segoviana-adopcion_200612140738.html (14.12.2006)
De la Hoz, C./Collado, A. (2006): „Fallece Loyola de Palacio, a los cincuenta y seis años." *Abc*, Dez. 14 http://www.abc.es/20061214/nacional-nacional/fallece-ministra-loyola-palacio_200612140721.html (14.12.2006)
Abc (2006) Dez. 17: „Mónica Deza, nuevo ‚CEO' de Universal McCann España." http://www.abc.es/20061217/economia-empresas/monica-deza-nuevo-universal_200612170240.html (17.12.2006)

10 Anhang

Der Anhang steht zum Download auf der Homepage des Verlags bereit:

http://www.frank-timme.de/fileadmin/docs/Unger_Anhang.pdf

KULTUREN – KOMMUNIKATION – KONTAKTE

Bd. 1 Tobias Spelz: Kommunikation in den neuen Medien – Französische und brasilianische Webchats. 332 Seiten. ISBN 978-3-86596-261-4

Bd. 2 Michael Scholz-Hänsel: Inquisition und Kunst. *Convivencia* in Zeiten der Intoleranz. 340 Seiten. ISBN 978-3-86596-248-5

Bd. 3 Hartwig Kalverkämper: Lexikographie der Körperkommunikation. ca. 200 Seiten. ISBN 978-3-86596-265-2

Bd. 4 Claudia Bliesener: Wenn Worte zu gefährlich werden … Zensur in der DDR – Zensur in Spanien unter Franco. Ein interkultureller Vergleich. 132 Seiten. ISBN 978-3-86596-320-8

Bd. 5 Stephan Theilig (Hg.): Historische Konzeptionen von Körperlichkeit. Interdisziplinäre Zugänge zu Transformationsprozessen in der Geschichte. 252 Seiten. ISBN 978-3-86596-333-8

Bd. 6 Susanne Beck: Körpersprache in italienischen Printmedien. 190 Seiten. ISBN 978-3-86596-258-4

Bd. 7 Jennifer Sandner: Medium und Gender. Geschlechtsspezifische Höflichkeit in französischen SMS. 114 Seiten. ISBN 978-3-86596-374-1

Bd. 8 Mareike Kühn: Opera dei pupi. Sizilianisches Marionettentheater im Wandel. 118 Seiten. ISBN 978-3-86596-382-6

Bd. 9 Ursula Wiedemann: Biometrie – Stand und Chancen der Vermessung des Menschen. 200 Seiten. ISBN 978-3-86596-389-5

Bd. 10 Kristin Voigt: Informelle Wissenschaftskommunikation und *Social Media*. 166 Seiten. ISBN 978-3-86596-408-3

Bd. 11 Christoph Schubert/Teresa Pham (Hg.): RaumTexte – TextRäume. Sprachwissenschaftliche Studien zur Verortung im Diskurs. 244 Seiten. ISBN 978-3-86596-364-2

Bd. 12 Sabine Rohmig: Literarischer Kulturtransfer. Afrikanismen in frankophonen Romanen Schwarzafrikas. 492 Seiten. ISBN 978-3-86596-459-5

Bd. 13 Christoph Strosetzki: Konversation als Sprachkultur. Elemente einer historischen Kommunikationspragmatik. 2., durchgesehene und ergänzte Auflage. 464 Seiten. ISBN 978-3-86596-482-3

Bd. 14 Belén Santana López: Lachen – Humor – Komik. Eine systematische Interkulturalitätsanalyse. Deutsch und Spanisch. 172 Seiten. ISBN 978-3-86596-484-7

KULTUREN – KOMMUNIKATION – KONTAKTE

Bd. 15 Christina Hofmann-Randall: Das spanische Hofzeremoniell 1500–1700. 310 Seiten. ISBN 978-3-86596-431-1

Bd. 16 Stephan Theilig: Türken, Mohren und Tataren. Muslimische (Lebens-)Welten in Brandenburg-Preußen im 18. Jahrhundert. 408 Seiten. ISBN 978-3-86596-525-7

Bd. 17 Jenny Metzig: Die Wahrnehmung kultureller Eigenheiten im Zusammenleben bikultureller Paare. 322 Seiten. ISBN 978-3-7329-0003-9

Bd. 18 Marja E. Meinl: Electronic Complaints. An Empirical Study on British English and German Complaints on eBay. 330 Seiten. ISBN 978-3-7329-0030-5

Bd. 19 Michael Scholz-Hänsel/David Sánchez Cano (Hg./eds.): Spanische Kunst von El Greco bis Dalí. Ambiguitäten statt Stereotype/Arte Español del Greco hasta Dalí. Ambigüedades en lugar de estereotipos. 336 Seiten. ISBN 978-3-7329-0063-3

Bd. 20 Ramona Jakobs: Der kultivierte Dialog in der italienischen Renaissance. Eine sprechakttheoretische Analyse des *Libro del Cortegiano* (1528). 350 Seiten. ISBN 978-3-7329-0111-1

Bd. 21 Bianka Schönbrunn: Emotionalität in der Berichterstattung deutscher und französischer Tageszeitungen. Ein interkultureller Vergleich. 192 Seiten. ISBN 978-3-7329-0157-9

Bd. 22 Daniela Marcantonio: Gesten im interkulturellen Vergleich. Deutsche in Italien und Italiener in Deutschland. 246 Seiten. ISBN 978-3-86596-247-8

Bd. 23 Yvette Bürki/Henriette Partzsch (eds.): Redes de comunicación. Estudios sobre la prensa en el mundo hispanohablante. 390 Seiten. ISBN 978-3-7329-0129-6

Bd. 24 Sarah Wille: Hablando The Chilean Way. Anglizismen im gesprochenen chilenischen Spanisch. Die Informationssendung „El Informante". 100 Seiten. ISBN 978-3-7329-0287-3

Bd. 25 Sylvia Jaki/Annette Sabban (Hg.): Wissensformate in den Medien. Analysen aus Medienlinguistik und Medienwissenschaft. 348 Seiten. ISBN 978-3-7329-0201-9

Bd. 26 Gianluca Pedrotti: Diktatur der Rhetorik oder Rhetorik der Diktatur. Gezeigt an ausgewählten Redesituationen von Mussolini und Hitler. 594 Seiten. ISBN 978-3-7329-0215-6

Bd. 27 Stefanie Unger: Soziolektale Herausforderungen: Weibliche Emanzipation in der spanischen Pressesprache des 20. Jahrhunderts. 400 Seiten. ISBN 978-3-7329-0519-5

Bd. 28 Richard Brütting: Interkulturelles Mosaik Europa. Essays zu Deutschland, Frankreich und Italien. 354 Seiten. ISBN 978-3-7329-0507-2

KULTUREN – KOMMUNIKATION – KONTAKTE

Bd. 29 Henriette Schneider: Ausdruck von Emotionen in der Zweitsprache. Möglichkeiten und Grenzen. 156 Seiten. ISBN 978-3-7329-0590-4

Bd. 30 Elisabeth Buhl/Katharina-Elisa Wolf: Wunden Lateinamerikas. *Rassismus in Peru* und *Frauenmorde in Nordmexiko*. Zwei Beiträge. 210 Seiten. ISBN 978-3-7329-0246-0

Bd. 31 Diana Haußmann: Zelebrieren, Vergessen, Erneuern. Das Spannungsfeld der Afrikanität bei Fatou Diome, Léonora Miano und Alain Mabanckou. 444 Seiten. ISBN 978-3-7329-0581-2

Bd. 32 Sandra Hinckers: Lateinische Übersetzungsreflexion in der Römischen Antike. Von Terenz bis zur *Historia Augusta*. 210 Seiten. ISBN 978-3-7329-0614-7

Bd. 33 Anne-Britt Ueckermann: Kommunikationskultur. Orientierung für eine erfolgreiche Kommunikation. 746 Seiten. ISBN 978-3-7329-0595-9

Bd. 34 Elisabeth Buhl: Das Bild der Fremde in deutschsprachigen Reiseführern. Beschreibungen und Vorstellungen von Peru. 122 Seiten. ISBN 978-3-7329-0687-1